Hans-Josef Decker
Die Rezepte im Trend
Eis · Dessert
Patisserie in Restaurant,
Konditorei · Eiscafe · Bistro

Hans-Josef Decker

Die Rezepte im Trend

Eis · Dessert

Patisserie

Restaurant · Konditorei · Eiscafé · Bistro

Gildefachverlag Alfeld

Impressum

CIP-Titelaufnahme der Deutschen Bibliothek

Die Rezepte im Trend. –
Alfeld: Gildefachverlag.
Eis, Dessert/
Hans-Josef Decker –
1992
(Patisserie)
ISBN 3-7734-0209-0
NE: Decker, Hans-Josef

ISBN 3-7734-0209-0
1. Auflage 1992

Fotos:
© Hadji Fotodesign, Hamburg

Satz:
K&W Medienservice Hannover

Herstellung:
Dobler-Druck GmbH & Co. KG,
Alfeld (Leine)

Vorwort

„Das Dessert", ein Stiefkind der Gastronomie — diese traurige Tatsache ermunterte mich, die Buchreihe „Die Rezepte im Trend" mit dem Buch „Eis und Dessert" fortzusetzen. Hier werden Desserts und Eis vom Klassiker bis hin zu zeitgemäßen, leichten Nachspeisen behandelt.

Auch die vollwertige und die süße Diätküche kommen zu ihrem Recht. Die ständig steigende Zahl der Diabetiker und cholesteringepeinigten Naschkatzen wird natürlich nicht vergessen.

Eis, sei es Parfait, Sorbet, Creme-Eis oder Fruchteis wird einfach und leicht begreiflich erklärt. Das Buch schneidet auch das Thema an: Speise-Eis selbst herstellen oder Convenience kaufen? Was lohnt sich — was lohnt sich nicht?

Wer machte Frankreich berühmter? Robespierre mit der französischen Revolution (1789-1795) oder Paul Bocuse, knapp 175 Jahre später mit seiner französischen Küchenrevolution, die inzwischen weltweit bekannte „Nouvelle Cuisine"? Ohne Bocuse müßten wir auf Genüsse und Geschmackserlebnisse verzichten, die heute sicher niemand mehr missen möchte.

Mit dieser rasanten Entwicklung in der Küche konnten jedoch die Süßspeisenköche und Patissiers nicht mithalten. Die Speisen wurden leichter und bekömmlicher, die Desserts blieben die altbekannten Kalorienbomben mit viel Fett und Zucker.

Als ich Anfang der 80iger Jahre die Patisserie der Aubergine in München übernahm, stellte ich fest, daß es Gäste gab, die nach einem Sieben-Gang-Menü auf ihr Dessert verzichteten, weil es zu viel war oder weil es eben dick macht. Diese Tatsache rief meinen Freund „Ehrgeiz" hervor, denn ich war nicht damit einverstanden, daß die Gäste nur wegen der guten Salate, feinen Fischsaucen, dem zarten Lammfilet oder der gebratenen Entenbrust kamen. Sie sollten auch wegen meiner Sorbets, Cremes oder der feinen, überbackenen Desserts kommen. Mein Bestreben war von jetzt an, daß ein Dessert nicht mehr das lieblos beiseite geschobene Ende eines Menüs sondern wie bei einem Musikstück den Höhepunkt und Abschluß zugleich darstellen sollte. Die geschmackliche Raffinesse einer Nachspeise sollte den Gast noch eine ganze Weile begleiten. Die große Kunst, ein gutes Dessert zu machen, heißt: **Den Eigengeschmack des Produktes hervorzuheben, zu unterstreichen und mit zwei oder drei anderen zu einem in Geschmack und Optik harmonierenden Gefüge zu vereinen.** Eine raffinierte Nachspeise soll nicht von erdrückender Vielfalt, sondern von bestechender, überzeugender Einfachheit sein.

Heute, gut 20 Jahre nach der französischen Küchenrevolution aus Lyon wissen wir Süßes zu schätzen. Es ist bekannt, daß 80% aller Menschen gern süß essen, dabei liegt es nur am Angebot, ob man sie zum Naschen verführen kann!

Da die Eßgewohnheiten sich in den letzten 15-20 Jahren gravierend verändert haben und wir uns wesentlich bewußter ernähren, sollte an Fett und Zucker nach Möglichkeit gespart werden. Wichtig ist aber, nicht um jeden Preis sparen zu wollen, dann kann es passieren, daß die Desserts plötzlich gar nicht mehr schmecken. Zu beherzigen ist: **So viel Fett und Zucker wie nötig, aber nicht mehr als unbedingt erforderlich!** Das Genießen sollte beim Dessert immer im Vordergrund stehen. Ohne schlechtes Gewissen und ohne Reue sollte man sich dem Süßen hingeben dürfen.

Vorwort

Die Vollwertwelle rollt, der Gästeanteil mit Diabetis steigt, Gäste die mit einem zu hohem LDL-Cholesterin-Spiegel im Blut zu kämpfen haben, nehmen stetig zu, Allergiebeschwerden, wie auch Neurodermitis werden ebenfalls immer häufiger. Hier wird die Gastronomie, der Koch, Konditor, Eiskonditor und Bäcker gefordert, sich dem steigenden Bedarf anzupassen. Das Buch spricht all diese Probleme an, zeigt Lösungsmöglichkeiten, die jeder mit etwas Engagement nachvollziehen kann. Damit Sie auch in Zukunft mit zufriedenen Gästen und einem vollem Haus rechnen können.

Es sollte zu denken geben, wenn 100 Essen verkauft, aber später nur 30 Desserts bestellt werden. In dem Fall ist bestimmt eine Menge faul!
Normal ist, wenn der Dessertanteil bei 50-60% liegt, ideal wäre ein Anteil von 80%. Mit dem entsprechneden Angebot und ein wenig Personalmotivation ist dies keine Utopie!

Betrachten Sie das Dessert- und Eisgeschäft von der wirtschaftlichen Seite, geraten Sie mit Sicherheit ins Staunen. Die Wareneinsätze der warmen Küche liegen im Schnitt je nach Jahreszeit zwischen 30% und 45%. Der Wareneinsatz der Süßspeisenküche liegt zwischen 7% und 14%.

Spätestens jetzt sollte man hellhörig werden.Ich behaupte: **Dessert und Eis sind ein Geschäft!**

Unser Markt ist aber bei Weitem noch nicht ausgeschöpft. Vorsichtig geschätzt, gibt der „Süße Markt“ in den verschiedenen Bereichen von Gastronomie, Konditorei und Café noch mindestens 50-60% mehr her.

Dieses Buch zeigt Ihnen die große Palette der Dessert- und Eisschleckereien nicht nur von einer ganz anderen, weniger bekannten Seite, es hilft ihnen auch überall dort weiter, wo Probleme auftauchen. Mit vielen Tricks, Ideen und Tips aus meiner langjährigen Erfahrung als Chef-Patissier möchte ich Sie mit diesem Buch unterstützen.

Ich wünsche Ihnen viel Spaß bei der Arbeit.

Hans Josef Decker

Inhaltsverzeichnis

Inhaltsverzeichnis

Inhaltsverzeichnis

Inhaltsverzeichnis

Einleitung

Kakao/Schokolade

Theobroma cacao – kommt aus dem griechischen und bedeutet, wörtlich übersetzt, „Speise der Götter". Die Azteken sprachen von „Xocolatl". Man muß kein Sprachforscher sein, um festzustellen, daß wir das Wort Schokolade ohne große Veränderung übernommen haben. Unzählige Geschichten, Sagen und Geheimnisse begleiten die Schokolade bis in die heutige Zeit. Der Mondgott „Quetzalcouarl" soll den Tolteken einst persönlich den Samen eines Kakaobaumes überreicht haben. Sie waren unermeßlich reich und litten nie Not. Eines Tages versündigten sie sich und Quetzalcouarl verwandelte alle Kakaobäume in Dornenakazien. Trotz der vielen Geschichten ist sicher, Kakao oder Schokolade fließen auch im Schlaraffenland nicht wie Milch und Honig, sondern der Kakaobaum gibt sein Geheimnis erst nach Anwendung verschiedener „Bearbeitungstricks" frei.

Kakao

Es wird vermutet, daß der Kakaobaum ursprünglich schon mehr als 4000 Jahre wild am Amazonas wuchs. Er benötigt tropisches Klima und man findet ihn daher nur in Westafrika, Mittelamerika, im nördlichen und mittleren Südamerika und in einigen Gebieten Asiens. Um das Jahr 600 n.Chr. besiedelten die Mayas die Insel Yucatan und legten dort die ersten Kakaoplantagen an. Den Eroberungszügen der Azteken fielen auch die Mayas zum Opfer und so besaßen die Sieger die Kakaokulturen. Sie verbreiteten die Bäume über ganz Mittelamerika. Kakao war damals ein anerkanntes Zahlungsmittel. Für 100 Kakaobohnen konnte man einen guten Sklaven erstehen. Von seinen Untertanen erhielt der letzte Kaiser der Azteken „Montezuma" in jedem Jahr 16 000 000 Bohnen. Der Wert der Kakaobohnen war dem Goldwert gleichgesetzt.

Im Jahre 1503 lernte Christoph Kolumbus als erster Europäer die Kakaobohne kennen, maß ihr aber keine große Bedeutung bei. Erst 16 Jahre später, als Fernando Cortez Mexiko eroberte und Gast am Hofe Montezumas war, lernte er Xocolatl (bitteres Wasser) kennen. Gemundet hat es ihm bestimmt nicht, denn die Indios mischten die dunkle Masse mit Maismehl, Wasser oder Wein, gewürzt wurde mit Vanille, Chili und Cayennepfeffer. Für die Indios galt das Getränk als reiner Energiespender, Montezuma selbst soll täglich 40 bis 50 Krüge dieser seltsamen Flüssigkeit getrunken haben.

1520 brachte Cortez den Kakao nach Spanien, dort süßte man das Getränk mit Honig, da Zucker noch relativ unbekannt war. So wurde aus dem bitteren Wasser ein angenehm, wohlschmeckendes Getränk.

Gegen 1610 gelang es dem Italiener Antonio Carlotti, das bis dahin geheim gehaltene Rezept nach Italien zu holen. Von dort breitete es sich sehr schnell über ganz Europa aus. 1657 öffnete das erste Kakaohaus in London seine Pforten, doch erschwinglich waren die Kakaogetränke nur für die wohlhabende Bevölkerung. 1756 gründete Fürst Wilhelm von Schaumburg-Lippe, der als sehr geschäftstüchtig galt, die erste Schokoladenfabrik in Steinhude. Der Holländer van Houten erfand ein Patent, die Kakaomasse zu entölen. So wurde nicht nur die Trinkschokolade verbessert, sondern es war auch möglich, Schokolade in Tafeln herzustellen, der zusätzlich Kakaobutter und Zucker zugefügt wurde. Der Engländer Joseph Fry war maßgeblich daran beteiligt. Durch Zugabe von Alkali entstand später der eigentliche Kakao. Alkali ließ die Schokolade dunkler werden, zerstörte aber auch einen Teil des Aromas. Es war wichtiger, die Säure zu neutralisieren, so daß sich Spuren von Seife bildeten, die eine leichte Löslichkeit des Kakaos ermöglichten. Im Jahre 1876 wurde in der Schweiz durch Daniel Peter die erste Milchschokolade auf den Markt gebracht und weltweit bekannt unter dem Namen „Gala Peter“. Er setzte der Basismasse einen Teil Kondensmilch zu. Wenige Zeit später entwickelte R. Lindt ein Verfahren zur Verfeinerung der Schokoladentafeln. In beheizten Trommeln wurde die Schokoladenmasse zwischen Walzen zerrieben, die gegeneinander liefen. Den Vorgang bezeichnete man als „conchieren“, er dauerte maximal 72 Stunden. Durch diesen Vorgang bekam die Schokolade ihren feinen Schmelz.

Ein Schokoladenbaum wird meist bis zu 12 Metern hoch und hat dunkelgrüne Blätter, die lederartig glänzen. Nach 4-5 Jahren trägt der Baum die ersten Früchte. Diese gurkenähnlichen Früchte sind etwa 15-20 cm lang, haben kurze Stiele und sitzen direkt am Stamm und an den dickeren Ästen. Die Schalen werden hart und sie bekommen eine goldgelbe, manchmal auch eine hellrote Farbe. In jeder Frucht sind etwa 30-40 mandelförmige Samenkörner, die Kakaobohnen. Heute werden die Kakaobohnen zweimal im Jahr geerntet. Die Erntedauer beträgt circa 9-12 Wochen. Das Fruchtfleisch wird von den Bohnen getrennt und mit Blättern abgedeckt. Jetzt beginnt die Fermentation (ein Gärungsprozeß), der die Keimfähigkeit des Samens zerstört und eine Reihe chemischer Reaktionen setzt ein. Durch sie entsteht das typische Schokoladenaroma. Der Gärungsprozeß kann 3 bis 6 Tage dauern und läßt die Bohnen braun werden. Ist der Samen noch feucht, wird er an der Sonne oder auch mit Heißluft getrocknet. Das ist wichtig, um ein Verderben zu vermeiden. Durch die Sonneneinwirkung werden Farbe und Aroma noch erheblich verstärkt. Dann werden die Kakaobohnen verpackt und in die weiterverarbeitenden Betriebe in alle Welt verschickt. Dort werden sie gewaschen, nach Größe sortiert und bei 130 °C in großen Trommeln geröstet, um den intensiven Kakaogeschmack zu erhalten. In Spezial-Maschinen werden die Bohnen leicht gebrochen und die Schalen entfernt. So erhält man den Kakaobruch, der zwischen warmen Walzen solange gemahlen wird, bis eine dunkle Masse entsteht. Diese Masse wird beim Auskühlen fest. Sie ist die Basis für alle Schokoladenerzeugnisse. Die Kakaomasse enthält etwa 50-58 % Fett (Kakaobutter). Ein Teil des Fettes wird abgepreßt (entzogen) und es entsteht der Preßkuchen. Aus diesem Preßkuchen wird durch Mahlen und Sieben Kakaopulver hergestellt. Für die Schokoladenherstellung werden der Kakaomasse Zucker oder auch Milch, Aromastoffe und Kakaobutter zugegeben und alles im Melangeur gemischt. Die Schokoladenmasse wird zwischen Walzen fein gemahlen (geschliffen). Den feinen Schmelz erhält sie jedoch in der **Conche.** Das Verfahren wird als **conchieren** bezeichnet. Durch diesen Arbeitsgang wird auch die Qualität festgelegt. Je länger conchiert wurde, umso feiner ist der zarte Schmelz. Teure Schokolade hat immer ein aufwendiges Herstellungsverfahren hinter sich. Der Conchiervorgang kann bis zu 48 Stunden dauern, danach ist keine Qualitätsverbesserung mehr zu erreichen.

Kakaopulver (schwach entölt)
Es ist abgepreßter Kakaopreßkuchen, der durch ein mechanisches Verfahren (mahlen) zu Kakao verarbeitet wurde. Er muß mindestens 20 % Kakaobutter (bezogen auf die Trockenmasse) und höchstens 9 % Wasser enthalten.

Kakaopulver (stark entölt)
Es muß mindestens 8 % Kakaobutter enthalten (bezogen auf die Trockenmasse).

Schokoladenpulver (gezuckertes Kakaopulver)
Saccarose und Kakaopulver werden gemischt. Schokoladenpulver muß mindestens 32 % Kakaopulver ent-

halten. Es wird meist zur Herstellung von Trinkschokolade in der Gastronomie und Konditorei/Café verwendet.

Kakaobutter
So wird das aus Kakaobohnen oder Teilen davon durch Abpressen gewonnene Fett genannt. Der Gehalt an unverseifbaren Stoffen (mittels Petroläther bestimmt), darf 0,35% nicht übersteigen. Kakaobutter hat eine hellgelbe Farbe und schmeckt nicht kakaoaromatisch. Ihr Schmelzpunkt liegt bei 30 °C. Im Handel ist sie als Blockware erhältlich. Kakaobutter wird hauptsächlich zum Verdünnen von Küvertüren benötigt, verarbeitet wird sie in erster Linie von Profis (Konditoren, Bäckern und Patissiers).

Schokolade
Gemeint ist Schokolade, die in Tafeln zum Essen und Naschen gekauft wird. Der Gesetzgeber definiert Schokolade folgendermaßen: eine wohlausgewogene Mischung aus Kakaomasse, Kakaobutter und Saccarose. Bei Milchschokolade wird noch Vollmilch oder Magermilchpulver zugesetzt.

Milchschokolade
Ist eine ausgewogene Mischung aus Kakaomasse, Kakaobutter, Sahne, Vollmilch oder Magermilchpulver und Saccarose. Der Saccaroseanteil darf 55% nicht übersteigen.

Bitterschokolade
Sie muß mindestens 50% Kakaobestandteile haben. Man verwendet sie hauptsächlich zum Backen, für Saucen, Eis und Getränke mit oder ohne Alkohol.

Kuvertüre (Decke-Überzug)
Kuvertüre ist eine zarte, feine Schokolade, die im allgemeinen nur von Profis zum Überziehen von Kuchen, Torten, Pralinen und Gebäck verwendet wird. Für die Herstellung und Zusammensetzung gelten bestimmte Regeln, die in der Kakaoverordnung festgelegt sind. Grundsätzlich sind diese für Kuvertüre und Haushaltsschokolade (Tafelschokolade) gleich, allerdings wird der Kuvertüre mehr Kakaobutter zugesetzt. Darum ist sie auch nicht unbedingt als Speiseschokolade zum Verzehr geeignet. Der Kakaobuttergehalt der Kuvertüre schwankt von mindestens 35% bis maximal 65%, je nach Verwendung. Werden Pralinen oder Gebäck per Hand überzogen, verwendet man eine Kuvertüre mit einem Kakaobuttergehalt von 40-45%, wird maschinell überzogen, kann der Fettgehalt auch gut 50% betragen. Grundsätzlich besteht Kuvertüre aus 2 Teilen Kakaomasse, 1 Teil Kakaobutter und 2-3 Teilen Zucker. Vollmilchkuvertüre enthält zusätzlich noch Vollmilchpulver oder Sahne. Die gebräuchlisten Kuvertüresorten sind in ihrer Zusammensetzung festgelegt, zum Beispiel: die Kuvertüretypen 50/50 — 60/40 — 70/30. Die erste Zahl zeigt den Kakaomassenanteil, die zweite den Zukkeranteil an. Der Kakaobutteranteil liegt bei 35-65%. Kuvertüre darf nicht weniger als 33% Kakaomasse enthalten, der Kakaobutteranteil darf aber auch nicht weniger als 35% der Gesamtmenge (Kakaomasse und Zusätze) betragen. Saccarose (Zucker) darf nicht mehr als 50% enthalten sein. Kuvertüre muß von normaler Speiseschokolade gut zu unterscheiden sein, darum wird sie auch nur in Blockform angeboten. Selbst wenn zur Weihnachtszeit Kuvertüre im Einzelhandel in Kleinpackungen angeboten wird, sind diese in Blockform gegossen.

Weiße Schokolade (Kinderschokolade)
Seit 1975 zählt weiße Schokolade zu den echten Schokoladen. Sie besteht aus mindestens 20% reiner Kakaobutter, sowie 14% Milchtrockenmasse und höchstens 55% Saccarose.

Kakaohaltige Fettglasur
Sie besteht aus Kakao, Zucker und Fett. Diese Fettglasur soll der Kuvertüre entsprechen, der Kakaobutteranteil wird durch Kokos- oder Erdnußfett ersetzt. Verdünnt man reine Kuvertüre mit einem dieser Fette, wird sie in diesem Moment zu einer kakaohaltigen Fettglasur. Diese Glasur ist unbedingt deklarationspflichtig. Pralinen, Honigkuchen, Marzipan, Dauerbackwaren oder Hohlfiguren, wie Osterhasen, dürfen nicht mit Fettglasur, sondern nur mit Kuvertüre überzogen werden.

Nougat
So bezeichnet man bei uns eine schokoladenartige Masse, die aus gerösteten Haselnüssen oder süßen Mandeln, geschmolzenem Zucker und Kakaomasse oder Kakaobutter hergestellt wird. Der Anteil an Kakaomasse oder Kakaobutter darf zwischen 10 bis 15 % betragen. Im Handel sind heller und dunkler Nougat erhältlich.

Der Umgang mit Kuvertüre
Das Arbeiten mit Kuvertüre birgt beachtliche Hindernisse. Diese Feststellung haben sicher schon viele gemacht, die mit Kuvertüre oder Schokolade gearbeitet haben. Selbst wenn oft behauptet wird, es ist nicht schwer, kann diese Arbeit nicht an einem Tag oder in einer Woche erlernt werden. Es gehört eine gehörige Portion Erfahrung dazu. Die Technik ist schnell gelernt, aber alles andere ist Erfahrung.

Werden Pralinen oder Torten mit Kuvertüre überzogen, sollte die Kuvertüre nach dem Festwerden (anziehen) schön glänzen. Dieser Glanz sorgt für ein appetitliches Aussehen. Es ist nicht einfach, immer einen seidenmatten Glanz oder Hochglanz zu erzielen. Die Schwierigkeit liegt in folgenden Bereichen: Alle Bestandteile einer aufgelösten Kuvertüre emulgieren, daß heißt, sie verbinden sich nur wieder bei einer bestimmten Temperatur. Darum muß aufgelöste Kuvertüre, wie der Fachmann sagt „temperiert“ werden. Dieser Vorgang des Temperierens ist der wichtigste und gleichzeitig auch schwierigste Teil für die Arbeit mit Kuvertüre.

Zum Auflösen oder Schmelzen von Kuvertüre verwendet man in Konditoreien und Bäckereien einen Temperierapparat. Dieser funktioniert mit trockener oder mit feuchter Hitze (Wasserbad). Die Temperatur wird über einen Thermostaten geregelt. Hat man die genaue Einstellung des Thermostaten herausgefunden, ist die Kuvertüre meist direkt verarbeitungfertig und muß nicht mehr temperiert werden. Die Kuvertüre wird vorher in kleine Stücke gehackt und bei einer Temperatur von etwa 55-60 °C löst sie sich langsam auf. Am besten ist es, die Kuvertüre über Nacht im Temperierapparat stehen zu lassen.

Ist dieses Gerät nicht vorhanden, löst man die Kuvertürestückchen in einem normalen Wasserbad auf der Kochplatte auf. Auch hier ist darauf zu achten, daß das Wasserbad nicht heißer als 60 °C wird. Ab und zu muß mit einem Holzlöffel gerührt werden, damit die Schokolade gleichmäßig warm wird. Zum Rühren von Kuvertüre und Schokolade eignen sich keine Gummilutscher, da sich zwischen den Gummiaufsätzen und Holzstielen manchmal Wasser festsetzt. Wird Kuvertüre mit Wasserdampf oder Wasser in Verbindung gebracht, besteht die Gefahr, daß sie verdickt (dick wird und nicht mehr fließt, sie läßt sich auch nicht mehr verdünnen) und nicht mehr zu gebrauchen ist.

Kleingehackte Kuvertüre in der Mikrowelle aufzulösen, sollte von Anfängern nicht praktiziert werden, da die Kuvertüre sehr leicht verbrennt (besonders weiße Schokolade brennt durch den hohen Zucker- und Milchanteil sehr schnell an) und zu heiß wird. Kuvertüre sollte nie heißer als 45 °C werden. Wird sie heißer, bilden sich kleine Klumpen (sie kristallisiert aus), die sich auch mit dem feinsten Sieb nicht abpassieren lassen. Sie kann dann nicht mehr verwendet werden.

Aufgelöste Kuvertüre muß zum Überziehen von Pralinen, Gebäck oder Torten eine Temperatur von 30-32 °C haben. Das ist die exakte Temperatur, bei der sich die Kakaobutter mit den anderen Bestandteilen verbindet.

Bei einer zu warmen Kuvertüre setzen sich die Trockenbestandteile am Boden ab, da sie wesentlich schwerer als Kakaobutter sind. Das Fett (die Kakaobutter) wird an die Oberfläche gedrängt und erstarrt nach einiger Zeit. Dann sehen die überzogenen Produkte streifig und gräulich aus. Die Kuvertüre wird auch nicht richtig fest, sondern ist schmierig und sieht leblos aus. Tippt man einen Finger auf die Kuvertüre, schmilzt diese sofort wieder.

Um die Schokolade auf die oben genannte Verarbeitungstemperatur von 30-32 °C zu bringen, muß sie erst einmal abkühlen. Am einfachsten und sichersten wendet man die Tablier-Methode an. Auf eine Marmor- oder Granitplatte werden 2/3 der aufgelösten Kuvertüre gegossen und mit Hilfe einer Winkelpalette auf der Steinplatte verstrichen. Mit einem Dreieckspachtel wird die Schokolade mit der anderen Hand wieder zusammengeschabt. Die Kuvertüre muß solange auseinandergestrichen und wieder zusammengeschabt werden, bis sie fest wird (anzieht). Dann wird sie mit dem Spachtel in die warme, zurückgelassene Kuvertüre geschabt und das Ganze mit einem Holzlöffel glattgerührt. Ist die Schokolade immer noch zu warm, muß der Vorgang wiederholt werden. Beginnt sie in der Schüssel fest zu werden (anzuziehen), kann sie langsam auf die benötigte Temperatur erwärmt werden. Die Schokolade für kurze Zeit in ein Wasserbad halten und verrühren, diesen Vorgang so lange wiederholen, bis die Schokolade Verarbeitungstemperatur hat. Eine weitere Möglichkeit ist, die Schüssel kurz auf eine nicht zu heiße Ofenplatte stellen, verrühren und erneut kurz auf die Platte stellen, bis die Kuvertüre fertig ist. Diese Arbeitsweise ist vorzuziehen, da so keine Gefahr besteht, daß Wasser in die Kuvertüre tropft.

Das Aufwärmen der Kuvertüre muß aber vorsichtig geschehen, da die Idealtemperatur sehr schnell überschritten ist und die Schokolade dann erst wieder abgekühlt werden muß. Kuvertüre kann immer nur von kalt auf 30-32 °C, nicht aber von warm (40 °C) auf 30-32 °C temperiert werden.

Um festzustellen, ob die Kuvertüre die richtige Temperatur hat, sollte man ein Stück Backpapier oder einen Teigschaber (Hörnchen) kurz in die Kuvertüre tunken und bei einer Raumtemperatur von 17-19 °C liegen lassen. Bei dieser idealen Temperatur sollte die Kuvertüre nach kurzer Zeit fest werden (anziehen). Glänzt sie und bleibt fest, auch wenn mit dem Finger drauf getippt wird, kann mit dem Überziehen begonnen werden.

Obwohl es eine Fixtemperatur für Kuvertüre gibt, ist es nicht einfach, die richtige Verarbeitungstemperatur zu finden. Zu viele äußere Einflüsse sind ausschlaggebend und man braucht einfach Erfahrung, um problemlos mit Kuvertüre und Schokolade arbeiten zu können.

Am einfachsten ist die Verarbeitung von normaler, dunkler Kuvertüre.

Je dünner die Kuvertüre, umso höher ist der Kakaobutteranteil und umso wärmer kann sie verarbeitet werden.

Milchkuvertüre und weiße Kuvertüre sollten immer 1 bis 1,5 °C kälter verarbeitet werden.

Kuvertüre sollte nie über einen längeren Zeitraum aufgelöst und warm aufbewahrt werden, da sich die festen Bestandteile von der Kakaobutter trennen.

Die zu überziehenden Produkte dürfen nicht aus dem Kühlschrank kommen, sondern müssen Raumtemperatur haben.

Kuvertüre immer nur rühren, nicht schlagen, da sie leicht schaumig wird und sich dann nicht mehr zum Überziehen eignet.

Kuvertüre muß bei Raumtemperatur anziehen, sie darf nicht in den Kühlschrank zum Festwerden gestellt werden.

Kuvertüre ist vor großen Temperaturschwankungen zu schützen.

Kuvertüre und damit überzogene Produkte sollten nicht im Kühlschrank gelagert werden, beim Entnehmen bekommen sie Schwitzflekken, was unschön aussieht.

Zucker (Saccharose)
Honig war bis zum 16. Jahrhundert in Mitteleuropa das einzig bekannte Süßungsmittel. Zucker war zu diesem Zeitpunkt fast unbekannt. In Indien wurde Zucker aber schon vor circa 2700 Jahren angebaut. Auf seiner Reise nach Indien machte Alexander der Große zum ersten Mal Bekanntschaft mit dem „Indischen Rohr", wie es genannt wurde. Die Eingeborenen sprachen von „karkara". Kreuzritter machten um 1100 n.Chr. die erste Bekanntschaft mit Zuckerrohr. Bei Tripolis, im heutigen Libanon, fand man ein Honigschilf, das von den Einwohnern „zucra" genannt wurde. Die Bevölkerung saugte die Rohre mit Wonne aus. Die Kreuzfahrer brachten den Zucker nach Europa, der dort sehr teuer gehandelt wurde. Um 1490 begann man mit dem kultivierten Anbau auf Haiti. Die Hauptaufgabe übernahm Christoph Columbus, der dafür sorgte, daß der Anbau sich über die gesamten Westindischen Inseln verbreitete. Das Wort Zucker vermutet man, geht auf die arabische Bezeichnung (sukkur) zurück.

Zucker entsteht durch Photosynthese, das ist die Umwandlung von physikalischer Energie in chemische Energie in den Pflanzen. Eine wichtige Rolle spielt das Chlorophyll (Blattgrün der Pflanzen). Mit Hilfe der Energie des Sonnenlichts verwandeln die Pflanzen Wasser und Kohlendioxyd in Einfachzucker (Kohlehydrate). Weder Mensch noch Tier sind in der Lage, aus anorganischen Stoffen organische Stoffe herzustellen. Die Hauptenergiequelle der Pflanzen ist Zucker. Einige Pflanzen haben einen großen Vorrat an Zukker, insbesondere das Zuckerrohr, die Zuckerrübe und der Zuckerahorn, der hauptsächlich in Kanada beheimatet ist.

Die Zuckergewinnung aus Zuckerrüben gelang Andreas Marggraf im Jahre 1747. Sein Schüler Franz Carl Achard gründete 54 Jahre später in Niederschlesien auf Gut Cunern die erste Zuckerfabrik.

Das Zuckerrohr wächst nur in tropischen Ländern und ist heute die wichtigste Zuckerquelle der Welt, es hat etwa 10-14% Zuckeranteil.

In Europa wird Zucker ausschließlich aus Zuckerrüben gewonnen, die im Gegensatz zum Zuckerrohr 16-20% Zuckeranteil enthalten. Der geringere Zuckergehalt wird beim Rohr durch höhere Erntemengen ausgeglichen. 60% der Weltzuckerproduktion werden mit Zuckerrohr gedeckt, die restlichen 40% durch die Zuckerrübe.

Haushalts- oder Kristallzucker, auch Saccarose genannt, hat 99,9% Süßkraft und ist ohne Zweifel eines der rückstandsfreiesten Lebensmittel, die wir haben.

Mit dem Zuckergesetz vom 05.01.1951 legt der Gesetzgeber den Begriff „Zucker“ so fest: Zucker, im Sinne des Gesetzes ist der aus Zuckerrüben, Zuckerrohr oder Melasse hergestellte Zucker und zwar, Verbrauchszucker, Rohzuckererzeugnisse, Rohzuckernacherzeugnisse sowie flüssiger Zucker, Abläufe (ausgenommen Melasse) und Sirupe mit einem Reinheitsgehalt von über 70 Grad.

Der Zuckerverbrauch pro Kopf in der Bundesrepublik liegt bei circa 90-100 g täglich. Hier ist Zucker aus Getreide, zum Beispiel Mais, nicht berücksichtigt. Vergleicht man den Zuckerkonsum mit anderen Industrienationen, so liegt Deutschland weit hinten an 20. Stelle. Auch im Vergleich mit den nicht industrialisierten Ländern erreichen wir keine Spitzenposition. In Mittel- und Südamerika wird im Verhältnis zur Bevölkerungszahl wesentlich mehr Zucker als hier verbraucht. Trotzdem wäre es wünschenswert, den Zuckerkonsum nochmals um die Hälfte zu verringern.

Seit einiger Zeit steht Zucker häufig im Kreuzfeuer heftiger Diskussionen. Einerseits wird behauptet, Zucker sei ein gesunder Energiespender, andererseits heißt es, Zucker sei gesundheitsschädlich und man sollte ihn am liebsten sofort vom Speiseplan verbannen. Viele plädieren für ein gesundes Mittelmaß. Grundsätzlich kann Zucker, egal in welcher Form, einem gesunden Menschen in vernünftiger Menge nicht schaden. Eine Studie, die 1986 von der obersten amerikanischen Gesundheitsbehörde (FDA) veröffentlicht wurde, führte dazu, daß dem Zucker 1988 der „GRAS“-Status zuerkannt wurde. „GRAS“ steht für „Generally Recognized As Safe“, was übersetzt heißt: allgemein als sicher anerkannt. Zukker ist tatsächlich eines der saubersten Lebensmittel, das wir haben. Dennoch sollten wir mit Zucker viel sorgfältiger umgehen. Am besten betrachtet man ihn als Gewürz, eine Prise als Geschmacksverstärker oder zum Abrunden und Verfeinern vieler Speisen.

Legt man den Rübenzucker mit 100% Süßkraft fest, ergibt sich folgende Tabelle im Vergleich mit anderen Zuckern.

Saccharose/Rübenzucker
= 100% Süßkraft
Dextrose/Traubenzucker
= 50% Süßkraft
Maltose/Malzzucker
= 60% Süßkraft
Lactose/Milchzucker
= 25% Süßkraft
Glykose/Stärkesirup
= 60% Süßkraft
Fructose/Fruchtzucker
= 125% Süßkraft
Fructose/Glucose (Honig)
= 72% Süßkraft
Saccharose/Fructose/Glucose
(Ahornsirup)
= 67% Süßkraft

Grundsorte oder Weißzucker
Es ist die qualitativ schlechteste und billigste Verbrauchszuckersorte. Ein Zweifachzucker (Diasaccharide) entsteht durch Verknüpfung von einem Molekül Fruchtzucker (Fructose) und einem Molekül Traubenzucker (Glucose). Er wird in einem Arbeitsgang aus der Zuckerrübe hergestellt. Beim Abschleudern des Sirups (erste Produktion) werden die Zuckerkristalle mit Wasser oder Wasserdampf abgewaschen.

Zuckerraffinade-Vielfachzucker
Dies ist der gebräuchlichste Zucker in der besten Qualität. Er ist reinste Saccarose mit circa 99,9% Süßkraft (99,9% Kohlehydrate). Bereits kristallisierter Zucker wird noch einmal aufgelöst und wenn nötig, durch Zugabe von Kohle entfärbt und später gefiltert. So erhalten wir Vielfachzukker (Polysaccharide). Aus dieser klaren Zuckerlösung gewinnt man über erneute Kristallisation hochwertige Zuckerraffinade. Dieser raffinierte Zucker wird in verschiedenen Körnungen angeboten.

Würfelzucker
Dies ist feinste Zuckerraffinade, die mit Wasser angefeuchtet und zu Würfeln gepreßt wird. Nach dem Pressen wird Würfelzucker wieder getrocknet.

Hagelzucker
Er wird aus Vielfachzucker hergestellt. Die Zuckerkörner sind mit Hagelkörnern zu vergleichen. Jedes Korn besteht aus vielen zusammengewachsenen Zuckerkristallen.

Puderzucker
Er wird auch Staubzucker genannt, er ist sehr fein gemahlene Zuckerraffinade. Kristalle sind nicht mehr festzustellen.

Süßer Schnee
Unter dieser Bezeichnung kommt ein Puderzucker in den Handel, der auch auf warmen und feuchten Gebäcken nicht schmilzt. Diesem Puderzucker wird Kalziumtriphosphat und ein Teil Maisstärke beigemischt. Er nimmt so keine Feuchtigkeit auf und kann nicht klumpig und hart werden.

Gelierzucker-Einmachzucker
Zuckerraffinade wird mit Pektin und Weinsteinsäure vermischt. Am häufigsten verwendet man reines Apfelpektin. Die Weinsteinsäure kann auch durch normale Zitronensäure ersetzt werden.

Brauner Zucker-Rohzucker
Brauner Zucker ist der Sammelbegriff für jeglichen braunen Zucker, sowie für alle Roh- und Farinzucker. Rohzucker ist das erste Kristallisationsprodukt, dem noch Verunreinigungen (Sirup) anhaften, die ihn braun erscheinen lassen. Brauner Zucker ist im Vergleich zu normalem, weißem Zucker immer noch sehr feucht. Dieser Sirup, der den Zuckerkristallen anhaftet, könnte mit Wasser abgewaschen werden. Nur geringe Mengen an Mineralstoffen sind in diesem Sirup noch enthalten.

Farinzucker-Kandisfarin
Farinzucker ist ein Produkt aus der Zuckerrübe. Die hell- bzw. dunkelbraune Farbe wird gezielt hergestellt, indem die Zuckerkristalle gleichmäßig mit karamelisiertem Zucker überzogen werden. Die Kristalle werden mit dem karamelisiertem Zucker gefärbt. Der Zucker erhält ein anderes Aroma und einen anderen Geschmack.

Kandiszucker
Der weiße Kandis ist das reinste Produkt der Zuckerraffinade. Es kann nur eine absolut reine Zuckerlösung verwendet werden. Die Zuckerlösung steht in großen Behältern circa 6-8 Tage in Wärmeräumen, diese Zeit benötigt der Zucker zum Kristallisieren. Den noch flüssigen Zucker läßt man ablaufen und bricht den Kandis heraus. Um braunen Kandis herzustellen, gießt man die Zuckerlösung in

Wannen, die mit dünnen Drähten ausgespannt wurden. Bei einer Temperatur von circa 70 °C läßt man die Zuckerlösung 14 Tage stehen. Automatisch bilden sich natürliche Farb-, Geschmacks- und Aromastoffe. Da man bei der Produktion von braunem Kandis nicht von 100% reiner Saccharose ausgeht, sind auch noch einige Aminosäuren im braunen Kandis enthalten. Manchmal wird die Zuckerlösung auch mit karamelisiertem Zucker gefärbt.

Traubenzucker
Traubenzucker oder Dextrose wird hauptsächlich aus Stärke hergestellt.

Glykose
Glykose oder Stärkesirup wird meist aus Kartoffel- oder Maisstärke hergestellt. Durch Kochen unter Druck mit Schwefel- oder Salzsäure wird die Stärke in Traubenzucker und Dextrin umgewandelt. Die Flüssigkeit wird mit Ätzkalk und Natronlauge neutralisiert, gefiltert und eingedampft, so gewinnt man zum Schluß die Glykose. Sie wird auch als Bonbon- oder Kapillärsirup bezeichnet.

Ahornsirup
„Sinzibuckwud“ heißt „dem Holz entlockt“. Die Indianer nannten den ersten von Ihnen entdeckten natürlichen Zucker Nordamerikas, den „Sinzibuckwud“ (Ahornzucker). Er unterscheidet sich von den anderen Zuckerarten durch seinen einzigartigen Geschmack und die Gewinnung.

Durch den Sonneneinfluß verwandelt sich ein Teil der Stärke des Ahornbaumes, der nicht unbedingt zum Erhalt und Wachstum benötigt wird, in reine Saccharose. In der sehr kurzen Zeit von Mitte Februar bis Anfang Mai werden die Ahornbäume angezapft. Nachts sollte es möglichst noch frostig sein, tagsüber aber ist es gut, wenn die Temperaturen leicht über dem Gefrierpunkt liegen. Zu dieser Zeit führt der Baum so viel Saft, daß er keinen Schaden durch das Anzapfen erleidet. Der Ahornsaft wird in großen Behältern gesammelt und noch am gleichen Tag in einer großen, rechteckigen Pfanne (evaporator = Verdampfer) eingekocht, da der Rohsaft nicht sehr lange haltbar ist. Die Pfannen stehen in extra errichteten Holzhütten, den „sugarshacks“. Diese Holzhütten sind auch nur während der kurzen Erntezeit bewohnt, den Rest des Jahres stehen sie leer. Um einen Liter Ahornsirup herzustellen, werden 40 Liter Ahornsaft benötigt. Diese Menge Ahornsaft gibt ein Baum ungefähr während der Ernteperiode ab. Der Sirup wird auf circa 67% Zuckergehalt eingekocht. Anfangs ist der Sirup nach dem Einkochen bernsteinfarben. Im weiteren Verlauf der Ernte wird er immer dunkler und intensiver im Geschmack. Zum Ende der Erntesaison ist der Ahornsirup sehr dunkel und schmeckt schon fast unangenehm. Die beste Qualität wird zum Erntebeginn gewonnen. Im Verlauf der Erntesaison wird die Qualität minderwertiger. Die Qualitätsfestlegung erfolgt mit dem Spektrophotometer. Mit diesem Gerät wird die Lichtdurchlässigkeit festgestellt. Die beste Sorte muß mindestens 75% Licht bei einem Zuckergehalt von 67% durchlassen. Die Bezeichnung dieser höchsten Qualitätsstufe bezeichnet man mit AA. Weitere Qualitätsbezeichnungen für Ahornsirup:
60-74% Qualität A
44-60% Qualität B
26-44% Qualität C
unter 27% Qualität D

Die Zuckerfarmer in Nordamerika müssen während der Ernte jederzeit mit einer Kontrolle der Inspektoren des Landwirtschaftsministeriums rechnen. Nach dem Kochen wird der Ahornsirup gefiltert und in Flaschen oder Fässer gefüllt. Zum Abfüllen muß der Sirup eine Temperatur von 80-82 °C erreicht haben.

Honig

Der süße Stoff, den der Gesetzgeber in der Honigverordnung von 1976 wie folgt definiert: Honig ist ein dickflüssiges, flüssiges oder kristallines Lebensmittel, das von Bienen erzeugt wird, indem sie Blütennektar, andere Sekrete von lebenden Pflanzenteilen oder auf lebenden Pflanzen befindliche Sekrete von Insekten aufnehemen, durch körpereigene Sekrete bereichern und verändern, in Waben speichern und dort reifen lassen. Unterschieden wird grundsätzlich zwischen Blütenhonig und Honigtauhonig (z.B. Waldhonig), bzw. zwischen den entsprechenden Rohstoffen, Blütennektar (Blütensaft) und Honigtau (zuckerreiche Absonderungen pflanzensaugender Insekten).

Honig war bereits im Altertum ein kostbares Gut. Er wurde den Göttern geopfert, als Heil- und Schönheitsmittel verwendet und war außerdem ein beliebtes, aber nicht ganz billiges Nahrungsmitel. Es gibt viele Hinweise dafür, daß die Urmenschen den Bienen ständig nachspürten, da sie bereits den Honig und das Wachs zu schätzen wußten. Von den Mönchen weiß man, daß etwa um 500 n.Chr. in den Klöstern die Imkerei kräftig gefördert wurde. Die Zahl der Honigliebhaber wuchs ständig, so daß sich bald das Handwerk der „Zeidler“ (Honigschneider) herausbildete. Die Zeidler waren ein angesehener Stand und mit vielen Vorrechten bedacht, wie: eigene Gerichtsbarkeit, Zollfreiheit und Pfändungsrecht. Auf Grund der steigenden Nachfrage (bis ins 16. Jahrhundert war Honig das einzig bekannte Süßungsmittel) begannen die Honigschneider mit dem Bau und Ausbau künstlicher Bienenwohnungen.

Die Honigsorten unterscheiden sich durch charakteristische Merkmale wie Geruch, Beschaffenheit, Farbe und Geschmack. Als typischen Blütenhonig kennt man zum Beispiel den Akazien-, Linden-, Heide- und Rapshonig. Typische Honigtauhonige sind Tannen- oder Fichtenhonig. Der Honigtauhonig ist weniger süß als der Blütenhonig.

Um die Arbeit einer Honigbiene richtig einzuschätzen, sollte man wissen, daß sie 45 bis 55 mg der süßen Säfte speichern kann. Damit ein Ertrag von 1 Kg Honig erzielt wird, muß die Biene zwischen 4 und 5 Millionen Blüten anfliegen. Die Honigbiene muß in diesem Fall mindestens 65 000 Mal den Weg von der Blüte zum Bienenstock fliegen.

Honig besteht hauptsächlich aus Invertzucker (Frucht und Traubenzucker), aus Wasser und anderen Zuckerarten. Außerdem enthält er Enzyme, Mineralstoffe, Säuren und zwischen 80 bis 100 Aromastoffe. Honig hat eine Süßkraft von 79 % (Kristallzucker dagegen 99,9 %)

100 g Honig = 300 Kalorien (1270 Joule)
100 g Kristallzucker = 385 Kalorien (1612 Joule)

Honigbestandteile (durchschnittliche Werte)

38,00 % Fructose/Fruchtzucker
31,00 % Glucose/Traubenzucker
20,00 % Wasser
7,30 % Malzzucker
1,30 % Polysaccharide
0,17 % Mineralstoffe

Honig ist ein reines, unverfälschtes, von Bienen mit viel Mühe und Fleiß erzeugtes Naturprodukt, das vom Imker mit Sorgfalt gewonnen wird. Er muß vor Licht, Hitze und Feuchtigkeit geschützt und kühl, dunkel, trokken und unter äußerst sauberen Bedingungen gelagert werden. Echter Bienenhonig wird in Deutschland nach folgenden Methoden gewonnen:

1. Der Scheibenhonig — hiermit ist ausschließlich Heidehonig gemeint,

der in Waben aus reinem Bienenwachs in den Handel kommt. Scheibenhonig ist besonders aromatisch im Geschmack.

2. Der Wabenhonig – die Honigsorte ist nicht vorgegeben, sondern der Honig ist noch in den Waben, die von den Bienen selbst mit Wachsdeckeln verschlossen wurden. Dieser Honig kommt direkt von der Biene auf den Tisch.

3. Der Schleuderhonig – dieser Honig wird durch eine Honigschleuder aus den Waben gewonnen. Der Honig darf erst ausgeschleudert werden, wenn der Wassergehalt auf mindestens 20% gesunken ist. Sonst ist er nicht lagerfähig und beginnt nach einiger Zeit zu gären.

Wichtig zu wissen: Werbeaussagen, wie „naturbelassen" oder „kalt geschleudert" sind eine Selbstverständlichkeit, Honig wird immer kalt geschleudert, da sich sonst das Wachs der Waben auflösen würde. Honig ist ein Naturprodukt, das als Bienenerzeugnis in der Honigverordnung festgelegt ist. Die Bezeichnung „Imkerhonig" ist ebenfalls nicht zutreffend, da Honig ein Bienenerzeugnis ist. Diese Begriffe sind alle nicht als Qualitätsmerkmal zu verstehen und haben keinen weiteren Informationswert, durch sie wird der Verbraucher getäuscht und irregeführt. Honig zählt zu den wenigen Lebensmitteln, die nicht durch ein Mindesthaltbarkeitsdatum gekennzeichnet sein müssen. Hier macht die Kennzeichnungsverordnung eine Ausnahme.

Immer wieder spricht man dem Honig eine „heilende" Wirkung zu. Honig lindert Schmerzen, wird zur Heilung von Schnittwunden eingesetzt, wirkt leicht abführend und harntreibend. Diese und noch viele andere Versprechungen werden dem milden „Wunderheilmittel" Honig zugesprochen. Auch hier gehen die Meinungen weit auseinander:

Prof. Förster (Universität Frankfurt), auf die heilende Wirkung des Honigs angesprochen: Honig ist ein Werkzucker, schmeckt gut, ist aber sehr teuer. Honig hat keine Vitalstoffe und keine Vitamine. Das Interessante am Honig ist sein Geschmack. Eine heilende Wirkung hat Honig nie gehabt.

Prof. Leitzmann (Universität Gießen):

Das Volksheilmittel Honig sollte man nicht ganz ignorieren. Daß Honig enzymhaltig sei, ist ein reiner Werbefaktor. Die Enzyme gehen alle kaputt, wenn nicht beim Erhitzen, dann im Magen. Vielleicht wirkt Honig nach dem Prinzip der Homöopathie, denn hier wird mit kleinsten Dosierungen gearbeitet. Zu bedenken ist, das Honig ein pflanzliches Produkt bleibt, die Bienen tragen es nur zusammen, sie produzieren es nicht von Grund auf. Aus diesem Grund gibt es viele sekundäre Pflanzenstoffe, die gerade bei uns in der Rohkost und in milchfreien Produkten eine bedeutende Rolle spielen. Es ist wissenschaftlich nicht nachzuweisen, warum bei einem Kleinkind heiße Milch mit Honig eine Erkältung lindert.

Andere Produkte wie Gelée Royale oder Bienenbrut werden unter dem gleichen Aspekt angeboten und verkauft, aber es gibt kaum Beweise, daß diese Produkte wirkliche Heilmittel sind. Die Mengen an Mineralstoffen oder Vitaminen sind so gering, daß dies nur bei Menschen eine Verbesserung des Allgemeinbefindens bewirken kann, die ihr Leben am Existenzminimumm fristen.

Ist Süßstoff gleich Süßstoff?

Auf „Süßes" verzichten fällt schwer und sei es noch so ungesund. Genießen ohne Reue, nach diesem Motto greift heute schon jeder Dritte zum kalorienarmen Süßstoff. Was die Nebenwirkungen betrifft, soll in den folgenden Zeilen ein wenig erklärt werden.

Die im Handel befindlichen Süßstoffe sind: Saccharin, Cyclamat, Acesulfam und Aspartam. Für die genannten Süßstoffe gilt folgendes:
1. Sie haben in der gebräuchlichen Dosierung keinerlei gefährliche Nebenwirkungen.
2. Sie sind ganz kalorienfrei oder aber fast kalorienarm.
3. Sie besitzen keine kariesfördernden Eigenschaften, sind daher zahnschonend.
4. Sie eignen sich hervorragend für Diabetiker
5. Sie sind meist hitzebeständig (Aspartam ist jedoch zum Kochen und Backen nicht geeignet).

Cyclamat
Cyclamat ist 30 mal süßer als Zucker und hat damit die geringste Süßkraft von allen Süßstoffen. Es wird nur in ganz geringem Maß vom Körper aufgenommen, der größte Teil wird über die Nieren unverändert wieder ausgeschieden. Seit circa 20 Jahren wird über eine karzinogene Nebenwirkung von Cyclamat diskutiert, trotzdem wurde die Zulassung in den verschiedenen Ländern immer nur teilweise eingeschränkt. Inzwischen ist jedoch die Unbedenklichkeit von Cyclamat durch die WHO offiziell bestätigt worden.

Acesulfam
Es hat die 150-200fache Süßkraft des Zuckers. Auch bei normaler Dosierung kann ein leichter Nachgeschmack entstehen, der jedoch verhindert werden kann, wenn Acesulfam mit einem anderen Süßstoff kombiniert verwendet wird. Acesulfam wird im Körper nicht umgewandelt, sondern unverändert wieder ausgeschieden. In zahlreichen wissenschaftlichen Studien, konnten ungünstige Nebenwirkungen nicht festgestellt werden.

Saccharin
Die Eigenschaften von Saccharin und Acesulfam sind ähnlich, auch Saccharin passiert den Körper unverändert. Bei normaler Verwendung und Dosierung sind keine gesundheitsschädlichen Nebenwirkungen bekannt. 300-500 Mal stärker ist die Süßkraft von Saccharin als von normalem Zucker. Nicht immer läßt sich ein Nachgeschmack ausschließen.

Aspartam
Aspartam ist ein neuer Süßstoff, der etwa 200 Mal stärker süßt als normaler Zucker. Geschmacklich ist Aspartam der beste Süßstoff, er schmeckt sehr gut und natürlich. Aspartam hat die gleiche Eigenschaft wie Zucker, bestimmte Aromen zu verstärken. Am deutlichsten kommt dies bei den verschiedenen Früchten zum Ausdruck. Allerdings ist Aspartam nicht sehr gut zum Kochen oder Backen geeignet. Die Diskussionen um die Unbedenklichkeit sind leider noch nicht ganz abgeschlossen, da die Mediziner sich nicht ganz einig sind. Aspartam enthält die beiden Aminosäuren L-Phenylalanin und L-Asparaginsäure. Während des Verdauungsvorgangs zerfallen diese in Phenylalanin, Asparaginsäure und Menthol. Das Menthol gab immer wieder Anlaß zur Kritik, denn in relativ hohen Dosierungen könnten dadurch Sehstörungen auftreten. Ein gesundheitliches Risiko ergibt sich aber erst dann, wenn dieser Süßstoff in großen Mengen verwendet wird.

Gewürze und Kräuter

Vanille
Von Vanila und einem bösen Zauberer erzählt eine alte Sage in Mexiko. Die schöne Vanila liebte einen jungen Mann mit dem Namen Chocolatl. Der Zauberer war von Neid und Mißgunst erfüllt und konnte keine Liebe in seiner Nähe ertragen. Er wurde immer ärgerlicher wenn er die innige Liebe der Beiden betrachten mußte. Eines Tages wurde er so wütend, daß er sie mit seinem Zauber in Pflanzen verwandelte. Chocolatl wurde ein

Baum und Vanila eine schöne Orchidee. Doch ihre Liebe war so stark, daß sie sogar den Zauber überwand, denn auch jetzt vermochte sie keiner zu trennen. Vanila umschlang als Orchidee den Baum Chocolatl so fest, wie nur ein liebendes Mädchen einen Mann umarmen kann. Den Menschen, die sich Jahre später einen Trank aus den Früchten des Baumes und der Orchidee zubereiteten, wich alle Bitterkeit aus dem Herzen und sie spürten füreinander nur noch Liebe. Noch heute wird aus den Früchten von Chocolatl und Vanila (Kakao und Vanille) ein Liebestrank zubereitet.

Vanilleschote
Die Königin der Gewürze nennt sich botanisch „Vanilla planifolia" und „Vanilla pompona". Sie gehört zu der großen Familie der Orchideengewächse und hat noch eine Besonderheit, sie ist eine Liane. Hätte Tarzan seine guten Taten nicht im afrikanischen Dschungel, sondern in den Urwäldern Mittelamerikas vollbringen müssen, hätte er sie wahrscheinlich auch ergriffen um von Baum zu Baum zu schwingen. Die Azteken würzten nicht nur ihren Kakaotrunk, sondern auch viele ihrer Speisen mit Vanille. Der spanische Eroberer Cortés wurde auf dieses Gewürz aufmerksam, ihm gefiel es und er brachte es mit nach Spanien. Weit über 300 Jahre besaßen die Spanier das Monopol im Verkauf der begehrten Schoten und Mexiko blieb der größte Vanilleproduzent der Welt. Zu Beginn des 19. Jahrhunderts gelang es den Holländern und Franzosen endlich auf den Inseln ihrer Kolonien im indischen Ozean Kulturen mit Setzlingen aus dem Gewächshaus eines botanischen Gartens in Frankreich anzulegen. Dies war der Beginn der ersten Vanillekulturen, mit denen man das Monopol der Spanier legal brechen konnte. Die qualitativ beste Vanille wurde in Bourbon angebaut, daher erhielt sie auch schnell den Handelsnamen „Bourbon-Vanille". Aber auch auf den Nachbarinseln Madagaska und den Komoren wurde bald erfolgreich Vanille kultiviert.

Westindische Vanille oder Pompona stammen von einer anderen Vanilleart (vanilla pompona) ab. Diese Vanille-Art wird ausschließlich für Parfüms und Arzneimittel verwendet. Eine verwandte Art ist die hauptsächlich auf Tahiti und Polynesien angebaute „Vanilla tahitiensis". Sie ist nicht so wertvoll wie die Bourbon Vanille und unterscheidet sich stark im Geschmack und Aussehen. Auch der bei uns sehr bekannte Garten-Heliotrop hat eigentlich mit Vanille nichts zu tun, obwohl er wegen seiner stark nach Vanille duftenden Blüte als Vanilleblume bekannt ist. Diese Vanilleblume wird meist in der Parfümindustrie verwendet.

In modernen Pflanzungen wird die Vanille-Orchidee an kleinen Bäumen oder Pfählen gezogen. Die Pflanzen werden nicht höher als 175 cm. Die gelben Blüten werden mit feinen Bambusstäbchen bestäubt. Da sich die Blüten aber nur für wenige Stunden öffnen, ist das Bestäuben ein Wettlauf mit der Zeit, Schnelligkeit und eine hohe Konzentration sind wichtig. Die Vanilleschoten werden gepflückt, bevor sie ganz reif sind. Sie sind gelbgrün und haben noch nicht das typische Vanillearoma. Dieses Aroma entwickelt sich erst durch bestimmte Behandlungsmethoden und durch enzymatische Prozesse im Innern der Schote und Schale. Die gepflückten Vanilleschoten müssen zuerst tüchtig schwitzen. Meist werden sie nach dem Pflücken mit heißem Wasser übergossen, in luftdichte Behälter gepackt und der Tropensonne ausgesetzt. Es ist aber auch möglich, die Schoten gleich in dicke Wolldekken einzuwickeln. Dieser Schwitzprozeß zieht sich über mehrere Wochen hin, danach erst duften die Schoten kräftig nach Vanille und erhalten ihre fettglänzende schwarzbraune Farbe.

Die besten Vanilleschoten werden nach einiger Zeit von grauweißen Kristallen überzogen, diese Schoten verströmen ihr unvergleichliches Aroma sogar durch verschlossene Gefäße. Leider sind einige Leute immer noch der Ansicht, daß diese Schoten von Schimmel überzogen und als verdorben zu bezeichnen sind. Den glatten, schwarzbraunen Vanilleschoten, die im Handel einzeln und sehr teuer zu kaufen sind, wurden schon wichtige Aromastoffe entzogen, darum kristallisieren diese Schoten nicht mehr aus.

Die schwarzen Punkte im Innern der Schote sind die Samenkörner, sie sind von einem ölig braunen Mus umschlossen. Auf diese Weise werden die Samenkörner gleichmäßig in der Schote festgehalten und verteilt.

Der Preis für 1 Kilogramm Bourbon Vanille der besten Sorte liegt circa bei 450,- bis 600,- Mark. Dieses wertvolle Gewürz muß auch sorgfältig gelagert werden. Am besten bewahrt man die Vanilleschoten in einem fest verschließbaren Glas auf, da Vanille sofort Fremdgerüche annimmt. Ungebrauchte Vanilleschoten niemals in Zucker aufbewahren, da sie hart und fest werden. Zucker entzieht ihnen alle Feuchtigkeit. Die Schoten lassen sich dann nicht mehr aufschneiden.

Tip: Wertvolle Produkte wie die Vanilleschoten, dürfen nach einmaliger Verwendung nicht einfach im Abfall landen, sondern sollten so gut wie möglich, weiterverarbeitet werden.

Vanilleschoten sollten immer aufgeschnitten werden, da es einfacher ist, das Mark im Innern der Schote auszuschaben.

Gebrauchte Schoten unter kaltem, klaren Wasser abwaschen, trocknen lassen und in Zucker einlegen. Die Schoten haben noch ausreichend Aroma, um den Zucker zu aromatisieren. Die Vanilleschoten können aber auch in Läuterzucker von etwa 25 °Bé. eingelegt werden. So erhält man einen wunderbaren Vanillesirup, der besonders zum Mixen an der Bar oder zum Einlegen von Früchten geeignet ist. Um die Vanilleschoten zum Schluß ganz zu verarbeiten, sollten die in Kristallzucker eingelegten Schoten mit etwas Zucker sehr fein gemahlen werden. Dieses Vanillepulver ist besonders zum Kuchenbacken und Aromatisieren von Soufflés geeignet. Auf diese Weise ist es möglich, die komplette Vanilleschote zu verarbeiten. Richtet man seine Arbeitsweise darauf ein, ist der Preis für ein Kilogramm dieses Gewürzes angemessen.

Die Vanille besitzt auch einen gesundheitlichen Nutzwert. Die Medizin schätzt und nutzt ihre antiseptischen Eigenschaften in Medikamenten gegen chronische Bronchitis, hartnäckige Katarrhe und Luftröhrenkatarrh der Raucher. Als Tee getrunken wirkt sie nervenstärkend und bringt Linderung bei Menstruationsbeschwerden.

Zimt/Caneel

Die Rinde des Zimtbaumes spielte schon zu Salomons Zeiten eine große Rolle, weniger zum Würzen von Speisen, sondern mehr zur Zubereitung wohlriechender Salben und Öle, Schönheitswässerchen und Medizinen. Husten, Schnupfen, Blutarmut und Herzleiden waren typische Krankheiten, die mit Zimt behandelt wurden. Häufig wurde Zimt in der damaligen Zeit auch als Abtreibungsmittel verwendet, der Erfolg dieser speziellen Behandlung wird aber sehr angezweifelt.

Der Zimthandel im Altertum blühte. Vor allem die arabischen Kaufleute, die sich die Zimtstangen aus Indien holten, profitierten von diesem Geschäft. In Europa verkauften sie den Zimt später zu astronomischen Preisen und gelangten so schnell zu großem Reichtum. Damit ihnen die Geschäfte von den Europäern nicht streitig gemacht wurden, erfanden sie die tollsten Lügengeschichten über die Herkunft des Zimts. In Europa wußte eigentlich niemand so recht, wo der Zimt wirklich herkam, selbst Ärzte und Gelehrte glaubten die Märchen.

Als im 16. Jahrhundert die Portugiesen Ceylon eroberten, wußten sie lange nicht welcher Schatz ihnen in die Hände gefallen war. Es vergingen Jahrzehnte, bis sie merkten, daß Ceylon die Zimtinsel war. Später wurde Ceylon von ihnen unerbittlich ausgebeutet. Das Regime der zu Hilfe gerufenen Holländer war noch brutaler, sie bauten in kurzer Zeit ein Monopol auf, indem sie alle Zimtbäume in den von ihnen beherrschten ostasiatischen Gebieten vernichteten. Es durfte nur noch auf Ceylon Zimt angebaut werden. Zimtstangen, die von holländischen Schiffen nicht mehr aufgenommen werden konnten, mußten öffentlich auf dem Markt verbrannt werden. Besaß man einen Zimtbaum im eigenen Garten, drohte die Todesstrafe. Erst als die Engländer die Holländer vertrieben, begannen sie auch Zimt in Indonesien anzubauen. Schon bald wurde Ceylon produktionsmäßig überflügelt, so ist es auch heute noch. Mehr als die Hälfte der Zimtproduktion (circa 8000 Tonnen) kommen aus Indonesien. Ceylon und die Seychellen produzieren zusammen noch nicht die Hälfte dieser Menge. Qualitativ kommt heute aber immer noch der beste Zimt aus Ceylon. Ceylon-Zimt oder auch Caneel ist die aromatischste und feinste Zimtsorte, die es gibt. Sie kommt auch nur in Stangen auf den Markt. Alle anderen Zimtsorten, wie China- oder Indochinazimt werden überwiegend als Pulver, also gemahlen angeboten.

Der Zimtbaum ist ein immergrüner, kleiner Baum und gehört zu der Familie der Lorbeergewächse. Bis heute hat man circa 100 verschiedene Baumarten gezählt, von denen die wichtigsten der Ceylonzimt (Caneel) und der Chinazimt sind.

Ob nun feiner Ceylonzimt oder ganz gewöhnlicher Chinazimt, beide Arten werden auf die gleiche Weise angebaut und geerntet. Die abgeschnittenen Zweige der Zimtbäume werden mit einem Kupfer- oder Hornmesser geschält. Die geschälte Rinde wird von der Korkschicht befreit und zum Trocknen ausgelegt. Während des Trockenvorganges rollen sich die Rindenstücke auf und werden so zu Zimtstangen. Beim Ceylonzimt beschneidet man die Bäume schon mit zwei Jahren, dann ist die Rinde noch dünn und fein. Beim Chinazimt werden die Bäume erst mit sechs Jahren beschnitten, diese Rinde ist wesentlich dicker und ergiebiger, aber bei weitem nicht so fein im Geschmack. Zimtstangen behalten 2-3 Jahre Geschmack und Aroma, wenn sie in einem fest verschließbaren Glas dunkel und trocken gelagert werden. Zimtpulver verliert sein Aroma sehr schnell, darum sollten keine zu großen Mengen eingelagert werden.

Tip: Da Ceylonzimt auch im Einkauf wesentlich teurer als normaler Zimt ist, aber geschmacklich und vom Aroma alle Vorteile aufweist, sollte man mit ihm auch sorgfältig und sparsam umgehen. Auf keinen Fall müssen verwendete Zimtstangen nach einmaligem Gebrauch weggeworfen werden. Sie werden unter kaltem Wasser gut abgewaschen und getrocknet. In einer gut verschließbaren Dose oder einem Glas sollte man die Stangen sammeln. Sind reichlich Zimtstangen gesammelt worden, gibt es zwei Möglichkeiten, sie weiter zu verwenden:

1. Die Zimtstangen werden in einen großen Topf gegeben, Wasser und Zucker zu gleichen Teilen zufügen und alles einmal kräftig aufkochen. Die Flüssigkeit auf kleiner Flamme einkochen lassen. Je länger und langsamer dieser Vorgang dauert, umso intensiver ist später der Zimtsirup. Geht man von 35 Zimtstangen,

zwei Liter Wasser und zwei Kilogramm Zucker aus, sollte alles circa 2-2,5 Stunden bei ungefähr 80 bis 85 °C eindampfen. Den Zimtsirup bis maximal 30 °Bé. (Zuckerwaage) einkochen. Den Sirup über Nacht ziehen lassen, am nächsten Morgen gut anwärmen, durch ein feines Haarsieb gießen und in peinlich saubere Gläser oder Behälter füllen. Es ist gut, wenn in jeden Behälter, je nach Größe, 1 oder 2 von den Zimtstangen zugegeben werden. Dieser Zimtsirup, der sehr intensiv schmeckt, läßt sich gut zur Eisherstellung oder zum Zubereiten feiner Cremes verwenden.

Da Zimt zu den Gewürzen zählt, die sich auch in der Flüssigkeit nicht auflösen, geht man immer die Gefahr ein, daß so feine Massen wie Eis oder Cremes zu dunkel werden und auf der Zunge einen scharfen Nachgeschmack hinterlassen, wenn etwas Zimtpulver zuviel dosiert wurde. Arbeitet man aber mit dem Zimtsirup, bleiben Eis und Cremes schneeweiß und schmecken fein, aber kräftig nach Zimt.

2. Die Zimtstangen in Läuterzucker einlegen, der später eventuell mit etwas Alkohol verschnitten wird, so erhält man einen feinen Zimtlikör, mit dem es sich hervorragend aromatisieren läßt. Verzichtet man auf den Alkohol, läßt sich mit diesem Sirup auch im Barbereich gut mixen.

Nelken

Bekannt ist die Nelke auch unter dem Begriff „Nägelchen" oder Gewürznelke. Botaniker sprechen einfach von „Caryophyllus aromaticus". Die Nelken haben mit der uns bekannten Blume „Nelke" nichts gemeinsam. Es sind aber dennoch Blumen, besser gesagt, die Blütenknospen des Nelkenbaumes. Die Knospen werden kurz vorm Aufbrechen gepflückt und getrocknet. Ein Nelkenbaum wird ungefähr 12 Meter hoch und ist immer grün. Er blüht rot-weiß und die Blüten sitzen an kleinen Rispen. Die Molukken sind die Heimat des Nelkenbaumes, der heute aber bereits überall in den Tropen zu Hause ist.

Obwohl schon lange vor unserer Zeitrechnung die Nelke in China bekannt war, lernten die Europäer sie erst mehr als 300 Jahre n.Chr. kennen. Ihre „würzigste Zeit" hatte die Nelke im Mittelalter. Während dieser Epoche wurden hundert Mal mehr Gewürze verbraucht als heute. Damals wurde die Nelke ganz und auch gemahlen als Nelkenpulver verkauft. Verwendet wurde die Nelke zum Backen von Lebkuchen und sogar als Medizin gegen kalte Füße. Die Pfeffersäcke, so nannte man damals die Gewürzhändler, rieben sich die Hände, denn die Kasse klingelte unaufhörlich. Wie lukrativ das Geschäft war, zeigt ein Beispiel aus Famagusta, eine Stadt auf Zypern. Mit dem Erlös einer Schiffsladung Nelken baute ein Kaufmann eine gotische Kirche.

Nelken sind auch heute noch beliebt, jedoch wesentlich preiswerter. Eine Statistik, nach der jeder Bundesbürger bis zu 120 Nelken im Jahr verbraucht, zeigt dies deutlich. Wenn es beim Zahnarzt weihnachtlich duftet, muß nicht Weihnachten sein, es ist Nelkenöl, ein häufig verwendetes Antiseptikum. Nelken halten ihr Aroma in einem gut verschlossenem Gefäß etwa 2-3 Jahre. Gemahlene Nelken sollten schnell verbraucht werden.

Tip: Die Qualität der Gewürzelken läßt sich sehr leicht prüfen. Wirft man sie in ein Glas mit Wasser und die Nelken schwimmen senkrecht oder gehen unter, enthalten sie sehr viel Nelkenöl. Minderwertige Ware schwimmt immer waagerecht auf dem Wasser.

Pfefferminze
Das Würzkraut der Engländer war in der Antike als Totenpflanze bekannt. Aber nicht nur die Engländer entdeckten die Minze für ihre Küche, sondern auch in der Türkei und in Südosteuropa schätzt man sie.

Diese robuste Pflanze gedeiht in ganz Europa und existiert in unzähligen Unterarten. Wichtig sind aber nur zwei Arten: die Pfefferminze (bot. Mentha piperita) hat glatte Blätter und ist sehr mentholhaltig. Die Krausminze (bot. Mentha crispata) hat kleine, krause Blätter, wenig Menthol und ist im Geschmack sehr zart. Zum Kochen sollte man die zarte Krausminze verwenden, da sie sehr wenig Menthol enthält.

Im Handel sind bei uns meist nur getrocknete Pfefferminzblätter erhältlich, die überwiegend zum Kochen von Pefferminztee verwendet werden. Vor einigen Jahren wuchs Pfefferminz fast an jeder Ecke wild. Sie wurde gesammelt und zum Trocknen an einer Schnur auf den Speicher gehängt. Heute kann man frische Minze meist nur in guten Gemüsegeschäften kaufen.

Tip: Minze wird sehr viel zum Garnieren von Desserts oder Eis verwendet. Es lohnt sich, Minze in einem Blumenkasten oder im Garten zu ziehen, damit Sie immer frisch zur Verfügung steht.

Verwendet man sehr viel Minze, sollten die Stiele und der Abfall nicht achtlos weggeworfen, sondern in einer leichten Zuckerlösung (Läuterzucker 20 °Bé) eingelegt werden. Nach einiger Zeit läßt sich aus diesem Minzsirup ein hervorragendes Sorbet oder Granité herstellen.

Zitronenmelisse
Zitronenmelisse ist häufig auch unter dem Namen „Bienenkraut“ bekannt. Ursprünglich war sie nur in Südeuropa beheimatet. Benediktinermönche brachten die Melisse nach Deutschland. Sie galt bei den Mönchen im Mittelalter als eines der wichtigsten Heilkräuter, dem man wahre Wunder zutraute. Gedächnisschwund, Fallsucht, Herzschwäche oder Melancholie wurden mit Zitronenmelisse behandelt.

Die Melisse ist ein Staudengewächs, das bis zu 1 Meter hoch wird. Die Pflanze ist anspruchslos, muß aber gegen Frost geschützt werden. Sie ist würzig und hat sehr große Blätter. Im Handel wird Zitronenmelisse fast nur frisch angeboten, da sie getrocknet ihr Aroma verliert.

Tip: Wird Zitronenmelisse gehackt, kann sie auch eingefroren gelagert werden. In der Naturheilkunde verwendet man Zitronenmelisse gegen Schlaflosigkeit, außerdem lindert sie Übelkeit und wirkt krampflösend.

Lorbeerblätter
Lorbeer, ein Gewürz mit einer berühmten Vergangenheit, doch heute leider wahllos in den Küchen mißbraucht wird. Heinrich Heine stellte dies schon vor etwa 130 Jahren fest. Der wahnsinnigen Liebe des Gottes Apoll zu der keuschen Nymphe Daphne verdankt der Lorbeer seine Entstehung. So lautet eine Erzählung im antiken Griechenland. In großer Sorge um ihre Keuschheit wandte die Nymphe sich an Zeus, den Vater aller Götter. Er sah keine andere Möglichkeit als Daphne vor den Augen Apolls in einen Baum, nämlich den Lorbeerbaum, zu verwandeln. Von diesem Augenblick war der Lorbeer dem Apoll heilig. Später pflanzte man ganze Lorbeerhaine zu Ehren Apolls. Er war Herr des Lichtes und dank seiner siegreichen, heilenden Kraft galt der Lorbeer auch als Symbol des Sieges. Aus diesem Grund wurden siegreiche Sportler und römische Cäsaren mit Lorbeer bekränzt. Wer kennt bei uns nicht die Redewendungen: Lorbeeren ernten oder sich

auf den Lorbeeren ausruhen, auch dies sind Relikte der ehemaligen Wertschätzung des Lorbeerbaumes.

Lorbeer oder botanisch „Laurus nobilis" ist im gesamten Mittelmeerraum beheimatet und wächst dort als immergrüner Strauch oder als Lorbeerbaum, der bis zu 15 m hoch werden kann. Er trägt Früchte, die den Oliven ähneln und seine Blätter wirken lederartig. Aus den Früchten gewinnt man Öl, das zur Likörherstellung verwendet wird. Die Blätter gibt es bei uns getrocknet und gemahlen zu kaufen. Frische Lorberblätter sind nur in den Anbauländern erhältlich.

Lorbeer schmeckt sehr würzig und leicht bitter. Frische Blätter haben einen herben Geschmack. Lorbeerblätter, die im Handel zu kaufen sind, können längst nicht so frisch sein, wie sie eigentlich sein sollten. Ein Optimum an Geschmack bekommt man nur mit frischer Ware und die gibt es sehr selten.

Tip: Lorbeer nie gemahlen kaufen, er verliert zu schnell sein Aroma und schmeckt meist nur noch bitter. Die Blätter sollten so frisch wie möglich sein. Die Frische erkennt man an der Farbe der Blätter. Sind die Lorbeerblätter gelblichbraun gefärbt, ist es minderwertige Qualität, häufig sind auch schon viele Blätter zerbrochen. Zweimal jährlich muß der Bestand der Lorbeerblätter erneuert werden. Wichtig ist, die Blätter dunkel und luftdicht zu lagern.

Kardamom

Kardamom ist eine grünlichblau blühende, mehrjährige Pflanze mit lanzettenartigen Blättern, die von leuchtend grüner Farbe sind. Ihre Heimat ist Ost- und Südwestasien. Die braunen Samenkörner werden zum Würzen verwendet. Kardamom kommt bei uns fast nur gemahlen in den Handel. Steigt einem der Duft von Kardamom in die Nase, ist es sicher, daß bald Weihnachten ist, denn dieses Gewürz ist bei uns ein typisches Weihnachtsgewürz für Lebkuchen und Gewürzplätzchen. In fast allen Gewürzmischungen für Weihnachtsgebäck ist Kardamom enthalten. In anderen Ländern (z.B. Saudi-Arabien) würzt man seinen Kaffee, in Skandinavien, besonders in Schweden, würzt man Kuchen und heißen Punsch und in Indien fast alle pikanten Speisen mit Kardamom.

Tip: Am besten schmeckt Kardamom wenn er frisch gemahlen wird. Darum sollte man versuchen, ganzen Kardamomsamen zu kaufen. Eine gut gereinigte Pfeffermühle eignet sich besonders gut zum Mahlen.

Piment

„Pimienta" ist spanisch und heißt übersetzt „Pfeffer". Der Begriff Nelkenpfeffer ist aber auch sehr verbreitet, da Piment wie Pfeffer aussieht und wie Nelke riecht.

Als Kolumbus auszog, um Indien zu entdecken, wurde Indien noch das Pfefferland genannt. Aus vielen Erzählungen hatte man gehört, daß es dort Pfeffer geben sollte. Als Kolumbus Leute die besagten Pimentkörner fanden, hielten sie diese natürlich für Pfeffer. Später stellten sie fest, daß diese Körner nicht viel mit Pfeffer gemeinsam hatten und sie kümmerten sich nicht mehr um die Piementkörner. Darum lernten die Europäer Piment erst kennen, als Kolumbus schon 250 Jahre tot war. Piment kommt in ganzen Körnern und auch gemahlen in den Handel. Ganze Körner werden zum Beispiel für Marinaden und klare Suppen verwendet, gemahlener Piment hauptsächlich zur Weihnachtszeit zur Herstellung von Weihnachtsgebäck.

Tip: Die ganzen Körner kurz vor Gebrauch grob zerdrücken, so geben sie mehr Aroma ab. Wird für Gebäck gemahlener Piment gebraucht, sollte man ihn nur frisch mahlen. Gemahlener Piment sollte möglichst schnell verbraucht werden. Durch langes Lagern geht das Aroma verloren.

Muskat
Muskat war ursprünglich auf den Molukken, den typischen Gewürzinseln zu Hause. Heute ist Muskat in fast allen tropischen Ländern beheimatet. Der Muskatbaum wird bis zu 15 Meter hoch, ist immer grün und trägt im Jahr etwa 1800 bis 2200 aprikosenähnliche Muskatfrüchte. Im Innern der Frucht befindet sich der Samen, die Muskatnuß. Dieser Samenkern ist von einer roten Samenhaut umgeben, die nach dem Trocknen bräunlichgelb wird. Es ist falsch die Samenhaut als Muskatblüte zu bezeichnen. Diese Haut wird zum Würzen verwendet, sie heißt „Macis".

Bei uns kommen die Muskatnüsse ganz oder gemahlen in den Handel. Aus Haltbarkeitsgründen werden die Nüsse gekalkt. Macis ist meist nur in Apotheken und manchmal auch in Feinkostgeschäften zu kaufen.

Tip: Mit dem Würzen sollte man vorsichtig sein, denn etwas zuviel kann leicht schädlich sein. Beim erwachsenen Menschen können 15 g Muskat bereits Herzbeklemmungen und Rauschzustände hervorrufen, die bis zur Bewußtlosigkeit führen. Muskatnüsse sollten daher vor Kindern sicher aufbewahrt werden.

Muskatnuß und Macis können bedenkenlos für die gleichen Gerichte verwendet werden. Macis schmeckt sehr viel feiner und ist erheblich teurer als die Nuß. Für alle Gerichte bei denen sich die dunklen Punkte der Muskatnuß störend zeigen, kann man Macis verwenden.

Anis
„Enyß (Anis) in Speis gegessen, bringet Begierde zu ehelichen Werken".

Dieser Satz hatte im Mittelalter große Bedeutung, da Anis als sehr potenzfördend galt. Im Mittelmeerraum war Anis schon sehr früh bekannt, er hat eine Tradition von circa 5000 Jahren. In Rom wurde Anis zum Brotbacken und Aromatisieren von Oliven verwendet. Gegen Blähungen, Husten und Verdauungsstörungen verschrieben die Ärzte damals genau wie heute Anis.

Der Begriff „süßer Kümmel und Brotsamen" ist in verschiedenen Landstrichen ebenfalls geläufig. Anis ist ganz und gemahlen im Handel erhältlich.

Tip: Anis wird am besten frisch gemahlen, dann ist er doppelt so aromatisch, darum ist Vorsicht beim Würzen geboten. Wenn keine Mühle zur Hand ist, können die Körner auch im Mörser zerstoßen werden. Da Anis nicht jedermanns Sache ist, sollte nicht wahllos gewürzt werden.

Estragon
Wenn man bedenkt, daß Kümmel und Anis eine Tradition von über 5000 Jahren haben, ist der Estragon mit seiner circa 800 jährigen ein Emporkömmling. Seine Verwandtschaft kann sich aber sehen lassen, es sind der Beifuß, den die Germanen und Kelten als „Mutter aller Kräuter" ehrten und der Wermut, auch wenn einem immer die „bitteren Wermutstropfen" einfallen, die alles Glück verderben. Wermut ist positiv gemeint und bedeutet: „stärkt den Mut".

Die Kreuzritter brachten den Estragon aus Kleinasien mit nach Südfrankreich, dort wurde er zum Star der französischen Küche. Wie jeder Star, so hat auch der Estragon Staralüren, denn seine Vermehrung ist nicht ganz einfach, es gelingt nur über Ableger und Stockteilung. Der russische Estragon dagegen ist problemlos und kann mit Samen vermehrt werden, er ist aber nicht so aromatisch. In einigen Gegenden wird der Estragon „Drachenkraut und Schlangenkraut" genannt, was nichts damit zu tun hat, daß man ihn nicht mag. Estragon ist eine mehrjährige Pflanze, die bis zu 1,50 Meter hoch wächst.

Tip: Will man sich einen Wintervorrat anlegen, dürfen die Estragonblätter und Zweige nicht getrocknet werden, da dies nur durch ein Spezialverfahren möglich ist, damit das Aroma erhalten bleibt. Besser ist es, die Zweige und Blätter in Öl oder Essig einzulegen. So kann man das Öl und den Essig verwenden. Soll der Estragon gebraucht werden, trocknet man ihn mit Küchenkrepp leicht ab und verwendet ihn wie frischen Estragon. Meist muß aber wesentlich höher dosiert werden.

Ingwer

Ingwer war schon 600-700 Jahre v.Chr. sehr beliebt. Der chinesische Religionsstifter Konfuzius der etwa 500 Jahre v.Chr. lebte, würzte alle Mahlzeiten mit Ingwer.

Der Ingwer stammt ursprünglich aus dem südostasiatischen Raum und wird heute in fast allen Ländern mit tropischem Klima angebaut. Die Ingwerpflanze hat schilfähnliche Blätter und gehört zur Familie der Gewürzlilien. Nur die Wurzel wird zum Würzen verwendet. Frischer und eingelegter Ingwer ist meist nur in Feinkostläden erhältlich, gemahlen gibt es ihn in jedem Supermakt. In der Apotheke sind auch ganze, getrocknete Ingwerwurzeln zu bekommen.

Die Skandinavier und Engländer haben einen Ingwerverbrauch von circa 70 g pro Kopf im Jahr, in Deutschland liegt der Verbrauch nur bei 3-4 g. Noch sparsamer sind dagegen die Franzosen, deren Verbrauch liegt lediglich bei 0,8 g.

Indien gilt als Hauptproduzent für Ingwer. Qualitativ aber haben die Mittelamerikaner die Inder bereits eingeholt. Ingwer aus Jamaika zeichnet sich durch seinen feinen Zitronengeschmack besonders aus. Je jünger die Ingwerwurzeln geerntet werden, umso zarter ist ihre Konsistenz. Am feinsten ist der Ingwer, wenn die Wurzeln nicht älter als ein Jahr sind, das ist der sogenannte „Stem Ingwer“. Älteren Ingwer bezeichenet man als „Cargo Ingwer“, diese Wurzeln sind scharf und sehr faserig. Er wird meist getrocknet und gemahlen.

Tip: Soll eine Creme mit frischem Ingwer hergestellt werden, darf sie nicht mit Gelatine gebunden werden, denn frischer Ingwer besizt ein Enzym, daß die Gelierkraft auflöst, unabhängig von der verwendeten Menge. Ingwer für eine Creme muß vorher kräftig blanchiert (stark gekocht) werden.

Frische Ingwerwurzeln müssen vor dem Schälen immer gewaschen werden. Die Schalen kann man später in Läuterzucker einkochen. Der Zuckersirup wird langsam bis 28 °Bé. (nach Zuckerwaage) eingekocht.

Kerbel

Im Volksmund wird der Kerbel auch „Körbelkraut“ genannt, er ist überall in Europa zu Hause. Die Stengel werden bis zu 45 cm hoch und haben hellgrüne Blätter, die der Petersilie ähnlich sehen. Sie sind aber an der Blattunterseite leicht behaart. Zum Würzen werden meist nur die Blätter verwendet. Im Handel ist Kerbel überwiegend nur getrocknet zu kaufen. Da unsere Eßgewohnheiten sich aber in den letzten Jahren sehr verändert haben, gibt es den Kerbel auch oft frisch im Angebot.

Wegen des hohen Vitamin-C-Gehaltes ist Kerbel ein hervorragendes Mittel gegen die Frühjahrmüdigkeit. Die alten Römer schrieben seiner belebenden Kraft wahre Wunder zu, so zum Beispiel der Gelehrte Plinius: ein durch Beischlaf geschwächter Körper wird wieder gestärkt!

Tip: Soll auch im Winter frischer Kerbel verwendet werden, pflückt man die frischen Blätter ab und legt sie in Folie verpackt in den Tiefkühler.

Oregano
Oregano ist bei uns seit dem Mittelalter als „Dost“ bekannt, geläufiger ist er uns aber als wilder Majoran. Oregano kommt aus den warmen, trokkenen Gebieten Europas und jedem, der Italien kennt, geht sein Duft nicht mehr aus der Nase. Wilder Majoran ist ein typisches Gewürz der italienischen Küche. Eine frische Pizza oder ein echt italienisches „Oso bucco“ (Kalbshaxe) sind nur einige der beliebten Gerichte, zu denen er einfach dazu gehört.

Oregano wird bis zu 50 cm hoch, zum Würzen verwendet man nur die Blätter. Im Handel ist Oregano oft nur getrocknet erhältlich, jedoch in guten Gemüse- oder Feinkostläden wird er manchmal auch frisch angeboten. Oregano schmeckt ähnlich wie Majoran, er ist nur etwas schärfer und pikanter.

Tip: Wer Pizzateig oder Teig für Zwiebelkuchen herstellt, sollte diesem immer etwas Oregano zugeben, der Teig schmeckt dann pikanter und feiner.

Sesam
Sesam wurde als Gewürz der Götter schon 2500 Jahre v.Chr. erwähnt. Marco Polo lernte Sesamöl auf einer Reise nach Afghanistan kennen und lobte es als das köstlichste Öl der Welt. Sesam wurde im Laufe der Zeit schon viel gepriesen. Kaltgepreßtes Sesamöl schmeckt stark und intensiv nach Nuß. Dieser nussige Geschmack brachte bestimmt auch Marco Polo zum Schwärmen. Im Handel gibt es heute auch heiß gepreßtes Öl, es schmeckt neutral, hat aber den Vorteil, daß es auch in den heißen Ländern nicht ranzig wird.

Die Heimat des Sesam sind alle tropischen Länder. Die einjährige Pflanze blüht blauweiß und ähnelt dem Fingerhut. In einer langen Schote (wie Erbsen) liegt der meist gelbliche Samen. Zum Würzen wird nur der Samen verwendet. Sesam gibt es ganz oder geschrotet als Sesampaste und Sesamöl. Beides kann man in Drogerien, Reformhäusern oder südländischen Supermärkten kaufen.

Tip: Röstet man den Sesamsamen leicht im Backofen, schmeckt er noch kräftiger und aromatischer.

Waldmeister
Ein Kraut mit vielen Namen, wie Maikraut, Mäschtee oder Herzfreude, auch als Sternleberkraut ist es einigen bekannt. Seine Heimat ist Nord- und Mitteleuropa und es wächst gerne in schattigen Nadel- oder Buchenwäldern. An seinen glatten, glänzenden Stielen wachsen die Blätter in bestimmten Abständen quirlförmig herum. Der Waldmeister bringt kleine weiße Blüten hervor, die aber kaum auffallen.

Zum Würzen oder Aromatisieren verwendet man nur frische, junge Triebe. Im Handel ist Waldmeister von Ende April bis Ende Mai als frisches Kraut erhältlich. Getrocknet kann er nicht gekauft werden.

Früher wurde Maikraut zur Beruhigung der Nerven und bei Leber- und Gallenleiden eingesetzt. Vor einiger Zeit kam es auch in Verruf, krebserregend zu sein. Das Cumarin, daß sich in den bereits welkenden Blättern entwickelt und auch den lieblichen Duft verströmt, sollte der Verursacher sein. Heute ist sicher, die im Maikraut enthaltene Menge Cumarin ist viel zu gering, um krebsgefährdend zu sein. Man weiß aber auch, daß eine Überdosis Cumarin Kopf- und Magenschmerzen hervorrufen kann.

Tip: Waldmeister kann nicht ausgesät, sondern muß als Staude gepflanzt werden.

Vorsichtig muß man beim Ansetzen einer Maibowle oder eines Waldmeistersorbets sein: bleibt das frische Kraut zu lange in der Flüssigkeit, werden Bowle und Sorbet sehr bitter und sind nicht mehr zu genießen. Dann besteht auch die Gefahr, daß man nach dem Genuß Kopfschmerzen bekommt.

Zedratzitrone
Schon in den hängenden Gärten der Königin Semiramis von Babylon war die Zedratzitrone zu Hause. Sie stammt aus Vorderindien und ist mindestes schon 1500 Jahre v.Chr. im Mittelmeerraum angesiedelt worden. Königin Semiramis dienten diese Zitronen zur Herstellung feiner, wohlriechender Öle und Salben. Noch heute wird das Öl der Zedratzitrone in der Kosmetik- und Parfümindustrie verwendet.

Uns ist diese Zitrone besser als Zitronatzitrone bekannt. Aus ihrer Schale wird das zum Backen verwendete Zitronat (Succade) hergestellt. Nur etwa 1/4 der Produktion wird zu Zitronat verarbeitet, der Rest geht in die Kosmetik- und Parfümindustrie.

Tip: Nach Möglichkeit sollte man immer eine kandierte Zitronenhälfte kaufen und selbst zurechtschneiden. Es schmeckt viel besser und intensiver, weil das ätherische Zitronenöl sich nicht so leicht verflüchtigt.

Früchte

Birne
Birnen und Äpfel sind wohl die bekanntesten Obstsorten. Sie gehören zu den Rosengewächsen. Mit viel Glück kann man manchmal noch einen wildgewachsenen und unveredelten Birnenbaum finden. Man wird feststellen, er hat mit seinen kultivierten Artgenossen nicht viel gemeinsam, er ist viel kleiner und hat auch einen dornigen Stamm. Seine Früchte werden nur 1-3 cm groß, sind dunkel, sauer und sehr holzfaserig. Dieser kleine Urbirnenbaum ist als Holzbirne bekannt.

Der römische Naturforscher Plinius fand im 1.Jahrhundert n.Chr. schon circa 43 verschiedene Birnenarten. Die Römer waren die ersten, die den Baum veredelten. Heute kennen wir bereits mehr als 1200 Birnenarten.

Der Birnenbaum im Garten wird 10 bis 20 Meter hoch und die Früchte bis zu 15 cm lang. Erntezeit ist zwischen August und September. Von allen bekannten Birnenarten gibt es ganz wenige, die eine lange Lagerfähigkeit haben, wie zum Beispiel Äpfel. Birnen sind reich an Mineralstoffen haben aber wenig Fruchtsäure, was den Vorteil hat, daß sie sehr gut als Diätobst geeignet sind.

Wer Probleme mit dem Magen und der Galle hat, sollte wenig oder besser, keine rohen Birnen essen, gekochte Birnen können unter Umständen sogar heilend wirken. Gekochte Birnen sind leicht verdaulich und werden bei Verdauungsstörungen, Bluthochdruck und Nierenbeschwerden eingesetzt, da sie eine stark entwässernde Wirkung haben.

Eine Birne von circa 150 g hat:
83 Kalorien/347 Joule

Tip: Birnen schmecken nur schön kräftig nach Birne wenn sie reif sind und roh gegessen werden. Will man eine Birne als Dessert servieren, zum Beispiel als pochierte Birne, passiert normalerweise folgendes: Die geschälten und entkernten Birnen werden weichgekocht und hinterher zum Abkühlen in Eiswasser gelegt. In einer Marinade aus Weißwein und Zukker mit Gewürzen werden sie bis zum Gebrauch eingelegt. Die Folge ist, die Birnen schmecken nicht mehr nach Birne, sondern nach Weiß- oder Rotwein.

Im kochenden Wasser wird der Birne bereits das erste Mal Geschmack entzogen, der nicht wieder ersetzt werden kann, das zweite Mal dann im Eiswasser. Die Folge ist, daß die Birnen nur noch nach der Marinade schmecken.

Gut wäre es, wenn die Birnenschalen mit Zimt, Vanilleschote und etwas Zucker aufgekocht und die Birnen auch in diesem Sud blanchiert würden. Sind die Birnen fertig, läßt man den Sud um einen Teil einkochen, kühlt und schmeckt ihn ab und verwendet ihn als Birnenmarinade. So schmeckt die Birne immer noch fruchtig und der Eigengeschmack bleibt erhalten.

Apfel

Seit Adam und Eva hat der Apfel ständig an Beliebtheit zugenommen. Damals wuchs er nur im Garten Eden, heute gedeiht er in allen klimatisch gemäßigten Zonen der Erde. Ganz selten trifft man noch in den Wäldern einen wilden, dornigen Holzapfelbaum, wie bei den Birnen. Holzäpfel sind so sauer, daß sie roh nicht gegessen werden können, erst durch den ersten Frost wird die Säure gemildert. Holzäpfel wurden oft zur Herstellung von Wein und Gelees verwendet.

Über keine andere Frucht wurden so viele Geschichten und Märchen geschrieben wie über den Apfel. Denkt man nur an Schneewittchen, Wilhelm Tell und sogar am Ausgang des Trojanischen Krieges war ein Apfel beteiligt. Im Volksmund heißt es häufig: „ Der Apfel fällt nicht weit vom Stamm“.

Die bekanntesten unter den kultivierten Apfelsorten sind der „Cox Orange“, der geschmacklich mild, süß und sehr saftig, aber leider etwas teuer ist, oder der „Boskop“, der eine rauhe, ledrige Schale hat und von Anfang bis Ende Oktober geerntet wird. Er schmeckt erfrischend, säuerlich, leicht herb und eignet sich besonders gut zum Kuchenbacken. Der Boskop ist ein typischer Winterapfel und kann bis ins späte Frühjahr im Keller gelagert werden.

Der „Granny Smith“ ist ein großer, grüner Apfel, der sehr saftig und knackig ist. Er hat sich als Tafelapfel bei uns durchgesetzt, da er das ganze Jahr hindurch importiert wird, also saisonunabhängig ist.

Andere bekannte Sorten sind Jonathan, Gravensteiner, Klarapfel und der Ontario. Wollte man auf alle Äpfel eingehen, würde dies mit Sicherheit ein ganzes Buch füllen.

Ein mittelgroßer Apfel hat:
50 Kalorien/210 Joule

Tip: Den Granny Smith bezeichne ich gerne als „Streßapfel“, da mit ihm während der Arbeit eigentlich nichts passieren kann: geschält wird er kaum oder gar nicht braun, blanchiert man ihn, kann er auch mal im kochenden Wasser vergessen werden, denn er kocht nicht kaputt. Er ist auch der einzige Apfel, der nach dem Backen, Kochen oder Braten immer noch genügend Säure hat, um nach Apfel zu schmecken.

Der Cox Orange ist ein milder, wunderbar schmeckender Apfel für feine Apfelpfannkuchen oder kleine Apfeltörtchen, die mit einer leichten Sauce serviert werden.

Wie bei der Birne, sind in der Apfelschale und im Kerngehäuse sehr viele Geschmacks- und Aromastoffe, was unbedingt genutzt werden sollte. Schalen und Kerngehäuse mit Wasser, Vanilleschote und Zimtstange kräftig aufkochen und einige Stunden, am besten über Nacht, ziehen lassen. Die Flüssigkeit am nächsten Tag durch ein feines Sieb passieren, mit Zucker abschmecken und noch einmal aufkochen und mit Puddingpulver abbinden. Der Apfelsud muß gut und kräftig durchkochen, damit er klar wird. Je besser das Puddingpulver aufkocht, umso klarer wird die fertige Sauce. Gibt man gleichmäßig geschnittene Apfelstreifen in die noch heiße Sauce, so hat man eine wunderbar schmeckende Apfelsauce. Im Sommer läßt sie sich gut gekühlt als Kaltschale mit einer Kugel Zimt- oder Mandeleis servieren. So können Sie Abfallprodukte, die oft gedankenlos im Müll landen, wirtschaftlich in Ihrem Betrieb einsetzen.

Bananen
In den Tropen ist die Bananenstaude zu Hause. Die Banane ist eine der ältesten Kulturpflanzen dieser Erde und stammt ursprünglich aus Südostasien. Die Ceylonesen glauben, daß Eva ihren Adam nicht mit einem Apfel, sondern mit einer Banane betört hat. Der chinesische Geschichtsschreiber Yang Fu, beschreibt etwa 200 n.Chr. den Plantagenanbau der Bananen in China. Der Name Banane kommt aus dem arabischen (banan) und heißt „Finger". 1876 lernten die Amerikaner zum ersten Mal die Banane auf der amerikanischen Unabhängigkeitsfeier in Philadelphia kennen. Eine Banane in Stanniolpapier eingepackt wurde an die Besucher verkauft. Irrtümlich wird die bis zu zehn Meter hoch wachsende Bananenstaude von vielen als Baum bezeichnet. Sie ist eigentlich das größte Kraut der Erde. Tatsächlich wachsen aus den weitverzweigten Wurzeln die Blätter, die sehr fest zusammen gepreßt eine hohle Röhre ergeben und so scheinbar einen Stamm bilden. Die Blätter werden bis zu 2,5 Meter lang und etwa 0,5 Meter breit. In der Röhrenmitte wächst der Blütenstengel, an dessen oberer Spitze entwickeln sich circa 20 zusammen stehende Fruchtkapseln, die c-förmig gebogen sind. Anfangs sind diese Fruchtkapseln klein und grün, später werden sie goldgelb. Im nächsten Stadium würden die goldgelben Früchte hellbraune Flecken kriegen, aber für den Export werden sie noch grasgrün gepflückt.

Für die Dauer des Transports in die Bestimmungsländer lagern die Bananen in Klimakammern, die ihrem natürlichen Umfeld entsprechen und reifen dort langsam.

Sind die Bananen bei Ihnen zu Hause in Ihrer Küche angekommen, sollten sie nie mit anderen Früchten zusammen gelagert werden, da die Schale der Bananen ständig Äthylen abgibt, was andere Früchte in ihrer Umgebung schneller reifen und verderben läßt. Am liebsten lagern Bananen an einem kühlen, trockenen Platz.

Vor circa 100 Jahren machten die Deutschen die erste Bekanntschaft mit der Banane, aus der sich mittlerweile eine enge Freundschaft entwikkelte.

Auf einigen Südseeinseln und in Teilen Südamerikas wird Bananenbrei zu Schnaps und Wein vergoren. Bei Gicht- und Rheumaleiden haben sich Bananen sehr gut bewährt. Das Fruchtfleisch der Banane enthält über 53 % Kohlenydrate.

100 g Bananenfleisch hat:
100 Kalorien/418 Joule

Tip: Eine köstliche Art der Bananenzubereitung: nicht ganz reife Bananen halbieren, in Butter anbraten und mit Limettensaft ablöschen. Die Banane auf den Teller legen, die Flüssigkeit mit etwas Zucker abschmekken, in der Pfanne mit wenig kalter Butter binden und über die Banane laufen lassen. Ein zartes Kokoseis dazu gibt eine harmonische Ergänzung.

Weintrauben
Dionysos, der Gott des Weines, soll den Wein ins antike Griechenland gebracht haben, indem er einen einzigen Weinstock pflanzte. Tatsächlich, waren unsere prähistorischen Vorfahren mit der Weinkultur schon bestens vertraut. Ob nun der Wein aus Kleinasien stammt, läßt sich nicht mehr genau feststellen, sicher jedoch ist, daß die Ägypter dem Wein schon lange vor unserer Zeitrechnung sehr zugetan waren. Mit den Eroberungszügen der Römer kam der Wein auch nach Nordeuropa. Hier gedeiht er in klimatisch günstigen Gebieten auch heute noch ausgezeichnet.

Von jeher wurden die Weintrauben hauptsächlich zur Weingewinnung gezüchtet und auch heute noch wird nur eine ganz geringe Menge als Obst in den Handel gebracht. Die bei uns zum Verzehr angebotenen Weintrauben kommen fast ausschließlich aus

Griechenland oder Italien. Erntezeit ist von August bis Mitte November. Kalifornische Weintrauben sind durch den langen Transportweg sehr teuer, können aber das ganze Jahr gekauft werden. Etwa um 1700 brachten die Spanier auf ihren Eroberungsfahrten in die „Neue Welt" die ersten Rebstöcke nach Kalifornien. Spanische Missionare begannen dann an der kalifornischen Küste mit dem Weinbau, um ihn auch für ihre Meßfeiern zu verwenden.

In dichten Rispen erscheinen duftende leicht grünliche Blüten, aus denen später die schwarzblauen, roten oder grüngelben Beeren entstehen.

In Kalifornien und Griechenland wird ein kleiner Teil der Ernte auch zur Herstellung von Rosinen verwendet. In Amerika schufen die Goldgräber Mitte des 19. Jahrhunderts dazu die Voraussetzungen. Damals war Kalifornien ein Eldorado für Goldsucher. Als der Goldrausch verflog, mußten andere Einahmequellen gefunden werden. Das galt auch für die Bevölkerung im San Josquin Valley, in diesem sonnenreichen Tal, wo die Temperaturen bei 45 °C liegen, entstand nach und nach eine der größten, bewässerten landwirtschaftlichen Anbaugebiete der Erde. Heute sind die Rosinen die neue Goldader Kaliforniens.

Die Muskat und die Datteltraube sind die wichtigsten Zuchttraubensorten. Datteltrauben sind große, ovale, längliche Trauben. Die bekannteste Traubensorte ist die Reginatraube, sie wird vorwiegend in Griechenland angebaut. Die Muskattraube ist auch großbeerig und hat kleine, braune Punkte. Die bekannteste Traube aus dieser Linie ist die Muskatellatraube, aus ihr wird in Sizilien der Marsala, ein sehr süßer Dessertwein hergestellt. Auch der Samoswein aus Griechenland wird aus dieser Traube gekeltert. Beide Traubenarten gibt es als grüne und als blaue Trauben. Heute werden auch schon oft kernlose Trauben gezüchtet, die meist sehr kleinbeerig und zuckersüß sind. Diese Trauben werden nur zum Verzehr angebaut.

Weintrauben enthalten viel Traubenzucker, die verschiedensten Mineralstoffe und alle bekannten Vitamine. Damit kranke Kinder schneller genesen, sollte man Ihnen den stärkenden und gleichzeitig durstlöschenden Traubensaft zu trinken geben. Weit über die Grenzen Südtirols sind auch die Meraner Traubenkuren bekannt, die zu einem festen Bestandteil der Heilmedizin gehören.

500 g Weintrauben haben:
349 Kalorien/1461 Joule

Tip: Für Diabetiker sind Weintrauben nicht gut geeignet, da der Traubenzuckeranteil zu hoch ist.

Kiwi

Der Stammbaum der Kiwi reicht mindestens bis ins 15. Jahrhundert zurück, in altchinesischen Schriften wurde von der „Yang-tao", der späteren Kiwi gesprochen. Die Provinzen Szechuan und Hupoh am Yangste-Fluß sind die eigentliche Heimat der chinesischen Stachelbeere, wie sie auch genannt wird. Der Engländer Robert Fortune entdeckte die rebstockähnliche Pflanze und schickte den Samen nach England. Die Früchte interessierten in Europa niemanden. So wurde die Kiwi nur als Zierpflanze in vielen botanischen Gärten Europas angepflanzt. Der Neuseeländer Allison bekam 1906 von einem chinesischen Freund Samen dieser Rankpflanze geschenkt. Diese Pflanzen trugen im Jahre 1910 die ersten Früchte, die allerdings kein großer Erfolg wurden. Es dauerte nochmals circa 50 Jahre, bis die Kiwi weltweit bekannt und beliebt wurde.

Um das Herkunftsland dieser Frucht populär zu machen, entschloß man sich, der Frucht den Namen „Kiwi", nach dem Wappentier Neuseelands zu geben.

1956 wurde die Kiwisorte „Hayward" gezüchtet, diese Früchte erfüllen oberstes Qualitätsniveau, sie sind groß und sehr aromatisch. Alle weiteren Kiwisorten, die aus Neuseeland exportiert werden, stammen von der Hayward ab.

Die Kiwipflanze ist eine strauchartige Kletterpflanze, deren Beeren die Kiwis sind. Die Pflanze bildet bis zu 8,5 Meter lange Triebe und blüht weiß bis rosafarben. Angebaut werden die Kiwis ähnlich wie die Weintrauben. Fünf Jahre sorgfältige Pflege sind notwendig, bis die Kiwirebe das erste Mal Früchte trägt.Die Pflanzen können eine Höhe von 2,50 Metern erreichen und werden 45-55 Jahre alt. Es kann jedes Jahr geerntet werden. Bei guter Pflege trägt ein Rebstock bis zu 70 Kg Früchte. Das Erntedatum wird ähnlich wie beim Wein festgelegt, durch eine Analyse des Zukkergehalts. Die ideale Lagertemperatur für Kiwis liegt um 0 °C, damit wird die Atmung der Frucht herabgesetzt und der Reifungsprozeß fast gestoppt. Eine Luftfeuchtigkeit von circa 95 % ist wichtig, um den Gewichtsverlust so gering wie möglich zu halten.

100 g Kiwi (1 Kiwi) enthalten:
40 Kalorien/167 Joule

Tip: Kiwischeiben lassen sich gut einfrieren, wenn die Scheiben mit einigen Tropfen Zitronensaft beträufelt werden. Die Frucht wieder zusammenschieben, in eine Gefrierbox legen und in den Tiefkühler stellen. Die Auftauzeit beträgt circa 20 Minuten bei Zimmertemperatur.

Die Kiwi enthält Actinidin, ein eiweißspaltendes Enzym. Reibt man einen Braten oder Grillfleisch käftig mit Kiwi ein, so wirkt dies wie ein Fleischzartmacher und die Garzeit wird wesentlich verringert.

Das Actinidin sorgt auch dafür, daß die Kiwi sich nicht gut mit Milchprodukten verträgt. Joghurt und Quark werden zusammen mit frischen Kiwis mehr oder weniger bitter. Um diesem Problem vorzubeugen, sollte man die Kiwi kräftig mit heißem Wasser übergießen oder kurz aufkochen, dann verliert das Actinidin seine Wirkung.

Auch die Wirkung der Gelierkraft von Gelatine wird duch das Actinidin aufgehoben. Zur Herstellung einer Kiwicreme sollte die Kiwi leicht gekocht werden. Problemlos kann man die Kiwi mit Agar-Agar binden. Diese sogenannte Pflanzengelatine aus Algen ist in der Apotheke oder im Reformhaus erhältlich.

Orange

Die Orange ist in Norddeutschland hauptsächlich unter dem Namen „Apfelsine" bekannt. Dieser Begriff kommt aus dem holländischen und heißt „Apfel aus China". Wer glaubt, die Orange wäre schon immer so saftig und so schön süß gewesen, der irrt. Sie wurde anfangs nur zur Herstellung von Düftwässerchen und zum Würzen verwendet, jedoch nur die Schale. In Europa werden Orangen erst seit ungefähr 400 Jahren angebaut. Nach fast endlosen Zuchtversuchen gelang es um das 18. Jahrhundert erstmals, ihr die Säure und Bitterkeit zu nehmen. Die Seefahrer schätzten Orangen schon lange vor dieser Zeit als Heilmittel oder zur Vorbeugung gegen Skorbut, eine Krankheit, die bei Vitamin-C-Mangel auftrat.

Heute liegt Deutschland am der Spitze der Orangenimporteure. Aus Spanien kommen 50 %, die restlichen aus Israel, Marokko und Italien. Es soll ungefähr 400 Orangensorten geben, doch nur 30 von ihnen haben eine wirtschaftliche Bedeutung. Da man nicht alle Sorten kennen kann, sollte man sich die wichtigsten doch merken. Zunächst werden Orangen grob unterteilt in: Blondorangen und Blutorangen. Zu den Blondorangen zählen die kleinen Navelinas, die zu Beginn der Wintersaison aus Spanien kommen. Ende November und Anfang Dezember werden die süßen, großen Blondorangen Navels und Shamoutis reif. Navelorangen sind hauptsächlich in den USA, Südafrika und im westlichen Mittelmeerraum beheimatet. Hören wir Jaffa-Orangen, denken wir an Israel, sie werden im östlichen Mittelmeerraum angebaut und gehören zur Familie der Shamoutis. Aus Italien kommen meist die Sorten Comuni und Comunas.

Von Dezember bis Ende Februar ist die Erntezeit der Blutorangen. Ihre Farbe bekommen sie durch den Farbstoff Anthozyan, je nach Klima wird mehr oder weniger Farbstoff produziert. Eine sehr bekannte Blutorangensorte ist die Morro, sie hat einen leicht herben, aber intensiven Fruchtgeschmack. Morro-Blutorangen kommen nur aus Sizilien. Die sogenannten Doppelblutorangen (Schale, Saft und Fruchtfleich sind tiefrot bis bläulich), der Sorte Sanguinelli kommen aus Spanien.

Ob eine Orange reif ist, kann man am Baum sehr schlecht feststellen, da sie nicht immer die nötige Farbe haben. Erst wenn die Nächte kühl werden, tritt der Farbstoff Anthozyan in Aktion und färbt die Orangen schön dunkel-orange.

Die wertvollen Geschmacks und Inhaltsstoffe einer Orange beginnen nach circa 14 Tagen rapide abzubauen. Darum sollten Orangen nicht länger als 2 Wochen lagern.

100 g Orangenfleisch hat:
54 Kalorien/226 Joule

Tip: Die Orangenschale läßt sich sehr gut zum Würzen von Kuchen, Cremes, Eis, Sorbets und auch vieler anderer Speisen verwenden. Die Schalen von ausgepreßten Orangen sollte man grundsätzlich mit einem Juliennereißer oder Ziselierer abziehen. Man muß Orangen immer gut heiß abwaschen, egal ob sie unbehandelt oder behandelt sind. Auch angeblich unbehandelte Orangen werden mit Chemikalien gespritzt wie alle anderen, nur sie werden nicht mit einer Wachsschicht überzogen, die den Schimmelbefall hemmen soll. Die abgezogenen Schalenstreifen ganz kurz in kochendem Wasser blanchieren und kalt abspülen. Die Orangenschalen werden in einer Läuterzuckerlösung (1 Liter Wasser/ 800 g Zucker) ganz langsam eingekocht. Der Sirup sollte bis etwa 32 °Bé eingekocht und dann auf circa 55 °C abgekühlt werden. Dieser Menge 4 Tropfen Invertin zugeben, es spaltet Doppelzucker (Kristallzucker) in Einfachzucker und nimmt ihm so die Fähigkeit zu kristallisieren. Der Zuckersirup ist durch diese Behandlung sehr lange haltbar, ohne daß er kristallisiert. Den Sirup in Gläser abfüllen und fest verschließen.

Invertin kann man eventuell beim Bäcker an der Ecke kaufen.

Zitrone

In vielen Liedern und Gedichten wird Italien als das Land bezeichnet, wo die Zitronen blühen. Trotzdem hat der Zitronenbaum seine Heimat auch in China. Heute ist er in allen Mittelmeerländern, den USA und vielen Gebieten Asiens zu Hause. Bäume, die zu den Zitruspflanzen zählen, werden im Schnitt 3-7 Meter hoch. Die Blüten sind weiß bis hellrosa. Zitronen können 3 mal im Jahr geerntet werden. Der Lagerplatz für Zitronen muß luftig, trocken und kühl sein, so können die Zitronen auch noch etwas nachreifen. Sie sollten nicht im Kühlschrank aufbewahrt werden, da dies den Geschmack beeinträchtigt. Die Kosmetikindustrie schätzt den Zitronensaft wegen seines frischen Aromas und verwendet ihn für Parfüms, Öle und Cremes. Zitronensaft hat auch eine fettlösende Wirkung, darum wird er vielen Spül- und Putzmitteln zugesetzt.

1 mittelgroße Zitrone hat:
20 Kalorien/84 Joule

Tip: Der Zitronensaft ist nicht nur ein erfrischendes Würzmittel, sein hoher Vitamin-C-Gehalt macht ihn bei Erkältungskrankheiten zu einem hervorragenden Heilmittel. Zitronensaft sollte immer nur erwärmt werden, da durch zu starkes Erhitzen alle Vitamine zerstört werden.

Ausgepreßter Zitronensaft sollte nicht über längere Zeit im Kühlschrank lagern, er wird übersauer, bitter und wirkt leicht ätzend.

Mit den Zitronenschalen kann genauso wie mit den Orangenschalen verfahren werden. Die Zitrusschalen eignen sich gut zum Würzen und Aromatisieren.

Limette
In England und Italien bezeichnet man die Zitronen als „Lemon“ oder „Limone“. Bei uns versteht man unter Limette oder Limone nur die grünen Zitronen. Form und Farbe sind wie die der Zitronen. Limetten gibt es sauer und auch süß, in Deutschland sind aber nur die sauren im Handel. Die Limette hat einen wesentlich geringeren Vitamin-C-Gehalt, ist aber wegen ihrer dünnen Schale sehr saftig. Der Limettensaft schmeckt auch viel weicher und runder, darum nimmt man ihn gern zum Aromatisieren von Drinks.

Hauptanbaugebiete sind Mexico, Ägypten und Kalifornien.

1 Limone hat:
28 Kalorien/117 Joule

Tip: Werden die Limettenschalen abgezogen und wie bei Orangen und Zitronen in Sirup eingekocht, ergibt dies nach etwa zwei Wochen einen köstlichen Limettensirup. Zum Aromatisieren von Sorbets oder Eisparfaits, aber auch für eine feine Limettencréme eignet er sich vorzüglich.

Kirsche
Jeder weiß, daß die Kirschen in Nachbars Garten meist besser schmecken als die eigenen. Kirschen stibitzen ist auch heute noch ein lustiges Abenteuer, für Groß und Klein geblieben. So richtig reife, dicke, süße Herzkirschen sind schon eine Sünde wert. Spatzen, Elstern und Amseln denken ebenso, denn werden die Bäume nicht früh genug mit einem Netz abgedeckt, bleibt zur Erntezeit nicht sehr viel übrig.

Unsere Süßkirsche, die in ganz Europa vorkommt, stammt von der recht selten gewordenen Vogelkirsche ab. Ein Süßkirschenbaum kann bis zu 25 Meter hoch wachsen. Im Frühjahr schmückt sich die Kirsche mit weißen Blütendolden.

Die Sauerkirsche ähnelt eher einem Strauch als einem Baum, wird aber meist als kleiner Buschbaum gezogen. Die Heimat der Sauerkirsche ist Vorderasien, sie wurde dort schon zur Römerzeit kultiviert.

Für Diabetiker eignen sich Kirschen sehr gut, da sie hauptsächlich Fructose (Fruchtzucker) enthalten. Selbst die Stiele der Kirsche sind zu gebrauchen, man gießt sie mit heißem Wasser auf und läßt sie ziehen. Diese Flüssigkeit wirkt wassertreibend und soll auch bei Harnwegsentzündungen helfen. Natürlich hat die Kirsche neben so vielen positiven Eigenschaften auch negative, nämlich den Kern. Kirschkerne dürfen nicht mitgegessen werden, da sie Blausäure enthalten. Ißt man viel frische, nicht entsteinte Kirschen, werden die Zähne stark in Mitleidenschaft gezogen, auch wenn es nach außen hin nicht sichtbar ist.

500 g Süßkirschen haben:
298 Kalorien/1210 Joule

500 g Sauerkirschen haben:
267 Kalorien/1117 Joule

Tip: Verarbeitet man frische Kirschen, gibt es einige wichtige Punkte zu beachten. Wird ein Ragout oder Kompott von Sauerkirschen hergestellt, gießt man die gebundene Flüssigkeit heiß über die frisch entsteinten Kirschen, denn nur so geben sie eine schöne, rote Farbe ab.

Verarbeitet man Süßkirschen, so muß die Flüssigkeit gut abkühlen. Gießt man sie heiß über die Kirschen, verlieren sie ihre Farbe und werden unansehnlich graublau.

Erdbeeren
Die überall beliebte Erdbeere entstand aus der Kreuzung zweier Wilderdbeeren, die in Amerika heimisch sind, die Scharlachbeere und die Chile-Erdbeere. Heute wächst die Erdbeere in allen gemäßigten Klimazonen Europas, sogar in den Anden fühlt sie sich heimisch. Um den großen Bedarf an Erdbeeren zu decken, werden sie meist in Plantagen und Zuchtanlagen angebaut. Oft erntet man sie nur angereift, um sie schnell zu verpacken und zu verkaufen. So verlieren die Früchte sehr viel Aroma, besser gesagt, meist bekommen sie erst gar kein Aroma. Die kleinen wildwachsenden Walderdbeeren sind sehr aromatisch. Frische Walderdbeeren sind als Diätkost für Diabetiker zu empfehlen.

Grundsätzlich sind Erdbeeren kein idealer Nachtisch, da sie die Verdauung behindern. Wer aber zu Durchfall, Rheuma und Gicht neigt, dem kann man Erdbeeren sehr empfehlen.

100 g Erdbeeren haben:
37 Kalorien/156 Joule

Tip: Frische Erdbeeren sollten aus ihrer Verpackung genommen und auf ein mit Papier oder einem Tuch ausgelegtes Blech nebeneinander gelagert werden. So wird verhindert, daß die Früchte gedrückt werden, weiche Stellen bekommen und am nächsten Tag eventuell schon nicht mehr zu gebrauchen sind.

Erhitzt man Erdbeeren oder kocht sie, verlieren sie nicht nur ihre Farbe, sondern auch ihren Geschmack. Erdbeeren sind keine Früchte, die unbedingt heiß oder warm serviert werden sollten. Am besten schmecken sie, wenn sie nicht zu kalt sind.

Himbeeren
Dieses Rosengewächs ist genau wie die Brombeere auf der gesamten nördlichen Halbkugel zu Hause. Sie wachsen sogar noch in Höhen von 2200 Metern. Kultiviert angebaut wurden die Himbeeren schon im Mittelalter. Heute gibt es unzählige verschiedene Arten. Wer die Dornen nicht mag, pflanzt die Sträucher ohne Dornen. Beide Arten tragen aber erst im zweiten Jahr Früchte. Das Wort Himbeere stammt wahrscheinlich aus der Wortverbindung „Beere der Hinde". „Hinde" ist ein weniger bekannter Name für Hirschkuh.

100 g Himbeeren haben:
40 Kalorien/167 Joule

Tip: Himbeersauce sollte möglichst immer aus Tiefkühlfrüchten hergestellt werden. Tiefgekühlte Himbeeren garantieren immer gleiche Qualität und sind gut auf Vorrat zu lagern. Frische Himbeeren, die aromatisch und kräftig schmecken, verkauft man als pure Frucht oder in Verbindung mit einem Dessert oder einer Torte wesentlich besser und lukrativer.

Abpassierte Himbeerkerne sollte man nicht in den Mülleimer werfen, sondern mit Weinessig aufgießen und circa 10-15 Tage an einem warmen Ort stehen lassen. Das ergibt einen vorzüglichen Himbeeressig.

Heidelbeere
Im Nadelwald, auf der Heide und auch in Moorlandschaften ist die Heidelbeere zu Hause. Bickbeeren werden sie in Norddeutschland genannt, im Süden spricht man häufig von der Moosbeere. Denkt man an Blaubeerpfannkuchen, läuft einem trotz blauer Zunge und Zähne, das Wasser im Munde zusammen. Leider reichen die wildwachsenden Heidelbeeren nicht mehr aus, um den steigenden Bedarf zu decken. Darum hat man vor einiger Zeit die Kulturheidelbeeren aus Neuseeland und Nordamerika eingeführt. Diese Beeren sind größer, nicht so saftig und von innen grün und nicht mehr blau.

100 g Heidelbeeren haben:
60 Kalorien/251 Joule

Creme

Alles über Creme

Spricht der Konditor oder Bäcker von Creme, ist meist Buttercreme, gekochte Vanillecreme oder eine andere Füllcreme gemeint, während der Patissier an Englische Creme (Crème anglaise), Bayrische Creme, Charlotte, Blanc-manger (Mandelsulz) oder an eine feine Crème pâtissière als Füllung kleiner Windbeutel (Profiteroles) und an eine Crème mousseline denkt.

Als Creme wird eine Masse bezeichnet, die überwiegend aus Fett besteht, das mit den verschiedensten Zutaten vermischt, gerührt oder aufgeschlagen wurde. Eine dickflüssige, schaumige und lockere Masse, bestehend aus **Eiern, Milch** oder **Sahne,** wird auch als Creme bezeichnet.

Das Wort „Creme" bedeutet auch in unserem Sprachgebrauch etwas Besonderes: Nimmt man z.B. die Redewendung **„Crème de la crème"** oder die Bezeichnung „Creme" für die gesellschaftliche Oberschicht! An Bedeutung hat es einer „Creme" also nie gefehlt.

Über Herkunft und Entstehung der Creme als Dessert kann nichts Genaues gesagt werden. Sicher ist, daß es schon cremige Desserts gab, bevor Köche wie **Escoffier, Bocuse** oder **Witzigmann** das Zepter in die Hand nahmen. Eine kulinarische Reise durch unser Land von Norden nach Süden, zeigt, daß Cremedesserts sich ändern wie die Region, in der man sich gerade befindet. Fruchtig, aber nicht so süß, liebt man es im Norden. Werden die Cremes süßer und voller im Geschmack, weiß man, daß es in den Süden unseres Landes geht. Auch hier spürt man, wie bei allen Nachspeisen, das berühmte Nord-Südgefälle.

Abb. Seite 40 v. l. n. r. im Uhrzeigersinn Canache Creme, Englische Creme, Bayrische Creme, Bayrische Erdbeercreme, Mitte Sahnecreme

Bei einem Abstecher nach Frankreich, Belgien, Italien oder in die Schweiz wird der Unterschied noch deutlicher. Man stellt fest, daß unsere Nachbarn nicht so viel von lockeren, leichten Desserts und Cremes halten. Dort wird immer noch großzügig in den **Zucker-** und Buttertopf gegriffen. Ein hoher Zucker- und Fettanteil in Form von **Butter,** Sahne oder gar **Crème Double** machen eine Creme oder ein Mousse zur wahren Kalorienbombe.

Die Evolution in unseren Küchen, die vor ca. 20 Jahren begann, hat auch unser Eßverhalten verändert. Wir essen heute bewußter, möchten genießen, ohne ein schlechtes Gewissen zu haben. Die Angst, gesundheitliche Risiken einzugehen, hat viele Menschen überlegter und vorsichtiger in ihren Eßgewohnheiten werden lassen. Bei der Wahl eines Desserts oder einer Süßspeise werden wesentlich höhere Maßstäbe in bezug auf Kalorien, leichte Verdaulichkeit u.s.w. angelegt.

In den sechziger Jahren spielte die Creme als Nachspeise nur in privaten Küchen eine größere Rolle, nach dem Motto: „Omas Vanillepudding ist der Beste". Erst Mitte der siebziger Jahre, als sich die besagte neue Küche **(nouvelle cuisine)** durchsetzte, bekamen Desserts in den Restaurants wieder mehr Bedeutung. Liebhaber feiner Cremes, wie zum Beispiel Eckart Witzigmann, sorgten für ihre Renaissance. Aber mittlerweile mußte man sich schon mehr einfallen lassen als die guten Klassiker, wie Bayrische Creme, Englische Creme oder Creme Karamel, denn nach einem Menü von 6-8 Gängen, blieb ein Cremedessert oft auf der Strecke. Das Essen sollte bis zur letzten Gabel genossen werden, aber dann auch noch eine Creme? Das war zuviel! Also verzichtete man eher auf das Dessert als auf das Essen.

Mit diesen Erfahrungen begann ich Mitte der achtziger Jahre Cremes zu entwickeln, die man auch nach einem 8-Gang-Menü noch essen, bzw. auf die man sich sogar noch freuen konnte. Das Dessert sollte sogar als Höhepunkt des gesamten Essens genossen werden. Unser neuer Trend ließ

Alles über Creme

uns Cremes servieren, die bis zu 50 % weniger Zucker und bis zu 60 % weniger Fett enthielten. Einige Beispiele finden sie auf den folgenden Seiten, wie zum Beispiel: Creme Kir Royale, Apfelreistörtchen, Haselnußcreme oder die Passionsfruchtcreme. Basis für diese lockeren, leichten, cremigen Naschereien sind dennoch die hervorragenden Klassiker, ohne die alles nicht möglich gewesen wäre! Denn jeder weiß, Klassiker kommt von „Klasse“!

Bei näherer Betrachtung können die Cremes bezüglich ihrer Herstellung in 5 Gruppen eingeteilt werden:
1. Cremes, die nur mit Ei oder Eigelb gebunden werden, zum Beispiel die Englische Creme **(Crème anglaise).**
2. Cremes, die mit Ei oder Eigelb und zusätzlich mit **Gelatine** gebunden werden, zum Beispiel die Bayrische Creme **(Crème bavaroise)** oder Sahnecreme **(Crème mousseline).**
3. Cremes, die im Wasserbad pochiert werden, wie Creme Karamel **(Crème renversée au caramel).**
4. Cremes, die gekocht und mit Stärke oder Mehl gebunden werden, zum Beispiel Vanillecreme **(Crème pâtissière).** Diese Creme wird meist als Füllcreme genommen. Eine weitere Variante ist eine leichte Eiweißcreme, die zum Füllen von Bienenstich, Mohrenköpfen oder Eclairs verwendet wird.
5. Aufgeschlagene Cremes, wie Buttercreme **(Crème au beurre), Canachecreme,** deren Hauptbestandteile Sahne und **Kuvertüre** sind, oder eine **Pariser Creme,** bestehend aus Butter, Sahne und Kuvertüre. Sie bestehen zum größten Teil alle aus Fett.

Englische Creme **(Crème anglaise),** eine klassische Creme, bestehend aus Milch, Ei, Zucker und **Vanilleschote** als Geschmacksträger. Sie wird nur mit Ei oder Eigelb gebunden. In den meisten Fällen wird diese Creme als Sauce verwendet. Seltener wird sie in Schalen oder Gläsern angerichtet und kalt mit den verschiedensten Früchten serviert.

Die Bayrische Creme (Crème bavaroise) ist eine klassische Creme. Sie wurde nicht, wie der Name vielleicht vermuten läßt, von den Bayern, sondern von den Franzosen erfunden. Sie wird auf der Basis von Milch, Ei, Zucker und **Vanilleschote** als Geschmacksträger hergestellt und zusätzlich außer mit Ei noch mit **Gelatine** gebunden. Meist wird diese Creme gestürzt und mit verschiedenen Saucen oder Früchten serviert.

Cremes, die nur mit Ei oder Eigelb gebunden werden, dürfen nicht kochen, da Eier und Eigelb gerinnen. Sie werden auf dem Wasserbad (ein Topf mit leicht köchelndem Wasser) langsam und unter ständigem Rühren mit einem Gummilutscher oder Holzlöffel gleichmäßig erhitzt.

Das **Wasserbad** ist die sicherste Methode zum Erhitzen. Der Wassertopf sollte allerdings stets so groß gewählt werden, daß dreiviertel der Schüssel vom Wasserdampf erwärmt wird. Ist der Topf zu groß, fällt die Schüssel hinein und die Energiemenge zum Erhitzen des Wassers ist erheblich. Um die Creme direkt auf der Herdplatte abzuziehen, braucht man viel Fingerspitzengefühl und Erfahrung. Diese Arbeitsweise ist für Berufsanfänger nicht zu empfehlen.

Eigelb bindet bei einer Temperatur von mindestens 73 °C. Wird die Creme heißer, gerinnt das Eigelb und die Masse ist nicht mehr gebrauchsfähig. Um festzustellen, ob die Creme fertig ist, zieht man einen Holzlöffel mit dem Rücken durch die Masse. Die Creme sollte den Löffel cremig dick überziehen. Bläst man leicht auf den Löffel, entsteht ein rosenförmiges Gebilde. Daher kommt der Ausdruck „bis zur Rose abziehen“. Die Grundcreme hat in diesem Moment eine Temperatur von mindestens 73 °C. Diese 73 °C sind in der Küche, Patisserie und Konditorei eine ständig wiederkehrende Zahl, wenn es darum geht, Saucen oder Cremes mit Eigelb zu binden.

Alles über Creme

Die Gradzahl ist von der Zuckermenge abhängig. Je höher der Zuckeranteil, umso höher ist auch die Temperatur. Der Zuckergehalt eines Eisparfaits ist so hoch, daß die Temperatur mindestens 86—87 °C betragen muß.

Für das Abziehen auf dem Wasserbad gibt es unterschiedliche Methoden: entweder wird die Eimasse gleich auf dem Wasserbad mit einem Schneebesen kräftig aufgeschlagen oder man schlägt Zucker und Ei fest schaumig, läßt die gekochte Milch einlaufen und geht erst dann aufs Wasserbad. Um eine Bayrische Creme in dieser Form abzuziehen, sollte schon eine Menge Erfahrung vorhanden sein. Es ist sehr schwierig, den genauen Zeitpunkt zu finden, wann die Creme fertig ist. Die Probe mit dem Holzlöffel ist nur unzureichend. Ist die Masse aufgeschlagen, überzieht sie den Löffel bereits, auch wenn sie noch nicht heiß genug ist. Für Berufsanfänger und Azubis ist diese Arbeitsweise daher nicht zu empfehlen. Der Vorteil des Aufschlagens von Creme oder Eis steht in keinem Verhältnis zum Aufwand. Wird noch Sahne (Fett) unter die abgekühlte Creme gehoben, wird das Volumen mindestens um 60% gemindert. Beim Eis ist es sogar noch mehr, hier ist der Aufwand des Aufschlagens nur zu rechtfertigen, wenn mit einer herkömmlichen **Knüppelmaschine** (Eis wird mit einem Holzknüppel aus der Maschine genommen) gearbeitet wird. In Küchen, Patisserien oder in der Konditorei werden aber meist kleinere **Freezer** oder nur **Sorbetmaschinen** zum Frieren der Eismasse verwendet. Hier hat das Aufschlagen somit überhaupt keinen nennenswerten Vorteil.

Für die Creme Karamel (Crème renversée au caramel) werden Milch, Zucker, Eier und Geschmacksträger gut verrührt und durch ein Haarsieb passiert. Die Eiermilch wird in Porzellanförmchen gefüllt, die vorher mit **karamelisiertem** Zucker ausgegossen wurden. Sie werden im Wasserbad bei nicht zu starker Hitze im Backofen langsam **gestockt.** Das Wasserbad muß mindestens eine Temperatur von 80 °C haben und höchstens 88 °C. Die Creme kann sonst gerinnen.Nach dem Abkühlen wird sie gestürzt und mit einer Garnitur serviert.

Die vierte Gruppe sind gekochte Cremes, die mit Stärke oder Mehl abgebunden werden, wie die Crème pâtissière. Im Volksmund nennt man eine gekochte Vanillecreme einfach **„Pudding“.** Der Fachbegriff lautet **„Flammeri“.** Der Flammeri erhielt seinen Namen, weil er direkt auf der Flamme gekocht wird. Pudding wird in einer offenen oder verschlossenen Form im Wasserbad gegart, z.B. der Frankfurter Pudding. Die bekanntesten Puddingspezialisten sind die Engländer, dort gibt es Pudding in unzähligen Variationen, wie den Sussex- oder Plumpudding (Weihnachtspudding).

Für den Konditor ist die Vanillecreme die am häufigsten verwendete Creme zum Füllen von Gebäck. Er zieht Eischnee unter die gekochte Creme, um zum Beispiel einen **Bienenstich** oder Torten zu füllen.

In der Patisserie ist die Crème pâtissière am bekanntesten. Sie dient in süßer Form als Füllcreme für kleine **Windbeutel (Profiteroles, Eclairs** oder die bekannte **St. Honoré Torte).** Auch als Grundmasse für **Soufflés, Omeletts** oder zum Füllen von Käsegebäck wird sie genommen.

Zitronen-, Orangen- und Weincremes gehören auch zu den gekochten Cremes. Sie werden zum Füllen von Torten und zur Herstellung feiner Desserts verwendet. Gebunden werden diese gekochten Cremes fast immer mit Stärke. Jedoch eine klassische Crème pâtissière wurde stets mit Mehl abgebunden, was auch heute noch manchmal praktiziert wird.

Um bei einer gekochten Creme einen zarten, cremigen Geschmack zu erzielen und eine reine, klare Farbe zu erhalten, sollte nur mit **Puddingpulver** (Cremepulver) abgebunden werden. Da Puddingpulver ein Verschnitt aus mehreren unverkleisterten **Stärken,** wie Reis, Maniok, Sago und Maisstärke ist, kocht es rückstandsfrei klar. Wichtig ist dabei nur, daß die Creme kräftig durchkochen muß. Alle anderen Stärken wie Kartoffel- oder Weizenstärke bleiben trübe und sehen am nächsten Tag nicht mehr so appetitlich aus. Am deutlichsten ist dies bei Fruchtsaucen oder **Kirschen** zu sehen, die mit Kartoffel- oder Weizenstärke abgebunden wurden.

Die fünfte Gruppe sind die aufgeschlagenen Cremes. Die wichtigste Creme in der Konditorei ist die Buttercreme. Sie wird hauptsächlich für Torten und Dessertstücke verwendet. Bekannt sind drei Arten von Buttercreme: die deutsche, französische und die italienische Art. Die **deutsche Buttercreme** wird mit einer gekochten Vanillecreme zubereitet, unter die Butter nach und nach untergeschlagen wird. Für die **französische Buttercreme** werden Eier mit Zucker warm und kalt aufgeschlagen, Butter schaumig gerührt und die schaumige Eiermasse zuletzt langsam in die Butter eingerührt. Für die Buttercreme nach **italienischer Art** wird die Butter schaumig gerührt, Eiweiß mit Zucker warm und kalt aufgeschlagen und das Eiweiß langsam in die Butter eingerührt. Diese oben genannten Buttercremes können mit den verschiedensten Geschmacksträgern parfümiert werden.

Canachecreme wird überwiegend in Konditoreien oder Bäckereien verwendet. Zum Füllen von Torten ist sie besonders gut geeignet. Sie besteht aus Sahne und Kuvertüre: die Sahne wird aufgekocht und die Kuvertüre (kleingehackt) untergerührt. Wichtig ist, daß die Sahne richtig aufkocht, so ist die Masse später haltbar. Ähnlich wie die Canachecreme wird auch die Pariser Creme zubereitet. Hier wird nur noch ein wenig Butter zugegeben.

Englische Creme

Die Englische Creme (Crème anglaise) gehört zu den klassischen Cremes in der Patisserie. Gebunden wird sie nur mit Eigelb, ohne Zusatz von Gelatine. Wird auf eine feine Vanillesauce Wert gelegt, bereitet man immer eine Englische Creme zu.

Rezeptur: Englische Creme
ergibt ca. 10-15 Portionen
500 g Sahne
1,5 Vanilleschote
100 g Eigelb (5 Stück)
90 g Zucker

Die Sahne mit der aufgeschnittenen Vanilleschote aufkochen. Eigelbe und Zucker leicht verschlagen und die gekochte Sahne unter ständigem Rühren in die Eimasse laufen lassen. Die Englische Creme auf dem Wasserbad bis zur Rose abziehen und durch ein feines Haarsieb laufen lassen.

Tip: Die Sahne kann zur Hälfte durch Milch ersetzt werden.

Bayrische Creme

Sie ist eine sogenannte Grundcreme, die in vielen Variationen in jeder Küche und Patisserie bekannt ist. Mit frischen Früchten, Mandeln, Nüssen oder Schokolade ist sie für Feinschmecker eine wahre Delikatesse.

Grundrezeptur: Bayrische Creme
ergibt ca. 16 Portionen
500 g Milch
125 g Zucker
2 Vanilleschoten
100 g Eigelb (5 Stück)
8 Blatt Gelatine
500 g Sahne, geschlagen

Gelatine in kaltem Wasser einweichen. Vanilleschoten aufschneiden und zusammen mit der Milch aufkochen. **Eigelbe** und Zucker gut verrühren und die gekochte Milch unter ständigem Rühren einlaufen lassen.

Creme

Das ganze auf dem Wasserbad bis zur Rose (mind. 73 °C) abziehen. Die eingeweichte Gelatine gut ausdrükken und in die noch heiße Masse einrühren, diese durch ein feines **Haarsieb** laufen lassen und unter ständigem Rühren in kaltem Wasser abkühlen. Beginnt die Masse zu stocken (fest zu werden), die geschlagene Sahne unterheben. Die Creme in die vorbereiteten Förmchen füllen und ca. 1-2 Stunden kaltstellen.

Tip: Die Sahne sollte nicht ganz fest ausgeschlagen werden, so wird die Masse **homogener** und es besteht nicht die Gefahr des Gerinnens.

Bayrische Erdbeercreme

Unter einer Bayrischen Creme versteht man eine Creme mit Vanillegeschmack. Das folgende Rezept zeigt, daß auch fruchtige Varianten möglich sind.

Rezeptur:
Bayrische Erdbeercreme
ergibt ca. 6 Portionen
150 g Erdbeermark, passiert
1 Orangensaft, passiert
1/2 Orangenschale, abgerieben
30 g Orangenlikör
70 g Zucker
60 g Eigelb (3 Stück)

(Fortsetzung)
250 g Milch
1/2 Vanilleschote
4 Blatt Gelatine
250 g Sahne, geschlagen

Die Gelatine in kaltem Wasser einweichen. Orangensaft, Orangenschale, Zucker und **Likör** kurz, aber kräftig aufkochen und leicht abkühlen lassen. Diesen Sirup zu den Eigelben geben und gut verrühren. Die Milch mit der Vanilleschote aufkochen und unter ständigem Rühren in die Eiermasse laufen lassen. Die Masse auf dem Wasserbad bis zur **Rose** (mind. 73 °C) abziehen. Die Gelatine ausdrücken und unter die Grundmasse rühren. Alles durch ein feines Haarsieb laufen lassen und das Erdbeermark zugeben. Die Masse sollte eventuell noch mit Zitronensaft nachgeschmeckt werden. Die Grundmasse kann auf Eis oder in kaltem Wasser unter ständigem Rühren abgekühlt werden. Beginnt die Masse zu stocken (fest zu werden), wird die nicht ganz fest geschlagene Sahne untergehoben. Die fertige Erdbeercreme kann in vorbereitete Förmchen oder eine Form gefüllt werden.

Tip: Die Förmchen hauchdünn mit heißer Butter einstreichen, sie lassen sich so später leichter stürzen.

Bayrische Himbeercreme

Eine weitere Möglichkeit einer Fruchtcreme ist die folgende Himbeercreme. Da dieser Creme weder Eier noch Milch oder Sahne zugesetzt wird, ist es geschmacklich die fruchtigste Variante.

Rezeptur:
Bayrische Himbeercreme
ergibt ca. 6 Portionen
500 g Himbeermark, passiert
140 g Puderzucker
10 g Himbeergeist
1 Zitronensaft, passiert
5 Blatt Gelatine
200 g Sahne, geschlagen

Die Gelatine in kaltem Wasser einweichen. Das **Himbeermark** mit dem Puderzucker und dem **Himbeergeist** gut verrühren und mit dem Zitronensaft abschmecken. Die Gelatine auflösen (nicht kochen) und mit einem Schneebesen unter das **Fruchtmark** rühren. Die geschlagene Sahne unterheben und die fertige Creme in die vorbereitete Form oder in Förmchen füllen. Die Himbeercreme sollte ca. 1-2 Stunden kaltgestellt werden.

Tip: Verwendet man statt der Sahne geschlagenes **Eiweiß,** schmeckt die Creme noch fruchtiger.

Creme

Creme Karamel

Diese Creme Karamel (Crème renversée au caramel) ist bis heute ein Klassiker geblieben. Die zarte Creme unter einem kräftigen Karamelspiegel ist immer wieder ein Genuß. Sei es in einem Bistro oder im feinsten Restaurant. Schmeckt die Creme bitter oder ist grieselig auf der Zunge, ist der Gast enttäuscht. Zusammenstellung und Zubereitung der Creme Karamel ist einfach, doch gehört sehr viel Gefühl dazu, um sie perfekt zu servieren.

Rezeptur: Karamelspiegel
ergibt ca.15 Portionen
400 g Zucker
80 g Wasser
20 Tropfen Zitronensaft, passiert

8 Porzellanförmchen **(Timbales)** mit Butter ausfetten. Eine kleine **Sauteuse** auf dem Ofen sehr heiß werden lassen, den Zucker nach und nach in den Topf geben und auflösen. Dieser Vorgang sollte sehr schnell gehen, damit der Zucker nicht zu dunkel wird. Ist der Zucker aufgelöst, das Wasser und zuletzt den Zitronensaft zugeben und verrühren. Den Karamel auf die Förmchen verteilen und fest werden lassen.

Abb. Seite 47
oben Creme Karamel
unten
Schokoladencreme mit gewürzten Birnen

Rezeptur: Creme Karamel
ergibt ca. 15 Portionen
1000 g Milch
2 Vanilleschoten
200 g Ei (4 Stück)
160 g Eigelb (8 Stück)
200 g Zucker

Die Milch mit den aufgeschnittenen Vanilleschoten aufkochen, Ei und Eigelb mit Zucker verschlagen und die gekochte Milch unter ständigem Rühren in die Eimasse laufen lassen. Die Eiermilch zweimal durch ein feines **Haarsieb** laufen lassen, damit alle geronnenen Ei- und Eiweißteilchen entfernt werden. Die Masse auf die mit Karamel ausgegossenen Förmchen verteilen und in ein Wasserbad stellen. Die Förmchen sollten bis zur Hälfte im Wasser stehen. Die Creme im Backofen pochieren. Gegebenenfalls sollten die Förmchen mit Alufolie abgedeckt werden.

Ofentemperatur:
200 °C Ober-/Unterhitze

Wasserbad: 80 °C
Pochierzeit: 30-40 Minuten

Nach ca. 1 Stunde Abkühlzeit kann die Creme Karamel gestürzt werden.

Tip: Um festzustellen, ob die Creme fertig ist, sticht man mit einem Messer vorsichtig in die Creme. Zieht man das Messer blank und sauber wieder heraus, ist sie fertig. Solange die Creme Karamel heiß ist, zieht sie noch nach. Daher muß sie etwas früher aus dem Ofen geholt werden.

Crème pâtissière

Was für den Konditor die Vanillecreme ist, ist für den Patissier die Crème pâtissière. Im Volksmund wird diese Creme fälschlicherweise auch Pudding genannt. Der Fachmann bezeichnet diese Creme als Flammeri, da er direkt auf der Flamme (Ofen) gekocht wird. Ein Pudding dagegen wird immer im Wasserbad pochiert, wie zum Beispiel der Frankfurter Pudding. Vereinfacht kann diese Creme auch als Füllcreme bezeichnet werden. Sie wird in der Konditorei zum Füllen von Gebäck verwendet. In der Patisserie werden kleine Windbeutel (Profiteroles) oder Eclairs mit der Creme gefüllt. Sie wird aber auch zum Überbacken und als Basis für Soufflés verwendet. Diese gekochte Creme wird hauptsächlich mit Stärke gebunden.

Rezeptur: Crème pâtissière
ergibt ca. 650 g fertige Creme
500 g Milch
1 Vanilleschote
60 g Eigelbe (3 Stück)
50 g Ei (1 Stück)
37 g Maizena oder Kartoffelmehl

Die Milch mit der aufgeschnittenen Vanilleschote aufkochen. Ei, Eigelb, und **Maizena** in einem größeren Topf mit einem Handmixer stark schaumig schlagen. Die gekochte Milch unter ständigem Rühren (mit einem Schneebesen) in die aufgeschlagenen Eier laufen lassen. Den Schneebesen gegen einen Holzlöffel oder Gummispatel tauschen und die Creme auf dem Ofen noch einmal kräftig durchkochen lassen. Je stärker die Creme gekocht hat, um so besser ist sie später zu gebrauchen. Damit sich keine Haut bildet, sollte die Creme nach dem Kochen sofort auf Eis oder in kaltem Wasser unter ständigem Rühren abgekühlt werden.

Tip: Bleibt zum Kaltrühren keine Zeit, ist es wichtig, die Creme mit einer Folie abzudecken. Die Folie sollte direkt auf die Creme gelegt und einige Male eingestochen werden, damit der Wasserdampf abziehen kann.

Leichte Vanillecreme

Diese Creme wird meist in der Konditorei verwendet, um Bienenstich, Mohrenköpfe oder Torten zu füllen.

Rezeptur: Leichte Vanillecreme
ergibt ca. 900 g fertige Creme
420 g Milch
1 Vanilleschote
80 g Milch (kalt)
80 g Eigelb (4 Stück)
55 g Puddingpulver
180 g Eiweiß (6 Stück)
100 g Zucker

Die Milch mit der halbierten Vanilleschote aufkochen. Puddingpulver, Eigelb und die kalte Milch (80 g) verrühren. Das angerührte Puddingpulver unter ständigem Rühren in die kochende Milch laufen lassen und mit einem Schneebesen kräftig rühren. Die Vanillecreme muß sehr gut durchkochen. Eiweiß aufschlagen, den Zucker nach und nach einrühren und darauf achten, daß der Eischnee nicht zu fest geschlagen wird. Er muß unbedingt eine cremige Konsistenz haben, da das geschlagene Eiweiß sonst nicht untergezogen werden kann. Das geschlagene Eiweiß wird langsam unter die kochende Vanillecreme gehoben. Danach muß die Masse einmal kräftig Blasen werfen.

Diese leichte Vanillecreme muß sofort verarbeitet werden, da sie während des Abkühlens fest wird. Bei Verarbeitung nach dem Erkalten, geht das Volumen verloren.

Tip: Gibt man dieser Creme geriebene Orangen- oder Zitronenschale zu, erhält man eine fruchtig, erfrischende Variante.

Zitronenweincreme

Diese Creme wird zum Füllen von Torten, Cremeschnitten und Rouladen verwendet. Zubereitet wird sie wie eine Crème mousseline. Nach dem Erkalten wird sie passiert und geschlagene Sahne untergehoben.

Rezeptur: Zitronenweincreme
ergibt ca. 950 g fertige Creme
375 g Weißwein, trocken
300 g Wasser
150 g Zucker
7 Zitronensaft, passiert
75 g Wasser, kalt
60 g Eigelb (3 Stück)
100 g Puddingpulver

Creme

Weißwein, Wasser (300 g), Zucker und Zitronensaft aufkochen. Das Wasser, Eigelb und Puddingpulver verrühren und unter ständigem Rühren in die kochende Flüssigkeit laufen lassen. Die Creme muß gut durchkochen, damit sie klar wird. Die fertige Creme in kaltem Wasser oder auf Eis kaltrühren. Wird die Creme nach dem Kochen gleich kaltgerührt, spart man sich das spätere Passieren.

Tip: Zitronensaft läßt sich durch Orangensaft austauschen. Um eine bessere Stabilität zu erreichen, können auch 2 Blatt Gelatine zugegeben werden!

Sahnecreme

Diese Sahnecreme (Crème mousseline) findet fast nur in der Patisserie Verwendung. Sie ist eine gekochte Creme, der je nach Verwendung, auch etwas Gelatine zugegeben werden kann.

Rezeptur:
Sahnecreme ohne Gelatine
ergibt ca. 1050 g fertige Creme
450 g Milch
1,5 Vanilleschoten
80 g Zucker
50 g Milch
80 g Eigelb (4 Stück)
50 g Puddingpulver
600 g Sahne, geschlagen

Milch, Zucker und die Vanilleschoten aufkochen. Puddingpulver, Milch und Eigelbe verrühren und unter ständigem Rühren in die kochende Milch laufen lassen. Die Creme gut durchkochen lassen und in kaltem Wasser oder auf Eis gleich kaltrühren. Die geschlagene Sahne unter die kalte Creme heben und sofort verarbeiten.

Tip: Durch Zugabe verschiedener Geschmacksträger wie Haselnuß, Schokolade, Marzipan oder Mocca läßt sich die **Sahnecreme** auch im Dessertbereich vielseitig verwenden.

Sahnecreme mit Gelatine

Hier eine Sahnecreme (Crème mousseline) mit Gelatine. Diese Creme sollte überall dort Verwendung finden, wo eine festere Konsistenz nötig ist, zum Beispiel bei Torten, die später geschnitten werden.

Rezeptur:
Sahnecreme mit Gelatine
ergibt ca. 1000 g fertige Creme
350 g Milch
100 g Sahne
125 g Zucker
2 Vanilleschoten, aufgeschnitten
40 g Eigelb (2 Stück)
50 g Milch
25 g Puddingpulver
1,5 Blatt Gelatine
400 g Sahne, geschlagen

Gelatine in kaltem Wasser einweichen. Milch, Sahne, Zucker und Vanilleschoten aufkochen. Milch, Puddingpulver und Eigelb verrühren und in die kochende Milch gießen. Die Vanillecreme gut durchkochen lassen und die ausgedrückte Gelatine einrühren. Alles in kaltem Wasser oder auf Eis kaltrühren und kurz bevor die Masse fest wird, die geschlagene Sahne unterheben. Die Sahnecreme muß sofort verarbeitet werden.

Tip: Mit dieser Sahnecreme lassen sich hauchdünne, karamelisierte Blätterteigblätter sehr gut füllen. Später können sie mit frischen Früchten serviert werden.

Maronencreme mit Kirschsauce

Creme

Maronencreme mit Kirschsauce

Während unsere Nachbarn in der Schweiz, Belgien und Frankreich diese Spezialität sehr zu schätzen wissen, ist die Maronencreme in Deutschland eher ein Stiefkind im Dessertbereich. Glasierte Maronen (Marrons glacés) oder als Vermicelli, gedämpfte Maronen, unter Zugabe von Zucker, Milch und Kirschen, wird ein Püree hergestellt. Dieses Maronenpüree wird mit Meringueschalen und gezuckerter Sahne in jedem Café, jeder Konditorei und auch Patisserie serviert. Auf diese Spezialität sollte auch bei uns im Herbst und Winter nicht verzichtet werden. Das nachfolgende Rezept ist so locker und leicht, daß der Genuß von Maronen wieder richtig Spaß macht.

Rezeptur: Maronencreme
ergibt ca. 6 Portionen
250 g Maronenpüree
130 g Vanillecreme
30 g Kirschwasser
45 g Läuterzucker, 28 Grad **Bé** nach Zuckerwaage
2,5 Blatt Gelatine
200 g Eiweiß (6,5 Stück)
30 g Zucker
50 g Sahne

Die geschälten und in Milch weichgekochten Maronen durch ein feines Sieb passieren und die benötigten 250 g Püree abwiegen. Die **Maronen** können aber auch im Mixer püriert werden. Die Gelatine in kaltem Wasser einweichen und aufgelöst unter das Püree rühren. Die restlichen Zutaten zum Püree geben und alles gut verrühren. Das Eiweiß cremig schlagen und den Zucker nach und nach zugeben. Jetzt Eiweiß und geschlagene Sahne unter die Grundcreme heben und alles in die vorbereiteten Formen oder Gläser füllen. Das ganze ca. 1-2 Stunden kaltstellen. Soll die Creme in Gläser gefüllt werden, können ohne weiteres nur zwei Blatt Gelatine verwendet werden.

Tip: Maronenpüree kann heute in guter Qualität auch tiefgekühlt bezogen werden.

Rezeptur:
Vanillecreme zur Maronencreme
ergibt ca. 420 g fertige Vanillecreme
250 g Milch
50 g Sahne
1 Vanilleschote
60 g Zucker
40 g Eigelbe (2 Stück)
12 g Puddingpulver
2 Orangenschalen, fein gehackt
1 Zitronenschale, fein gehackt

Milch, Zucker und die aufgeschnittene Vanilleschote kochen. Puddingpulver, Eigelbe und etwas Milch verrühren und die kochende Milch damit abbinden und sehr gut durchkochen lassen. Zitronen und Orangenschale abreiben und unter die noch heiße Vanillecreme rühren. Die Creme mit Folie abdecken, damit sich keine Haut bildet und abkühlen lassen.

Rezeptur: Kirschsauce
ergibt ca. 10 Portionen
100 g Zucker
300 g Wasser
1 Zimtstange
1 Vanillestange
500 g Sauerkirschen, frische o. **TK Ware**
1/2 Zitronensaft, passiert
20 g Puddingpulver
20 g Kirschwasser
10 g Mandellikör (Amaretto)

Wasser und Zucker mit den Gewürzen aufkochen, etwas abkühlen und alles ca. 1 Std. ziehen lassen. Die Sauerkirschen mit dem Zitronensaft in den Mixer geben und kräftig mixen. Die Zugabe von Zitronensaft ist sehr wichtig, wenn frische Sauerkirschen verwendet werden. Sie werden sonst braun und sind nicht mehr zu gebrauchen. Den aufgekochten Zucker unter die Kirschsauce rühren, Vanille- und Zimtstange rausnehmen und die ganze Flüssigkeit durch ein feines Sieb passieren. Alle Schalenteile müssen abpassiert werden. Das Puddingpulver mit etwas Kirschsaft anrühren, den restlichen Saft aufkochen und mit dem Puddingpulver leicht abbinden. Die Sauce kräftig aufkochen lassen, um so klarer wird sie später. Jetzt kann die Kirschsauce mit Kirschwasser und Mandellikör abgeschmeckt und warm mit Eis oder kalt als Saucenbeilage zu verschiedenen Desserts gereicht werden.

Haselnußcreme auf Kaffeesabayon

Diese Creme besticht durch ihre Leichtigkeit und die geschmackliche Harmonie von Haselnuß und Kaffee. Als Dessert läßt sie sich zu Kaffee, Cappuccino oder einem Mineralwasser servieren. Wein, Sekt oder gar Champagner wären fehl am Platz. Ein Dessert, was sowohl im Sommer als auch im Herbst und Winter seine Liebhaber findet.

Rezeptur: Haselnußcreme
ergibt ca. 8 Portionen
350 g Sahne
1/2 Vanilleschote
80 g Eigelb (4 Stück)
90 g Zucker
4 Blatt Gelatine
25 g **Haselnußmark,** ungesüßt
10 g **Haselnüsse**, gerieben, geröstet
10 g Rum, 40 %ig
210 g Eiweiß (7 Stück)
40 g Zucker

Abb. Seite 54
oben: Haselnußcreme auf Kaffeesabayone
unten: Reistörtchen mit Apfelsauce

Creme

Gelatine in kaltem Wasser einweichen. Die Sahne mit der aufgeschnittenen Vanilleschote aufkochen. Eigelbe und Zucker verrühren und die gekochte Sahne unter ständigem Rühren in die Eiermasse laufen lassen. Diese auf dem Wasserbad bis zur Rose (mind. 73 °C) abziehen. Gelatine gut ausdrücken und unter die Masse rühren. Die abgezogene Masse durch ein feines Haarsieb laufen lassen. Am besten kühlt man die Masse sofort in kaltem Wasser oder auf Eis ab. Um ein gleichmäßiges Abkühlen zu erreichen, sollte mit einem Gummilutscher gerührt werden. Wird während des Abkühlens nicht gerührt, können kleine Klümpchen entstehen, die nur durch erneutes Erhitzen der Creme verschwinden. Die Qualität leidet aber darunter. Haselnußmark, Haselnüsse und Rum zugeben und alles mit einem Mixstab kurz untermixen. Das Eiweiß aufschlagen und den Zucker nach und nach einlaufen lassen. Das Eiweiß nicht zu fest schlagen, es muß eine sahnige Konsistenz haben, so läßt es sich am besten unterheben und die Creme wird locker und cremig. Die fertige Haselnußcreme in die vorbereiteten Förmchen füllen und für ca. 1 Stunde kaltstellen.

Tip: Eiweiß nie mit Zucker zusammen aufschlagen, da es dann kein Volumen bekommt, sondern sich nur schmierig, fest schlägt und für eine Creme nicht zu gebrauchen ist.

Rezeptur: Kaffeesabayon
ergibt ca. 8 Portionen

125	g	**Guinness** (Irisches Starkbier)
40	g	Zucker
40	g	**Kaffeelikör**
100	g	Eigelb (5 Stück)
3	g	**Moccapaste** oder **Kaffee-Extrakt** (löslicher Kaffee)
1		Vanilleschote (nur das Mark)

Alle Zutaten, bis auf das Vanillemark in eine große Schüssel geben und auf dem Wasserbad aufschlagen. Löslichen Kaffee nach Geschmack zugeben. Der **Sabayon** muß mindestens 73 °C heiß geschlagen werden, da er sich sonst wieder absetzt. Ist er genügend geschlagen, muß er sofort in kaltem Wasser oder auf Eis kaltgerührt werden, dann kann er seine Konsistenz nicht mehr verändern und läßt sich den ganzen Tag verwenden. Das Mark der Vanilleschote muß zügig unter dem fertigen Sabayon geschlagen werden. Sollte der Sabayon zu fest sein (er sollte leicht fließen), kann er entweder mit Guinness Bier oder Kaffee verdünnt werden.

Tip: Das **Vanillemark** nicht gleich in die Masse geben, da diese sich nicht mehr aufschlagen läßt. Sie bekommt kein Volumen, sondern wird glänzend und schmierig.

Anrichtevorschlag: Haselnußcreme in die Tellermitte stürzen, den Sabayon darüberlaufen lassen, Crème fraîche (Punkte) gleichmäßig um die Haselnußcreme verteilen und mit einem Holzstäbchen (Fleischspieß) ineinander verziehen. Eventuell mit Schokospänen garnieren. Kein Obst oder Minzblatt als Garnitur anlegen, da beides nicht damit harmonieren würde.

Creme

Reistörtchen mit Apfelsauce

Wer sich in der modernen Gastronomie schwer einen Reis „Trautmansdorff“ oder gar einen „Königinnen Reis“ auf seiner Dessertkarte vorstellen kann, sollte diese Reistörtchen gleich heute ausprobieren. Sie sind nicht nur sehr schmackhaft, gleichzeitig liegen sie mit dieser Dessertart voll im Trend. Bei der Wirtschaftlichkeitsberechnung in bezug auf den Wareneinsatz kann sich unser Törtchen durchaus sehen lassen.

Rezeptur: Reistörtchen mit Äpfeln
ergibt ca. 12 Portionen
100 g **Langkornreis**
300 g Milch
1/2 Vanilleschote
2 Blatt Gelatine
210 g Eiweiß (7 Stück)
60 g Zucker
1/2 **Apfel** (Granny Smith)

Gelatine in kaltem Wasser einweichen und den Reis kurz in Salzwasser aufkochen, in ein Sieb geben und unter kaltem Wasser klarspülen. Auf diese Weise wird die Stärke abgespült und der Reis klebt nicht mehr. Die Milch mit der Vanilleschote aufkochen, den Reis zugeben, alles auf kleiner Flamme langsam köcheln lassen und ab und zu umrühren. Das Ganze darf nicht zu kräftig kochen, da die Flüssigkeit sonst verkocht, ohne daß der Reis weich wird. Den Apfel schälen, das Kerngehäuse entfernen und den Apfel in kleine Würfel schneiden. Apfelschalen und das Kerngehäuse nicht wegwerfen, da sie später für die Sauce benötigt werden. Ist der Reis gar, die Apfelstückchen zugeben und alles unter ständigem Rühren gut heiß werden lassen. So werden die Äpfel gegart und müssen nicht **blanchiert** werden. Die Gelatine gut ausdrücken und unter den Reis rühren. Die Reismasse in kaltem Wasser oder auf Eis abkühlen. Das Eiweiß aufschlagen und den Zucker nach und nach zugeben. Das cremig geschlagene Eiweiß unter die Reismasse heben und alles in die vorbereiteten Förmchen füllen. Die Reistörtchen müssen ca. 1 Stunde kühlstehen.

Tip: Das **Anziehen** der Reistörtchen kann erheblich verkürzt werden, wenn die Grundmasse weiter abgekühlt wird.

Rezeptur: Apfelsauce
ergibt ca. 15 Portionen
Schalen und Kerngehäuse von 5-6 Äpfeln
400 g Wasser
1 Vanilleschote
1 **Zimtstange**
100 g Zucker
15 g **Puddingpulver**
2 Äpfel
25 g Calvados

Wasser, Zucker und Gewürze aufkochen und ca. 3-4 Stunden ziehen lassen. Besser ist es, den Sud über Nacht ziehen zu lassen. Die beiden Äpfel schälen und in nicht zu dünne **Julienne** schneiden. Den Sud passieren und kurz, aber kräftig aufkochen lassen, damit er klar kocht. Das Puddingpulver mit etwas kaltem Wasser anrühren und die Flüssigkeit binden. Den heißen Sud über die **Apfeljulienne** gießen und alles etwas abkühlen lassen. Zuletzt kann die Apfelsauce mit Calvados abgeschmeckt werden.

Tip: Fehlt die Zeit, den Apfelsud über Nacht ziehen zu lassen, sollte die Hälfte der Flüssigkeit durch Weißwein ersetzt werden.

Creme Kir Royale auf Cassissauce

Kir Royale als Aperitif ist ein beliebtes und bekanntes Getränk, ebenso wie die gleichnamige Fernsehserie. Die folgende Creme ist ein Genuß für alle Naschkatzen und Dessertliebhaber.

Rezeptur: Champagnercreme
ergibt ca. 10 Portionen
120 g Eigelbe (6 Stück)
170 g Zucker
250 g Champagner
1/2 Zitronensaft, passiert
2,5 Blatt Gelatine
60 g Eiweiß (2 Stück)
20 g Zucker

Gelatine in kaltem Wasser einweichen. **Champagner,** Eigelb, Zucker und Zitronensaft in eine große Schüssel wiegen und auf dem Wasserbad aufschlagen. Die eingeweichte Gelatine gut ausdrücken und in die Masse einrühren. Alles durch ein Haarsieb passieren und in kaltem Wasser oder auf Eis leicht kaltrühren. Das Eiweiß aufschlagen, den Zucker nach und nach unterrühren und das cremig geschlagene Eiweiß vorsichtig unter den Champagnerschaum heben. Die Masse ist fertig zum Abfüllen.

Rezeptur: Cassiscreme
ergibt ca. 10 Portionen
60 g Eigelb (3 Stück)
70 g Zucker
110 g **Cassispüree** (ungesüßt)
25 g **Crème de Cassis** (Likör)
30 g Eiweiß (1 Stück)
10 g Zucker
1 Blatt Gelatine

Die Cassiscreme wird wie die Champagnercreme hergestellt. Sind beide Cremes sorgfältig zubereitet, werden sie schichtweise, zuerst die Cassiscreme (ca. 1/3), in die vorbereiteten Förmchen gefüllt und etwa 30 Minuten kaltgestellt.

Tip: Wird die Creme **Kir Royale** in Gläser gefüllt und nicht gestürzt, so muß keine Gelatine zugegeben zu werden.

Rezeptur: Cassissauce
ergibt ca. 8 Portionen
100 g Cassispüree
1/2 Zitronensaft, passiert
30 g Zucker
Crème de Cassis (zum Abschmecken)

Das **Cassispüree** mit Zucker, dem Zitronensaft und Crème de Cassis gut abschmecken.

Anrichtevorschlag: Cassissauce in die Tellermitte geben, die Creme auf den Saucenspiegel stürzen und etwas Crème fraîche in die Sauce einziehen.

Tip: Crème fraîche sieht nicht nur gut aus, sie nimmt dem Cassis auch seinen hart-herben Geschmack.

Creme

Champagnercreme mit Trauben

Champagnercreme besticht durch ihre lockere und leichte Konsistenz. Auf keiner herbstlichen Dessertkarte sollte diese elegante Creme fehlen. Auch nach einem kräftigem Essen ist ihr Genuß immer noch eine besondere Freude.

Rezeptur: Champagnercreme
ergibt ca. 10 Portionen
140 g Eigelbe (7 Stück)
80 g Zucker
375 g Champagner (trocken)
1 Zitronensaft, passiert
3,5 Blatt Gelatine
120 g Eiweiß (4 Stück)
30 g Zucker

Gelatine in kaltem Wasser einweichen. Eigelb, Zucker, Champagner und Zitronensaft im Wasserbad (mind. 73 °C) aufschlagen, da Eigelb erst bei dieser Temperatur bindet. Die ausgedrückte Gelatine in den noch heißen Champagnerschaum einrühren. Wenn sich die Gelatine in der Masse vollkommen aufgelöst hat, alles durch ein feines Sieb passieren, damit die Masse von Ei- und Eiweißklümpchen befreit wird. Nur so erhält man eine einwandfreie Creme. Den aufgeschlagenen Schaum in kaltem Wasser oder auf Eis unter ständigem Rühren leicht abkühlen und eventuell noch mit etwas Zitronensaft abschmecken. Das Eiweiß aufschlagen, den Zucker nach und nach zugeben und darauf achten, daß es nicht zu fest (schnittfest) geschlagen wird. Es sollte eine cremige Konsistenz haben. Den Eischnee leicht unter die Champagnercreme heben und die fertige Masse in die vorbereiteten Ringe füllen. Die Schaumcreme ca. 1 Stunde kaltstellen.

Tip: Das Wasserbad sollte nicht gleich volle Hitze haben, da das Eigelb sonst zu schnell bindet und kein Volumen durch das Aufschlagen erhält. Erst kurz bevor die Creme fertig ist, sollte volle Hitze gegeben werden.

Rezeptur: Traubensauce
ergibt ca. 8 Portionen
150 g helle Trauben, kernlos
150 g blaue Trauben, entkernt
200 g **Sauternes (Wein)**
30 g Zitronensaft, passiert
80 g Zucker
5 g Puddingpulver

Den Wein mit Zitronensaft und Zukker aufkochen. Das Puddingpulver mit einigen Tropfen kalter Flüssigkeit, Wasser oder Wein anrühren und die kochende Flüssigkeit damit binden. Alles gut durchkochen lassen, damit die Sauce richtig klar kocht.

Anrichtevorschlag: Die Creme unter Verwendung eines breiten Spachtels oder einer breiten Palette in die Tellermitte stellen. Mit Hilfe einer Gaslötlampe durch vorsichtiges Erhitzen des Metallringes die Creme lösen und auf den Teller gleiten lassen. Halbierte blaue und grüne Trauben um die Creme legen und die kalte Sauce mit dem Löffel darüber verteilen. Als Garnitur kann ein **Minzblatt** angelegt werden.

Creme

Schokoladencreme mit gewürzten Birnen

Eine Schokoladencreme ist ein delikates Dessert und nicht nur bei Kindern beliebt. Serviert man sie mit fein gewürzten Birnenspalten, ist sie ein Hochgenuß.

Rezeptur: Schokoladencreme
ergibt ca. 4 Portionen
125 g Sahne
1/2 Vanilleschote
25 g Zucker
40 g Eigelb (2 Stück)
15 g Kuvertüre, dunkel (gehackt)
1,5 Blatt Gelatine
1 Orangenschale, abgerieben
10 g **Orangenlikör**
100 g Eiweiß (ca. 3 Stück)
15 g Zucker
40 g Kuvertüre, dunkel, fein gerieben

Zuerst die Gelatine in kaltem Wasser einweichen. Die **Sahne** mit der aufgeschnittenen Vanilleschote aufkochen. Zucker mit Eigelb verschlagen und die gekochte Sahne unter ständigem Rühren in die Eiermasse laufen lassen. Die Masse auf dem Wasserbad zur Rose abziehen (mind. 73 °C). Die Gelatine zugeben, verrühren und durch ein feines Haarsieb laufen lassen. Orangenschale, Likör und die gehackte Kuvertüre kräftig unterrühren, am besten mit dem Mixstab. Das Eiweiß aufschlagen, den Zucker langsam einlaufen lassen und das Eiweiß cremig schlagen. Den Eischnee leicht unter die Masse heben und zuletzt die geriebene **Kuvertüre** unterziehen. Die fertige Creme kann in die vorbereiteten, leicht gebutterten Förmchen gefüllt werden. Die Schokoladencreme sollte ca. 1 Stunde im Kühlschrank **anziehen.**

Tip: Die Masse nicht durch das Haarsieb drücken, sondern nur durchlaufen lassen. Sonst werden alle Rückstände gleich wieder in die Masse gedrückt.

Rezeptur: Birnenspalten
ergibt ca. 6 Portionen
2 Birnen, mittelgroß
200 g Wasser
200 g Apfelsaft
1 **Zimtstange**
1 Nelke
1/2 Vanilleschote
90 g Zucker
12 g Puddingpulver

Wasser, Apfelsaft, Zucker und **Gewürze** aufkochen. Die **Birnen** schälen, vierteln und Kerngehäuse entfernen. Schalen und Kerngehäuse in die Flüssigkeit geben und kräftig aufkochen lassen. Die acht Spalten in je vier gleiche Filets schneiden und in dem Sud **blanchieren.** Jetzt sollte die Flüssigkeit ca. 2 Stunden ziehen. Den Saft passieren, aufkochen und mit Puddingpulver leicht binden. Die Flüssigkeit muß gut durchkochen, denn nur so wird der Birnensud richtig klar. Der Sud sollte etwas abkühlen und über die blanchierten Birnenspalten gegossen werden.

Tip: Gleichmäßig geschnitten und fein gewürzt, geben die Birnen der Schokoladencreme eine besondere Note. Werden geschmacklich stark aromatische Birnen genommen, kann auf Zimt und Nelke verzichtet werden.

Anrichtevorschlag: Die Schokoladencreme etwas seitlich auf einen Teller stürzen. Mit einer Gabel vier Birnenspalten an die Creme legen und den Sud mit einem Löffel darüber verteilen. Fein geraspelte Kuvertürespäne als Garnitur anlegen.

Nougatcreme auf Aprikosensauce

Dieses Dessert eignet sich hervorragend als Abschluß eines Wildmenüs. Es ist stark genug im Geschmack, um sich gegen kräftige Rotwein- oder Burgundersaucen und herzhaften Braten zu behaupten.

Rezeptur: Nougatcreme
ergibt ca. 8 Portionen

350 g	Sahne
1	Vanillestange
80 g	Zucker
80 g	Eigelb (4 Stück)
4,5	Blatt Gelatine
100 g	Nougat, hell
20 g	Rum 40%ig
240 g	Eiweiß (8 Stück)
70 g	Zucker

Gelatine in kaltem Wasser einweichen und die Sahne mit der aufgeschnittenen Vanilleschote aufkochen. Eigelb mit Zucker verschlagen und die gekochte Sahne unter ständigem Rühren einlaufen lassen. Auf dem Wasserbad wird die Masse bis zur Rose (mind. 73 °C) abgezogen. Die eingeweichte Gelatine ausdrükken, unter die Eimasse rühren und durch ein feines Sieb laufen lassen. Den Nougat und Rum mixt man am besten mit dem Mixstab unter. Die Grundcreme sollte nun leicht abkühlen. Je nach Geschmack kann die Masse eventuell noch mit etwas Rum nachgeschmeckt werden. Eiweiß cremig schlagen und unter die Nougatcreme heben, in leicht gebutterte Förmchen füllen und etwa 1 Stunde kaltstellen.

Tip: Anstatt mit Rum kann die Creme auch mit Orangenlikör abgeschmeckt werden. Es kann auch gänzlich auf Alkohol verzichtet werden.

Rezeptur: Aprikosensauce
ergibt ca. 35 Portionen

250 g	Aprikosen, getrocknet
200 g	Weißwein
150 g	Wasser
1/2	Zimtstange
1	Nelke
200 g	Aprikosensaft
15 g	Mandellikör
1	Zitronensaft, passiert

Aprikosen in kleine Würfel schneiden. Weißwein, Wasser und Gewürze aufkochen und auf die Aprikosenwürfel gießen. In der Flüssigkeit sollten die Früchte ca. 4-5 Stunden ziehen. Am besten ist es, sie über Nacht stehen zu lassen. **Zimtstange** und Nelke herausnehmen und die Früchte in den Mixer geben und kräftig mixen. Den Aprikosensaft und **Mandellikör** einlaufen lassen und die Masse durch ein feines Sieb passieren. Zuletzt wird die Aprikosensauce mit Zitronensaft abgeschmeckt. Sollte die Sauce noch nicht flüssig genug sein, kann sie mit Saft verdünnt werden.

Tip: Statt Mandellikör, kann auch 1 Tropfen **Bittermandelöl** verwendet werden.

Anrichtevorschlag: Die Nougatcreme in die Tellermitte stürzen, die Aprikosensauce entweder gleichmäßig herumlaufen lassen oder die ganze Creme mit Sauce überziehen. Zwei feine Kreise von Himbeermark und Crème fraîche einlaufen lassen, die mit einem feinen Holzstäbchen ineinander verzogen werden. Zwei bis drei schöne Himbeeren und einen Minzzweig anlegen.

Abb. Seite 62
Erdbeeren auf Passionsfruchtcreme

Creme

Erdbeeren auf Passionsfruchtcreme

Die Passionsfrucht ist eine der aromatischsten Früchte. Eisgekühlt ist sie im Sommer eine leckere Erfrischung. Der Saft der Passionsfrucht ist besser als Maracujasaft bekannt und ein sehr schmackhaftes Getränk. Zusammen mit frischen Erdbeeren ist die aromatische Passionsfrucht ein Super-Sommer-Dessert.

Rezeptur: Passionsfruchtcreme mit Erdbeeren
ergibt ca. 6 Portionen
250 g **Erdbeeren,** reif
200 g Sahne
1 Vanilleschote
75 g Zucker
80 g Eigelbe (4Stück)
3,5 Blatt Gelatine
100 g Passionsfruchtsaft, frisch
120 g Eiweiß (4 Stück)
20 g Zucker

Gelatine in kaltem Wasser einweichen und die Sahne mit der aufgeschnittenen Vanilleschote kochen. Eigelb und Zucker verschlagen und die gekochte Sahne unter ständigem Rühren in die Eimasse laufen lassen. Die Grundmasse auf dem Wasserbad bis zur Rose (73 °C) abziehen, die eingeweichte Gelatine zugeben, unterrühren und alles durch ein feines Sieb laufen lassen. Die Masse ein wenig abkühlen lassen und den **Passionsfruchtsaft** zugeben. Es kann nur Saft von frischen Früchten verwendet werden. **Maracujasaft** aus Flaschen ist nicht geeignet, da der intensive Geschmack fehlt. Das Eiweiß cremig schlagen und unter die leicht abgekühlte Creme heben. Die fertige Passionsfruchtcreme in die vorbereiteten Förmchen füllen und ca. 1 Stunde kaltstellen.

Tip: Die **Passionsfrüchte** halbieren und das Fruchtfleisch zusammen mit den Kernen ausschaben. Alles in den Mixer geben und leicht anmixen. Die Kerne müssen ganz bleiben. Eventuell etwas Weißwein oder Wasser in den Mixer gießen, dann löst sich das Fruchtfleisch besser von den Kernen. Den Saft später abpassieren.

Anrichtevorschlag: Die Passionsfruchtcreme in die Tellermitte stürzen, Erdbeeren in Scheiben schneiden und rosettenförmig auf die Creme legen. Als Sauce kann man Joghurt-, Vanille- oder Erdbeersauce zugeben. Einen kleinen Minzzweig anlegen und alles leicht mit Puderzucker bestauben.

Topfencreme

Um die Dessertkarte zu ergänzen, eignet sich eine Topfencreme vorzüglich (Topfen sagen die Österreicher zu Quark). Sie läßt sich gut mit allen Früchten kombinieren und ihre feine Säure sorgt für einen erfrischenden Genuß.

Rezeptur: Topfencreme
ergibt ca. 7 Portionen
250 g Sahnequark
40 g Eigelb (2 Stück)
40 g Zucker
1/4 Zitronenschale, fein gehackt
1/4 Orangenschale, fein gehackt
1 Orangensaft, passiert
15 g Orangenlikör
2,5 Blatt Gelatine
90 g Eiweiß (3 Stück)
40 g Zucker
50 g Sahne, geschlagen

Creme

Gelatine in kaltem Wasser einweichen. Topfen, Eigelb, Zucker, Orangenlikör und die fein gehackte Zitronenschale glattrühren. Den Orangensaft leicht erwärmen, die Gelatine (gut ausdrücken) darin auflösen. Die aufgelöste Gelatine unter die angerührte Quarkmasse geben. Eiweiß aufschlagen, den Zucker nach und nach unterrühren. Den Eischnee unter die Quarkmasse heben und zuletzt die geschlagene Sahne zugegeben. Die fertige Creme in die vorbereiteten Förmchen füllen und ca. 1 Stunde kühlstellen.

Rezeptur: Rotweinpflaumen
ergibt: ca. 10 Portionen
300 g Pflaumen, frisch
300 g Rotwein
300 g Wasser
100 g Portwein, rot
125 g Zucker
1 Nelke
1 Vanilleschote
1 Zimtstange
1/2 Orangenschale (Zesten)
25 g Puddingpulver

Pflaumen waschen, halbieren und entkernen. Wasser, Rotwein, Gewürze und Orangenschale aufkochen und die Pflaumen vorsichtig in diesem Sud blanchieren und die Haut abziehen. Haut und Kerne in den Sud geben, denn beides sind wichtige Geschmacksträger. Die Haut gibt eine kräftige Farbe und die Kerne einen leichten Mandelgeschmack. Alles noch einmal 4-5 Minuten leicht kochen und ca. 1-2 Stunden ziehen lassen. Dann gießt man alles durch ein feines Sieb und gibt der Flüssigkeit den **Portwein** zu. Mit ca. 50g der Flüssigkeit das Puddingpulver anrühren, den restlichen Teil zum Kochen bringen. Den Sud mit dem angerührten Puddingpulver binden, alles kräftig kochen, damit der Sud klar wird. Die Rotweinsauce abkühlen lassen und eventuell mit einem Schuß Pflaumenschnaps abschmecken.Danach über die blanchierten Pflaumen gießen und vor der Verwendung mindestens 1/2 Stunde ziehen lassen.

Tip: Die blanchierten Pflaumen sofort in Eiswasser legen, so lassen sie sich leichter abziehen. Werden dem Sud 1 oder 2 zerschlagene Pflaumenkerne zugegeben, erhalten die Rotweinpflaumen einen angenehm leichten Mandelgeschmack.

oben: Tiramisu
unten: Panacotta

Creme

Tiramisu

Die Pizza war der erste Streich, Tiramisu, ein Dessert aus Frischkäse und Biskuits (Löffelbiskuit), die mit Kaffee und Mandellikör getränkt werden, der zweite Streich, den Italien bei uns landen konnte. Keine Nachspeise wurde in so kurzer Zeit so beliebt, wie das Tiramisu. Es spiegelt den Charakter des Landes wieder, aus dem es stammt. Kräftig – wie ein Espresso, rassig – wie Amaretto, zart, herzhaft und gehaltvoll und doch sehr bestimmend im Geschmack, wie die italienische Mentalität. Man kann sagen: Mascarpone ist der Stoff für süße Träume.

Rezeptur: Tiramisu
ergibt ca. 8 Portionen
450 g Mascarpone
100 g Zucker
10 g Amaretto
1 Vanilleschote, nur das Mark
100 g Eigelb (5 Stück)
250 g Sahne, geschlagen

Eine Form oder Portionsförmchen mit Biskuit auslegen und gut tränken. Es ist vorteilhaft, die Tränke handwarm zu verwenden, da die Biskuits die Flüssigkeit dann besser aufnehmen. Mascarpone, Zucker, Amaretto und das Mark der Vanilleschote gut aufschlagen, Eigelb unterrühren und zuletzt die geschlagene Sahne unterheben. Die cremige Masse zur Hälfte einfüllen und verstreichen. Eine Schicht Biskuits auflegen und wiederum gut mit der Tränke beträufeln. Werden Löffelbiskuits verwendet, sollten diese vor dem Einlegen getränkt werden.

Den Rest der Masse einfüllen, glattstreichen und wieder mit Biskuits belegen und gut tränken. Nun sollte die Masse ca. 1-2 Stunden kaltgestellt werden. So zieht das Tiramisu gut durch und schmeckt hervorragend. Vor dem Servieren wird das Tiramisu gleichmäßig mit Kakao bestaubt. Anstelle von geschlagener Sahne kann auch 150 g Eiweiß mit 40 g Zucker geschlagen und unter die Masse gehoben werden. So wird das Tiramisu etwas leichter.

Tip: Der Biskuit, der zum Einlegen verwendet wird, sollte nicht nur Flüssigkeit aufnehmen, er sollte sie auch halten, ohne gleich zu zerfallen. Eine Mohrenkopfmasse eignet sich hervorragend. Möchte man Löffelbiskuits verwenden, empfiehlt es sich, diese ebenfalls aus der oben genannten Masse herzustellen. Bereitet man das Tiramisu mit Eiweiß am Abend für den nächsten Tag vor, ist es besser, 1-2 Blatt Gelatine unter die Käsemasse zu ziehen.

Rezeptur: Tränke für Tiramisu
ergibt ca. 700 g fertige Tränke
400 g Wasser
200 g Zucker
1,5 Vanilleschote
10 g löslicher Kaffee
70 g Kaffeelikör
40 g Amaretto

Wasser, Zucker und die aufgeschnittene Vanilleschote aufkochen, Kaffee einrühren, Hitze zurückschalten und ca. 4 Minuten leicht einkochen lassen. Die Flüssigkeit abkühlen lassen, Kaffeelikör und Amaretto einrühren. Je mehr der Zucker eingekocht wird, desto kräftiger wird auch der Geschmack. Kocht der Zucker zu stark ein, wird die Tränke meist sehr bitter und ist nicht mehr zu gebrauchen.

Tip: Eine fruchtige Tränke für eine Tiramisu Variante : Orangensaft, Puderzucker, Orangenlikör, Pernod und einige Tropfen Amaretto gut verrühren.

Panna Cotta

Die Dessert-Hitliste führte im letzten Jahr eine italienische Spezialität an: „Panna Cotta". Viele denken in diesem Zusammenhang an Tiramisu, das ist aber falsch! Panna Cotta ist gekochte Sahne. Sie läßt sich mit vielen Geschmacksträgern kombinieren und bereichert so die Dessertauswahl. Damit Sie vielleicht auch zum Liebhaber dieser köstlichen Nachspeise werden, habe ich dieses Rezept ausgewählt.

Grundrezeptur: Panna Cotta
ergibt ca. 4 Portionen
500 g Sahne
80 g Zucker
1 Vanilleschote
4 Blatt Gelatine

Gelatine in kaltem Wasser einweichen. Sahne, Zucker und die aufgeschnittene Vanilleschote aufkochen. Die Gelatine gut ausdrücken, in die gekochte Sahne einrühren und durch ein feines Haarsieb laufen lassen. Die Masse in die vorbereiteten Förmchen füllen und ca. 2 Stunden kaltstellen. Diese Grundmasse kann sehr unterschiedlich aromatisiert werden, zum Beispiel mit Kaffee, Schokolade, Tee, hochprozentigen „Geistern" oder Likören.

Tip: Das Dessert sollte immer frisch zubereitet werden, denn nur dann schmeckt es so, daß man schon süchtig danach werden kann.

Leichte Schokoladenmousse

Schokoladenmousse ist mit Abstand das Lieblingsdessert der Deutschen. Fehlt es auf der Dessertkarte, ist man immer ein wenig enttäuscht. Das folgende Rezept ist für eine sehr leichte Schokomousse, das auch noch nach einem üppigen Essen seinen Platz findet.

Rezeptur:
Leichte Schokoladenmousse
ergibt ca. 4-6 Portionen
200 g Eier (4 Stück)
65 g Zucker
115 g Kuvertüre, dunkel
15 g Rum 52%ig
150 g Sahne, geschlagen

Kuvertüre hacken und langsam auf einem Wasserbad auflösen. Eier und Zucker fest schaumig schlagen, wie eine Biskuitmasse. Die aufgelöste Kuvertüre unter die aufgeschlagenen Eier rühren und alles mit Rum abschmecken. Die nicht ganz fest geschlagene Sahne unter die Eiermasse heben. Alles in eine kleine Schüssel füllen und ca. 1 Stunde kühlstellen. Die Mousse sollte immer frisch verkauft und nie auf Vorrat gemacht werden.

Tip: Gibt man der Schokomousse etwas Kaffee-Extrakt oder etwas Kaffeelikör zu, bekommt man ein wunderbares Kaffeemousse.

Abb. Seite 68
Weiße Schokoladenmousse
Braune Schokoladenmousse
Mangomousse

Creme

Braune Schokomousse

Die Entscheidung welche Schokomousse gemacht wird, sollte von der jeweiligen Verwendung und natürlich vom eigenen Geschmack abhängig gemacht werden. Wird es noch am gleichen Tag verkauft oder soll es noch für den nächsten Tag reichen? Habe ich Leute, die gut portionieren können oder muß improvisiert werden? Folgende Mousse ist von der Konsistenz etwas fester, läßt sich aber auch leichter und besser portionieren.

Rezeptur:
Braune Schokomousse
ergibt ca. 20 Portionen
40 g Eigelb (2 Stück)
100 g Ei (2 Stück)
450 g braune Kuvertüre
50 g Rum 52 %ig
1125 g Sahne, geschlagen

Die braune Kuvertüre auf dem Wasserbad auflösen. Darauf achten, daß sie nicht zu heiß wird. Die Eier in einer großen Schüssel auf dem Wasserbad langsam aufschlagen. Das Wasserbad sollte nicht zu schnell heiß werden, da die Eier sonst kein Volumen bekommen. Ist die Schokomasse noch zu warm, sollte sie ein wenig abkühlen, damit die Sahne problemlos untergehoben werden kann. Die fertige Schokomousse in Portionsförmchen oder in eine Schüssel füllen und mit Folie gut abdeckt kaltstellen.

Tip: Die Mousse kann bedenkenlos zwei Tage gelagert werden und ist mit einem Eisportionierer zu portionieren.

Weiße Schokoladenmousse

Anders als die braune Schokomousse, läßt sich die weiße sehr gut mit Früchten und Saucen kombinieren. Eigentlich ist es ein richtiges Allround-Dessert. In der Beliebtheitsskala steht es ebenfalls ganz oben, daß heißt, ein Dessert was man unbedingt im Programm haben sollte, Sommer wie Winter.

Rezeptur:
Weiße Schokoladenmousse
ergibt ca. 20 Portionen
40 g Eigelb (2 Stück)
100 g Ei (2 Stück)
5 Blatt Gelatine
500 g weiße Kuvertüre/ Dekormasse
35 g **Crème de Cacao,** weiß
15 g **Arrak**
15 g **Barcadi**
1125 g Sahne, geschlagen

Die Gelatine in kaltem Wasser einweichen. Die weiße Kuvertüre **(Dekormasse)** auf dem Wasserbad auflösen. Darauf achten, daß sie nicht zu heiß wird, da die Kuvertüre sonst grieselt. Die Eier in einer großen Schüssel auf dem Wasserbad langsam aufschlagen. Das Wasserbad darf nicht zu heiß sein, da die Eier sonst sofort gerinnen. Die Gelatine gut ausdrücken, unter die Eier rühren und die Kuvertüre zugeben. Zuletzt den Alkohol zufügen. Die Masse ein wenig abkühlen lassen und inzwischen die Sahne schlagen. Sie sollte nicht zu fest ausgeschlagen werden, da sie sonst beim Unterziehen gerinnt und zu Butter wird. Die fertige Schokomousse in eine Schüssel füllen und mit einer Folie gut abdecken. Weiße Mousse kann auch gut mit einem Eisportionierer abgestochen werden.

Tip: Füllt man die Weiße Mousse in Portionsförmchen, kann sie später gestürzt und mit den verschiedensten Früchten serviert werden.

Creme

Mangomousse

Reife Mangos schmecken vorzüglich und aromatisch, sie bieten sich förmlich an, um auch eine fruchtige Moussevariante zu versuchen. Zu Himbeeren, Kiwis, Kirschen und Trauben paßt diese Mangomousse bestens.

Rezeptur: Mangomousse
ergibt ca. 6-8 Portionen

- 300 g Mangopüree, von reifen **Mangos**
- 50 g Puderzucker
- 20 g weißer Rum
- 10 g Orangenlikör
- Zitronensaft, passiert
- 2 Blatt Gelatine
- 200 g Sahne, geschlagen

Gelatine in kaltem Wasser einweichen. Mangopüree mit Puderzucker, Rum und Orangenlikör verrühren und bei Bedarf mit einigen Tropfen Zitronensaft abschmecken. Die Gelatine auflösen und unter das Fruchtmark rühren. Die geschlagene Sahne unterheben, alles in eine kleine Schüssel füllen und ca. 1 Stunde kaltstellen.

Tip: Sollten die Mangos noch nicht ganz reif sein, ist es besser, auf diese Mousse zu verzichten. Die Mangos können gut an einem warmen Ort, zum Beispiel in den Heizungskeller gelegt werden, denn dort reifen sie am besten nach.

Rhabarbermousse auf Stachelbeersauce

Aus China kam das wunderbare Gemüse über die Apotheken in unseren Kochtopf. Rhabarber ist so vielseitig verwendbar, daß wir heute froh sind, daß es ihn gibt. Sei es als Kompott, Creme, Kuchen oder, wie hier, als Mousse.

Rezeptur: Rhabarbermousse
ergibt ca. 10 Portionen

- 300 g **Himbeerrhabarber,** geputzt
- 60 g Zucker
- 60 g Weißwein
- 1 Vanilleschote, aufgeschnitten
- 1/2 Zimtstange
- 3 Blatt Gelatine
- 50 g Himbeermark, passiert
- 40 g Eigelb (2 Stück)
- 20 g Puderzucker
- 1/2 Zitronensaft
- 150 g Sahne, geschlagen

Die Rhabarberstangen waschen und in kleine Stücke schneiden. Mit Zukker, Weißwein und Gewürzen in einen kleinen Topf geben und zugedeckt auf kleiner Flamme langsam dünsten lassen. Ist die Hitze zu stark, kann der Rhabarber anbrennen. Die Gelatine in kaltem Wasser einweichen. Wenn der Rhabarber ganz zerfallen ist, kann die ausgedrückte Gelatine untergerührt werden. Die Rhabarbermasse abkühlen, Vanille- und Zimtstange herausnehmen und das Himbeermark mit dem Zitronensaft zugeben. Das Eigelb mit dem Puderzucker fest schaumig rühren, dann zuerst die abgekühlte Rhabarbermasse und zuletzt die geschlagene Sahne unterheben. Die Rhabarbermousse in eine Schüssel oder auch in Portionsförmchen füllen und mindestens 2 Stunden kaltstellen.

Tip: Anstatt der Sahne kann auch Eiweiß verwendet werden, so wird die Mousse etwas leichter.

Rezeptur: Stachelbeersauce
ergibt ca. 8 Portionen
150 g Weißwein, süß
oder Apfelsaft
40 g Zucker
1/2 Vanilleschote
1/3 Zimtstange
10 g Puddingpulver
150 g **Stachelbeeren,**
feste Beeren

Stachelbeeren waschen und putzen. Den Weißwein oder Apfelsaft mit der Vanille- und Zimtstange aufkochen, 15 Minuten ziehen lassen und passieren. Das Puddingpulver mit einigen Tropfen kalter Flüssigkeit anrühren, den Sud noch einmal kurz aufkochen und mit dem angerührtem Puddingpulver binden. Alles kurz und kräftig durchkochen lassen und über die Stachelbeeren gießen.

Tip: Für diese Sauce keine reifen Stachelbeeren verwenden, da die Früchte zu wenig Säure haben und sofort in der Sauce zerfallen. Die Stachelbeersauce sieht dann nicht mehr schön aus.

Deutsche Buttercreme

Das ist die Bezeichnung für Buttercreme, die mit gekochter Vanillecreme zubereitet wird. Diese Buttercreme ist im Sommer nicht zu empfehlen, da sie schnell säuert. Grundsätzlich ist diese Art Buttercreme herzustellen heute fast überholt, da sie schwer und nicht lange haltbar ist. Ab und an spricht man von einer Renaissance der Buttercreme, aber glauben will es keiner.

Grundrezept:
Deutsche Buttercreme
ergibt ca. 1250 g fertige Buttercreme
Rezeptur: Vanillecreme
450 g Milch
1 Vanilleschoten, aufgeschnitten
90 g Zucker
50 g Milch
80 g Eigelb (4 Stück)
45 g Puddingpulver
500 g Butter

Milch, Zucker und Vanilleschote aufkochen. Puddingpulver, Milch und Eigelbe verrühren und unter ständigem Rühren in die kochende Milch laufen lassen. Die Creme gut durchkochen lassen und in kaltem Wasser oder auf Eis gleich kaltrühren.

Die Butter schaumig rühren und nach und nach 750 g der gekochten Vanillecreme unterschlagen.

Tip: Diese Creme schmeckt sehr gut, läßt sich aber nicht so gut mit der Spritztülle garnieren. Die Konturen sind nicht sehr scharf. Um eine glatte Buttercreme zu bekommen, sollte die Vanille durch ein Sieb passiert werden.

Französische Buttercreme

Sie ist die leichte Variante der Buttercreme und wird mit ganzen Eiern und nicht mit Vanillecreme zubereitet. Diese Creme ist nicht nur leichter, sondern auch wesentlich länger haltbar.

Grundrezeptur:
Französische Buttercreme
ergibt ca. 1200 g fertige Creme
400 g Ei (8 Stück)
150 g Zucker
500 g Butter
150 g **Puderzucker**
1 Vanilleschote, nur das Mark

Creme

Eier und Zucker warm aufschlagen. Das Aufschlagen sollte möglichst mit der Maschine geschehen, da es auf einem Wasserbad per Hand nicht optimal wird. Danach wird die Eimasse kaltgeschlagen. Die Butter mit dem Puderzucker und dem Vanillemark schaumig rühren und die Eimasse langsam unter die schaumige Butter geben. Soll die Creme mit flüssigen Geschmacksträgern, wie zum Beispiel Alkohol, abgeschmeckt werden, muß man vorsichtig sein, da die Masse nur eine begrenzte Menge Alkohol aufnimmt, ohne zu gerinnen.

Tip: Anstelle von ganzen Eiern kann auch nur Eiweiß verwendet werden. Auf 500 g Butter ca. 240-300 g Eiweiß.

Italienische Buttercreme

Sie ist die ideale „Sommercreme", da sie leicht und gut bekömmlich ist. Außerdem läßt ihre Zusammensetzung sie nicht so schnell sauer werden.

Grundrezeptur:
Italienische Buttercreme
ergibt ca. 1800 g fertige Creme
240 g Eiweiß (8 Stück)
400 g Zucker
150 g Wasser, kalt
1000 g Butter
2 Vanilleschoten, nur das Mark

Das kalte Wasser mit dem Zucker verrühren und langsam bis zum **Flug** 112 °C (90 Grad Réaumur) kochen. In der Zwischenzeit das Eiweiß zu festem Schnee schlagen und den gekochten Zucker vorsichtig in den Eischnee laufen lassen. Die Eischneemasse langsam kaltrühren. Die Butter mit dem Vanillemark kräftig schaumig schlagen und nach und nach unter das Eiweiß heben.

Tip: Soll die Creme noch leichter schmecken, kann die Butter zur Hälfte durch Pflanzenfett ersetzt werden.

Canachecreme

Canache ist eine schwere Creme, deren Bestandteile Sahne und Kuvertüre sind. Die Zutaten stehen im Verhältnis 2 zu 1, das heißt: 2 Teile Kuvertüre und 1 Teil Sahne. Diese Creme wird zum Füllen von Torten, Dessertschnitten und Teegebäck verwendet.

Grundrezeptur: Canachecreme
ergibt ca. 1500 g fertige Creme
1000 g Kuvertüre, dunkel
500 g Sahne
1 Vanilleschote, nur das Mark

Die Kuvertüre klein hacken. Sahne und Vanillemark aufkochen und die gehackte Kuvertüre mit einem Schneebesen einrühren. Der Topf muß gleich vom Herd genommen werden, da die Creme leicht anbrennt. Ist die Masse glattgerührt, wird sie auf ein Blech gegossen oder in eine Schüssel gefüllt, um abzukühlen. Meist wird die Canachecreme leicht aufgeschlagen bevor sie verwendet wird.

Tip: Die Creme zum Abkühlen nie in den Kühlschrank stellen, da sie sich dann nicht mehr aufschlagen läßt. Canache-Creme läßt sich nur bei Raumtemperatur optimal weiterverarbeiten.

Trüffelmasse

Die Konditoren bezeichnen eine feine Zusammensetzung von Sahne und Kuvertüre als Trüffelmasse oder Trüffelcréme. Sieht man sich die Herstellungsweise an, stellt man fest, daß es eine Canachemasse ist. Eine Trüffelmasse wird fast ausschließlich zur Herstellung feinster Pralinen verwendet. Bei Trüffelpralinen denkt man immer zuerst an die runden, geigelten, feinen Champagnertrüffel, die fruchtigen Orangentrüffel oder die kräftigen Nußtrüffel. Die Reihe der feinen Köstlichkeiten ließe sich hier noch beliebig verlängern. Trüffelpralinen werden meist in Form von Kugeln, die in Kuvertüre gewälzt werden, angeboten. Die feinen Pralinen sollten an die sündhaft teuren, schwarzen und weißen Trüffelpilze erinnern.

Rezeptur:
Trüffelmasse mit Kischwasser
ergibt 1965 g fertige Trüffelmasse
500 g Sahne
140 g Glukose (Stärkesirup)
100 g Butter
1125 g Kuvertüre, weiß
100 g Kirschwasser

Die weiße Kuvertüre in feine Stücke hacken. Die Sahne mit der Butter aufkochen, vom Ofen nehmen, die Glukose und die gehackte Kuvertüre in die Sahne geben und alles glattrühren. Zuletzt das Kirschwasser unterrühren.

Tip: Die Trüffelmasse darf zum Abkühlen nicht in den Kühlschrank gestellt werden. Sie sollte mit Klarsichtfolie, die mehrmals eingestochen wird, bei Raumtemperatur gründlich auskühlen. Später werden gleichmäßige Kugeln geformt, mit weißer Kuvertüre überzogen und auf einem Sieb geigelt (leicht gerollt, so das feine Kuvertürespitzen entstehen).

Rezeptur: Teetrüffel
ergibt 1100 g fertige Trüffelmasse
700 g Sahne
50 g schwarzer Tee
400 g Milchkuvertüre
200 g Kuvertüre, dunkel

Die gesamte Sahne aufkochen, den Tee zugeben und alles etwa 15 Minuten ziehen lassen. In der Zwischenzeit wird die Kuvertüre in kleine Stücke gehackt. Die Teesahne durch ein feines Sieb laufen lassen und 500 g dieser Sahne aufkochen. Die kochende Sahne vom Ofen nehmen und die gehackte Kuvertüre mit einem Schneebesen einrühren und gut abgedeckt bei Raumtemperatur auskühlen lassen.

Tip: Diese Trüffelmasse kann sofort in vorbereitete kleine Rahmen gefüllt werden, so daß sie später in kleine Rechtecke geschnitten und mit Kuvertüre überzogen werden kann.

Abb. Doppelseite 74
von links im Uhrzeigersinn:
Kartoffelpudding, Frankfurter Pudding, Grießflammeri, Feigenpudding

Pudding und Flammeri

Alles über Pudding und Flammeri

Pudding wie zu Großmutters Zeiten: da denkt man an Vanille- oder Schokoladenpudding, mit und ohne Eischnee, den Großmutter wie selbstverständlich immer zum Nachtisch parat hatte.Tatsächlich ist dieser gekochte Pudding ein Flammeri.

Diesen Namen erhielt er, weil er direkt auf der Flamme gekocht wurde. Andere Massen, wie z.B. die Crème pâtissière werden zwar auf die gleiche Weise hergestellt, zählen aber nicht direkt zu den Flammeris. Da diese Cremes unter Fachleuten meist als Grundcreme zur Zubereitung verschiedener anderer Desserts, wie Soufflés oder überbackener Nachspeisen benötigt werden.

Gebunden wird ein Flammeri meist mit Puddingpulver (Cremepulver), nicht selten auch mit Weizen-, Kartoffel- oder Maisstärke. Ist ein Flammeri noch nicht ganz durchgekühlt, schmeckt er am besten. Steht er zu lange im Kühlschrank, steift er noch kräftig nach und wird sehr fest. Ein Grießflammeri ist nach ca. 8 Stunden im Kühlschrank um ein Drittel fester als beabsichtigt. Ist vorher bekannt, daß die Masse längere Zeit kühl stehen muß, sollte man sie nicht so stark binden, daß heißt, der Grießanteil muß reduziert werden. Ansonsten kann der Flammeri auch ca. 1 Stunde vor dem Verzehr aus dem Kühlschrank genommen werden. Auf diese Weise verliert er die zu feste Konsistenz.

Der gekochte Flammeri wird noch heiß in Gläser oder Glasschalen gefüllt. Vor dem Servieren wird er mit Sahne, Früchten oder einer feinen Sauce garniert. Eine andere Möglichkeit, einen Flammeri zu servieren, besteht darin, ihn in kleine, kalt ausgespülte oder hauchdünn mit Butter ausgestrichene Förmchen zu füllen, um ihn später auf Teller zu stürzen. Puddingformen, wie sie im Volksmund genannt werden, gibt es in vielen lustigen Motiven.Für einen Kindergeburtstag wird ein Schokoladenelefant mit leckerer Vanillesauce oder ein Vanilleschwein mit Sahne und vielen bunten Smarties gefüllt. Ein feiner Grießflammeri in einer kleinen Guglhupfform, mit frischen Erdbeeren oder Himbeeren, ist für Grießliebhaber eine Delikatesse.

Stürzt man den Flammeri, bieten sich unzählige Möglichkeiten, ihn zu garnieren.

Die Heimat des klassischen Puddings ist zweifellos Großbritannien. Die Engländer sind Meister im Backen und Dämpfen eines Puddings. Um die Fähigkeiten der Engländer schätzen zu lernen, braucht man eigentlich nur ihren sagenumwobenen Weihnachts- und Rosinenpudding oder ihren vorzüglichen Brot- und Butterpudding zu probieren. Auch auf dem Kontinent wuchs ihr kulinarisches Ansehen nur durch ihren Pudding.

Er wird in einer geschlossenen Form (Puddingform) im Wasserbad gekocht, gedämpft oder in einer speziellen Auflaufform abgedeckt gebakken. Meist werden diese Auflaufformen mit Backpapier und einer Schnur fest verschlossen.

Um einen guten Pudding herzustellen, muß man ein wenig mehr Zeit und Sorgfalt aufwenden als für einen anderen Nachtisch, aber es lohnt sich! Außerdem schwimmt der Pudding nicht auf der Trendwelle leicht, bewußt und schlank zu leben. Trotzdem sollte aber auf keinen Fall ganz auf diese Spezialität verzichtet werden. Das Motto sollte heißen: lieber weniger – aber richtig genießen!

Um Ihnen die Arbeit zu vereinfachen und dem Pudding eine Chance auf Ihrer Dessertkarte einzuräumen, finden Sie auf den folgenden Seiten in der Zubereitung einfache Rezepturen.

Grießflammeri mit Orangenragout

Der gute alte Grießflammeri ist auch heute noch aus keiner Küche wegzudenken. Ob im Sommer mit Erdbeeren und Äpfeln oder wie in den fünfziger Jahren, einfach nur mit Himbeersaft. An und für sich ist er ein richtiges Bistro-Dessert, aber auch als gute Hausmannskost beliebt. In diesem Fall wird er mit einem leicht herben Orangenragout serviert.

Rezeptur: Grießflammeri
ergibt ca. 6 Portionen

400 g	Milch
1	Vanilleschote
30 g	Zucker
100 g	Milch
45 g	Hartweizengrieß
40 g	Eigelb (2 Stück)
90 g	Eiweiß (3 Stück)
40 g	Zucker

Grieß, Milch und Eigelb verrühren und ca. 15 Minuten stehen lassen. Die Milch mit dem Zucker und der Vanilleschote aufkochen und die angerührte Grießmasse in die kochende Milch laufen lassen. Die Masse muß gut durchkochen. Das Eiweiß aufschlagen, den Zucker nach und nach unterheben. Das cremig geschlagene Eiweiß mit einem Schneebesen leicht unter die Grießmasse heben und alles noch einmal kurz aufkochen lassen.

Tip: Weicht man den Hartweizengrieß einige Zeit in der kalten Milch ein, kann der Grießanteil um ca. 10 % verringert werden.

Rezeptur: Orangenragout
ergibt ca. 8 Portionen

40	Orangenfilets (ca.3-4 Orangen)
400 g	Orangensaft, frisch gepreßt
2	Orangenschalen, feine Julienne
100 g	Zucker
40 g	Wasser
12 g	Puddingpulver
40 g	Orangenlikör
20 g	Campari
	Pernod
1	Zitronensaft, passiert

Die Orangen gut heiß waschen und mit einem **Ziselierer** von zwei Orangen die Schale abziehen. Drei oder vier Orangen mit einem scharfen Messer schälen und filieren. Die Filets auf ein Sieb zum Abtropfen geben. Orangensaft auspressen, passieren und den Zucker mit Wasser leicht karamelisieren lassen. Der Zucker darf keine braune Farbe annehmen, da er sonst schnell bitter schmecken kann. Den Zucker mit dem Orangensaft ablöschen und alles leicht (ca. 5 Minuten) einkochen lassen. Die abgezogenen Orangenschalen separat in Wasser kurz blanchieren, damit sie später in die Sauce gegeben werden können.

Das Puddingpulver mit dem abgetropften Saft der Orangenfilets verrühren und den Orangensud damit binden. Der Sud muß gut durchkochen, damit er klar wird. Die Sauce etwas abkühlen lassen und mit dem Alkohol abschmecken. Pernod sollte sehr vorsichtig dosiert werden, da er schnell dominiert und das Ragout nicht mehr nach Orangen, sondern nach Pernod schmeckt. Die abgekühlte Sauce über die Orangenfilets gießen und ein wenig ziehen lassen.

Soll auf Alkohol verzichtet werden, gibt man statt des Campari Grenadinesirup zu und schmeckt die Sauce nach Bedarf mit Zitronensaft ab, um etwas mehr Säure zu bekommen.

Tip: Sind die Orangenfilets sehr weich, zerfallen sie in der Sauce, darum sollten bei Bedarf Stück für Stück auf den Teller gelegt und die Orangensauce mit einem Löffel darübergegeben werden.

Pudding und Flammeri

Anrichtevorschlag: Den Grießflammeri an den linken Tellerrand stürzen, das Orangenragout mit einem Löffel vor den Flammeri legen. Einen Minzzweig anlegen, einige Mandelblättchen auf den Teller streuen, mit Puderzucker bestauben.

Schokoladenflammeri mit Blutorangensauce

Schokolade ist beliebt wie eh und je, daher kann auch auf einen Schokoflammeri nicht verzichtet werden. Mit Vanillesauce oder Orangenkompott serviert, läßt ihn bestimmt keiner stehen.

Rezeptur: Schokoladenflammeri
ergibt ca. 8 Portionen
400 g Milch
80 g Zucker
1 Vanilleschote
45 g Puddingpulver
40 g Eigelb (2 Stück)
100 g Milch
65 g Kuvertüre, dunkel, gehackt

Die Milch mit dem Zucker und der Vanilleschote aufkochen. Das Puddingpulver mit Eigelb und kalter Milch verrühren, in die kochende Milch gießen und mit einem festen Schneebesen kräftig rühren. Der Flammeri muß gut durchkochen, damit eine gute Bindung gewährt wird. Zuletzt die fein gehackte Kuvertüre unterrühren, die fertige Masse in die vorbereiteten Förmchen füllen und ca. 1 Stunde kaltstellen.

Tip: Den Schokoladenflammeri in eine witzige Form geben (z.B. ein Tier- oder Automotiv) und mit bunten Streußeln und Sahne garnieren. So ist er der Star jedes Kindergeburtstags.

Rezeptur: Blutorangensauce
ergibt ca. 8 Portionen
200 g Blutorangensaft, passiert
60 g Akazienhonig
1 Orangenschale, Julienne, Zesten
50 g Weißwein oder Traubensaft
12 g Puddingpulver
10 g Campari
5 g Grenadine

Blutorangensaft und Honig aufkochen, Puddingpulver mit Weißwein anrühren und in den kochenden Saft gießen. Unter ständigem Rühren kräftig aufkochen lassen damit die Sauce klar wird. Die fertige Sauce in kaltem Wasser oder auf Eis abkühlen. Die **Orangenzesten** in etwas Wasser blanchieren, unter kaltem Wasser gut abspülen und in die Blutorangensauce geben. Zuletzt Campari und Grenadine zugeben.

Tip: Werden die Orangenzesten in der Sauce mitgekocht, bekommt sie einen angenehmen, leicht bitteren Geschmack.

Anrichtevorschlag: Den Schokoladenflammeri in die Tellermitte stürzen, die Blutorangensauce um den Flammeri verteilen, Joghurt aufmixen und den Schaum auf die Sauce legen. Mit einem Holzstäbchen beide Saucen kreisförmig ineinander verziehen, mit Puderzukker leicht bestauben und eventuell zwei Blutorangenfilets und einen Minzzweig zur Dekoration anlegen.

Pudding und Flammeri

Pudding und Flammeri

Sahniger Vanilleflammeri mit Cassissauce

Im Restaurant einen Vanilleflammeri servieren? Viele weisen diesen Gedanken mit der Begründung, es sei zu hausbacken, weit zurück! Dabei gibt es kaum etwas Köstlicheres als einen frisch gekochten Vanilleflammeri mit frischen Heidelbeeren, Himbeeren oder kräftig roten Schattenmorellen.

Rezeptur:
Sahniger Vanilleflammeri
ergibt ca. 8 Portionen
300 g Milch
100 g Sahne
100 g Zucker
1 Vanilleschote
40 g Puddingpulver
60 g Eigelb (3 Stück)
100 g Milch

Die Milch mit dem Zucker und der Vanilleschote aufkochen. Puddingpulver mit Eigelb und etwas kalter Milch verrühren, in die kochende Milch gießen und mit einem festen Schneebesen kräftig rühren. Der Flammeri muß gut durchkochen, darf aber weder ansetzen noch anbrennen, denn dann schmeckt er sofort bitter und ist nicht mehr zu verwenden. Den Flammeri in die vorbereiteten Förmchen füllen und ca. 1 Stunde kaltstellen.

Tip: Gibt man dem Flammeri 50 g gemahlene Mandeln zu, wird aus dem Vanille- ein Mandelflammeri. Die Mandeln sollten nicht zu fein gemahlen werden, damit die Masse später nicht grießelig erscheint, sondern die Mandeln noch zu erkennen sind.

Rezeptur: Cassissauce
ergibt ca. 8 Portionen
300 g Cassis (schwarze Johannisbeeren)
40 g Wasser
30 g Crème de Cassis
100 g Zucker
1 Zitronensaft, passiert
1/2 Vanilleschote

Wasser, Zucker, Crème de Cassis, Zitronensaft und Vanilleschote aufkochen. Schwarze Johannisbeeren zugeben und etwa 2 Minuten mitkochen lassen. Das Mark der Vanilleschote ausschaben und alles mit einem Mixstab oder im Mixer gut mixen. Das Püree durch ein feines Sieb passieren und in Wasser oder auf Eis kalt rühren. Sollte die Cassissauce zu fest sein, kann sie mit etwas Orangensaft oder Crème de Cassis leicht verdünnt werden.

Tip: Diese Cassissauce ist auch sehr gut warm zu verwenden, zum Beispiel zu marinierten blauen Feigen.

Leichter Schokoladenflammeri blanc auf Ananassauce

Ein Flammeri mit weißer Schokolade paßt zu Früchten, wie Erdbeeren, Kiwis oder Äpfeln, ebenso hervorragend wie zu einer Mocca- oder Karamelsauce.

Rezeptur:
Schokoladenflammeri blanc
ergibt ca. 8 Portionen
300 g Milch
100 g Sahne
1 Vanilleschote
45 g Puddingpulver
40 g Eigelb (2 Stück)
100 g Milch
100 g Kuvertüre, weiß, gehackt
30 g Crème de Cacao, weiß
120 g Eiweiß (4 Stück)
100 g Zucker

Pudding und Flammeri

Milch, Sahne und Vanilleschote aufkochen, Puddingpulver mit Eigelb und kalter Milch verrühren, in die kochende Milch gießen und mit einem festen Schneebesen kräftig rühren. Die Masse muß beim Kochen große Blasen werfen. Jetzt die fein gehackte Kuvertüre und Crème de Cacao zugeben. Das Eiweiß aufschlagen und den Zucker nach und nach einlaufen lassen. Den Flammeri wieder auf den Ofen stellen und kochen lassen. Den cremig geschlagenen Eischnee zügig unter die kochende Masse heben. Zum Schluß muß die Masse noch einmal aufkochen und kann dann in die vorbereiteten Förmchen gefüllt werden. Der Schokoladenflammerie muß ca. 1 Stunde kaltgestellt werden.

Tip: Wird der Eischnee zu fest geschlagen, läßt er sich schlecht unterheben und in der Masse sind kleine, weiße Pünktchen zu sehen. Er schmeckt dann leicht grießelig.

Rezeptur: Ananassauce
ergibt ca. 10 Portionen
450 g Ananas, geschält
100 g Zucker
150 g Wasser
1 Vanilleschote
20 g Kirschwasser

Das Ananasfleisch in kleine Würfel schneiden und zu 2/3 kräftig pürieren. Das Püree, Wasser, Zucker und die Vanilleschote aufkochen und etwa 1 Minute leicht kochen lassen. Alles durch ein nicht zu feines Sieb passieren, die übrigen Ananasstückchen zugeben und nochmal etwa 1 Minute kochen lassen. Die Sauce in kaltem Wasser oder auf Eis kaltrühren und das Kirschwasser zugeben. Sollte die Ananassauce noch zu fest sein, kann sie mit Saft oder Mineralwasser verdünnt werden.

Anrichtevorschlag: Den Flammeri in einen Suppenteller stürzen und die Ananassauce herumlaufen lassen. Dekorative, weiße Schokospäne über den Flammerie streuen und Zitronenmelisse anlegen. Mit Puderzucker leicht bestauben.

Kartoffelpudding in zwei Saucen

Ein Pudding, der lange Zeit in Vergessenheit geraten war, möchte sich wieder in Erinnerung bringen.

Rezeptur: Kartoffelpudding
ergibt 10 Portionen
50 g Butter (Form fetten)
80 g Kokosraspeln
500 g Kartoffeln, im Backofen gebacken
125 g Butter
1 Zitronenschale, gerieben
3 g Zimt
1 Prise Salz
1 Vanilleschote (nur das Mark)
160 g Eigelb (8 Stück)
20 g Mandellikör
10 g Rum
100 g Mandeln, gehackt
240 g Eiweiß (8 Stück)
150 g Zucker

Einen großen Topf mit Wasser zum Kochen bringen, um später den Kartoffelpudding darin zu garen. Die Puddingform mit cremiger Butter ausstreichen und mit Kokosraspeln ausstreuen. Kartoffeln schälen und nicht zu fein reiben. Butter, Zimt, Salz, Zitronenschale und das Mark der Vanilleschote schaumig rühren. Eigelb, Rum und Mandellikör nach und nach

Pudding und Flammeri

Pudding und Flammeri

Rezeptur:
Englischer Brot- und Butterpudding
ergibt ca. 5 Portionen

50 g	Sultaninen, gewaschen
100 g	Wasser
50 g	Rum
150 g	Toastbrot
100 g	Butter
400 g	Milch
1	Vanilleschote
70 g	Zucker
150 g	Ei (3 Stück)
50 g	Butter

Die Sultaninen in kaltem Wasser waschen. Wasser und Rum gut vermischen und die Sultaninen ca. 1 Stunde darin einweichen. Die Butter (100 g) auflösen, die Kokotte damit ausstreichen und mit dem Butterrest die Toastscheiben einstreichen. Die Kokotte mit den Brot dachpfannenartig, etwas übereinander auslegen. Die Milch mit der Vanilleschote aufkochen, Zucker und Ei verrühren und die Milch langsam in die Eimasse einlaufen lassen. Das Ganze auf dem Wasserbad bis zur **Rose** abziehen und zweimal durch ein feines Haarsieb laufen lassen. Die abgetropften Sultaninen auf den Toastscheiben gleichmäßig verteilen. Die abgebundene Flüssigkeit langsam über den Toast und die Sultaninen gießen und einige Butterflocken darauf verteilen. Die Kokotte in ein Wasserbad stellen und im Backofen pochieren.

Wasserbad: 80 °C
Backtemperatur:
210 °C Ober-/Unterhitze
Backzeit: 20-25 Minuten

Tip: Der Pudding sollte eine leichte Kruste bekommen. Ein Pflaumen- oder Kürbiskompott paßt hervorragend zu diesem Pudding.

Rezeptur:
Kompott von Backpflaumen
ergibt ca. 12 Portionen

500 g	Backpflaumen, ohne Stein
350 g	Rotwein
200 g	Zucker
1	Nelke
1	Vanilleschote
1	Zimtstange

Den Rotwein, Zucker und die Gewürze aufkochen und über die Backpflaumen gießen. Läßt man die Pflaumen über Nacht stehen, können sie richtig aufquellen. Am nächsten Morgen die Pflaumen auf ein Sieb schütten und abtropfen lassen. Die abgelaufene Flüssigkeit mit folgenden Zutaten aufgießen:

500 g	Rotwein
140 g	**Akazienhonig**
150 g	Orangensaft, passiert
4	Orangenscheiben, dünn
3	Zitronenscheiben, dünn
35 g	Puddingpulver

Die gesamte Flüssigkeit mit Orangen- und Zitronenscheiben aufkochen. Das Puddingpulver mit etwas kaltem Wasser anrühren und in den kochenden Sud gießen. Der Pflaumensud muß gut durchkochen, damit er klar wird. Den fertig gekochten Sud ca. 30 Minuten ziehen lassen und durch ein feines Haarsieb auf die Backpflaumen passieren.

Tip: Die Menge des verwendeten Puddingpulvers richtet sich nach der Flüssigkeitsmenge. Haben die Backpflaumen wenig Flüssigkeit aufgenommen, muß etwas mehr verwendet werden. Sonst nimmt man etwas weniger.

Anrichtevorschlag: Kompott von Backpflaumen auf dem Teller anrichten, mit einem Löffel zwei Nokken Brot- und Butterpudding abstechen und dekorativ in das Kompott legen. Alles leicht mit Puderzucker bestauben.

Sahniger Vanilleflammeri blanc auf Cassissauce

Pudding und Flammeri

unterschlagen. Zuletzt die gehackten Mandeln unterheben. Die Buttermasse unter die geriebenen Kartoffeln rühren und das Eiweiß aufschlagen. Zucker nach und nach in den Eischnee laufen lassen und das cremig geschlagene Eiweiß unter die Kartoffelmasse heben. Die fertige Masse bis kurz unter den Rand in die vorbereitete Puddingform füllen, fest verschließen und in das heiße Wasser stellen. Das Wasser sollte bis kurz unter den Rand der Form stehen. Während der Pudding im Wasserbad gart, darf das Wasser nicht kochen. Die ideale Wassertemperatur liegt zwischen 90-95 °C.

Garzeit: ca. 2 Stunden

Den fertigen Kartoffelpudding aus dem Wasser nehmen, 10 Minuten abstehen lassen und auf einen Teller oder auf eine Platte stürzen.

Tip: Am besten verwendet man gekochte Kartoffeln vom Vortag. Werden die Kartoffeln noch am gleichen Tag benötigt, sollte man sie im Backofen backen. So bleiben sie schön trocken. Den Pudding schneidet man am besten mit einem elektrischen Messer. Er läßt sich auch gut im Mikrowellenherd wieder aufwärmen oder man serviert ihn kalt, mit frischen Früchten.

Rezeptur: Himbeersauce
ergibt ca. 550 g fertige Sauce
500 g Himbeeren TK Ware
50 g Puderzucker

Himbeeren nur zu 3/4 auftauen, mit Puderzucker kräftig mixen. Das Püree durch ein feines Sieb passieren und nach Bedarf mit etwas Puderzukker oder Himbeergeist abschmekken.

Tip: Es ist sehr wichtig, die Himbeeren nicht ganz aufzutauen, da die Sauce sonst nicht bindet, sie wird flüssig wie Wasser und setzt sich ab.

Rezeptur: Vanillesauce
ergibt ca. 500 g fertige Sauce
250 g Milch
1 Vanilleschote
100 g Ei (2 Stück)
60 g Eigelb (3 Stück)
80 g Zucker

Die Milch mit der aufgeschnittenen Vanilleschote aufkochen. Ei, Eigelb und Zucker verrühren und die gekochte Milch unter ständigem Rühren in die Eiermasse laufen lassen. Die Grundmasse auf dem Wasserbad bis zur **Rose** abziehen und durch ein Haarsieb geben. Die Vanillesauce in kaltem Wasser oder auf Eis kaltrühren.

Anrichtevorschlag: Ein Stück Kartoffelpudding auf den Teller legen. Beide Saucen leicht um den Pudding laufen lassen und ineinander verziehen. Himbeeren und ein Minzblatt anlegen. Mit Puderzucker leicht bestauben.

Englischer Brot- und Butterpudding mit Kompott von Pflaumen

Sorgfältig zubereitet ist dieser typisch-englische Pudding eine Spezialität. Meist wird er mit einem Früchtekompott gereicht. Zum Pochieren verwendet man eine große Kokotte.

Schokoladen- und Walnußpudding mit Champagnersauce

Pudding und Flammeri

Pudding und Flammeri

Schokoladen- und Walnußpudding mit Champagnersabayon

Dieser Pudding ist der Star dieses Kapitels. Für Walter Scheel, F.J.Strauss, J.M. Simmel, Catarina Valente, Udo Jürgens, Rudi Carell und sogar Jimmy Carter, damals noch Präsident der USA, setzte er den Höhepunkt eines Menüs. Stars dieser Klasse werden meist arrogant, nicht aber unser Schokoladen- und Walnußpudding. Er erfreut auch auf großen Veranstaltungen jeden Gast mit seinem kräftig vollem Geschmack.

Rezeptur:
Schokoladen- und Walnußpudding
ergibt ca.10 Portionen
100 g Butter
100 g Zucker
80 g Eigelbe (4 Stück)
80 g Kuvertüre, dunkel aufgelöst
60 g Walnüsse, gehackt
150 g Süße Brösel, **Brioche**
250 g Eiweiß (5 Stück)
40 g Zucker

Porzellanförmchen mit cremiger Butter sorgfältig ausstreichen und gleichmäßig mit Zucker ausstreuen. Butter und Zucker schaumig rühren, die Eigelbe nach und nach zugeben, zuletzt die aufgelöste, leicht warme Kuvertüre unterrühren. **Walnüsse** und Brösel mischen und mit einem Gummispatel unter die Schokoladenmasse heben. Das Eiweiß cremig schlagen und den Zucker nach und nach zugeben. Der Zucker darf nie gleich dem Eiweiß zugegeben werden, da es sich sonst nicht gut aufschlagen läßt. Das geschlagene Eiweiß unter die Puddingmasse heben und in die vorbereiteten Förmchen füllen. Die Formen in ein Wasserbad stellen und in den Backofen schieben.

Wasserbad: 80 °C
Backtemperatur:
190 °C Ober-/Unterhitze
165 °C Heißluft
Backzeit:
20-25 Min. Ober-/Unterhitze
12-15 Min. Heißluft

Soll der Pudding im **Convectomat** gegart werden, darf er nicht ins Wasserbad, sondern muß trocken in den Ofen geschoben werden. Zum Garen sollten nur Porzellanformen verwendet werden, da er in Metallformen außen braun und fest wie ein Kuchen wird. Das wirkt sich sehr qualitätsmindernd aus.

Tip: Dieser Pudding eignet sich sehr gut zum Vorbereiten. Er kann ohne weiteres fertig eingefüllt 1-2 Stunden auf das Servieren warten. Er kann auch problemlos eingefroren und direkt aus dem Tiefkühler trocken in den Ofen oder ins Wasserbad gestellt werden.

Rezeptur: Champagnersabayon
ergibt 8 Portionen
150 g Champagner
60 g Zucker
3 Eigelbe (60g)
1 Zitronensaft, passiert

Alle Zutaten in eine Schüssel geben und auf dem Wasserbad bei mäßiger Hitze aufschlagen.

Gibt man sofort volle Hitze, wird der Sabayon fest und schmierig und bekommt kein Volumen. Außerdem kann das Eigelb gerinnen. Der Sabayon muß jedoch mindestens 73 °C haben, denn nur dann bindet das Eigelb die Flüssigkeit. Wird er nicht so heiß geschlagen, setzt er sich nach kurzer Zeit wieder ab. Den fertigen Sabayon sofort in kaltem Wasser oder auf Eis kaltrühren.

Tip: Der Zitronensaft sollte nur teilweise beigegeben werden. Späteres Nachschmecken ist besser. Sollte der Sabayon während des Aufschlagens trotz aller Vorsicht doch ein wenig geronnen sein, kann man ihn noch warm durch ein feines Haarsieb passieren und dann erst kaltrühren.

Anrichtevorschlag: Frische Früchte und den Pudding dekorativ auf den Teller legen. Den Sabayon vor die Früchte und den Pudding laufen lassen, ein Minzblatt anlegen und leicht mit Puderzucker bestauben.

Frankfurter Pudding mit Mandelsauce

Er ist ein beliebter Klassiker aus dem Wasserbad, der auch heute noch viele Liebhaber hat. Wird beim Pochieren nicht sorgfältig gearbeitet, kann auch ein gutes Rezept einen mißglückten Pudding abgeben!

Rezeptur: Frankfurter Pudding
ergibt ca. 6 Portionen

30 g	Butter
100 g	**Briochebrösel**
100 g	Butter
50 g	Puderzucker
15 g	Kakao
100 g	Eigelb (5 Stück)
2 g	Zimt
1	Zitronenschale, gerieben
150 g	Eiweiß (5 Stück)
50 g	Zucker
200 g	Sauerkirschen TK

Die **Sauerkirschen** auftauen und gut abtropfen lassen. Die Briochebrösel mit der Butter (30 g) in einer Pfanne goldbraun rösten und abkühlen lassen. Butter, Puderzucker, **Zimt** und Zitronenschale aufschlagen und die Eigelbe nach und nach unterrühren. Es muß eine schaumige, leichte Masse entstehen. Jetzt die Sauerkirschen mit den **Butterbröseln** vermischen. Eiweiß aufschlagen und den Zucker langsam einlaufen lassen. Das geschlagene Eiweiß unter die Eimasse heben und zuletzt die Sauerkirschen unterheben. Die fertige Masse in die vorbereiteten Förmchen füllen. Den Pudding ins heiße Wasserbad stellen und in den Backofen schieben.

Ofentemperatur:
200 °C Ober-/Unterhitze
Wasserbad: 80 °C
Pochierzeit: 20-25 Minuten

Tip: Am besten verwendet man Porzellanförmchen. Mit frischen Kirschen schmeckt dieser Pudding bedeutend besser. Bei Bedarf können die Kirschen auch vorher kurze Zeit mariniert werden, dafür verwendet man am besten Rum (80%ig) oder **Kirschwasser.**

Rezeptur: Mandelsauce
ergibt ca. 15 Portionen

125 g	Milch
125 g	Sahne
1/2	Vanilleschote
40 g	Eigelb (2 Stück)
50 g	Ei (1 Stück)
90 g	Zucker
50 g	Marzipanrohmasse

Pudding und Flammeri

Die Sahne mit der aufgeschnittenen Vanilleschote aufkochen, Zucker und Ei verrühren und die gekochte Flüssigkeit unter ständigem Rühren in die Eiermasse laufen lassen. Die Eimasse auf dem Wasserbad zur **Rose** abziehen (mind. 73 °C) und die Masse ohne Druck durch ein feines Haarsieb laufen lassen. Die Marzipanrohmasse in die abgezogene Sauce geben und mit einem Mixstab oder Mixer kurz und kräftig mixen. Wird zu lange gemixt, geht eventuell die Bindung verloren. Jetzt muß die Mandelsauce noch einmal durch ein feines Sieb passiert werden. Die Sauce abkühlen lassen und wenn nötig, etwas mit Milch oder Sahne verdünnen.Die Mandelsauce vor dem Servieren mit dem Mixstab aufmixen. Läßt man die schaumige Sauce um den Pudding laufen, sieht alles sehr viel luftiger und leichter aus.

Diplomaten Pudding mit Sauce bischof

Er zählt zu den Klassikern. In der Schweiz, einem Land mit klassischer Küche, gibt es kaum ein Restaurant, das auf sich hält, ohne diesen Pudding. Eine Küchenmeisterprüfung ohne den Diplomaten Pudding ist unvorstellbar. Ein Dessert dieser Rangordnung darf im Repertoire eines Patissiers einfach nicht fehlen. Dazu eine Sauce mit einer ebenso glanzvollen Vergangenheit, die Sauce bischof. Zusammen harmonieren beide als ein wunderbares Team.

Rezeptur: Diplomaten Pudding
ergibt ca. 5 Portionen

50 g	Sultaninen, gewaschen
40 g	Rum
40 g	Wasser
20 g	Zitronat, fein gehackt
20 g	Orangeat, fein gehackt
120 g	Biskuit, gewürfelt
400 g	Milch
1	Vanilleschote
60 g	Zucker
150 g	Ei (3 Stück)
1/2	Zitronenschale, gerieben
1/2	Orangenschale, gerieben

Die Sultaninen waschen und leicht abtrocknen. **Rum** und Wasser vermischen, dann **Zitronat, Orangeat** und Sultaninen darin einweichen. Den Biskuit in kleine Würfel schneiden und zu den Früchten geben. Die Milch mit der Vanilleschote aufkochen, Zucker und Eier verrühren und die heiße Milch unter ständigem Rühren einlaufen lassen. Die **Eiermilch** zweimal durch ein feines Haarsieb gießen. Die Milch über die eingeweichten Früchte und Biskuitwürfel geben und die fertige Masse vorsichtig in die vorbereiteten, leicht gebutterten Förmchen füllen. Die Formen in das Wasserbad stellen und im Ofen pochieren.

Wasserbad: 80 °C
Backtemperatur:
200 °C Ober-/Unterhitze
Backzeit: 20-25 Minuten

Nach dem **Pochieren** muß der Pudding ein wenig abstehen, erst dann kann er gestürzt werden. Den Biskuit kann man auch durch Briochewürfel ersetzen. Eventuell muß dann etwas mehr Zucker zugegeben werden.

Tip: Legt man den Boden der Form mit Backpapier aus, läßt sich der Pudding besser stürzen.

Rezeptur: Sauce bischof
ergibt ca. 15 Portionen

40 g	Sultaninen oder Korinthen
40 g	Mandeln, gehackt
30 g	Kirschwasser
300 g	Rotwein
200 g	Wasser
1	Nelke
1/2	Zimtstange
1/2	Vanilleschote
120 g	Zucker
50 g	Rotwein
20 g	Puddingpulver

Sultanien oder **Korinthen** waschen, leicht abtrocknen, Mandeln und **Kirschwasser** zugeben und kurz zie-

Pudding und Flammeri

Pudding und Flammeri

hen lassen. Wein, Wasser, Zucker und Gewürze aufkochen und ca. 30 Minuten ziehen lassen. Die Flüssigkeit passieren und aufkochen, das mit Rotwein angerührte Puddingpulver zugeben und alles kräftig durchkochen lassen. Die Sauce muß richtig klar kochen. Zuletzt Sultaninen, Mandeln und Kirschwasser einrühren.

Tip: Aroma und Geschmack entfalten sich in der Sauce erst richtig, wenn sie einige Zeit ziehen kann. Statt Kirschwasser kann auch Rum zugegeben werden.

Anrichtevorschlag: Den Diplomaten Pudding warm auf den Teller stürzen und die Sauce bischof mit einem Löffel rundum laufen lassen.

Feigenpudding in fruchtiger Sauce

Feigen sind nicht jedermanns Geschmack, was auch verständlich ist, denn vor einigen Jahren waren sie nur getrocknet während der Weihnachtszeit zu haben. Da heute aber auch in vielen Feigenländern, wie Türkei oder Italien, Urlaub gemacht wird, lernte man frische Feigen zu schätzen. Feigenliebhaber schließen diesen Pudding bestimmt sofort ins Herz.

Rezeptur: Feigenpudding
ergibt ca. 10 Portionen
100 g Feigen, getrocknet
20 g Feigenlikör (Askalon)
80 g Portwein, rot
100 g Butter
100 g Zucker
80 g Eigelbe (4 Stück)
60 g Kuvertüre, dunkel (aufgelöst)
150 g Süße Brösel (Brioche)
50 g Kokosraspeln
40 g Pistazien, gehackt
150 g Eiweiß (5 Stück)
40 g Zucker

Den **Portwein** mit dem **Feigenlikör** mischen, die Feigen in kleine Würfel schneiden, in die Marinade geben und ca. 2 Stunden ziehen lassen. Die Feigen sollten die gesamte Flüssigkeit aufgenommen haben. Butter und Zucker schaumig rühren, Eigelbe langsam unterschlagen und die aufgelöste Kuvertüre zugeben. Die eingelegten Feigenwürfel auf ein Sieb zum Abtropfen geben und die süßen Brösel mit Kokosraspeln und Pistazien vermischen. Zuerst die abgetropften Feigen und dann die Brösel mit einem Gummilutscher unter die Buttermasse rühren. Das Eiweiß aufschlagen, den Zucker nach und nach zugeben und darauf achten, daß der Eischnee nicht zu fest geschlagen wird. Eine cremige Konsistenz eignet sich am besten für diesen Pudding. Den geschlagenen Eischnee unter die Masse heben und sehr kräftig rühren. Die Puddingmasse in gut gezukkerte und gebutterte Porzellanförmchen füllen, ins Wasserbad stellen und in den Backofen schieben.

Wasserbad: 80 °C
Backtemperatur:
190 °C Ober-/Unterhitze
165 °C Heißluft
Backzeit:
20-25 Min. Ober-/Unterhitze
12-15 Min. Heißluft

Tip: Am besten legt man die Feigenwürfel über Nacht ein, so wird die gesamte Flüssigkeit aufgenommen.

Rezeptur: Feigensauce
ergibt ca. 10 Portionen
5 Feigen, frisch
60 g Himbeermark, passiert
100 g Portwein, rot
10 g Feigenlikör (Askalon)
40 g Puderzucker
1/2 Zitronensaft, passiert

Die Feigen waschen, abtrocknen und mit Himbeermark, Puderzucker, Portwein und Likör im Mixer kurz und kräftig mixen. Die Feigensauce durch ein feines Haarsieb passieren und mit Zitronensaft abschmecken. Sollte die Sauce noch etwas zu fest sein, kann sie mit Portwein oder Fruchtsaft verdünnt werden.

Tip: Am besten verwendet man für diese Sauce die blau-violetten Feigen. Grüne Feigen sind nicht so intensiv im Geschmack. Mit einem Akazienhonigeis ist dieser Pudding ein Bestseller.

Anrichtevorschlag: Die Feigensauce als Spiegel in die Tellermitte laufen lassen, weiße Tupfen von Crème fraîche außen herum setzen und mit einem feinen Holzstab kleine Herzen einziehen. Den noch heißen Feigenpudding in die Saucenmitte setzen und leicht mit Puderzucker und Zimt bestauben.

Weihnachtspudding

Die Geschichte vom Weihnachtspudding ist fast so berühmt wie er selbst, darum hat er auch einen Platz in meinem Buch verdient. Denn England ohne den Weihnachtspudding ist wie der „Fisch ohne Fahrrad". Seine Herstellung ist recht aufwendig, aber schließlich ist auch nicht jeden Tag Weihnachten. Auf einer Weihnachtsmenükarte ist er sicher eine nicht alltägliche Spezialität.

Rezeptur: Weihnachtspudding
ergibt ca. 10 Portionen

150 g Ei (3 Stück)
250 g Guinness (Irisches Starkbier)
80 g Weinbrand
40 g **Sirup,** dunkel
130 g **Rindertalg**
250 g Zitronat, fein gehackt
300 g Orangeat, fein gehackt
100 g **kandierte Kirschen** (kleine)
200 g Korinthen
150 g Rosinen
80 g Mandeln, gehackt
100 g **Brauner Zucker**
100 g Karotten, gerieben
100 g Äpfel (Cox Orange), gerieben
150 g Weißbrot, sehr fein gewürfelt
100 g Mehl
1 Prise Muskat

Die Puddingform gut mit cremiger Butter fetten. Zitronat, Orangeat, Kirschen, Korinthen, Rosinen, Weißbrot, Mehl, Karotten, Äpfel, Mandeln und **Muskat** gut vermischen. Den Rindertalg (Zimmertemperatur) mit dem Sirup gut aufrühren. Eier und Zucker aufschlagen und die Eiermasse unter die Talgmasse rühren. Zuletzt das **Guinness Bier** und den Weinbrand zugeben, alle Zutaten untereinander heben und in die vorbereitete Form füllen. Die Puddingform wird mit einem Deckel geschlossen, sollte keiner vorhanden sein, nimmt man gebuttertes Backpapier, und bindet es mit einer Schnur fest. Wasser in einem großen Topf zum Kochen bringen, den Weihnachtspudding hineinstellen und langsam köcheln lassen. Ab und an etwas Wasser nachgießen. Die Kochzeit des Puddings beträgt ca. 5-6 Stunden. Ist er fertig, sollte er kühl und trocken gelagert werden. Bevor der Weihnachtspudding serviert wird, nochmals 2-3 Stunden im Wasserbad erhitzen. Den Pudding stürzen, mit Weinbrand **flambieren** und mit halb fertig geschlagener Sahne servieren.

Tip: Wer seinen Gästen etwas Besonderes bieten möchte, reicht Brandybutter oder süßen Himbeeressig zum Weihnachtspudding.

Anrichtevorschlag: Ein Stück Weihnachtspudding auf den Teller legen, die halb geschlagene Sahne leicht über den Pudding laufen lassen und mit Puderzucker leicht bestauben.

Abb. Doppelseite von links im Uhrzeigersinn: Apfel im Reisblatt, Salzburger Nockerl, Tiroler Grießnocken, überbackene Kiwi, Kaiserschmarren

Warme Desserts

Alles über warme Desserts

Werden die Tage kürzer, kälter und ungemütlich, beginnt die Zeit der warmen Desserts. Ein goldbraunes Apfelgratin, überbackene Himbeeren, ein warmer Schokoladenkuchen mit gutem Kirschwasser getränkt oder ein feiner Kaiserschmarren mit Äpfeln, lassen manch grauen und stürmischen Regentag vergessen.

Warme Nachspeisen haben allen anderen Desserts etwas voraus, man kann sie nicht nur sehen und schmecken, sondern auch riechen. Oft kündigt ihr Duft sie lange vor dem Servieren an. Das Aroma von überbackenen Himbeeren oder der Duft gratinierter Feigen bleibt uns lange in Erinnerung.

Ein wenig Fingerspitzengefühl ist schon notwendig, um ein perfektes Früchtegratin zu zaubern. Orangen, Äpfel, Pflaumen, Kirschen oder Brombeeren eignen sich sehr gut zum Überbacken. Erdbeeren sollten möglichst nicht verwendet werden, sie sind empfindlich und enthalten zuviel Wasser. Wird zu langsam gratiniert, sind frische Erdbeeren nicht mehr von Konserven oder Tiefkühlerdbeeren zu unterscheiden. Sie verlieren ihre Farbe und werden weich. Herrlich frische Erdbeeren sind dafür einfach zu schade.

Die **Gratinmasse** sollte den Früchten angepaßt werden. Ist die Masse sehr süß, sollten die Früchte entsprechend weniger süß sein. Die Masse zum Überbacken darf den Fruchtgeschmack nicht überdecken, sondern sollte den Eigengeschmack der Frucht unterstreichen. Zusammen muß beides eine geschmackliche Harmonie ergeben. Sollen Kirschen überbacken werden, muß die Gratinmasse mit **Marzipan** oder Mandeln abgeschmeckt werden, um den Kirschgeschmack richtig zu unterstreichen. **Pflaumen** vertragen sich mit einer Topfenmasse (Quarkmasse) ausgezeichnet. Je nach Bedarf wird die Gratinmasse ausgewählt.

Saure Früchte können mit einer leichten Crème pâtissière überbakken werden, sie gleicht die Säure hervorragend aus. Für reife, süße Früchte verwendet man angeschlagene, leicht gesüßte Sahne, die mit einem Eigelb verrührt wurde. Das Überbakken muß sehr schnell gehen, damit die Oberfläche gebräunt, die Früchte aber erfrischend kühl bleiben. Die Temperatur des **Salamanders** spielt eine große Rolle, ist die Hitze zu stark, kann die Gratinmasse gerinnen. Bei einer Crème pâtissière passiert dies leicht. Bei zu geringer Temperatur dauert das Überbacken zu lange, die Früchte werden zu heiß und verkochen.

Ein überbackenes Dessert muß immer frisch zubereitet werden. Zum Vorbereiten eignet es sich nicht.

Andere warme Nachspeisen sind zum Vorbereiten besser geeignet, wie zum Beispiel ein Kaiserschmarren, der Apfel im Reisblatt oder ein warmer Kuchen. Die Rezeptbeispiele in diesem Kapitel zeigen dies sehr gut. Die verschiedenen Grundzubereitungsarten eines Früchtegratins sind genau beschrieben. Auch die Möglichkeit, ohne Kokotte, **Gratinpfännchen** und tiefen Teller zu überbacken, wird angesprochen. Salzburger Nockerln und auch der klassische Kaiserschmarren haben Saison.

Feigen in Orangensauce oder ein feines Champagnersüppchen sind eine nicht alltägliche Variante, mit der jede Dessertkarte bereichert werden kann.

Abb. Doppelseite 92
von links im Uhrzeigersinn:
Apfel im Reisblatt, Salzburger Nockerl, Tiroler Grießnocken, überbackene Kiwi, Kaiserschmarren

Feigengratin mit Akazienhonigeis

Warme Desserts

Warme Desserts

Feigengratin mit Akazienhonigeis

Die gratinierten Feigen verfehlen ihre Wirkung nie, wobei es egal ist, ob sie auf einem flachen, großen oder in einem tiefen Teller angerichtet werden. Optik sowie Geschmacksharmonie überzeugen nach dem ersten Löffel. Am besten eignen sich für dieses Dessert feste, blau-violette Feigen.

Rezeptur:
Mandelmasse zum Spritzen
ergibt 4 Portionen

200 g	Marzipanrohmasse
100 g	Kristallzucker
1/2	Zitronensaft, passiert
	Eiweiß (nach Bedarf)

Die Marzipanrohmasse mit dem Kristallzucker so lange verkneten, bis Marzipan und Zucker eine feste Masse ergeben. Der Mandelmasse nach und nach Eiweiß zugeben, bis man sie gut mit einem Dressierbeutel spritzen kann.

Rezeptur:
Masse zum Gratinieren
ergibt ca 550 g fertige Masse

40 g	Eigelbe (2 Stück)
50 g	Puderzucker
100 g	Marzipanrohmasse
1	Orangenschale, fein gehackt
1	Zitronenschale, fein gehackt
1	Orangensaft, passiert
1	Zitronensaft, passiert
150 g	Sahne, geschlagen
6	blaue Feigen, fest
30 g	Himbeermark, passiert

Die Marzipanrohmasse mit **Zitrusschale** gut verkneten. Orangen- und Zitronensaft nach und nach unterarbeiten. Sollte die Masse zu fest sein, eventuell noch etwas Orangensaft zugeben. Eigelb und Puderzucker kräftig schaumig schlagen und mit der angemachten Marzipanmasse vermischen. Zuletzt wird die nicht ganz fest geschlagene Sahne untergehoben. Die Feigen schälen, in dem man die Haut vom Stiel hinunter zur Blüte abzieht. Lassen sie sich nicht leicht schälen, sind die Früchte noch nicht reif. Zwei der Feigen pürieren und mit Himbeermark vermischen. Die restlichen vier Feigen in Scheiben schneiden.

Tip: Beträufelt man die Feigen nach dem Überbacken mit etwas Zitronensaft, setzt sich der kräftige Feigengeschmack richtig durch.

Anrichtevorschlag: Die Mandelmasse blumenförmig auf einen großen Teller dressieren, einen Löffel Feigenpüree in die Blumenmitte geben und leicht verstreichen. Die Blume mit der Gratiniermasse füllen und eine in Scheiben geschnittene Feige darauf verteilen. Den Teller unter den Salamander stellen und gleichmäßig goldbraun überbacken. Eine Kugel Akazienhonigeis (siehe Kapitel Eis) in die Mitte legen und mit einem Minzzweig garnieren. Mit Puderzucker leicht bestauben.

Tiroler Grießnocken auf Preiselbeeren

Das Rezept stammt von meinem Freund und Kollegen Hans Haas, einem waschechten Tiroler, mit dem ich lange Zeit in München zusammengearbeitet habe.

Rezeptur: Grießnocken
ergibt 5 Portionen
200 g **Briochebrösel**
20 g Zucker
50 g Butter
500 g Milch
80 g Zucker
125 g **Hartweizengrieß**
1 Vanillestange
1 Zitronenschale, gerieben
125 g Butter
100 g Ei (2 Stück)

Milch, Zucker und Grieß in eine **Sauteuse** wiegen und ca. eine halbe Stunde stehen lassen. Der Grieß benötigt diese Zeit zum Quellen. So steift die Grießmasse später nicht mehr nach. In der Zwischenzeit werden Butterbrösel zubereitet: Zucker und Butter in einer Pfanne erhitzen, die Briochebrösel zugeben und goldgelb rösten. Butter, Zitronenschale und die aufgeschnittene Vanilleschote zugeben und die Milch unter ständigem Rühren zum Kochen bringen. Mit der Grießmasse auf dem Feuer bleiben, bis sie am Boden leicht ansetzt. Die Masse ballt sich jetzt und löst sich vom Boden. Die gekochte Grießmasse in eine Schüssel umfüllen, damit sie etwas abkühlt und die Eier nach und nach unterrühren. Die Masse mit einer Folie abdecken und etwa 30 Minuten stehen lassen. Einen Topf mit Wasser aufstellen und zum Kochen bringen. Dem Wasser gut Salz zugeben, damit die Grießnocken später nicht fad schmecken. Mit einem Eßlöffel Grießmasse abstechen und in der Hand oder mit einem anderen Löffel schöne ovale Nocken formen. Diese läßt man ins Salzwasser gleiten, damit sie langsam pochiert werden. Die Grießnocken sind fertig, wenn sie im Wasser oben schwimmen.

Tip: Läßt man dem Grieß vor dem Kochen nicht genug Zeit zum Quellen, steift er später in der fertigen Grießmasse sehr stark nach. Möglicherweise ist die Masse dann nach einigen Stunden nicht mehr zu gebrauchen.

Rezeptur: Preiselbeeren
ergibt ca. 8 Portionen
500 g Preiselbeeren, frisch
250 g Zucker
1 Vanilleschote, nur das Mark
1/2 Zitronensaft, passiert

Preiselbeeren, Zucker, Vanillemark und Zitronensaft in eine Küchenmaschine geben und mit einem Rührbesen langsam verrühren. Die Geschwindigkeit so einstellen, daß die Beeren nicht zerdrückt werden. Die Preiselbeeren so lange rühren, bis sich der gesamte Zucker aufgelöst hat. 1/3 des Preiselbeerkompotts durch ein feines Sieb drücken und unter das Kompott rühren.

Tip: Frische Preiselbeeren können auf diese Weise für den Winter auf Vorrat gemacht werden. Das Preiselbeerkompott kann gut in Steingutgefäßen gelagert werden.

Anrichtevorschlag: Zwei bis drei Löffel Preiselbeeren in die Tellermitte geben. Drei Grießnocken aus dem Wasser nehmen, auf Küchenkrepp oder einem Leinentuch abtropfen lassen, sternförmig auf die Preiselbeeren legen und die warmen Butterbrösel über die Nocken streuen. Das Ganze mit Puderzucker bestauben.

Abb. Seite 98
Blutorangen überbacken mit Schokoladeneis

Warme Desserts

Blutorangen überbacken, mit Schokoladeneis

Dieses Dessert ist ein saisonaler Lekkerbissen. Wenn im November und Dezember die Blutorangensaison ihren Höhepunkt erreicht hat, gibt es dunkle, zuckersüße Blutorangen. Während dieser Zeit sollte man seinen Gästen diesen Genuß nicht vorenthalten.

Rezeptur:
Blutorangen überbacken
ergibt 2 Portionen
2 Blutorangen, mittelgroß
80 g Crème pâtissière
10 g Orangenlikör
1 Orangenschale, fein gehackt
1 Msp. Nelken, gemahlen
45 g Eiweiß (1,5 Stück)
40 g Zucker

Die Blutorangen gut schälen, auch die weiße Haut muß gänzlich entfernt werden. Mit einem scharfen Messer die Orangenfilets herausschneiden. Die Schale einer Orange mit einem Ziselierer abziehen **(Julienne)** und kurz blanchieren. Die blanchierten Schalenstreifen dann sehr fein hacken. Orangenlikör, gehackte Orangenschale, **Nelkenpulver** unter die Crème pâtissière rühren. Eiweiß aufschlagen und den Zucker nach und nach zugeben und den cremig geschlagenen Eischnee unter die Creme heben.

Tip: Die Blutorangenfilets können auch gut kurze Zeit in Orangensaft, der mit Pernod, Mandellikör und Puderzucker abgeschmeckt wurde, mariniert werden.

Anrichtevorschlag: Die Orangenfilets gut abtropfen lassen und in zwei tiefe Suppenteller sternförmig verteilen, die Gratinmasse gleichmäßig darüber laufen lassen, leicht mit Puderzucker bestauben und im Salamander goldbraun überbacken. Eine Kugel Schokoladeneis (siehe Kapitel Eis) in die Mitte geben, zwei Blutorangenfilets und einen Minzzweig als Garnitur anlegen.

Kaiserschmarren mit Äpfeln

Über die Namensentstehung des Kaiserschmarren gibt es unterschiedliche Meinungen: Die einen sagen, er sei extra für den Kaiser kreiert worden, andere behaupten, es sei der Schmarren eines Kaasers (Käsers) gewesen, den der Kaiser anläßlich eines Alpenaufstiegs besuchte und von ihm als Mahlzeit erhielt. Darauf entschied der Kaiser, daß diese Speise eines Kaisers würdig sei. Egal, welche Geschichte wahr ist, ein exzellent zubereiteter Kaiserschmarren hat schon etwas Aristokratisches an sich.

Rezeptur: Kaiserschmarren
ergibt 4 Portionen
80 g Rosinen
80 g Rum 40%ig
250 g Ei (5 Stück)
100 g Eigelb (5 Stück)
1 Vanilleschote, nur das Mark
1 Zitronenschale, gerieben
1 Prise Salz
300 g Mehl
180 g Eiweiß (6 Stück)
50 g Zucker
2 Äpfel (Cox Orange)

Rosinen waschen und in Rum einweichen. Sie sollten die gesamte Flüssigkeit aufnehmen. Eier, Eigelbe, Vanillemark, Zitronenschale und Salz kräftig verrühren und die eingeweichten Rosinen unterrühren. Beide Äpfel schälen, einen in kleine Würfel schneiden und auch unter den Grundteig rühren. Das Eiweiß mit dem Zucker cremigschlagen und unter den Teig heben. Eine Pfanne mit geklärter Butter heiß werden lassen. Den Teig in die Pfanne gießen und langsam auf kleiner Flamme oder bei mäßiger Hitze backen. Ist der

Warme Desserts

Schmarren von unten goldbraun, wird er gewendet oder die Pfanne in den Backofen geschoben und bei mäßiger Hitze (180 °C) ca. 10 Minuten fertig backen. Den fertigen Pfannkuchen mit einem Löffel und einer Gabel in kleine Stücke reißen, kurz ausdünsten lassen und auf einem Teller anrichten.

Tip: Sollte der Grundteig zu fest sein, kann er mit Milch leicht verdünnt werden. Die zerrissenen Pfannkuchenstücke können in der Pfanne mit Puderzucker bestreut und bei starker Hitze gleichmäßig karamelisiert werden. Der fertige **Schmarren** kann auch auf dem Teller mit Zucker bestreut und unterm Salamander karamelisiert werden.

Anrichtevorschlag: Den zweiten Apfel vierteln, entkernen und in feine Spalten schneiden. Den Kaiserschmarren auf den Teller geben, die Apfelspalten fächerförmig seitlich anlegen und alles mit Puderzucker bestauben.

Feigen in Orangensauce mit Estragon

Für dieses Dessert sollten nur feste, blau-violette Feigen verwendet werden. Der ohnehin kräftige, aber feine Geschmack wird durch die Säure der Orange noch verstärkt. Der Estragon gibt diesem warmen Dessert den gewissen Pfiff.

Rezeptur: Feigenmarinade
ergibt 4 Portionen
300 g Orangensaft, passiert
30 g **Grenadine**
1 Zitronensaft, passiert
30 g Orangenlikör
6 Feigen, frisch

Alle Zutaten kurz aufkochen und leicht abkühlen lassen. Die Feigen schälen und ca. 3 Stunden in die noch warme Marinade einlegen.

Rezeptur: Orangensauce
ergibt ca. 8 Portionen
500 g Orangensaft, passiert
150 g Akazienhonig
1 Orangenschale, fein gehackt
2 Zitronensaft, passiert
150 g Sahne, flüssig
Estragon, frisch
60 g Butter, kalt
60 g Sahne, geschlagen
Zitronensaft
Pernod
Orangenlikör

Orangensaft, Honig, Orangenschale und Zitronensaft langsam um 1/3 einkochen. Den **Fond** mit der flüssigen Sahne auffüllen und nochmal 3-4 Minuten langsam einkochen. Sollte die Sahne beim Zugießen gerinnen, weil der Säureanteil noch zu hoch ist, kann der Fond mit dem Mixstab oder im Mixer wieder gebunden werden. Den Orangenfond aufkochen, die kalte Butter in kleinen Stükken einschwenken, die geschlagene Sahne unterrühren und mit Zitronensaft, **Pernod** und Orangenlikör gut abschmecken. Zuletzt den gezupften **Estragon** zugeben.

Tip: Verwendet man zum **Aufmontieren** der Sauce einen Mixstab, erhält die Orangensauce eine luftig, schaumige Konsistenz. Nach dem Unterrühren von Butter und Sahne darf die Sauce nicht mehr stark kochen, sie verliert sonst ihre Bindung. Soll die Sauce fester sein, wird ein wenig mehr kalte Butter zugegeben.

Anrichtevorschlag: Je 3 halbe Feigen in die Tellermitte legen, die heiße Orangensauce mit einem Löffel gleichmäßig darüber verteilen und eventuell ein Orangensorbet (siehe Kapitel Eis) und zwei bis drei Estragonblätter anlegen. Alles leicht mit Puderzucker bestauben.

Feigen in Orangensauce

Warme Desserts

Warme Desserts

Gratin von Apfelscheiben mit weißem Zimteis

Mit diesem Dessert zieht der Duft von Zimt, Nüssen und Äpfeln durch den Raum. Es macht einfach Spaß, die gratinierten Apfelscheiben in gemütlicher Runde zu genießen.

Rezeptur:
Gratin von Apfelscheiben
ergibt 4 Portionen
24 Apfelscheiben
(3 – 4 Äpfel)
4 TL Apfelgelee

Die Äpfel schälen, mit einem Apfelausstecher das Kerngehäuse entfernen und auf einer **Mandoline** die Äpfel in dünne Scheiben schneiden und blanchieren.

Tip: Am besten verwendet man einen Granny Smith, da er auch nach dem Blanchieren fest und säuerlich bleibt.

Rezeptur: Blanchierwasser
ergibt ca. 1,2 Liter
1000 g Wasser
150 g Zucker
1 Vanilleschote
1 Zimtstange
4 Äpfel, nur Schalen und Kerngehäuse

Das Wasser mit dem Zucker und den Gewürzen aufkochen und die Apfelscheiben darin blanchieren. Das Blanchierwasser bis zur Hälfte einkochen, abkühlen lassen und die Flüssigkeit abpassieren. Den Sud eventuell noch mit etwas Zucker oder Zitronensaft abschmecken und die Apfelringe darin einlegen.

Tip: Der Apfelsud kann später abgebunden und als Sauce zu Sorbet verwendet werden.

Rezeptur: Gratinmasse
ergibt ca. 4 Portionen
40 g Eigelb
80 g Puderzucker
1/2 Vanilleschote, nur das Mark
20 g Calvados
150 g Sahne, geschlagen

Eigelb mit Puderzucker kräftig schaumig schlagen, das Vanillemark und den **Calvados** kurz unterschlagen. Zuletzt die geschlagene Sahne unter die Eimasse heben.

Tip: Das Vanillemark kann nicht gleich mit aufgeschlagen werden, da die Eimasse sonst kein Volumen bekommt, sondern nur schmierig wird.

Anrichtevorschlag: Den Apfelgelee in der Tellermitte verreiben, 6 Apfelringe kreisförmig darauf legen und die Gratinmasse darüber verteilen. Das Ganze unter dem Salamander goldgelb gratinieren, in die Mitte Zimteis (siehe Kapitel Eis) und einen Zweig Zitronenmelisse legen und leicht mit Zimtpuderzucker bestauben.

Überbackene Kiwi mit Pistazieneis

Die Kiwi zählt bei uns schon nicht mehr zu den Exoten, sie wird zu jeder Jahreszeit überall angeboten. Dieses Dessert erhält durch die Fruchtsäure der Kiwi, in Kombination mit der relativ süßen Gratinmasse, seine besondere Note. Das Pistazieneis steuert seinen Teil dazu bei, daß Optik und Geschmack zu einer runden Sache vereint werden.

Rezeptur: Kiwimarinade
ergibt 4 Portionen
4 Kiwis, fest
50 g Rum, weiß
100 g Mineralwasser
20 g Puderzucker

Rum, Mineralwasser und Puderzucker verrühren. Die Kiwis schälen und jede Frucht in acht gleiche Spalten schneiden. Die **Marinade** über die Kiwispalten gießen und kurze Zeit ziehen lassen.

Rezeptur:
Masse zum Gratinieren
ergibt 4 Portionen
60 g Eigelb (3 Stück)
100 g Puderzucker
1/2 Vanilleschote (nur dasMark)
1/2 Orangenschale, feingehackt
100 g Crème fraîche
50 g Milch

Das Eigelb mit dem Puderzucker und der Orangenschale fest aufschlagen und das Vanillemark unterrühren. Crème fraîche und die Eimasse verrühren und mit der Milch leicht verdünnen.

Tip: Um eine leichte Gratiniermasse zu bekommen, können zwei Eiweiß mit etwas Zucker nicht ganz fest geschlagen unter die Eimasse gehoben werden. So wird die Masse wesentlich leichter. Dieses Dessert läßt sich auch für eine große Personenzahl anrichten, da es gut vorbereitet werden kann.

Anrichtevorschlag: Kiwi abtropfen lassen, sternförmig in ein kleines Gratinierpfännchen legen und die Gratinmasse gleichmäßig darüber laufen lassen. Unter dem Salamander goldbraun backen. Pistazieneis (siehe Kapitel Eis) in die Mitte legen, einen Minzzweig anlegen und leicht mit Puderzucker bestauben. Das Gratinierpfännchen auf einem größeren Teller mit Serviette servieren.

Champagnersüppchen mit Birne

Dieses Süppchen ist eigentlich als Dessert gedacht. Es läßt sich aber auch sehr gut innerhalb eines Wildmenüs, weniger süß, mit einem Teelöffel Preiselbeeren servieren.

Rezeptur: Champagnersüppchen mit Birne
ergibt 6 Portionen
400 g Weißwein
150 g Wasser
80 g Zucker
1/2 Vanilleschote
1/2 Zimtstange
1 Nelke
5 Birnen, mittelgroß
150 g Sahne, flüssig
80 g Butter, gekühlt
60 g Sahne, geschlagen
80 g Champagner, trocken
Zitronensaft

Weißwein, Wasser, Zucker und Gewürze aufkochen. **Birnen** schälen, Kerngehäuse ausschneiden und die Schalen mit den Kerngehäusen in die kochende Flüssigkeit geben. Alles zusammen kräftig aufkochen lassen. Die Birnen in nicht zu dicke Spalten schneiden und kurz in diesem Sud blanchieren. Der Sud sollte einige Zeit ziehen. Einen Teil von dem gekochten Birnensud abnehmen und als Marinade für die Birnenspalten verwenden. Die Marinade mit den Birnenspalten warmstellen. Die restliche Flüssigkeit wird um 1/3 eingekocht und mit der Sahne aufgegossen. Sollte die Sahne durch den hohen Fruchtsäureanteil gerinnen, kann sie mit einem Mixstab wieder gebunden werden. Den Birnenfond noch etwa 5 Minuten langsam kochen lassen. Die kalte Butter mit dem Mixstab unter den Sud mixen, den Champagner und zuletzt die Sahne unterrühren. Das Süppchen mit einigen Tropfen Zitronensaft abschmecken.

Tip: Das Süppchen kann gut mit einem Sorbet oder mit einer Kugel Eis serviert werden.

Anrichtevorschlag: Sechs bis acht warme Birnenspalten in einen vorgewärmten Suppenteller legen und die Champagnersuppe mit einem Löffel langsam darüber laufen lassen. Den Suppenteller auf einen Unterteller mit Serviette stellen.

Himbeeren überbacken mit Marzipaneis

Möchten Sie Ihre Gäste mit einem Dessert überraschen, dann eignen sich diese überbackenen Himbeeren besonders gut. Nicht nur die Früchte, sondern auch das Marzipaneis wird überbacken. Kommt unter einer knackig braunen Kruste ein zartes Eis zum Vorschein, ist die Überraschung perfekt.

Rezeptur: Himbeeren
ergibt 3 Portionen
120 g Himbeeren, frisch
100 g Himbeeren (TK Ware)
35 g Puderzucker
30 g Himbeergeist

Die tiefgekühlten Himbeeren zur Hälfte auftauen lassen, Puderzucker und Himbeergeist zugeben und mit einer Gabel zerdrücken.

Rezeptur:
Masse zum Überbacken
ergibt 3 Portionen
40 g Eigelb (2 Stück)
70 g Puderzucker
60 g Eiweiß (2 Stück)
60 g Kristallzucker
1 Msp. Weizenstärke

Eigelb mit Puderzucker kräftig schaumig schlagen, die Eigelbmasse muß sehr fest sein. Eiweiß aufschlagen, den Kristallzucker nach und nach einschlagen. Der Eischnee muß eine festcremige Konsistenz haben. Zuletzt die Weizenstärke kurz unterrühren. Die Eigelbmasse wird leicht unter das Eiweiß gehoben. Die fertige Gratinmasse muß fest und dressierfähig sein.

Tip: Einige Tropfen Zitronensaft lassen den Eischnee fester und stabiler werden. Wird das Eiweiß nicht steif genug, sollte es nicht verwendet werden. Man muß es neu aufschlagen.

Rezeptur:
Tränke für Biskuits
ergibt 3 Portionen
3 Scheiben Biskuit
20 g Puderzucker
30 g Himbeergeist
45 g Mineralwasser

Puderzucker, **Himbeergeist** und Mineralwasser gut verrühren. Die Biskuitscheiben mit Hilfe eines Pinsels tränken.

Anrichtevorschlag: Biskuit in die Tellermitte legen und stark mit der Flüssigkeit tränken. Die zerdrückten Himbeeren auf den Biskuitscheiben anrichten und die frischen Früchte kreisförmig darauflegen, so daß in der Mitte Platz für eine Kugel Marzipaneis (siehe Kapitel Eis) bleibt. Eis auflegen und die Masse zum Überbacken mit einem Löffel oder Spritzbeutel über Eis und Himbeeren dressieren. Alles leicht mit Puderzucker bestauben und goldgelb überbacken. Mit etwas Himbeersauce und einem Minzblatt garnieren.

Warme Desserts

Warme Desserts

Apfel im Reisblatt und Champagnersauce

Äpfel in Reisblätter gewickelt, in der Pfanne knusprig gebraten und in fein abgeschmeckter Champagnersauce serviert, besser kann man den Herbst nicht genießen. Das kräftig fruchtige Aroma dieses exklusiven Desserts überzeugt selbst den größten Dessertmuffel.

Rezeptur: Apfel im Reisblatt
ergibt 3 Portionen
30 g Rosinen
50 g Rum
40 g Wasser
3 Reisblätter, 25-30 cm Duchmesser
2 Äpfel, Cox Orange
60 g Zucker
30 g Mandeln, gehackt
1 Zitronenschale, abgerieben
3 g Zimt

Rosinen waschen, Rum und Wasser verrühren und die gewaschenen Rosinen darin einlegen. Die **Reisblätter** vorsichtig zwischen zwei nicht zu feuchte Tücher legen, sie sollten ca. 1 Stunde in diesen Tüchern liegen, damit sie gleichmäßig weich werden. Äpfel schälen, vierteln, Kerngehäuse entfernen und in dünne Scheiben oder Würfel schneiden. Die Äpfel mit Mandeln, Rosinen, Zucker, Zimt und Zitronenschale gut vermischen. Die angemachten Äpfel auf die Reisblätter verteilen und gleichmäßig zusammenfalten, so daß längliche Kissen entstehen. Zu große Überstände sollten abgeschnitten werden. Die Reisblätter gut mit verdünntem Eigelb einstreichen, mit der glatten Seite zuerst in die heiße Pfanne legen und von beiden Seiten goldbraun braten.

Abb. Seite 105
Himbeeren überbacken mit Marzipaneis

Tip: Die Reisblätter halten besser zusammen, wenn sie leicht mit Eiweiß eingestrichen werden. In **geklärter** Butter gebacken schmekken sie am besten.

Rezeptur: Champagnersauce
ergibt 12 Portionen
400 g Weißwein
150 g Apfelsaft
80 g Zucker
1/2 Vanillestange, aufgeschnitten
1/2 Zimtstange
2-3 Äpfel (nur Schale u. Kerne)
150 g Sahne
80 g Champagner

Weißwein, Apfelsaft, Apfelschalen, Zucker und Gewürze kräftig aufkochen und langsam um 1/3 einkochen lassen. Je langsamer eingekocht wird, um so stärker kommen Geschmack und Aroma zum Tragen. Die Flüssigkeit abpassieren und die Sahne zugießen. Den Fond erneut um 1/3 einkochen. Gerinnt die Sahne beim Zugießen, ist der Fruchtsäuregehalt noch zu stark. Dann muß die Sauce mit dem Mixstab oder im Mixer wieder gebunden werden. Den Fond wieder aufkochen lassen, Champagner zugeben, mit kalten Butterflocken und etwas geschlagener Sahne **aufmontieren** (aufarbeiten). Einige Tropfen Zitronensaft runden den Geschmack gut ab.

Tip: Anstelle von Apfelsaft kann ebenso gut Wasser verwendet werden, der Grundfond muß nur etwas länger ziehen.

Anrichtevorschlag: Das gebackene Reisblatt in die Tellermitte legen, die Champagnersauce herum laufen lassen und einige Apfelperlen mit Zitronenmelisse als Garnitur anlegen.

Salzburger Nockerln

„Salzbuger Nockerln", zart wie die Liebe und süß wie ein Kuß! Das kann jeder bestätigen, der sie schon einmal, sorgfältig zubereitet, serviert bekam. Es ist gar nicht so einfach, sie auf den Punkt genau zu backen, daß heißt: innen noch „schlunzig", wie der Österreicher sagt.

Rezeptur: Salzburger Nockerln
ergibt 2 Portionen
210 g Eiweiß (7 Stück)
80 g Zucker
10 g Mehl, gesiebt
60 g Eigelb (3 Stück)
150 g Milch
40 g Akazienhonig
1/2 Vanilleschote

Das Eiweiß aufschlagen, den Zucker nach und nach einlaufen lassen und zu festem Schnee schlagen. Unbedingt darauf achten, daß Schüssel und Schlagbesen sauber und fettfrei sind. Das Eiweiß läßt sich sonst nicht gebrauchsfähig aufschlagen. Mit einem Spatel die Eigelbe unter den Schnee heben und zuletzt das gesiebte Mehl unterziehen. Eine große Pfanne oder feuerfeste Kokotte auf den Ofen stellen. Milch, Honig und die Vanilleschote darin aufkochen. Die Flüssigkeit etwa zur Hälfte einkochen lassen und die Vanillestange herausnehmen. Mit einem Hörnchen oder Teigschaber drei gleich große Nocken auf die Honigmilch setzen und mit einer nassen Palette die Nokken glattstreichen. Alles mit Puderzucker kräftig bestauben und in den vorgeheizten Backofen schieben.

Backtemperatur:
240 °C Ober-/Unterhitze
Backzeit: 4 – 5 Minuten

Tip: Die Nocken können auch in einer Pfanne von allen drei Seiten gebacken und dann erst in eine Kokotte gelegt werden. Diese Methode sollte nur von Fachleuten angewandt werden, die oben beschriebene Arbeitsweise ist einfacher und von jedem leicht nachzuvollziehen.

Anrichtevorschlag: Die noch heißen Salzburger Nockerln in der Form auf einem Teller mit Serviette reichen.

Warme Desserts

Brombeeren in Champagnerschaum

Brombeeren schmecken so richtig gut, wenn sie lange von der Sonne verwöhnt wurden. Von Anfang August bis Mitte September kann man seine Gäste mit diesem Dessert überraschen. Selbst wenn die Temperaturen noch sommerlich warm sein sollten, ist dieses überbackene Dessert ein erfrischender Genuß.

Rezeptur: Brombeermarinade
ergibt ca. 4 Portionen
300 g Brombeersaft
150 g Schwarzer Johannisbeersaft
80 g Puderzucker
1 Orangensaft, passiert
oder
200 g **Brombeerlikör**
100 g Mineralwasser
80 g **Cassislikör**
50 g Puderzucker
1 Orangensaft, passiert
350 g Brombeeren, frisch

Die Flüssigkeit gut verrühren und über die Brombeeren gießen. Die Früchte sollten darin etwa 1/2 Stunde marinieren.

Tip: Bei sehr guter Qualität, können auch TK-Brombeeren verwendet werden. Sind die Früchte sehr fest, sollten sie länger mariniert werden.

Rezeptur: Champagnerschaum
ergibt 4 Portionen
80 g Eigelbe (4 Stück)
45 g Zucker
150 g Champagner
1/2 Zitrone, Saft, passiert
150 g Sahne, geschlagen

Eigelb, Zucker, Champagner und Zitronensaft auf dem Wasserbad in einer großen Schüssel aufschlagen. Damit das Eigelb die Flüssigkeit bindet, sollte der Champagnerschaum mindestens 73 °C warm geschlagen werden. Den Schaum in kaltem Wasser oder auf Eis kaltrühren und die nicht ganz ausgeschlagene Sahne unter den Champagnerschaum heben. Die marinierten Brombeeren auf ein Sieb geben, kurz ablaufen lassen und auf vier Gratinierschalen verteilen. Den Champagnerschaum mit einem Löffel gleichmäßig darüber laufen lassen und unter dem Salamander goldbraun gratinieren.

Tip: Fehlt dem Champagnerschaum ein wenig Säure, sollte er mit etwas Zitronensaft abgeschmeckt werden, bevor die Sahne untergehoben wird. Statt der Gratinierschalen können auch kleine Suppenteller verwendet werden.

Anrichtevorschlag: Eine Kugel Champagnersorbet (siehe Kapitel Eis) in die Mitte legen, zwei Brombeeren und einen schönen Minzzweig als Garnitur anlegen, leicht mit Puderzucker bestauben und auf einem etwas größeren Teller servieren.

Schokoladentorte mit Kirsch

Warme Desserts

Warme Desserts

Schokoladentorte mit Kirsch

Diese warme Schokoladentorte mit einem guten Kirsch getränkt und frischen Schattenmorellen vergißt man nicht so schnell. Der Duft von Schokolade und feinem Kirsch eilt diesem Dessert voraus und läßt ahnen, was einen erwartet. Dieser Kuchen ist vielleicht ein wenig aufwendiger als viele andere, aber der Aufwand lohnt sich mit Sicherheit.

Rezeptur: Schokoladentorte
ergibt 16 Portionen
400 g Butter
170 g Zucker
280 g Eigelb (14 Stück)
50 g Kirschwasser
600 g Mandeln, geriebenen
600 g Kuvertüre, fein gerieben
100 g Zwieback, gerieben
420 g Eiweiß (14 Stück)
170 g Zucker

Einen Tortenring von 20 cm Durchmesser in **Backpapier** oder Alufolie einschlagen. Butter und Zucker schaumig rühren, Eigelb und Kirschwasser langsam unterrühren. Geriebene Mandeln, Kuvertüre und **Zwieback** vermischen und unter die Buttermasse heben. Das Eiweiß aufschlagen, den Zucker langsam einlaufen lassen und das cremig geschlagene Eiweiß unterheben. Die Schokomasse in den vorbereiteten Ring füllen und in den Backofen schieben.

Backtemperatur:
170 °C Ober-/Unterhitze
150 °C Heißluft
Backzeit:
50-55 Min. Ober-/Unterhitze
40-45 Min. Heißluft

Rezeptur: Kirschtränke
ergibt 230 g fertige Tränke
150 g Kirschwasser
40 g Mineralwasser
40 g Puderzucker

Alle Zutaten gut verrühren und später mit Hilfe eines Pinsels immer wieder auf den noch warmen Schokoladenkuchen auftragen, bis er die gesamte Flüssigkeit aufgesogen hat.

Rezeptur:
Schattenmorellen Ragout
ergibt 16 Portionen
500 g Schattenmorellen, frisch
400 g Rotwein
150 g Akazienhonig
2 Orangensaft
1/2 Orangenschale, gerieben
1/2 Zitronenschale, gerieben
1 Vanilleschote
1 Zimtstange
40 g Wasser, kalt
20 g Puddingpulver

Die Schattenmorellen entkernen, Rotwein, Akazienhonig, Orangensaft, Zitrusschalen und Gewürze kräftig aufkochen und den Sud etwa 30 Minuten ziehen lassen. Die Flüssigkeit abpassieren und aufkochen. Wasser mit Puddingpulver verrühren und in den kochenden Sud gießen. Die gebundene Flüssigkeit muß kurz, aber stark kochen, damit sie richtig klar kocht. Den heißen Fond über die entsteinten Kirschen schütten und mindestens eine Stunde ziehen lassen. Nur dann erhält das Ragout eine schöne Farbe.

Tip: Statt Rotwein kann auch ungesüßter Kirschsaft verwendet werden. Nimmt man gesüßten Saft, wird weniger Honig zugegeben.

Anrichtevorschlag: Ein Kuchenstück auf einen großen, weißen Teller stellen, zwei Löffel Kirschragout seitlich um die Spitze laufen lassen. Einige schöne Schokoladenspäne über den Kuchen streuen und alles leicht mit Puderzucker bestauben.

Délice vom Apfel in Rieslingsauce

Mit der Wahl des richtigen Apfels steht und fällt dieses Dessert. Der Apfel muß nach dem Pochieren noch genügend Säure haben und er darf seinen fruchtigen Geschmack nicht verlieren. Mit einer harmonisch abgeschmeckten Rieslingsauce und einem feinen Himbeer-Cocktailsorbet ist dieses Dessert der Höhepunkt eines jeden Menüs.

Rezeptur: Apfelspalten
ergibt 4 Portionen
2 Äpfel (Granny Smith)
2 Äpfel (nur Schalen und Kerngeäuse)
350 g Weißwein
350 g Wasser
150 g Zucker
1 Vanilleschote
1 Zimtstange
1 Zitronenschale, gerieben

Äpfel schälen, Kerngehäuse ausschneiden und jeden Apfel in 20 Spalten schneiden. Den Weißwein, Wasser, Zucker, Vanilleschote, Zimtstange und die abgeriebene Zitronenschale aufkochen. Apfelschalen in die Flüssigkeit geben und alles zusammen kräftig aufkochen lassen. In dieser Flüssigkeit werden die Apfelspalten vorsichtig blanchiert. Sie sollten danach noch etwas „Biß" (noch knackig) haben. Damit die Apfelspalten später nicht zu weich werden, müssen sie, wie Gemüse, in Eiswasser kurz abgeschreckt werden. Eine Hälfte der Blanchierflüssigkeit verwendet man als Marinade und schmeckt sie nach Bedarf mit Zitronensaft, Calvados oder etwas Zucker ab, gießt sie über die Apfelspalten und hält alles leicht warm. Die andere Hälfte dient als Grundfond für die Rieslingsauce.

Tip: Je länger die Apfelschalen in der Flüssigkeit ziehen, je kräftiger ist der Apfelgeschmack der Marinade und der Rieslingsauce. Statt der zusätzlichen Apfelschalen können auch angeschlagene, weiche oder zerdrückte Äpfel verwendet werden.

Rezeptur: Rieslingsauce
ergibt ca. 4-6 Portionen
450 g Apfelfond, passiert
100 g Sahne
80 g **Riesling,** trocken
80 g Butter
50 g Sahne, geschlagen
Zitronensaft, passiert

Den Apfelfond aufkochen lassen und die Sahne zugießen. Gerinnt die Sahne beim Zugießen, ist die Fruchtsäure im Fond noch zu stark und die Sauce muß mit dem Mixstab oder im Mixer wieder gebunden werden. Den Fond langsam kochen und um 1/3 reduzieren lassen. Den Riesling zugeben, Butterflocken **einschwenken** und zuletzt die geschlagene Sahne mit einem Löffel leicht unterrühren. Die Sauce darf nun nicht mehr kochen, da sie sonst ihre Bindung verliert. Bei Bedarf mit einigen Tropfen Zitronensaft abschmecken.

Tip: Die Rieslingsauce läßt sich vorzüglich mit einem Mixstab (Zauberstab) **aufmontieren,** sie wird so cremig und schaumiger. Soll die Sauce etwas fester und stabiler werden, kann etwas mehr Butter untermontiert werden.

Anrichtevorschlag: Die warmen Apfelspalten, ca. 10 Stück, im Halbkreis auf einen großen flachen Teller legen, die heiße Sauce mit einem Löffel darüber laufen lassen und eine Kugel Himbeer-Cocktailsorbet (siehe Kapitel Eis) und einige Blätter Zitronenmelisse anlegen. Zwei Tropfen Himbeersauce über das Sorbet laufen lassen und alles leicht mit Puderzucker bestauben.

Soufflés und Omelette

Alles über Soufflés und Omeletts

Bei dem Wort Soufflé denkt der Gast an locker, leicht, zart und luftig. Er träumt von einem Dessertererlebnis. In der Küche oder Patisserie dagegen richtet sich der erste Gedanke an: aufwendig, schwierig, empfindlich, kompliziert und problematisch. Diese Gedankengänge führten dazu, daß Soufflés nur noch sehr selten einen Stammplatz auf der Dessertkarte erhalten. Sie werden meist nur für bestimmte Gäste als I-Tüpfelchen vorbereitet. Ein Soufflé genießt einen sehr hohen Stellenwert beim Gast. Ein gelungenes Soufflé ließ immer auf die Leistungsfähigkeit der Küche oder Patisserie schließen. Somit ist ein Soufflé zu jeder Jahreszeit ein besonderes Erlebnis.

Die genaue Definition des Soufflés ist heute gar nicht so ganz einfach, da Begriffe wie Auflauf, Pudding oder Soufflé häufig durcheinander geworfen und je nach Bedarf verwendet werden.
An und für sich ist die einzige Voraussetzung zur Herstellung eines guten Soufflés genaues und sorgfältiges Arbeiten. Wird das Abwiegen und Abschmecken nicht schon genau genommen, wie es beispielsweise bei Köchen oft der Fall ist, so ist das Gelingen eines guten Soufflés immer nur Glücksache.

Abb. Seite 112 von links im Uhrzeigersinn: Quarksouffle, Himbeersouffle, Omelette confiture, Kräutersouffle, Käsesouffle

Soufflé-Rezepturen sind sehr empfindlich, darum ist genaues Abwiegen oberstes Gebot. Die Rezepte können auch nicht beliebig vervielfacht werden, da sich das Mengenverhältnis sehr schnell verschiebt und der Erfolg somit erneut in Frage gestellt ist.

Für die Bezeichnung „Soufflé" stehen heute vier Grundzubereitungen zur Verfügung.

Die erste ist ein Soufflé auf Brandteigbasis. Hier werden entweder Butter und Mehl gut angeschwitzt, mit Milch abgelöscht und kräftig abgebrannt oder Butter und Mehl werden verknetet (Mehlbutter) und langsam mit einem Schneebesen in die kochende Milch eingerührt und auch gut abgeröstet. Nach dem Abrösten der Masse werden die Eigelbe und Geschmacksträger und zuletzt das geschlagene Eiweiß untergehoben. Das Wichtigste bei dieser Masse ist das ausreichende Abrösten. Sie darf nicht mehr an den Fingern kleben, damit das Soufflé später steht und kleine Flüssigkeitsmengen, wie z.B. Alkohol, gut aufnehmen kann. Trotz genauen Abwiegens und Abröstens kann die Masse dennoch mißlingen. Sie bleibt wesentlich weicher und ist leicht schmierig. Hier ist das Mehl eventuell zu alt und das Klebereiweiß genügt den Anforderungen nicht mehr. In diesem Fall sollte die Grundmasse auf alle Fälle neu zubereitet werden (mit frischem Mehl).

Die zweite Grundzubereitung besteht aus einer Crème pâtissière als Basismasse, die mit den verschiedensten Geschmacksträgern abgeschmeckt wird. Die Crème pâtissière wird ohne Zuckerzusatz gekocht. Beim Kochen dieser Grundcreme ist es wichtig, daß sie kräftig durchgekocht wird, um später ein Höchstmaß an Bindefähigkeit erzielen zu können. Der Crème pâtissière werden Eigelb, Geschmacksträger und cremig geschlagenes Eiweiß zugegeben.

Reine Fruchtsoufflés werden hauptsächlich unter Verwendung von Eiweiß hergestellt. Das Eiweiß wird mit dem entsprechenden Fruchtgeschmack parfümiert.

Geschlagenem Eiweiß können Fruchtmark oder -saft nicht in unbegrenzter Menge zugegeben werden, es wird dann flüssig und verliert seinen Stand. Um ein Himbeersoufflé mit einem ausgezeichneten Himbeergeschmack herzustellen, müßten außer Geschmack, mindestens 80% Wasser zugegeben werden. Diese Flüssigkeitsmenge kann kein Eiweiß binden. Deshalb werden Fruchtmark oder Fruchtsaft allerdings um die Hälfte eingekocht (zwecks Wasserentzug).Dieser konzentrierte Fruchtgeschmack kann ohne weiteres (in dieser Form) zugegeben werden und das Soufflé bleibt fruchtig.

Die vierte Bezeichnung für ein Soufflé könnte auch Auflaufpudding oder Poudings démoulés heißen:
Hier werden Butter, Zucker und Gewürze schaumig geschlagen und Mohn, Mandeln, Nüsse u.s.w. untergerührt. Zuletzt wird geschlagenes Eiweiß untergehoben.

Der wichtigste Punkt bei der Soufflézubereitung ist das geschlagene Eiweiß. Meist heißt es, Eiweiß muß fest oder schnittfest geschlagen werden. Zu fest geschlagenes Eiweiß kann seine Funktion beim Soufflébacken nicht erfüllen. Cremiges Eiweiß bleibt bis zum Backende elastisch und kann die Masse bis zuletzt anheben. Das Soufflé bleibt innen immer zart und flaumig. Sehr festes Eiweiß ist leicht brüchig und spröde und nicht mehr in der Lage, die Masse schön anzuheben. Da Soufflémassen kleine Massen sind, die auf jede Veränderung sofort reagieren, sollte Eiweiß zuerst immer ohne Zucker aufgeschlagen werden, um viel Volumen zu bekommen. Den Zucker nach und nach unterschlagen, um so ein cremiges aber festes Eiweiß zu erhalten. Bei Zuckerzugabe von Beginn an, wird das Eiweiß zwar fest, bekommt aber weniger Volumen. Es glänzt und wird nur schmierig fest. Es ist nicht zu gebrauchen. Wird Eiweiß unter die Grundmasse gehoben, sollten zwei Regeln unbedingt beachtet werden:

1. Nur Massen von gleicher Konsistenz lassen sich gut untereinanderheben.

2. Die kleinere Masse sollte immer unter die größere gehoben werden.

Die Vorbereitung der Souffléförmchen muß sehr sorgfältig ausgeführt werden. Nur cremige Butter zum Ausstreichen verwenden, da flüssige Butter an der Wandung nach unten abläuft. Auch die Oberkante der Förmchen sollte gut eingestrichen werden. Die Förmchen mit Kristall- oder Puderzucker ausstreuen. Wichtig ist, die Souffléförmchen zu kontrollieren, da genaue Vorarbeit für den Erfolg ausschlaggebend ist. Sonst kann es leicht passieren, daß die Soufflés nicht gleichmäßig und gerade in der Form hochgehen.

Soufflés werden überwiegend im Wasserbad gegart. Beim Einsetzen der Soufflés muß mindestens eine Temperatur von 80 °C im Wasserbad sein. Diese Temperatur erreicht man am besten, in dem der Topf oder die Sauteuse mit Wasser auf den Ofen gestellt werden. Kocht das Wasser, können die Förmchen eingesetzt werden. Die Förmchen müssen nicht bis zur Förmchenoberkante im Wasser stehen, es reicht, wenn sie ca. 2 cm im Wasser stehen. Um während des Backens die Wassertemperatur konstant auf 80 °C zu halten, müssen die Soufflés mit Ober- und Unterhitze backen. Die Unterhitze wirkt wie eine Ofenplatte und heizt das Wasser ständig auf.

Der Wassertopf, in dem die Soufflés gebacken werden, darf nicht zu hoch sein, da sich der Wasserdampf sonst oben im Topf fängt, wirbelt und nicht glatt rauszieht. Dann werden die Soufflés feucht und schmierig und selten richtig gar, es sei denn, der Ofenraum ist sehr groß. Dennoch ist der Wasserdampf sehr wichtig für das richtige Gelingen, denn er spielt eine wichtige Rolle beim Hochziehen der Soufflés. Während des Backvorgangs darf die Ofentür nicht geöffnet werden. Wird Wasserdampf weggenommen, fallen sie zusammen. Auch wenn Soufflés trocken gebacken werden, darf die Ofentür nicht geöffnet werden. Ist ein Nachsehen unvermeidbar, sollte mindestens 2/3 der

Alles über Soufflés und Omeletts

Backzeit abgewartet werden, so daß sie sich schon ein wenig gefestigt haben. Aber auch dann ist Vorsicht geboten, damit die kleinen Kunstwerke nicht beschädigt werden.

Ein Soufflé backen ist zwar keine Wissenschaft, aber einiges ist trotzdem zu beachten: Grundsätzlich werden alle Soufflés im Wasserbad und in einem Backofen mit Ober- und Unterhitze gebacken. Allerdings gibt es eine Ausnahme, Soufflés, die mit Crème pâtissière hergestellt werden, sollte man trocken backen. Es ist egal, ob mit Ober-/Unterhitze oder Heißluft gebacken wird.

Einfacher ist das Backen in einem Backofen mit Ober- und Unterhitze, aber auch in einem Heißluftofen lassen sich wunderbare Soufflés herstellen. Zu bedenken ist, daß sie im Heißluftofen am besten immer trokken gebacken werden sollten. Dabei ist es gleich, um welches Soufflé es sich handelt. Ein Wasserbad im Heißluftofen hält nur schwer die benötigten 80 °C, da nicht konstant von unten aufgeheizt wird. Gebacken wird nur dort, wo heiße Luft bläst. Stehen die Förmchen im Wasserbad, isoliert das Wasser gegen die heiße Luft und es wird hier nur sehr langsam gar. Nur der Teil des Soufflés, der aus dem Wasser ragt, ist in kürzester Zeit gar gebacken.

Werden in Fruchtsoufflés Früchte eingelegt, sollten es keine frischen sein, sondern kandierte oder getrocknete Früchte. Frische Früchte ziehen während des Backens in der Masse sehr viel Wasser. Das Soufflé wird nicht richtig gar und bleibt feucht und schmierig.

Hier die Unterschiede noch einmal kurz zusammengefaßt:

1. Soufflés im Wasserbad mit Ober- und Unterhitze gebacken:
   - Backtemperatur: 180-200 °C
   - Wasserbad: 80 °C
   - Backzeit ca. 18-22 Minuten
   - der Zucker, mit dem die Formen ausgestreut wurden, hat ausreichend Zeit, sich aufzulösen
   - das Soufflé löst sich gut aus der Form
   - als gestürztes Soufflé hat es einen schönen Glanz
   - die Backzeit muß kalkulierbar sein
   - diese Soufflés lassen sich nur schwer als Menüdessert organisieren

2. Soufflés ohne Wasserbad, mit Heißluft gebacken:
   - Backtemperatur 150 – 160 °C
   - Backzeit 8 – 12 Minuten
   - der Zucker löst sich nicht immer ganz auf
   - das Soufflé löst sich gut aus der Form
   - ein gestürztes Soufflé glänzt nicht so schön
   - Backzeit spielt keine große Rolle, 12 Minuten muß auf jedes Dessert gewartet werden
   - das Soufflé läßt sich ohne Probleme als Menüdessert organisieren

Soufflés die gestürzt werden, sollten nach dem Backen etwa 1 Minute abstehen, sie lassen sich so besser stürzen. Einem gelungenen Soufflé macht diese kurze Zeit nicht viel aus. Fällt es in sich zusammen, ist die Grundmasse nicht in Ordnung. Sie sollte überprüft werden. Ist kein Fehler festzustellen, ist das Rezept eventuell nicht ganz sauber ausgewogen worden.

Um ein Soufflé noch interessanter zu machen, sollte man versuchen, gleich für mehrere Personen in einer Form zu backen. Je größer das Soufflé, um so gelungener die Show.

Omeletts werden in der Pfanne gebacken und bestehen eigentlich nur aus verschlagenen Eiern, die mit Salz und Pfeffer oder mit etwas Zucker gewürzt wurden. Jedes Land hat seine eigenen Omelettspezialitäten, wie die Tortilla in Spanien, ein dickes Omelett, daß wahlweise mit Fleisch, Gemüse oder auch mit Fisch belegt wird. Die Tortilla wird nicht zusammenge-

Alles über Soufflés und Omeletts

schlagen, sondern wie eine Torte in dreieckige Stücke aufgeschnitten und serviert.

Das einfache Omelett, viele sprechen auch von einem französischem Omelett, wird aus verschlagenen Eiern, mit Pfeffer und Salz gewürzt, in der Pfanne gebacken. Es wird nur schön zusammengelegt serviert, kann aber auch mit Champignons, Spargel oder Konfitüre gefüllt werden.

Das **soufflierte** Omelett ist eine besonders leichte Version, bei der zuerst die Eigelbe gut verrührt werden, dann das Eiweiß mit Salz oder etwas Zucker cremig, schaumig geschlagen und unter die Eigelbe gezogen wird. Da diese Omelettmasse sehr leicht ist, muß sie vorsichtig behandelt werden, denn sie fällt schnell zusammen. Meist wird diese Masse für Nachspeisen verwendet.

Brandteig wird auch ab und zu als Basis für ein Omelett verwendet. Ein Beispiel in diesem Kapitel ist das Mandelomelett. Vergleichbar ist diese Art mit den soufflierten Omeletts, da es auch sehr locker und luftig wird.

Ein Evergreen bei den Omeletts ist das „Omelett surprise", übersetzt Überraschungsomelett. Eigentlich ist es eine Eisspezialität. Verschiedene Sorten Eis werden auf einem Biskuitboden angerichtet und mit einer Soufflémasse oder Meringuemasse eingestrichen und fantasievoll ausgarniert. Im Salamander wird das „Omelett" schnell und gleichmäßig überbacken, etwas mit Puderzucker bestaubt und eventuell mit Früchten und einem Minzblatt garniert.

Biskuitomeletts werden aus einem Biskuitteig hergestellt. Dieser wird spiralenförmig, mit 10-12 cm Durchmesser, auf Backpapier dressiert und im heißen Backofen bei 230-250 °C schnell gebacken. Durch den kurzen Backvorgang bleibt die Biskuitmasse weich, so daß der Teig zur Hälfte gefüllt und zusammengeschlagen werden kann. Meist werden Biskuitomeletts mit einer fein abgeschmeckten Sahnecreme gefüllt. Sie lassen sich aber auch mit Eis und Früchten sehr gut zubereiten.

Um ein einwandfreies Omelett herzustellen, ist es wichtig, eine gute Pfanne zu haben. Der Koch sagt, sie muß gut laufen, also nicht ansetzen. Voraussetzung ist, um die Pfannenqualität zu erhalten, daß sie nicht mit Spülmittel behandelt wird. Auch in die Spülmaschine sollte sie nicht. Durch das Spülen wird alles Fett aus den Poren der Pfanne gewaschen, so daß sie beim nächsten Gebrauch absolut fettfrei ist. Alles, was in dieser Pfanne gebacken wird, brennt mit Sicherheit an. Das gilt für Pfannen aus Stahl, Guß und teflonbeschichtete Pfannen. Am besten sollten sie immer nur unter heißem Wasser ausgewaschen werden. Stahl- und Gußpfannen müssen nach dem Spülen mit Spülmittel wieder neu eingebrannt werden, daß heißt, Fett in die Pfanne geben und kurz und kräftig erhitzen. Das Fett ausgießen und mit einem sauberen Tuch oder Küchenkrepp auswischen. Dann erst ist die Pfanne wieder gebrauchsfähig.

Ein Omelett nach Art der Tortilla, mit Fleisch, Fisch oder Gemüse, wird in der Pfanne auf dem Ofen angebakken. Danach wird es bei ca. 200 °C etwa 8 – 12 Minuten, je nach Belag, in den Backofen geschoben. Diese dikken und schweren Omeletts können nur sehr schlecht auf dem Herd fertig gebacken werden.

Soufflés und Omeletts

Vanillesoufflé mit rosa Grapefruit

Crème pâtissière ist die Basis für dieses feine Soufflé. Es paßt wunderbar zu säuerlichen Früchten, wie im nachfolgendem Rezept, zu rosa Grapefruits. Die Vanille nimmt der Grapefruitsäure das Agressive und vereinigt Zucker und Säure zu einem harmonischen Geschmackserlebnis. Dieses Soufflé läßt sich mit allen Früchten und Fruchtsaucen sehr gut kombinieren, unabhängig von der Jahreszeit.

Rezeptur: Vanillesoufflé
ergibt 4 Portionen
130 g Crème pâtissière, passiert
20 g Eigelb (1 Stück)
1/2 Vanilleschote, nur das Mark
90 g Eiweiß (3 Stück)
80 g Zucker

Vier Porzellanförmchen mit cremiger Butter gleichmäßig ausstreichen und mit Kristallzucker ausstreuen. Crème pâtissière, Eigelb und das Mark der Vanilleschote mit einem Schneebesen gut verrühren. Eiweiß aufschlagen und den Zucker nach und nach einlaufen lassen. Den cremigen, aber fest geschlagenen Eischnee unter die Vanillemasse heben. Die vorbereiteten Förmchen bis zum Rand mit der Soufflémasse füllen. Die Soufflés auf ein Backblech stellen und in die Mitte des vorgeheizten Backofens schieben.

Backtemperatur:
200 °C Ober-/Unterhitze
165 °C Heißluft
Backzeit:
15 — 18 Min. Ober-/Unterhitze
8-10 Min. Heißluft

Tip: Das beste Backergebnis wird erzielt, in dem die Soufflés trocken (nicht im Wasserbad) gebacken werden.

Rezeptur: Kompott von rosa Grapefruit
ergibt ca. 8 Portionen
4 Grapefruits, rosa
60 g Zucker
150 g Grapefruitsaft, passiert
125 g Wein, lieblich
1 Zitronensaft, passiert
15 g Puddingpulver
50 g Grapefruitsaft, passiert
25 g Campari

Die **Grapefruits** sorgfältig schälen, auch die weiße Haut entfernen und mit einem scharfen Messer die einzelnen Fruchtfilets herausschneiden. Zucker, Saft, Wein und den Zitronensaft aufkochen. Das Puddingpulver mit dem Rest des Saftes anrühren, in die kochende Flüssigkeit gießen und kräftig aufkochen lassen. Den klar gekochten Sud in kaltem Wasser oder auf Eis abkühlen lassen. Zuletzt wird die gebundene Flüssigkeit mit dem **Campari** abgeschmeckt. Die Grapefruitfilets auf ein Sieb geben, gut abtropfen lassen, in die abgekühlte Sauce geben und ca. 30 Minuten ziehenlassen.

Tip: Wird mit Honig statt Zucker gesüßt, schmeckt das Kompott wesentlich lieblicher und weicher.

Anrichtevorschlag: Vanillesoufflé mit Puderzucker bestauben und auf einem kleinen Teller mit Löffel servieren. Das Kompott auf einem Mittelteller anrichten, eventuell ein Pfefferminzeis (siehe Kapitel Eis) zugeben und mit einem schönen Pfefferminzzweig garnieren. Beim Servieren wird zuerst das Kompott gereicht und sofort dazu das Soufflé.

Vanillesouffle mit rosa Grapefruit

Soufflés und Omeletts

Quarksoufflé mit Stachelbeeren und Kirschsorbet

Der Duft und das feine Aroma lassen dieses Quarksoufflé auf Anhieb zum Bestseller werden. Die Stachelbeeren und das fruchtige Kirschsorbet sind ideale Begleiter. Auch nach einem umfangreichem Schlemmermenü wird dieses Dessert noch ein Höhepunkt sein.

Rezeptur: Quarksoufflé
ergibt 5 Portionen
130 g Crème pâtissière, passiert
20 g Eigelb (1 Stück)
60 g Quark, passiert
1/2 Zitronenschale, gerieben
90 g Eiweiß (3 Stück)
80 g Zucker

Souffléförmchen mit Butter gleichmäßig ausstreichen und mit Kristallzucker ausstreuen. Crème pâtissière, Eigelb, **Quark** und Zitronenschale glattrühren. Das Eiweiß aufschlagen, den Zucker nach und nach einlaufen lassen und den Schnee cremig, aber fest schlagen. Sollte das Eiweiß schmierig und weich bleiben, ist es besser, neues zu schlagen. Von der Qualität des geschlagenen Eischnees hängt der Erfolg beim Soufflé ab. Das Eiweiß unter die glattgerührte Creme ziehen und mit der Masse die vorbereiteten Souffléförmchen bis zum Rand füllen. Die Soufflés in die Mitte des vorgeheizten Backofens schieben. Die Ofenklappe darf während des Backvorgangs nicht geöffnet werden.

Backtemperatur:
200 °C Ober-/Unterhitze
155 °C Heißluft
Backzeit:
20-22 Min. Ober-/Unterhitze
7-9 Min. Heißluft

Tip: Sollte die fertige Soufflémasse beim Eingießen in die Förmchen fließen, ist es besser, sie nicht einzufüllen, da die Masse während des Backens sonst ausläuft. Besteht keine Möglichkeit eine neue Masse zu machen, muß die Backtemperatur anfangs um 30 °C gesenkt werden. Nach der halben Backzeit kann die Temperatur wieder erhöht werden.

Rezeptur: Stachelbeerconfi
ergibt ca. 8 Portionen
450 g Stachelbeeren, frisch
200 g Apfelsaft
150 g Wasser
150 g Akazienhonig
1 Vanilleschote
1/2 Zimtstange
1/2 Orangenschale
1 Zitronensaft, passiert
50 g Wasser
15 g Puddingpulver

Stachelbeeren waschen und putzen. Wasser, Apfelsaft, Honig, Vanille, Zimt, Orangenschale und Zitronensaft aufkochen und die Stachelbeeren darin kurz blanchieren, darauf achten, daß sie nicht zu weich werden und zerfallen. Die Beeren herausnehmen, am besten in Eiswasser abschrecken und den Sud ca. 1 Minute langsam kochen. Das Puddingpulver mit Wasser anrühren und in die kochende Flüssigkeit gießen. Unter ständigem Rühren kräftig aufkochen lassen, damit der Sud schön klar wird. Die fertige Sauce abkühlen lassen, mit Zitronensaft abschmecken und durch ein feines Sieb auf die Stachelbeeren gießen.

Tip: Je nach Stachelbeersorte muß eventuell noch etwas Honig zugegeben werden. Für eine Stachelbeersauce werden die Beeren mitgekocht, gemixt und passiert.

Anrichtevorschlag: Quarksoufflé mit Puderzucker bestauben und mit fein gehackter, blanchierter Zitronenschale bestreuen. Auf einem kleinen Teller mit Löffel servieren. Das Stachelbeerconfi auf einem Mittelteller anrichten, ein Kirschsorbet (siehe Kapitel Eis) und einen Zitronenmelissezweig anlegen.

Mohnsoufflé mit Rotweinbirnen

Mohn ist etwas für Liebhaber. Mit diesem Soufflé serviert man Mohn in der luftigsten und leichtesten Form. Dieses Mohnsoufflé ist sicher eines der schönsten Desserts, die man im Herbst und Winter seinen Gästen präsentieren kann.

Rezeptur: Mohnsoufflé
ergibt 8 Portionen
140 g Butter
50 g Zucker
140 g Eigelb (7 Stück)
1 Zitronenschale, gerieben
125 g **Mohn,** frisch gemahlen
80 g Weißbrotwürfel, ohne Rinde
125 g Rotwein, leicht erwärmt
240 g Eiweiß (8 Stück)
50 g Zucker

Die Souffléförmchen sorgfältig mit Butter ausstreichen und mit Kristallzucker ausstreuen. Das exakte Vorbereiten der Förmchen ist sehr wichtig, denn hier liegen 50 % des erfolgreichen Gelingens. Den Mohn immer frisch mahlen. Das Weißbrot mit einem scharfen Messer schälen und die weiße Krume in kleine Würfel schneiden. Butter, Zucker und Zitronenschale schaumig rühren, die Eigelbe nach und nach einschlagen und den gemahlenen Mohn mit einem Gummispatel oder Holzlöffel unterrühren. Eiweiß aufschlagen und den Zucker langsam zugeben. Den Rotwein leicht erwärmen und über die Weißbrotwürfel gießen. Den Eischnee unter die Buttermasse heben und zuletzt die eingeweichten Brotwürfel unterziehen. Die Soufflémasse in die vorbereiteten Förmchen bis zum Rand füllen. Wasser in einem flachrandigen Topf kochen, die Förmchen ins Wasserbad stellen und in die Ofenmitte schieben.

Wasserbad: 80 °C
Backtemperatur:
180 °C Ober-/Unterhitze
155 °C Heißluft
Backzeit:
18-20 Min. Ober-/Unterhitze
10-12 Min. Heißluft

Tip: Es kann kein Toastbrot verwendet werden, da Toastbrot einen höheren Fettanteil besitzt und nicht so viel Flüssigkeit aufnehmen kann. Die Masse bindet nicht so gut und die Soufflés könnten leicht zäh werden.

Rezeptur: Rotweinbirnen
ergibt 8-10 Portionen
3 Birnen, fest — mittelgroß
400 g Rotwein
150 g Wasser
120 g Zucker
1 Zimtstange
1 Vanillestange
2 Nelken
2 Orangenscheiben, unbehandelt
50 g Rotwein
15 g Puddingpulver

Birnen schälen, vierteln, Kerngehäuse ausschneiden und jedes Viertel in

Soufflés und Omeletts

vier gleich große Spalten schneiden. Wein, Wasser, Zucker und Gewürze in einen großen Topf geben. Das Kerngehäuse und die Schalen zugeben und alles kräftig aufkochen. Die Birnenspalten in dem Sud blanchieren und ca. 1 Stunde ziehen lassen. Die Flüssigkeit durch ein feines Sieb gießen und noch einmal aufkochen lassen. Den Rotwein mit dem Puddingpulver verrühren und unter ständigem Rühren in den kochenden Wein gießen. Die Rotweinsauce muß richtig durchkochen, damit sie schön klar wird. Die Sauce in kaltem Wasser oder auf Eis leicht abkühlen und über die blanchierten Birnenspalten geben. Die Rotweinbirnen sind nun fertig, sollten aber vor Gebrauch noch etwa 30 Minuten durchziehen, um eine schöne Farbe und einen kräftigen Geschmack zu erhalten.

Tip: Sind die Birnen sehr fest, sollte die Rotweinsauce heiß über die Früchte gegossen werden. So ziehen die Birnen noch nach.

Anrichtevorschlag: Birnenspalten auf dem Teller anrichten, eventuell eine Eiskugel und ein Minzblatt anlegen. Das Mohnsoufflé auf einen Teller stürzen, alles leicht mit Puderzucker bestauben.

Honigkuchensoufflé mit Biersabayon und frischen Preiselbeeren

Während meiner Zeit in der Münchner „Aubergine" bei Eckart Witzigmann lernte ich dieses Soufflé kennen und lieben. Zuerst blieb diese Spezialität nur besonderen Gästen vorbehalten. Wurde es zubereitet, war ein Auge Witzigmann's ständig in der Patisserie, so daß wir bei der Arbeit schon das gewisse „Kribbeln" im Bauch spürten! Immer wieder die bange Frage: Ge- oder Mißlingen? Heute glaube ich, daß, dieses Kribbeln zur konzentrierten Arbeit einfach dazu gehört.

Rezeptur: Honigkuchensoufflé
ergibt 8 Portionen

140 g	Oblaten Honigkuchen
60 g	Walnüsse
80 g	Butter
60 g	Zucker
1/2	Zitronenschale
80 g	Eigelbe (4 Stück)
80 g	Kuvertüre, dunkel
40 g	Milch, warm
120 g	Eiweiß (4 Stück)
15 g	Zucker

Souffléförmchen sorgfältig buttern und mit Kristallzucker ausstreuen. Honigkuchen grob reiben, die Walnüsse nicht zu fein hacken und mit dem Honigkuchen vermischen. Butter, Zucker und Zitronenschale schaumig rühren, Eigelbe nach und nach zugeben und zuletzt die aufgelöste Kuvertüre unterrühren. Die erwärmte Milch über den geriebenen Honigkuchen gießen. Das Eiweiß mit dem Zucker cremig schlagen, die Honigkuchenbrösel unter die Buttermasse rühren und erst dann das aufgeschlagene Eiweiß leicht unter die Masse heben. Die fertige Soufflémasse in die vorbereiteten Förmchen füllen, ins Wasserbad stellen und in die Mitte des vorgeheizten Backofens schieben.

Wasserbad: 80 °C
Backtemperatur:
180 °C Ober-/Unterhitze
150 °C Heißluft
Backzeit:
25-30 Min. Ober-/Unterhitze
10-12 Min. Heißluft

Tip: Ist der Honigkuchen zu frisch, sollte man ihn nach dem Reiben im Backofen bei etwa 100 °C leicht trocknen. So nimmt er die Flüssigkeit besser auf und die Masse läßt sich leichter bearbeiten. Sind die Soufflés fertig gebacken, sollten sie vor dem Stürzen unbedingt kurze Zeit abstehen.

Honigkuchensouffle mit Biersabayon

Soufflés und Omeletts

Soufflés und Omeletts

Rezeptur: Biersabayon
ergibt ca. 10 Portionen
250 g Guinness (Irisches Starkbier)
160 g Eigelb (8 Stück)
40 g Zucker
1 g Zimt
1 Zitronensaft, passiert

Alle Zutaten, bis auf den Zitronensaft, in eine große Schüssel geben und auf dem Wasserbad aufschlagen. Der Sabayon muß mindestens 73 °C heiß geschlagen werden, da sonst das Eigelb nicht bindet und die Flüssigkeit sich später wieder absetzt. Ist der Sabayon genügend heiß geschlagen, sollte er sofort in kaltem Wasser oder auf Eis kaltgerührt werden, so kann er seine Konsistenz nicht mehr verändern. Den Biersabayon mit Zitronensaft abschmekken, darum sollte nicht sofort der ganze Zitronensaft zugegeben werden. Meist ist der Sabayon etwas zu fest, dann sollte mit etwas Bier verdünnt werden.

Tip: Am Anfang sollte das Wasserbad nicht zu heiß sein, damit die Masse zuerst genug Volumen bekommt, ist es zu heiß, bindet das Eigelb bereits ab, ohne viel Volumen einzuschlagen.

Anrichtevorschlag: Das Honigkuchensoufflé in einen kleinen Suppenteller stürzen, mit einem Löffel den BierSabayon gleichmäßig darüberlaufen lassen und einen Teelöffel frische Preiselbeeren in den Sabayon geben. Den Suppenteller auf einen größeren Teller mit Serviette stellen und servieren.

Pralinensoufflé mit geeister Vanillesauce und Orangeneis

Für dieses Soufflé wird Brandteig oder Brühmasse als Basis verwendet. Das Grundrezept für Brandteig kann für Soufflés variiert werden. Das in diesem Rezept beschriebene Pralinensoufflé ist etwas für Dessertliebhaber, die es gerne etwas süßer mögen.

Grundrezeptur:
Brandteig für Soufflés
ergibt 6 Portionen
360 g Milch
40 g Butter
45 g Mehl
1 Prise Salz
1/2 Vanilleschote
80 g Eigelb (4 Stück)

Die Milch mit der Vanilleschote und dem Salz aufkochen. Butter und Mehl verkneten und mit einem Schneebesen Stück für Stück in die kochende Milch einrühren. Beginnt die Masse fest zu werden, ist es besser den Schneebesen gegen einen Gummilutscher oder Holzlöffel auszutauschen. So läßt sich die Masse besser abrösten. Die fertige Masse etwas abkühlen lassen und die Eigelbe nach und nach unterrühren. Mit Frischhaltefolie abgedeckt kann die Masse etwa 2-3 Tage kühl aufbewahrt werden.

Tip: Die Brandmasse ist ausreichend abgeröstet, wenn sie nicht mehr klebt. Am besten reibt man sie etwas zwischen Daumen und Zeigefinger, klebt die Masse nicht mehr an den Fingern, ist sie fertig.

Rezeptur: Pralinensoufflé
ergibt 4 Portionen
260 g Brandteig (Grundmasse)
20 g Mandelsplitter, mit Milchkuvertüre
20 g Mandelsplitter, mit dunkler Kuvertüre
20 g Nougat, dunkel
90 g Eiweiß (3 Stück)
50 g Zucker

Die Souffléförmchen sorgfältig buttern und mit Kristallzucker ausstreuen. Die Mandelsplitter nicht zu fein hacken. Den Nougat auflösen und unter die Brandmasse rühren. Das Eiweiß aufschlagen und den Zucker langsam einlaufen lassen. Das Eiweiß muß cremig, fest geschlagen werden. Das geschlagene Eiweiß unter die Brandmasse heben und zuletzt die Mandelsplitter unterrühren. Die fertige Souffléмasse in die vorbereiteten Förmchen füllen, ins Wasserbad stellen und in die Mitte des Backofens schieben.

Wasserbad: 80 °C
Backtemperatur:
200 °C Ober-/Unterhitze
160 °C Heißluft
Backzeit:
18-20 Min. Ober-/Unterhitze
10-12 Min. Heißluft

Tip: Wird das Soufflé in einem Heißluftofen gebacken, sollte es nicht ins Wasserbad gestellt, sondern trocken gebacken werden. Dieses Grundrezept kann für verschiedene Geschmacksvarianten verwendet werden.

Rezeptur: Vanillesauce
ergibt 10 Portionen
250 g Sahne
250 g Milch
1 Vanilleschote
1 Prise Salz
100 g Zucker
120 g Eigelb (6 Stück)

Zucker und Eigelbe gut verrühren. Sahne, Milch, Salz und Vanilleschote aufkochen. Die gekochte Flüssigkeit in die Eiermasse laufen lassen und alles auf dem Wasserbad bis zur Rose abziehen. Die Vanillesauce durch ein feines Haarsieb geben und abkühlen lassen.

Anrichtevorschlag: Zwei Nocken Orangeneis (siehe Kapitel Eis) auf einen Mittelteller legen und eine Kugel Vanilleeis mit dem Mixstab unter die Vanillesauce mixen. Die aufgemixte Vanillesauce um die Eisnocken laufen lassen. Zwei Orangenfilets und etwas **Zitronenmelisse** anlegen und alles mit Puderzucker leicht bestauben. Schokospäne auf das Pralinensoufflé geben und einen Hauch Puderzucker darüberstauben. Das Soufflé auf einen kleinen Teller mit einem Löffel servieren.

Soufflés und Omeletts

Grießsoufflé mit Heidelbeeren

Die Herstellungsweise für das nachfolgende Rezept ist ähnlich wie bei einem Brandteigsoufflé. Während der Beerensaison wird das Rezept der leichte, lockere Renner sein. Wichtig ist, daß Hartweizengrieß verwendet wird.

Rezeptur: Grießsoufflé
ergibt 8 Portionen
500 g Milch
70 g Butter
1/2 Vanilleschote
1 Prise Salz
80 g Hartweizengrieß
100 g Eigelb (5 Stück)
150 g Eiweiß (5 Stück)
60 g Zucker

Die Soufflèförmchen gut ausbuttern und mit Kristallzucker ausstreuen. Milch, Butter, Vanilleschote und Salz aufkochen, Grieß einrieseln lassen und die Masse unter ständigem Rühren mit einem Gummilutscher oder Holzlöffel aufkochen. Die Grießmasse muß gut abgebrannt werden, ähnlich wie bei der Brandmasse darf auch sie nicht mehr kleben. Die Masse etwas abkühlen lassen und die Eigelbe nach und nach unterrühren.

Grießsouffle mit Heidelbeeren

Das Eiweiß aufschlagen und den Zucker langsam einlaufen lassen. Das Eiweiß muß cremig, fest geschlagen werden. Den Eischnee nach und nach unter die Grießmasse heben und in die vorbereiteten Förmchen füllen. Die gefüllten Formen werden in ein Wasserbad gestellt und in die Mitte des Backofens geschoben. Wird im Heißluftofen gebacken, ist es besser, kein Wasserbad zu verwenden, sondern die Soufflés trocken in den Ofen zu schieben.

Wasserbad: 80 °C
Backtemperatur:
190 °C Ober-/Unterhitze
160 °C Heißluft
Backzeit:
18-20 Min. Ober-/Unterhitze
10-12 Min. Heißluft

Tip: Sollten keine Soufflèförmchen zur Verfügung stehen, können auch Tassen oder andere Formen verwendet werden. Die Soufflés sollten vor dem Stürzen ca. 1 Minute abstehen, damit sie sich etwas setzen und stabiler werden.

Rezeptur: Heidelbeersauce
ergibt ca. 8 Portionen
300 g Heidelbeeren, frisch
50 g Puderzucker
50 g Akazienhonig
30 g Crème de Cassis
1 Zitronensaft, passiert

Heidelbeeren, Puderzucker, Honig und Creme de Cassis pürieren und durch ein nicht zu feines Haarsieb passieren. Die Sauce mit Zitronensaft abschmecken und ggf. noch etwas Zucker unterrühren.

Tip: Für diese Sauce lassen sich auch TK-Früchte verwenden. Etwas Vanillemark rundet den Heidelbeergeschmack hervorragend ab.

Anrichtevorschlag: Grießsoufflé auf einen Teller stürzen, die Heidelbeersauce mit Hilfe eines **Portioniertrichters** gleichmäßig rundum verteilen und ca. 50 g frische Heidelbeeren in die Sauce streuen. 6-8 Crème fraîche Tupfen in die Heidelbeersauce setzen und mit einem kleinen Holzstäbchen Wellenherzen einziehen. Zuletzt sollte ein schöner **Minzzweig** angelegt und mit etwas Puderzucker bestaubt werden.

Soufflés und Omeletts

Himbeersoufflé mit frischen Himbeeren und Champagnersorbet

Ein reines Fruchtsoufflé wird am besten auf Eiweißbasis hergestellt. Um einen reinen kräftigen Fruchtgeschmack zu erzielen, ist diese Souffléart die geeignetste. Fruchtsoufflés auf Eiweißbasis werden zu den reinen Sommerdesserts gezählt. Sie passen in die Früchtesaison und sind hier stets eine attraktive Abwechslung.

Rezeptur: Himbeersoufflé
ergibt 8 Portionen
250 g Himbeerpüree, passiert
125 g Zucker
30 g Wasser
150 g Eiweiß (5 Stück)
20 g Zucker
1 Zitronensaft, passiert
40 g Himbeergeist

Die Souffléförmchen gut ausbuttern und mit Kristallzucker ausstreuen. Fruchtpüree, Zucker und Wasser verrühren, aufkochen und auf die Hälfte einkochen lassen. Das Eiweiß aufschlagen und den Zucker langsam unterschlagen. Das kochende Himbeerpüree langsam in das aufgeschlagene Eiweiß einlaufen lassen. Die Masse mit etwas Zitronensaft und Himbeergeist abschmecken und mit einem Löffel oder mit Hilfe eines Spritzbeutels in die Förmchen füllen. Die Soufflés in ein Wasserbad stellen und in die Mitte des Backofens schieben. Wird im Heißluftofen gebacken, kein Wasserbad verwenden.

Wasserbad: 80 °C
Backtemperatur:
180 °C Ober-/Unterhitze
150 °C Heißluft
Backzeit:
18-20 Min. Ober-/Unterhitze
8-10 Min. Heißluft

Tip: Eiweiß nimmt nur eine begrenzte Menge Flüssigkeit auf, darum sollte das Wasser verkochen. Wenn der Eischnee zu weich und zu flüssig wird, gelingen auch die Soufflés nicht mehr.

Anrichtevorschlag: Frische Himbeeren auf einem Mittelteller anrichten, eine Kugel Champagnersorbet (siehe Kapitel Eis) und etwas Himbeersauce herum laufen lassen. Einen schönen Minzzweig anlegen und mit Puderzucker bestauben. Das Himbeersoufflé mit Puderzucker bestauben, drei Himbeeren und ein Minzblatt anlegen und auf einem kleinen Teller mit Löffel servieren.

Limettensoufflé auf Joghurt-Mandelschaum mit roten Johannisbeeren

Dieses Limettensoufflé ist ein Sommerhit. Sein säuerlicher und etwas herber Geschmack erfrischt richtig. Die roten Johannisbeeren geben diesem Dessert nicht nur geschmacklich, sondern auch farblich eine besondere Note.

Rezeptur: Limettensoufflé
ergibt 8 Portionen
150 g **Limettensaft,** passiert
50 g Zitronensaft, passiert
100 g Akazienhonig
2 Limettenschalen, gehackt
150 g Eiweiß (5 Stück)
50 g Zucker
Angostura (nach Bedarf)

Die Souffléförmchen sorgfältig ausbuttern und mit Zucker ausstreuen. Limettensaft, Zitronensaft, Honig und Limettenschale langsam auf die Hälfte einkochen. Eiweiß aufschlagen und den Zucker nach und nach einlaufen lassen. Zuletzt den kochenden Limettensaft langsam unter ständigem Rühren ins Eiweiß laufen lassen. Die Masse vorsichtig mit ein bis zwei Tropfen Angostura abschmekken und in die vorbereiteten Förmchen füllen. Die Soufflés in ein Wasserbad stellen und in die Mitte des vorgeheizten Backofens schieben. Wird im Heißluftofen gebacken, sollten die Soufflés nicht ins Wasserbad gestellt werden.

Wasserbad: 80 °C
Backtemperatur:
180 °C Ober-/Unterhitze
150 °C Heißluft
Backzeit:
18-20 Min. Ober-/Unterhitze
8-10 Min. Heißluft

Tip: Auf diese Weise kann auch ein Orangen- oder Grapefruitsoufflé hergestellt werden.

Rezeptur:
Joghurt-Mandelschaum
ergibt ca. 8 Portionen
250 g **Joghurt,** natur
40 g Marzipanrohmasse
40 g Mandelmilch
1 Orangensaft, passiert

Die Marzipanrohmasse mit der Mandelmilch glattarbeiten, so daß keine Klumpen mehr vorhanden sind. Wenn nötig, noch etwas Orangensaft zugeben. Zuerst 1/3 des Joghurts mit einem Schneebesen unter die Marzipanmasse rühren und nach und nach den ganzen Joghurt zugeben. Mit Klarsichtfolie abgedeckt wieder kaltstellen.

Tip: Die Joghurtqualität ist bei dieser Sauce sehr wichtig. Es muß ein stabiler, sehr homogener Joghurt verwendet werden, der nicht sofort seine feste Konsistenz verliert.

Anrichtevorschlag: Limettensoufflé in die Tellermitte stürzen, den Joghurt mit dem Mixstab kräftig schaumig schlagen und den Joghurtschaum mit einem Löffel vorsichtig um das Soufflé geben. Drei bis vier große, rote Johannisbeertrauben in den Joghurt legen und mit 4 kleinen Melisseblättern garnieren. Alles leicht mit Puderzucker bestauben.

Käsesoufflé

Hier nun eine pikante Variante des Soufflés. Mit einem leichten Loire-Weißwein wird dieses Soufflé sowohl als Vorspeise, als auch für Käseliebhaber als Dessert, zur Delikatesse.

Rezeptur: Käsesoufflé
ergibt 6 Portionen
60 g Butter
30 g Weizenmehl (Type 405)
60 g Milch
65 g Weißwein
Pfeffer, aus der Mühle
Muskat, frisch gerieben
100 g Blauschimmel Käse
60 g Eigelb (3 Stück)
90 g Eiweiß (3 Stück)
1 Prise Salz

Die Souffléförmchen mit cremiger Butter gleichmäßig ausstreichen. Die Butter in einer großen Sauteuse aufkochen, Mehl zugeben und gut anschwitzen. Milch und Wein erhitzen und langsam der **Mehlschwitze** zugeben. Unter ständigem Rühren zu einer dicklichen Masse einkochen lassen. Die Masse mit Salz, **Pfeffer** und **Muskat** würzen und etwas abkühlen lassen. Den Käse gut zerdrükken und mit den Eigelben nach und nach unterrühren. Eiweiß mit etwas Salz cremig schlagen und unter die Käsemasse heben. Die fertige Souf-

Soufflés und Omeletts

flémasse in die vorbereiteten Förmchen füllen und in den vorgeheizten Backofen schieben.

Backtemperatur:
200 °C Ober-/Unterhitze
170 °C Heißluft
Backzeit:
20-25 Min. Ober-/Unterhitze
12-15 Min. Heißluft

Tip: Anstelle von Blauschimmel Käse kann auch geriebener oder ein Weichkäse verwendet werden. Besonders schön wirkt es, wenn dieses Soufflé in einer großen Auflaufform serviert wird.

Kräutersoufflé

Dieses Soufflé ist eine gekräuterte Variante, die sich auch sehr gut zum Füllen von Gemüse und soufflieren eignet. Mit einem trockenen Sherry kombiniert, ist dieses Soufflé eine willkommene Abwechselung.

Rezeptur: Kräutersoufflé
ergibt 4 Portionen
60 g Butter
30 g Mehl (Type 405)
120 g Milch
30 g Sherry, trocken
Salz
Pfeffer, aus der Mühle
80 g Käse, gerieben
6 g Kerbel, gehackt
2 g Petersilie, gehackt
6 0 g Eigelb (3 Stück)
120 g Eiweiß (4 Stück)

Die Souffléförmchen gleichmäßig ausbuttern. Das Mehl in der Butter hell anschwitzen und die Milch zugeben. Den **Sherry** einrühren und alles ca. 5 Minuten langsam kochen lassen. Den Käse unterrühren und mit Salz und Pfeffer würzen. Die Eigelbe und die gehackten Kräuter nach und nach einrühren. Eiweiß mit etwas Salz cremig schlagen, unter die Kräutermasse heben und in die vorbereiteten Förmchen füllen.

Backtemperatur:
200 °C Ober-/Unterhitze
170 °C Heißluft
Backzeit:
20-25 Min. Ober-/Unterhitze
12-15 Min. Heißluft

Tip: Die Soufflés sofort nach dem Backen servieren. Die Kräutermischung kann je nach Bedarf ausgetauscht werden.

Mandelomelett mit Ragout von Pfirsichen

Das nachfolgende Rezept eignet sich nicht für 100 Personen, sondern für richtige Gourmets, die Aufwand und Mühe zu schätzen wissen. Guten Gästen und Freunden des Hauses sollte man diese Nachspeise allerdings nicht vorenthalten.

Rezeptur: Mandelomelett
ergibt 6 Portionen
200 g Milch
1 Vanilleschote
25 g Mehl
10 g Butter
60 g Eigelbe (3 Stück)
90 g Eiweiß (3 Stück)
60 g Zucker
Prise Salz
20 g Mandellikör (Amaretto)
10 g Rum 40%ig
40 g Mandeln, gerieben und geröstet

Die Butter mit dem Mehl verkneten. Die geriebenen **Mandeln** leicht anrösten, damit sie später mehr Ge-

Soufflés und Omeletts

Soufflés und Omeletts

schmack abgeben. Die Milch mit der aufgeschnittenen Vanilleschote aufkochen und die Mehlbutter Stück für Stück unter die kochende Milch rühren. Den Brandteig auf dem Feuer gut abbrennen und etwas abkühlen lassen. Die Eigelbe langsam nach und nach unterrühren und **Mandelgrieß, Mandellikör** und Rum zugeben. Das Eiweiß mit dem Zucker cremig schlagen und den cremigen Eischnee unter die Grundmasse heben. Eventuell muß die Masse noch mit etwas Mandellikör nachgeschmeckt werden. Um den Geschmack noch mehr zu betonen, sollte nur in geklärter Butter gebacken werden.

Tip: Wichtig ist, die Butter mit dem Mehl zu verkneten, so verhindert man beim Einrühren in die kochende Milch, daß sich kleine Klumpen in der Masse bilden. Die Pfanne sollte unbedingt genügend Hitze haben. Ist die Pfanne zu kalt, wird das Fett aufgesogen und das Omelett setzt an. Ist das Fett zu heiß, wird es zu dunkel.

Abb. Seite 131
Mandelomelette
mit Ragout von Pfirsichen

Rezeptur: Ragout von Pfirsichen
ergibt 4 -5 Portionen
100 g Wasser
250 g Weißwein
80 g Zucker
1 Zimtstange
1 Vanillestange
2 Pfirsiche, mittelgroß
10 g Puddingpulver
30 g Pfirsichlikör
10 g Mandellikör
3 Pfirsiche, mittelgroß

Wasser, Weißwein, Zucker und Gewürze aufkochen. Die drei **Pfirsiche** entkernen, im Sud blanchieren und die Haut abziehen, die Haut anschließend in den Sud zurückgeben. Jetzt die 2 Pfirsiche entkernen, in den Sud zurückgeben und verkochen lassen. Den Sud ca. 1 Stunde ziehen lassen, Zimt und Vanillestange herausnehmen, alles in den Mixer geben und sehr gut aufmixen. Das Ganze durch ein Sieb passieren. Ein wenig von dem Sud abnehmen und das Puddingpulver darin anrühren. Die restliche Flüssigkeit aufkochen und mit dem Puddingpulver leicht abbinden. Die blanchierten Pfirsiche in dünne Scheiben schneiden und unter die leicht abgekühlte Pfirsichsauce heben. Zuletzt das **Ragout** mit Pfirsich- und Mandellikör abschmecken.

Anrichtevorschlag: Das Omelett in einer Pfanne mit geklärter Butter von unten goldbraun backen und kurz in den Backofen schieben, damit es von oben leicht trocknet. Einige Pfirsichspalten auf das Omelett legen und einmal überschlagen. Die Pfanne drehen und das Omelett auf den Teller gleiten lassen. Pfirsichspalten und ein wenig Sauce an das Omelett laufen lassen. Einen schönen Minzzweig anlegen und alles leicht mit Puderzucker bestauben.

Topfenomelett mit Rhabarber

Verwendet man Topfen (Quark) für ein Omelett, besteht leicht die Gefahr, daß die Masse zu schwer und zu fest wird. Darum wird unter die Omelettmasse geschlagenes Eiweiß gezogen. Das Topfenomelett wird langsam in der Pfanne und im Backofen gebacken. Dieses Omelett bezeichnet man als „souffliertes Omelett". Die Konsistenz ist sehr leicht und locker, trotzdem bleibt seine säuerliche, erfrischende Art ganz erhalten.

Rezeptur: Topfenomelett
ergibt 4 Portionen

500 g	Topfen, passiert
200 g	Joghurt
80 g	Eigelb (4 Stück)
1/2	Vanilleschote, nur das Mark
1	Zitronensaft, passiert
2	Zitronenschalen, gerieben
1	Prise Salz
130 g	Mehl, gesiebt
120 g	Eiweiß (4 Stück)
100 g	Zucker

Topfen, Joghurt, Eigelb, Vanillemark, Salz, Zitronensaft und die Schale glattrühren. Eiweiß mit Zucker cremig schlagen, das gesiebte Mehl kurz und kräftig unter den Eischnee schlagen und diesen mit einem Gummilutscher oder Holzlöffel unter die Topfenmasse heben. Am besten schmeckt das Omelett, wenn es in geklärter Butter gebacken wird. In der Pfanne sollte es von unten goldbraun gebacken werden. Da es sich in der Pfanne schlecht drehen läßt, schiebt man es kurz in den Backofen, um es von oben leicht zu trocknen. Dann kann es gefüllt und zusammengeschlagen werden.

Tip: Anstelle des Joghurts kann auch Sauerrahm verwendet werden. Sollte das Omelett noch etwas zu fest sein, ein Eiweiß mehr zugeben. Die fertige Omelettmasse muß nach dem Anrühren zügig verarbeitet werden.

Rezeptur: Rhabarber
ergibt 6 Portionen

400 g	Rhabarber
150 g	Zucker
250 g	Wasser
1	Zimtstange
1/2	Vanilleschote
20 g	Puddingpulver
50 g	Apfelsaft
1/2	Zitronensaft

Den **Rhabarber** waschen und ein wenig schälen. Die Rhabarberstangen in 2 cm lange Stücke schneiden und mit der Vanille- und Zimtstange in eine flache Sauteuse stapeln. Zucker und Wasser aufkochen und langsam um die Hälfte einkochen. Diesen heißen Zuckersirup über den Rhabarber gießen und die Sauteuse abgedeckt in den vorgeheizten Backofen (200 °C Ober-/Unterhitze) schieben. Den Rhabarber im Ofen langsam garen lassen. Hier muß aufgepaßt werden, da er sonst sehr schnell verkocht und nicht mehr zu gebrauchen ist. Die noch festen Rhabarberstücke aus dem Sud nehmen und abkühlen lassen. Den Rhabarbersud passieren und noch einmal aufkochen. Puddingpulver mit Apfelsaft anrühren und damit den kochenden Sud binden. Die Rhabarbersauce in kaltem Wasser oder auf Eis kaltrühren, mit Zitronensaft abschmecken und über die Rhabarberstücke gießen.

Soufflés und Omeletts

Tip: Der Zuckersirup muß hell bleiben, damit er keinen herben Karamelgeschmack kriegt. Die zerfallenen Rhabarberstücke können zum Füllen des Omeletts verwendet werden.

Anrichtevorschlag: Das gebackene Omelett mit einigen Rhabarberstücken füllen und zusammenschlagen. Wenn nötig, überflüssiges Fett mit einem Küchenkrepp aufsaugen, damit nichts auf den Teller läuft. Das gefüllte Omelett auf den Teller stürzen und mit einem Löffel die Rhabarberstückchen davor verteilen. Ein Zimt- oder Mandeleis wäre eine passende Beilage. Einen Minzzweig anlegen und alles leicht mit Puderzukker bestauben.

Omelette à la confiture

Dieses klassische Omelett fehlte vor einiger Zeit auf keiner guten Dessertkarte. Damit es nicht so ganz in Vergessenheit gerät, sollte man es ab und zu wieder in Erinnerung bringen. Dieses Omelett läßt sich sehr attraktiv zubereiten und servieren.

Rezeptur: Omelette á la confiture
ergibt 1 Portion
200 g Ei (4 Stück)
1 Prise Salz
20 g Zucker
30 g Wasser, kalt
100 g Cassis Konfitüre

Eier, Salz, Zucker und Wasser gut verschlagen. Eine Pfanne von 20 cm Durchmesser auf den Ofen stellen und heiß werden lassen. Etwas geklärte Butter in die Pfanne geben und die verrührten Eier hineinschütten. Die Eier während des Bratens leicht verrühren. Die **Konfitüre** auf dem Omelett verteilen, zusammenfalten und länglich formen.

Tip: Will man ein lockeres Omelett haben, gibt man pro Ei ca. 10 g Wasser zu. Bei Milch- oder Sahnezugabe wird das Omelett fester und schwerer.

Anrichtevorschlag: Durch Kippen der Pfanne das Omelett auf den Teller stürzen und gut mit Puderzucker bestauben. Mit einem glühenden Eisen ein Gittermuster aufbrennen und sofort servieren.

Kaiser Omelett

Dieses Béchamelomelett ist eine Spezialität, natürlich aus Österreich. Meist wird es mit frischen Preiselbeeren gefüllt. Jede andere Füllung eignet sich ebenso gut.

Rezeptur: Kaiser Omelett
ergibt 2 Portionen
175 g Milch
30 g Butter
50 g Mehl
25 g Zucker
1 Prise Salz
1/2 Vanilleschote, nur das Mark
80 g Eigelb (4 Stück)
50 g Ei (1 Stück)
30 g Orangenlikör
20 g Orangensaft, passiert
120 g Eiweiß (4 Stück)
25 g Zucker

Butter und Mehl gut verkneten, die Milch mit Salz und Vanilleschote aufkochen. Die Mehlbutter mit einem Schneebesen langsam in die Milch einrühren. Den Teig gut abbrennen und dann etwas abkühlen lassen. Die Eigelbe unterrühren und das Eiweiß cremig fest aufschlagen. Den Eischnee unter den Teig heben und die Omeletts in geklärter Butter langsam von beiden Seiten goldbraun backen.

Tip: Eine wahre Delikatesse ist es, wenn das Kaiser Omelett mit Marillenmarmelade gefüllt wird, die mit Marillenbrand angemacht wurde.

Anrichtevorschlag: Das Omelett mit frischen Preiselbeeren füllen, zusammenschlagen und auf einen Teller gleiten lassen. Wenn nötig, das überschüssige Fett mit einem Küchenkrepp absaugen. Den Teller leicht mit Puderzucker bestäuben.

Dessert und Früchte

Alles über Desserts mit Früchten

Früchte passen zu jeder Gelegenheit und zu allem – mit Früchten kann man nicht viel falsch machen! Diesem Irrtum unterliegen viele. Jedoch wird der fehlerhafte und gedankenlose Umgang mit Früchten oft vom Gast nicht verziehen. Viele Gäste haben sich sicher schon oft gefragt, welche Fruchtvariation sie auf dem Teller haben, die ihnen gerade als Fruchtkarussell mit Eis oder Sorbet verkauft wurde.
Obwohl das Arbeiten mit Früchten als einfach bezeichnet werden kann, gibt es doch einige wichtige Punkte, an die man sich unbedingt halten sollte, wenn es auch nicht immer ganz leicht ist. Manchmal muß man zugeben, bleibt einem Patissier nichts anderes übrig, als den letzten Trick aus der Kiste zu holen, um zum Beispiel Birne nach Birne und Pfirsich nach Pfirsich schmecken zu lassen. So etwas sollte aber auf keinen Fall zur Gewohnheit werden.

Oberstes Gebot sollte sein: Frische Früchte immer nur dann verarbeiten, wenn sie Saison haben. Handelt man nach diesem Grundsatz, gibt es zwei große Vorteile:

1. Sie sind in der Lage Ihren Gästen reife, aromatische und wunderbar schmeckende Früchte von bester Qualität anzubieten.

2. Haben Früchte ihre Saison, können sie am günstigsten eingekauft werden.

Und bitte nicht vergessen: Es muß nicht unbedingt „exotisch" sein!

Machen Sie sich diese drei Leitsätze zum Gebot und sie werden feststellen, die Qualität der Frucht-Desserts wird enorm angehoben. Somit steigt die Nachfrage automatisch und der Gästekreis wird größer. Außerdem erhöht sich die Rentabilität durch günstigen Einkauf.

Es gab Zeiten, da hieß das Motto: „je exotischer, umso besser und teurer". Unser einheimisches Früchteangebot verlor man fast ganz aus den Augen. Einen Apfel oder eine Birne konnte man in einem gutem Restaurant keinem Gast mehr anbieten, es war fast schon eine Zumutung. Dabei ist es nur eine Frage der Zubereitung und der Präsentation, Früchte geschmacklich und optisch ansprechend zu servieren, sowohl in der Gastronomie, Konditorei, Café als auch zuhause.

Desserts mit Früchten müssen immer sorgfältig zusammengestellt werden. Nicht immer paßt jede Frucht zu jedem Früchtchen. Es gilt nicht nur die Optik hervorzuheben (viele verschiedene Farben sehen gut aus), sondern die verwendeten Früchte müssen auch geschmacklich harmonisch aufeinander abgestimmt werden. Hier heißt es sorgfältig auswählen, denn alle Früchte müssen ihren Eigengeschmack unbedingt behalten. Manchmal sind kleine Tricks notwendig, um den Fruchtgeschmack zu verstärken oder zu unterstützen. Beim Essen sollte man sehr wohl unterscheiden können, welche Frucht man gerade ißt.

Werden Früchte pur serviert, sollten sie nur richtig reif und aromatisch verwendet werden. Einfache Nachspeisen wie Erdbeeren mit Sahne oder Vanilleeis schmecken hervorragend, wenn die Erdbeeren schön reif sind und ein volles Aroma haben. Grüne, noch nicht ganz reife Stellen sollten unbedingt abgeschnitten werden. Unreife Früchte sollten besser erst gar nicht verwendet werden.

Auch Feigen werden gern für ein Früchte- Arrangement genommen. Die Saison der richtig süßen, violetten Feigen ist leider nur sehr kurz. Die grünen Feigen sind längere Zeit er-

Abbildung Doppelseite 136 v.l.n.r.:
Blutorangen und Mandelmousse,
Erdbeeren Romanoff, Melonen und
Erdbeeren, Stanitzel mit frischen Beeren

hältlich, aber sie schmecken oft sehr fade. Bei allen Feigen wirken einige Tropfen Zitronensaft fast wie ein Wunder. Beträufelt man die aufgeschnittenen Feigen mit Zitronensaft, erhalten sie den typisch kräftigen Feigengeschmack. Hilft das nicht, bestreicht man die Schnittfläche der Feigen zusätzlich mit etwas Feigenlikör (Askalon).

Auch richtig reife Bananen, die ihre Säure schon ganz verloren haben, erhalten durch Zitronensaft das angenehme Bananenaroma zurück.

Die Kiwi zählt heute bei uns schon fast zu den einheimischen Früchten. Durch ihr interessantes Aussehen und die schöne grüne Farbe erklomm sie die Beliebtheitsskala schnell. Bei der Verarbeitung sind zwei Dinge zu beachten: Ist die Kiwi noch hart und fest, schmeckt sie sehr sauer und hat nicht den beliebten, erfrischenden Kiwigeschmack. Wird sie zu weich, geht ihre Säure fast ganz verloren und sie ist nicht mehr erfrischend. Das beste wäre natürlich, die Kiwi in der Mitte dieser Reifezeit zu verwenden! Das läßt sich aber leider nicht immer realisieren. Darum ist es grundsätzlich besser, eine feste Kiwi mit viel Säure zu wählen, da man sie sehr gut verarbeiten kann. Mariniert man sie kurze Zeit, wird der Säure die Spitze genommen und die Kiwi schmeckt wunderbar. Als Marinade eignet sich eine Mischung aus Puderzucker, Mineralwasser, Orangensaft und Barcadi hervorragend. Barcadi kann ohne weiteres weggelassen oder durch Orangenlikör ersetzt werden. Durch das kurze Marinieren wird die Kiwi weicher und erhält einen milderen, aber dennoch erfrischenden Geschmack.

Nur in ganz wenigen Fällen lassen sich Orangenscheiben oder Orangenfilets pur verarbeiten. Mit Puderzucker und eventuell 2 Tropfen Mandellikör nimmt man den Orangen die harte Säure, so daß sie sich in milder Form den anderen Früchten problemlos anpassen.

Saucen, die zu den Früchten gereicht werden, müssen gut abgeschmeckt sein, so passen sie sich harmonisch an.

Zu vielen Früchten wird oft routinemäßig eine Vanillesauce serviert. Sind die Früchte zu sauer, nicht reif genug oder haben keinen Eigengeschmack, dann ist auch nichts einzuwenden. Werden aber reife und wohlschmeckende Früchte ausgewählt, sollte besser auf die Vanillesauce verzichtet werden. Sie läßt die Früchte fast alle gleich schmecken und nimmt ihnen die ganze Säure. Eine gute Vanillesauce ist gut plaziert, wo es absolut nicht möglich ist, durch allerlei Kunstgriffe den Früchten einen zufriedenstellenden Geschmack zu entlocken. So kann eventuell eine Reklamation vermieden werden, daß die servierten Früchte zu sauer sind und nach nichts geschmeckt hätten.
Zu beachten gibt es also vieles, auch wenn „nur“ mit Früchten gearbeitet wird. Unzählige kleine Tricks haben doch oft eine große Wirkung. Die folgenden Rezepte und Fotos sollen Ihnen Ideen und Anregungen liefern und Hilfestellung bei der Arbeit leisten.

Erdbeeren Romanoff mit Champagnersorbet

Dieses klassische Dessert „Romanow“ (auch „Romanoff“ geschrieben), kann in zwei Varianten zubereitet werden. Für die erste werden die Erdbeeren in Orangenlikör, Curacao und Zucker mariniert und mit Sahne garniert. Die zweite Variante wird mit Portwein zubereitet: Erdbeeren werden in Portwein eingelegt und ebenfalls mit Sahne garniert serviert. In beiden Fällen serviert man die Erdbeeren im Glas.
Im folgenden Rezept werden die Erdbeeren in Portwein serviert, aber vorher nicht eingelegt. So bleiben sie fest und knackig und werden nicht weich und schwammig wie Dosenfrüchte.

Desserts mit Früchten

Rezeptur: Erdbeeren Romanoff
ergibt 4 Portionen
400 g Erdbeeren, frisch
200 g Portwein
100 g Rotwein
20 g Zucker
1/2 Zitronensaft
10 g Puddingpulver
Saft einer Orange, passiert

Den Wein mit Zucker und dem Orangensaft aufkochen, Puddingpulver mit etwas kaltem Wasser anrühren und die kochende Flüssigkeit damit binden. Den heißen Sud in kaltem Wasser oder auf Eis abkühlen und mit Zitronensaft nachschmecken. Ist die fertige Sauce zu fest, kann sie mit etwas Portwein verdünnt werden.

Tip: Statt des Zuckers kann auch Honig verwendet werden. Die Sauce erhält so einen vollen, runden Geschmack.

Anrichtevorschlag: Erdbeeren in Scheiben schneiden und rosettenförmig auf den Teller legen. Die Portweinsauce mit einem Löffel gleichmäßig darüber laufen lassen. In die Mitte eine Kugel Champagnersorbet (siehe Kapitel Eis) legen, mit einem schönen Minzzweig dekorieren und ganz leicht mit Puderzucker bestauben.

Erdbeeren auf Rhabarberschaum mit Mandeleis

Ob mit oder ohne Eis, dieses Dessert ist eine tolle Erfrischung an heißen Tagen! Alle Bestandteile des Desserts sollten immer gut gekühlt zubereitet werden. Der säuerliche Rhabarber und die aromatischen Erdbeeren ergänzen sich hervorragend mit dem feinen Mandeleis.

Rezeptur: Rhabarberschaum
ergibt 4 Portionen
250 g Himbeer-Rhabarber
110 g Zucker
1/2 Vanilleschote
1/2 Zimtstange
1/2 Zitronensaft, passiert
50 g Himbeermark, passiert
150 g Sahne, geschlagen
500 g Erdbeeren, frisch

Den Rhabarber schälen und in kleine Stücke schneiden, mit Zucker, Vanille und Zimtstange in einem zugedeckten Topf langsam garen lassen. In kaltem Wasser oder auf Eis abkühlen, Vanilleschote und Zimtstange herausnehmen und zu einem stückigen Mus verrühren. Himbeermark zugeben und mit Zitronensaft abschmekken. Zuletzt die geschlagene Sahne unterheben.

Tip: Den Rhabarber bei schwacher Hitze garen und keine Flüssigkeit zugeben, da der Rhabarber genügend Wasser zieht. Ist die Hitze zu stark, kann es sein, daß der Rhabarber anbrennt.

Anrichtevorschlag: Erdbeeren waschen, putzen und in Scheiben schneiden. Den Rhabarberschaum in die Tellermitte geben und die Erdbeeren rosettenförmig darauf legen. In die Mitte eine Kugel Mandeleis (siehe Kapitel Eis) legen, zwei schöne Minzblätter dekorieren und alles leicht mit Puderzucker bestauben. Ist der Teller groß genug, kann eine Wellenlinie Erdbeersauce um das ganze Dessert gelegt werden, so sieht es noch dekorativer aus.

Erdbeeren auf Mangosalpikon

Desserts mit Früchten

Desserts mit Früchten

Erdbeeren auf Mango-Salpikon

Ein Sommerdessert, daß nicht nur erfrischt, sondern sich mit fast allen Früchten zubereiten läßt. Zeit und Materialaufwand sind gering und es läßt sich sehr gut für eine große Personenzahl vorbereiten.

Rezeptur: Mango-Salpikon
ergibt 4 Portionen
150 g Mango, reif
30 g Rum, weiß
50 g Mineralwasser
etwas Puderzucker
60 g Vanillesauce
100 g Sahne, geschlagen
500 g Erdbeeren

Die Mango schälen und in kleine Würfel schneiden. Mineralwasser, weißen Rum und Puderzucker verrühren, über die Mangowürfel gießen und etwa 1 Stunde im Kühlschrank ziehen lassen. Die Mangowürfel in ein Sieb zum Abtropfen geben. Zuerst die Vanillesauce unter die Mango rühren und zuletzt die geschlagene Sahne unterheben. Eventuell alles mit etwas Zitronensaft abschmecken.

Tip: Die abgelaufene Marinade mit etwas kaltem Champagner oder Sekt auffüllen und ein Mangostück in das Glas legen. Dies ergibt an heißen Tagen einen erfrischenden Aperitif.

Rezeptur: Vanillesauce
ergibt ca. 10 Portionen
250 g Milch
1 Vanilleschote
70 g Zucker
120 g Eigelb (6 Stück)

Die Milch mit der aufgeschnittenen Vanilleschote aufkochen. Zucker und Eigelb leicht verschlagen und die gekochte Milch unter ständigem Rühren in die Eigelbe laufen lassen. Die Flüssigkeit auf dem Wasserbad bis zur Rose abziehen, durch ein feines Haarsieb laufen lassen und in kaltem Wasser oder auf Eis abkühlen. Diese Vanillesauce wird sehr fest und eignet sich daher besonders gut für dieses Dessert.

Tip: Diese Vanillesauce ist sehr vielseitig in ihrer Verwendung. Wegen ihrer festen Konsistenz kann sie z.B. zu einer Schokoladensauce weiterverarbeitet werden.

Anrichtevorschlag: Erdbeeren waschen, kurz abtropfen lassen und putzen. Den Mango-Salpikon in die Tellermitte geben, die Erdbeeren in Scheiben schneiden und auf den Mangowürfeln rosettenförmig anrichten. Das Ganze eventuell mit etwas Zitronensaft abschmecken. Die angemachten Mangowürfel in die Tellermitte geben und die Erdbeeren rosettenförmig darauf verteilen. Eine schöne große Erdbeere als Abschluß in die Mitte legen. Es kann auch ein Eis oder Sorbet in die Mitte der Rosette gelegt werden. Das Ganze leicht mit Puderzucker bestauben und einige Blätter Zitronenmelisse anlegen.

Marinierte Blutorangen mit Mandelmousse

Da die Saison der Blutorangen relativ kurz ist, sollte die Zeit von November bis Januar gut genutzt werden, um sie zu verarbeiten. Nicht nur geschmacklich ergänzen sich Blutorangen und Mandeln, sondern auch optisch kann dieses Dessert reizvoll zubereitet werden.

Rezeptur:
Marinierte Blutorangen
ergibt 4 Portionen

6	Blutorangen
150 g	Wasser
50 g	Akazienhonig
1/2	Vanilleschote
1	Nelke
20 g	Orangenlikör
5 g	Mandellikör

Das Wasser mit dem Akazienhonig und den Gewürzen aufkochen, abkühlen lassen und mit Orangenlikör und Mandellikör abschmecken. Der Alkohol sollte möglichst nicht zu schmecken sein. Die Blutorangen schälen, auch die weiße Haut ganz entfernen und mit einem scharfen Messer die einzelnen Filets herausschneiden. Saft und Filets in den abgekühlten Sirup geben und ca. 1 Stunde im Kühlschrank ziehen lassen.

Tip: Ist die Marinade zu süß, kann sie mit einigen Tropfen Zitronensaft nachgeschmeckt werden.

Rezeptur: Mandelmousse
ergibt 8 Portionen

20 g	Mandelblättchen, geröstet
200 g	Sahne
1	Vanilleschote
60 g	Eigelbe (3 Stück)
60 g	Zucker
3	Blatt Gelatine
25 g	Mandellikör
10 g	Rum (40%)
150 g	Eiweiß (5 Stück)
25 g	Zucker

Zuerst die Mandelblättchen im Backofen rösten und die Gelatine in kaltem Wasser einweichen. Acht **Timbaleförmchen** vorbereiten und hauchdünn mit aufgelöster Butter ausfetten. Die Sahne mit der aufgeschnittenen Vanilleschote aufkochen, Eigelbe mit Zucker leicht verschlagen und die gekochte Sahne unter ständigem Rühren in die Eigelbmasse laufen lassen. Die Flüssigkeit auf dem Wasserbad bis zur Rose abziehen (bis die Masse andickt). Die Gelatine gut ausdrücken und unter die angedickte Grundmasse rühren. Alles durch ein feines Haarsieb laufen und leicht abkühlen lassen. Zuletzt den Mandellikör und den Rum unterrühren. Eiweiß aufschlagen und mit Zucker cremig schlagen. Den Eischnee und die gerösteten Mandeln unter die Grundmasse heben und den Schaum in die vorbereiteten Förmchen füllen. Der Mandelschaum muß ca. 1 Stunde im Kühlschrank anziehen, bevor er angerichtet werden kann.

Tip: Statt des Mandellikörs kann auch 40 g Marzipanrohmasse zugegeben werden. Die Marzipanrohmasse muß aber kräftig mit dem Mixer untergemixt werden.

Anrichtevorschlag: Der Mandelschaum wird in die Tellermitte gestürzt. Blutorangenfilets auf einem Küchenkrepp oder weißem Leinentuch gut abtropfen lassen und eng nebeneinander um den Schaum legen. Gut gekühlte Vanillesauce mit einem Schuß Milch aufmixen. Mit einem Löffel wird der aufgemixte Schaum vorsichtig um die Blutorangenfilets gelegt. Zwei oder drei Blatt Melisse anlegen und leicht mit Puderzucker bestauben.

Desserts mit Früchten

Knusperkörbchen mit Früchten

Dieses typische Sommerdessert ist universell einsetzbar, sei es als reines Früchtedessert oder auch mit Eis und Sorbets und frischen Früchten. Die Körbchen lassen sich wunderschön arrangieren und sind optisch eine ausgezeichnete Dekoration.

Rezeptur: Knusperkörbchen
ergibt ca. 30 Stück
300 g Zucker
150 g Mehl
165 g Eiweiß, flüssig
120 g Mandeln, gehobelt
1 Zitronenschale, gerieben
1 Orangenschale, gerieben
1 Prise Salz
1 Vanilleschote, nur das Mark
150 g Butter, cremig gerührt

Zucker, Mehl, Eiweiß, Mandeln, Zitronenschalen, Salz und Vanillemark in eine Schüssel wiegen und verrühren. Die Butter cremig schlagen und mit einem Holzlöffel oder Gummispatel unter die Mandelmasse heben. Die fertige Masse muß vor dem Gebrauch ca. 1 Stunde kalt gestellt werden. In kleinen Häufchen von ca. 25-30 g wird die Masse auf gebutterte Bleche gesetzt und mit einer Gabel oder mit nassen Händen (damit nichts an den Händen kleben bleibt) kreisförmig ausgedrückt. Die Kreise sollten einen Durchmesser von ca. 12 cm haben. Gebacken wird im vorgeheizten Ofen bei ca. 160 Grad. Mit einem Dreiecksspachtel werden die noch warmen Mandelplätzchen vom Blech geschabt und in einer Spezialform zurechtgedrückt oder über ein nicht zu enges Glas gestülpt und schnell mit den Händen geformt.

Tip: Diese Knusperkörbchen werden am besten in einer gut schließenden Blechdose gelagert. Keine Plastikdose verwenden, da die Körbchen sonst weich werden und muffig riechen.

Anrichtevorschlag: In die Mitte eines großen, weißen Tellers einen Himbeersaucenspiegel gießen. Tupfen aus Cassissauce außen herumgeben, die mit einem Holzstäbchen wellenförmig verzogen werden. In die Mitte einige Mandelbrösel streuen, das Körbchen mit verschiedenen Früchten füllen, wie zum Beispiel Kiwis, Kirschen, Pfirsiche, Trauben, Äpfel, Himbeeren, Erdbeeren und so weiter. Einen schönen Minzzweig anlegen und alles mit Puderzucker leicht bestauben. Genauso gut können die Körbchen mit Eis oder Sorbets gefüllt werden.

Desserts mit Früchten

Stanitzel mit frischen Beeren und Grapefruitsorbet

Stanitzel, damit meint der Österreicher ein kleines Papiertütchen zum Spritzen oder einfach eine Tüte aus Waffelteig oder Hippenmasse gedreht, wie zum Beispiel für das folgende Dessert. Bei uns spricht man in diesem Zusammenhang von einem Füllhorn. Es eignet sich hervorragend für Desserts mit Früchten oder Eis und Sorbets.

Rezeptur: Feine Hippenmasse
ergibt ca. 12-14 Stück
100 g Marzipanrohmasse
100 g Mehl
100 g Puderzucker
25 g Eiweiß, flüssig
25 g Milch, kalt

Zuerst sollte aus Pappe eine runde Schablone von 10-12 cm Durchmesser zurechtgeschnitten werden. Danach die Marzipanrohmasse und den Puderzucker glattarbeiten und das Eiweiß zugeben. Das Mehl zugeben und die Milch langsam unterarbeiten. Nicht gleich die gesamte Milch zugeben, sondern erst die Hälfte. Bevor die Hippenmasse weiterverarbeitet wird, muß sie ca. 1 Stunde im Kühlschrank ruhen. Ist die Masse zu fest, wird die restliche Milch noch untergerührt. Die Bleche leicht buttern und hauchdünn mit Mehl bestauben. Mit Hilfe einer Palette und der Schablone wird die Hippenmasse auf die Bleche aufgetragen und im vorgeheizten Backofen bei 160 °C gebacken. Mit einem Dreiecksspachtel oder mit einer Palette werden die Hippen noch heiß vom Blech geschabt und mit der Hand zu einer Tüte gedreht, die nicht zu eng sein sollte.

Tip: Ist die Hippenmasse nach dem Anrühren nicht klumpenfrei, kann sie durch ein feines Sieb passiert werden. Die Stanitzel können mit Kuvertüre ausgestrichen werden, so daß sie sich gut vorbereiten lassen. Sie werden auch nicht weich, wenn sie mit Sorbet oder Früchten gefüllt sind.

Anrichtevorschlag: Das Stanitzel mit einer Kugel Grapefruitsorbet (siehe Kapitel Eis) füllen und links auf den Teller legen. Einen Tupfen Aprikosen- und Erdbeersauce auf den Teller geben und 4-5 verschiedene Beeren (Himbeeren, Heidelbeeren, Johannisbeeren, Erdbeeren usw.) rundum arrangieren. Einen Minzzweig anlegen und alles leicht mit Puderzucker bestauben.

Nektarine auf Mandelsabayon

Desserts mit Früchten

Desserts mit Früchten

Nektarine auf Mandelsabayon

Die in Butter gebratene Nektarine ist kein typisches Herbst- und Winter Dessert, wie man leicht annehmen könnte. Sie läßt sich mit einem erfrischendem Eis oder Sorbet sehr gut an warmen Tagen genießen.

Rezeptur: Nektarinen
ergibt 6 Portionen

3	Nektarinen, mittelgroß
400 g	Wasser
80 g	Zucker
1/2	Zimtstange
1/2	Vanilleschote

Wasser, Zucker und die Gewürze aufkochen. Die Nektarinen halbieren, entkernen, kurz im leicht köchelndem Wasser blanchieren und die Schale abziehen. Die Nektarinen nicht zu lange blanchieren, da sie sonst zu weich werden und sich schwer in der Pfanne braten lassen. Ist die Haut abgezogen, legt man die Früchte kurze Zeit in Eiswasser, so werden sie nicht unnötig weich. Die Schalen und Kerne dem Wasser zugeben und einmal kräftig aufkochen. Der Sud sollte etwa 15-20 Minuten ganz langsam eindampfen, damit alle Farb- und Geschmacksstoffe den Kernen und der Schale entzogen werden. Das Eingekochte in kaltem Wasser oder auf Eis abkühlen, passieren und als Marinade für die Nektarinen verwenden.

Tip: Sollten die Nektarinen zu fest und noch nicht ganz reif sein, ist es ratsam, sie einen Moment länger zu blanchieren und dem Wasser etwas mehr Zucker zuzugeben.

Rezeptur: Mandelsabayon
ergibt 6 Portionen

50 g	Akazienhonig
110 g	Sahne
60 g	Eigelb
30 g	Amaretto
5 g	Rum (40%)

Alle Zutaten für den Sabayon in eine Schüssel geben und auf dem Wasserbad fest schaumig schlagen. In kaltem Wasser oder auf Eis sofort wieder kaltschlagen. Steht der Mandelsabayon längere Zeit kühl, wird er meist zu fest. Mit Milch oder Sahne läßt er sich gut verdünnen und auf die gewünschte Konsistenz bringen.

Tip: Bestaubt man die Nektarinen während des Bratens leicht mit Puderzucker, lassen sie sich karamelisieren.
Damit die Nektarinen auf dem Mandelsabayon fest stehen, sollte man die runde Seite leicht angeschneiden und zusätzlich gehackte Mandeln oder Pistazien unter die Nektarine streuen.

Anrichtevorschlag: Eine Pfanne mit geklärter Butter heiß werden lassen, die Nektarinen von beiden Seiten gut anbraten. In die Tellermitte einen Spiegel von Mandelsabayon gießen, die gebratenen Nektarinen mit der Öffnung nach oben in die Mitte setzen und eine Kugel Eis oder Sorbet in die Vertiefung legen. Drei frische Himbeeren und einen Minzzweig anlegen. Alles mit Puderzucker leicht bestauben.

Weißer gefüllter Pfirsich auf Himbeercoulis

Weiße Pfirsiche schmecken hervorragend, man sollte sie unbedingt in das Dessertangebot aufnehmen. Diese wunderbaren, aromatischen Früchte sind in der Verarbeitung sehr kompliziert und haben mich oft schon Nerven gekostet. Entweder kann man diese Pfirsiche entkernen und nicht schälen oder man kann sie schälen und nicht vom Kern lösen. Gelingt alles auf Anhieb, gleicht dies schon einem Lottogewinn. Denn hat man alles geschafft, können sie zum Schluß noch braun werden, trotz aller Vorsichtsmaßnahmen beim Vorbereiten, wie Beträufeln mit Zitronensaft oder Einlegen in einen trockenen Weißwein.

Dieser weiße Pfirsich läßt sich sowohl kalt als auch warm servieren. Mit Eis, Sorbet oder einer leichten Creme gefüllt ist er nicht nur eine geschmackliche Attraktion, sondern auch optisch eine wahre Augenweide.

Rezeptur: gefüllter Pfirsich
ergibt 4 Portionen
4 Weiße Pfirsiche
250 g Wasser
250 g Weißwein
120 g Akazienhonig
1 Zimtstange
1 Vanilleschote
3 Mandeln, ungeschält
Zitronensaft

Wasser, Wein, Akazienhonig, Mandeln und Gewürze aufkochen. Die Pfirsiche mit einer spitzen Zange vorsichtig entkernen, in dem leicht köchelndem Wasser blanchieren und die Haut abziehen. Die blanchierten Pfirsiche am besten kurz in Eiswasser legen, damit sie sofort kalt werden und nicht nachziehen (weicher werden). Die Pfirsichkerne und die abgezogene Schale in den heißen Sud zurückgeben und noch einmal kräftig aufkochen. Den Sud bei schwacher Hitze 20-30 Minuten eindampfen und darauf achten, daß die Flüssigkeit nicht kocht. Den Sud in kaltem Wasser oder auf Eis abkühlen und über die Pfirsiche gießen. Eventuell kann die Marinade mit etwas Pfirsichlikör oder einigen Tropfen Mandellikör abgeschmeckt werden.

Tip: Sticht man mit einem spitzen Messer in die Pfirsiche, stellt man leicht fest, ob sie ausreichend blanchiert sind.
Die Pfirsiche nach dem Blanchieren nur kurz in kaltes Wasser legen, damit nicht so viel Geschmack verloren geht!

Rezeptur: Himbeercoulis
ergibt ca. 10 Portionen
500 g Himbeeren, TK-Ware
50 g Puderzucker
30 g Himbeergeist

Die Himbeeren zur Hälfte auftauen lassen, Puderzucker und Himbeergeist zugeben und alles mit einem Mixstab pürieren. Die Himbeersauce durch ein feines Haarsieb streichen und eventuell mit etwas Zucker nachschmecken.

Desserts mit Früchten

Tip: Werden die Himbeeren ganz aufgetaut, hat die Sauce keine Bindung mehr. Wasser und Zellulose (Fruchthaut) lassen sich nicht mehr binden.

Sollten die Himbeeren eventuell doch ganz aufgetaut sein, kann das Püree aufgekocht und mit etwas Puddingpulver gebunden werden. Diese Methode sollte nur im Notfall angewendet werden, da die Qualität leidet.

Anrichtevorschlag: Den Pfirsich abtropfen lassen und mit Eis, Sorbet oder Creme füllen. Himbeercoulis in die Tellermitte geben, zwei dünne Kreise Crème fraîche und Cassissauce einlaufen lassen und die 3 Saucen mit einem Holzstäbchen verziehen. Mandeln oder gehackte Pistazien in die Mitte streuen und den weißen Pfirsich daraufstellen. Frische Himbeeren dekorativ um den Pfirsich verteilen und schöne Minzblätter als Garnitur anlegen. Alles vorsichtig mit Puderzucker bestauben.

Tip: Soll der weiße Pfirsich warm serviert werden, füllt man ihn eventuell mit einer leichten Mandelcreme (Basiscreme, Crème pâtissière), stellt ihn ca. 1 Minute in die Mikrowelle, läßt die Sauce darüberlaufen und zieht 1 oder 2 Saucen dekorativ ein.
Für diese Variation verwendet man am besten eine Aprikosensauce, die aus getrockneten Früchten hergestellt wurde. Sie läßt sich problemlos kalt und auch heiß verwenden.

Melonen und Erdbeeren mit Traminersorbet

Wenn die Temperaturen steigen und jede Bewegung zu anstrengend wird, dann ist die Zeit für dieses erfrischende Dessert gekommen. Gut gekühlt serviert ist es eine herrliche Erfrischung.

Rezeptur:
Melonen und Erdbeeren
ergibt 4 Portionen
400 g Erdbeeren
500 g Wassermelone

Erdbeeren waschen, putzen und in Scheiben schneiden, mit einem Kartoffelausstecher nicht zu kleine Melonenkugeln ausstechen und beides kalt stellen.

Tip: Schmeckt die Melone sehr fad, sollten die Kugeln in eine leichte Marinade aus Zucker, Orangensaft, Zitronensaft und einigen Spritzern weißen Rum oder Orangenlikör eingelegt werden.
Gibt es keine Wassermelonen, kann auch jede andere reife Melone verwendet werden.

Anrichtevorschlag: Die Erdbeeren rosettenförmig in die Tellermitte legen, die Wassermelonen darüber verteilen und eine Kugel Traminersorbet (siehe Kapitel Eis) in die Mitte legen. Einen schönen Zweig Zitronenmelisse anlegen und alles leicht mit Puderzucker bestauben.

Rhabarbergrütze mit Joghurtschaum

Die Rote Grütze, eine erfrischende Spezialität aus Kirschen, roten und schwarzen Johannisbeeren, Himbeeren und Brombeeren, meist mit Vanillesauce oder flüssiger Sahne serviert, ist eine norddeutsche Spezialität. Das behaupten die Schleckermäuler aus dem Norden, es tauchen jedoch immer wieder Zweifel auf! Angezweifelt werden kann aber auf keinen Fall, daß der Rhabarber aus China in unseren Kochtöpfen landete. Die Chinesen haben dieses Gemüse als Heilkraut verwendet. Im folgenden Rezept dient es zur Herstellung einer feinen Rhabarbergrütze.

Rezeptur: Rhabarbergrütze
ergibt 4 Portionen

600 g	Rhabarber (brutto)
100 g	Himbeeren, TK-Ware
1	Vanillestange
1	Zimtstange
250 g	Zucker
70 g	Wasser
150 g	Weißwein
12 g	Puddingpulver
1	Zitronensaft, passiert
80 g	Erdbeeren, frisch

Den Rhabarber schälen und in ca. 2-3 cm große Stücke schneiden. Die Rhabarberstücke mit der Zimtstange und der Vanilleschote in eine flache Pfanne legen und die gefrorenen Himbeeren darüber geben. Wasser und Zucker etwa 2-3 Minuten kochen lassen und über den Rhabarber und die Himbeeren gießen. Der Zucker muß auf den Rhabarberstückchen fest werden. Die Pfanne mit einem Deckel oder mit Alufolie abdecken und 15-20 Minuten bei 200 °C in den Backofen schieben. Bleibt der Rhabarber zu lange im Ofen oder ist der Backofen zu heiß, zerfallen (verkochen) die Rhabarberstücke sehr schnell und sind für die Grütze nicht mehr zu gebrauchen. Die Gemüsestückchen müssen noch fest sein. Der Fachmann sagt: sie müssen noch „Biß“ haben. Die Rhabarberstücke aus dem Sud nehmen, abtropfen lassen und gleichmäßig in vier tiefe Suppenteller verteilen. Die Erdbeeren waschen, leicht trocknen, in Scheiben schneiden und auf den Tellern verteilen. Den Weißwein mit dem Rhabarbersud verrühren, mit Zitronensaft abschmecken und aufkochen. Das Puddingpulver mit etwas kalter Flüssigkeit (vom Weißwein zurückbehalten) anrühren und in den kochenden Rhabarbersaft gießen. Den gebundenen Saft über die Rhabarber- und Erdbeerstücke verteilen. Die Teller ca. 1 Stunde kalt stellen.

Tip: Den Rhabarber früh aus dem Backofen nehmen, so daß die Stückchen im Sud abkühlen können.
Statt Weißwein kann auch Apfelsaft verwendet werden.
Den Zitronensaft grundsätzlich nach Geschmack zugeben. Der Fond muß stets neu abgeschmeckt werden, da der Säuregehalt des Rhabarbers immer unterschiedlich ist.

Anrichtevorschlag: Naturjoghurt mit dem Mixstab kurz aufmixen und ein bis zwei Löffel des Joghurts dekorativ über die gekühlte Rhabarbergrütze laufen lassen. Eine halbe Erdbeere und zwei Minzblätter anlegen und ganz vorsichtig mit Puderzucker bestauben. Die Suppenteller auf einem größeren Unterteller servieren.

Tip: Gibt man nur den Joghurtschaum (vom Aufmixen) über die Grütze, sieht dies sehr dekorativ aus.

Desserts mit Früchten

Früchte mit Eis unter Palmen

Das folgende Rezept soll die Fantasie anregen und zeigen, daß mit wenig Optik sehr viel erreicht werden kann. Zarte Schokoladenmousse und frische Früchte werden mit passendem Eis oder Sorbet zu einer bezaubernden Dessertspielerei.

Rezeptur:
Dunkle Schokoladenmousse
ergibt ca. 700 g fertige Mousse
200 g Kuvertüre, dunkel
100 g Eigelb (5 Stück)
1 Vanilleschote, nur das Mark
50 g Mocca, flüssig, sehr stark
20 g Rum (54%)
150 g Eiweiß (5 Stück)
50 g Zucker
250 g Sahne, geschlagen

Die Kuvertüre fein hacken und auf dem Wasserbad auflösen. Die Eigelbe auf dem Wasserbad aufschlagen, die aufgelöste Kuvertüre unterrühren und die Schokoladenmasse in kaltem Wasser oder auf Eis unter ständigem Rühren abkühlen. Den Mocca und das Vanillemark kurz, aber kräftig unterschlagen. Eiweiß und Zucker cremig fest schlagen, aber den Zukker erst zuletzt nach und nach zugeben. Zuerst den Eischnee und die geschlagene Sahne zügig unter die Schokoladenmasse heben, in eine Schüssel füllen und mit Klarsichtfolie abgedeckt ca. 1 Stunde kaltstellen.

Tip: Die Sahne sollte nicht zu fest geschlagen werden, sonst wird sie beim Unterheben leicht grießig. Sahne und Eischnee sollten die gleiche Konsistenz haben, nur so lassen sich beide Massen glatt unterheben und das Volumen wird optimal ausgenutzt.

Anrichtevorschlag: Mit einer Lochtülle Nr. 8 wird der Stamm gespritzt, indem drei Schokostreifen im Dreieck aufeinander gelegt werden. 4 Kiwispalten als Laub oder Blätter anlegen. Pürierte Aprikosen simulieren den Sandstrand, die Scheibe einer dunkelroten Feige steht für die Sonne. Eine Kugel Kokoseis oder Champagnersorbet sorgen für die notwendige Erfrischung. Zuletzt den Teller noch leicht mit Puderzucker bestauben.

Desserts mit Früchten

Dessert – Fantasie für Verliebte

Verliebt sein oder sich mögen ist ein Zustand, der alles erst richtig bewußt genießen läßt. Genau dieses Ziel hat das folgende Dessert. Früchte, Eis und Sorbets, arrangiert zu leichten, erfrischenden Kreationen, machen zu zweit genascht erst richtig Spaß.

Rezeptur:
Dessert – Fantasie für Zwei
ergibt 2 Portionen

1	Feige, blau
100 g	Erdbeeren
60 g	Heidelbeeren
1	Kiwi, fest
10	Honigmelonenperlen
150 g	Joghurt, natur
50 g	Crème fraîche
100 g	Himbeersauce, passiert

Die Früchte waschen, putzen, ausstechen, schälen und mit einem scharfen Messer schneiden.

Tip: Wenn die Melonenperlen fad schmecken, sollten sie kurze Zeit in Orangensaft, Honig und Barcadi mariniert werden.
Wird die geschnittene Feige mit einem Tropfen Zitronensaft beträufelt, kommt der Feigengeschmack richtig zur Geltung.

Anrichtevorschlag: Die Früchte elegant und ansprechend auf die Teller arrangieren. Zwei Nocken Sorbet, zum Beispiel Grapefruit- und Sauerkirschsorbet (siehe Kapitel Eis) anlegen, Crème fraîche und Himbeersauce zugeben, einen schönen Minzzweig dekorativ anlegen und alles leicht mit Puderzucker bestauben.

Tip: Zum Abstechen der Sorbetnocken verwendet man am besten einen Löffel, der eine stark ausgebildete Eiform aufweist.

Dessert Spezialitäten

Alles über Spezial-Desserts

Die Überschrift „Spezial-Desserts“ habe ich bewußt gewählt, denn an so ein Dessert stelle ich Ansprüche, denen es unbedingt gerecht werden muß. Es ist nicht damit getan, alles was gut aussieht und eventuell noch gut schmeckt auf einen Teller zu legen, mit Minzblatt und Puderzucker zu garnieren und dem Gast zu servieren.

Für einen Patissier ist es wichtig, schon vorweg zu klären, zum Beispiel:

1. Für welchen Anlaß ist das Dessert?
Kann über das Produkt oder über die Optik auf den Anlaß eingegangen und ein Bezug hergestellt werden? Viele Gäste lieben eine derartige Präsentation.
2. Für wieviel Gäste ist das Dessert?
Die Personenzahl muß kurz im Kopf mit der zur Verfügung stehenden Zeit verglichen werden. Oft können dann schon einige gute Ideen wieder verworfen werden.
3. Ist der Gästekreis überwiegend älter, oder sind es junge Leute?
Wenn es überwiegend ältere Leute sind, sollte man auf Experimente verzichten. Es muß berücksichtigt werden, daß eventuell Diabetiker, Gäste mit zu hohem Cholesterinspiegel oder ähnliche Problemfälle dabei sind. Die Portionen können in diesem Fall auch gern etwas kleiner berechnet werden. Junge Leute sind wesentlich experimentierfreudiger und die Portionen können gern etwas größer ausfallen.
4. Welches Menü wird serviert?
Produktwiederholungen oder Wiederholungen der Zubereitungsarten sollten vermieden werden. Wird zum Beispiel zu einem Menügang eine Crème- oder Sahnesauce verwendet, sollte beim Dessert auf diese Sauce verzichtet werden.
5. Was wird zum Dessert getrunken?
Gibt es Sekt und Champagner, kann bedenkenlos ein Dessert mit fruchtiger Note oder auch jede Art von frischen Früchten gereicht werden. Entscheidet man sich aber für einen guten Jahrgangs-Champagner, der in den meisten Fällen auch sehr teuer ist, wie zum Beispiel ein Dom Perignon 76, Roedrer Cristal oder einen Laurent Perrier, übernimmt man damit schon eine große Verantwortung. Man muß die Früchte sehr gut auswählen, denn nicht jede Frucht harmoniert mit diesen edlen Tropfen. Entscheidet man sich für einen Wein, wird es meist eine Spätlese, ein Eiswein oder ein süßer Dessertwein sein. Hat sich ein elitärer Gästekreis versammelt, ist es keine Seltenheit, daß sich Liebhaber erlesener Tropfen aus dem Sauternes oder Bordeaux-Gebiet darunter befinden und die Wahl fällt nicht selten auf einen der sehr teuren Château d'Yquem Weine. Es gehört viel Erfahrung und Fingerspitzengefühl dazu, um mit einem Dessert keine Bauchlandung zu riskieren. Schon ein wenig Fruchtsäure würde diesen Wein und zwangsweise auch das Dessert zu einer großen und teuren Enttäuschung werden lassen.
Wichtig zu merken ist, je süßer der Wein, umso süßer muß auch das Dessert sein. Früchte sind in diesem Fall tabu! Auch auf eine Garnitur mit Früchten und das Minzblatt muß verzichtet werden.
6. Gibt es Wünsche des Gastgebers in Bezug auf das Dessert?
Im Zweifelsfall sollte die Getränkeempfehlung neu überdacht und mit dem Gastgeber abgesprochen werden.
7. Muß eine Dessertprobe gemacht werden?
Es wäre empfehlenswert, denn nur so kann man feststellen, ob das vom Gastgeber ausgesuchte oder vom Verkauf empfohlene Getränk auch wirklich zusammenpaßt. Dieser Pro-

Abb. Doppelseite 156
v. l. im Uhrzeigersinn, Panache von Schokoladenmousse, Champagner Risotto, Spanische Gewürzorangen, Mohnknödel, Pralinen-Quiche

be fallen wieder einige Dessertideen zum Opfer. Man wird feststellen, daß es nicht einfach ist, zu einem Dessert auch das passende Getränk zu finden. Im Idealfall wäre es folgendermaßen: Ein gutes Dessert ist in der Lage, einen Sekt, Champagner oder Wein so zu unterstützen, daß es ein Erlebnis bleibt, ihn getrunken zu haben. Der richtige Wein zum Dessert ist stark genug, ohne an Klasse und Rückgrat zu verlieren, das Dessert zum krönenden Abschluß eines jeden Essens werden zu lassen.

8. Wie läßt sich eine ganze Dessertportion essen, wenn sie dem Gast serviert wird?
Es ist ein großer Unterschied, ob von allen Desserts etwas probiert wird oder ob man eine ganze Portion essen soll! Ist man nach einer ganzen Portion noch in der Lage zu sagen: „Das Dessert war fantastisch", dann sollte es auch dem Gast gereicht werden.

Wer sich den Punkt 7 und 8 zu Herzen nimmt, kann sicher sein, daß er sich 50% aller Reklamationen erspart. Oft würden viele Nachspeisen gar nicht erst serviert werden!

In Optik und Geschmack muß jedes der folgenden Desserts eine Harmonie ergeben, erst dann sollte man mit seiner Arbeit zufrieden sein.

Apfeltorte „Eckart Witzigmann"

Kaum ein anderes Dessert ist bis heute so in meinem Gedächtnis geblieben, wie diese Apfeltorte, ein Lieblingskind von Eckart Witzigmann. Der zarte Blätterteig, der Duft nach Äpfeln und Zimt haben mich immer wieder fasziniert, obwohl ich sie hundertfach gebacken habe. Auf einem großen Teller angerichtet, leicht mit Puderzucker bestaubt, wurde sie dem Gast als kleines Kunstwerk serviert.

Rezeptur: Butterkaramel
ergibt 5 Portionen
200 g Zucker
50 g Butter
5 Tropfen Zitronensaft, passiert

Eine kleine Pfanne heiß werden lassen und den Zucker goldbraun schmelzen. Der Karamel darf nicht zu dunkel werden, er schmeckt sofort bitter und ist nicht mehr zu gebrauchen. Die Butter unter den Karamel rühren und den Zitronensaft zugeben. Den heißen Karamel in fünf Formen von 10 cm Durchmesser verteilen und fest werden lassen.

Abb. Seite 160

Rezeptur: Apfeltorte
ergibt 5 Portionen
5 Äpfel, Cox Orange, mittelgroß
100 g Butterflocken
75 g Zucker
2 g Zimt
800 g Blätterteig

Die Äpfel schälen, halbieren und mit einem Kartoffelausstecher das Kerngehäuse ausstechen. Die Apfelhälften in dünne Scheiben schneiden. Je zwei Hälften fächerartig mit der runden Seite nach unten in eine mit Karamel ausgegossene Form drücken, so daß die Form gut ausgefüllt ist. Zimt und Zucker vermischen und über die Äpfel verteilen. Auf jeden Apfel 2 bis 3 Butterflocken legen und kurze Zeit kalt stellen.
Mit einem Rollholz oder einer Ausrollmaschine wird der Blätterteig circa 5 mm dünn ausgerollt und davon 5 runde Teigstücke mit einem Durchmesser von 12 cm ausgeschnitten. Die Teigscheiben über die Äpfel legen und leicht andrücken. Die Formen auf ein Blech stellen und in den vorgeheizten Backofen schieben.

1 Formen mit Karamel ausgegossen und mit Äpfeln ausgelegt
2 Äpfel sorgfältig mit Blätterteig abgedeckt
3 Die gebackene Apfeltorte wird vorsichtig aufgeschnitten
4 Die nicht durchgebackenen, zähen Teigreste werden gänzlich ausgeschabt

Spezial-Desserts

1

2

3

4

Spezial-Desserts

Backtemperatur:
195 °C Heißluft
220 °C Ober-/Unterhitze

Backzeit:
20 Min. Heißluft
25-30 Min. Ober-/Unterhitze

Rezeptur: geeiste Rumsauce
ergibt ca. 12 Portionen
250 g Sahne
100 g Zucker
1 Vanilleschote
100 g Eigelb (5 Stück)
50 g Strohrum (80%)

Die Sahne mit der aufgeschnittenen Vanilleschote aufkochen, den Zucker mit den Eigelben verrühren und die gekochte Sahne einlaufen lassen. Die Masse auf dem Waserbad zur Rose abziehen und zweimal durch ein feines Haarsieb laufen lassen. in kaltem Wasser oder auf Eis abkühlen.

Tip: Wird die Sauce über Nacht kalt gestellt, wird sie cremig fest und ist viel ergiebiger, da sie fast um das doppelte verdünnt werden kann.

Abb. Seite 161
Apfeltorte Eckart Witzigmann

Anrichtevorschlag: Sofort nach dem Backen der Apfeltorten wird ein Deckel von ca. 6 cm (Durchmesser) aus der gebackenen Blätterteighaube herausgeschnitten und beiseite gelegt. Der verbleibende Blätterteigring wird abgehoben und umgedreht. Mit Hilfe eines kleinen Messers schabt man alle nicht gar gebackenen Teigstükke ab, so daß nur der zart gebackene Blätterteig überbleibt. Der ausgeschnittene Blätterteigdeckel wird auf die noch heißen Äpfel in der Form gelegt. Dann wird die Form mit dem Teig nach unten in die Tellermitte gestürzt und vorsichtig abgehoben, so daß nur die im Karamel geschmorten Apfelscheiben zu sehen sind. Die Hälfte der Vanillesauce wird mit zwei Kugeln Vanilleeis und dem Strohrum mit einem Mixstab kurz und kräftig aufgemixt und mit einem Löffel großzügig um die Apfeltorte verteilt. Den Blätterteigring gut mit Puderzucker bestauben und vorsichtig auf die Apfeltorte setzen. Das Ganze mit Löffel und Gabel servieren.

Panache von Schokomousse mit Rumpflaumen

Weiße und dunkle Schokomousse mit leckeren Rumpflaumen arrangiert, lassen das Herz eines jeden Mousse-Liebhabers höher schlagen. Diese Nachspeise ist als typisches Herbst- und Winterdessert einzuordnen, da die Pflaumen erst einige Zeit in ihrem Sud reifen müssen.

Rezeptur:
Weiße Schokoladenmousse
ergibt ca. 20 Portionen
40 g Eigelb (2 Stück)
100 g Ei (2 Stück)
5 Blatt Gelatine
500 g weiße Kuvertüre/Dekormasse
35 g **Crème de Cacao,** weiß
15 g **Arrak**
15 g **Barcadi**
1125 g Sahne, geschlagen

Die Gelatine in kaltem Wasser einweichen. Die weiße Kuvertüre **(Dekormasse)** auf dem Wasserbad auflösen.

Darauf achten, daß sie nicht zu heiß wird, da sie sonst grießelt. Die Eier in einer großen Schüssel auf dem Wasserbad langsam aufschlagen.

Spezial-Desserts

Das Wasserbad darf nicht zu heiß sein, da die Eier sonst sofort gerinnen. Die Gelatine gut ausdrücken, unter die Eier rühren und die Kuvertüre zugeben. Zuletzt den Alkohol zufügen. Die Masse ein wenig abkühlen lassen und inzwischen die Sahne schlagen. Sie sollte nicht zu fest ausgeschlagen werden, da sie sonst beim Unterziehen gerinnt und zu Butter wird. Die fertige Schokomousse in eine Schüssel füllen und mit einer Folie gut abdecken, circa 1 Stunde kalt stellen.

Tip: Sollte die Schokomasse noch zu warm sein, ist es gut, erst die Hälfte der Sahne leicht unterzuheben. So wird die Schokomasse kalt genug und die restliche Sahne kann bedenkenlos zugegeben werden.

Rezeptur:
Braune Schokomousse
ergibt ca. 20 Portionen
40 g Eigelb (2 Stück)
100 g Ei (2 Stück)
450 g braune Kuvertüre
40 g Strohrum (80%)
1125 g Sahne, geschlagen

Die braune Kuvertüre auf dem Wasserbad auflösen. Darauf achten, daß sie nicht zu heiß wird. Die Eier in einer großen Schüssel auf dem Wasserbad langsam aufschlagen. Das Wasserbad sollte nicht zu schnell heiß werden, da die Eier sonst kein Volumen bekommen. Ist die Schokomasse noch zu warm, sollte sie ein wenig abkühlen, damit die Sahne problemlos untergehoben werden kann. Die fertige Schokomousse in eine Schüssel füllen und mit Folie gut abgedeckt kaltstellen.

Tip: Wenn der Rum zugegeben wird kann die Schokomasse leicht grießig werden. Mit dem Mixstab läßt sich sie sich wieder gut binden.

Rezeptur: Rumpflaumen
ergibt 5 Gläser a. 1 Liter
3500 g Pfaumen, kleine
1000 g Zucker
1000 g Wasser
300 g Strohrum (80%)
2,5 Zimtstangen
2,5 Vanilleschoten

Die Einweckgläser waschen und mit kochendem Wasser ausspülen. Die Pflaumen waschen und mit einer Nadel mehrmals einstechen, in die Gläser füllen und pro Glas eine halbe Zimtstange und eine halbe Vanilleschote beigeben. Wasser und Zucker zum Kochen bringen und etwas 5-8 Minuten kräftig kochen lassen, abschäumen und abkühlen lassen. Den Strohrum einrühren und den Sud in die vorbereiteten Gläser verteilen. Die Gläser schließen und 20-25 Minuten im Wasserbad (etwa 75-80 °C) erhitzen.

Tip: Es ist ratsam, das Wasserbad unten mit Zeitungspapier auszulegen, damit die Gläser nicht zerspringen.

Rezeptur: Vanillesauce
ergibt 680 g fertige Sauce
100 g Sahne
350 g Milch
60 g Eigelb (3 Stück)
100 g Zucker
1 Vanilleschote
50 g Milch, kalt
15 g Puddingpulver

Spezial-Desserts

Die Sahne, Milch, Zucker und die aufgeschnittene Vanilleschote aufkochen. Das Puddingpulver mit der Milch verrühren und in die kochende Flüssigkeit geben. Unter ständigem Rühren die Vanillesauce gut durchkochen lassen und durch ein Haarsieb passieren. In kaltem Wasser oder auf Eis abkühlen.

Tip: Durch das schnelle Abkühlen kriegt die Sauce keine unschöne Haut, die später in der Vanillesauce als kleine Klumpen stören würden.

Anrichtevorschlag: Die Vanillesauce mit dem Mixstab aufmixen und den Vanilleschaum in die Tellermitte gießen. Außen herum einen feinen Rand aus Himbeersauce legen und mit einem Holzstäbchen ineinander verziehen. Eine Nocke braune Mousse und eine Nocke weiße Mousse in die Saucenmitte legen, braune und weiße Schokoladenraspeln auf die Nokken streuen, drei Rumpflaumen und zwei schöne Minzblätter anlegen und alles leicht mit Puderzukker bestauben.

Mohnknödel in gewürzter Burgundersauce

Locker, leichte Mohnknödel in einer herrlich duftenden Burgundersauce und goldbraune Butterbrösel, besser kann Mohn bestimmt nicht serviert werden!

Rezeptur: Mohnknödel
ergibt 8 Portionen

- 20 g Butter
- 40 g Akazienhonig
- 1/2 Zitronenschale
- 50 g Ei (1 Stück)
- 20 g Eigelb (1 Stück)
- 90 g Weißbrot (kleine Würfel)
- 150 g Mohn, gemahlen
- 250 g Milch
- 40 g Akazienhonig
- 1 Vanilleschote

Den Mohn frisch mahlen, Milch, Honig und die aufgeschnittene Vanilleschote aufkochen und den gemahlenen Mohn mit einem Schneebesen einrühren. Den Schneebesen gegen einen Holzlöffel tauschen und die Mohnmasse wie Brandteig kräftig abbrennen. Klebt die Masse nicht mehr am Topfrand, ist sie ausreichend abgeröstet. Auf diese Weise erhält der Mohn seinen beliebten, typischen Geschmack. Mit Klarsichtfolie abgedeckt muß die Masse abkühlen.

Das Weißbrot in kleine Würfel schneiden. Butter, Honig und Zitronenschale schaumig schlagen, das Ei und 1 Eigelb sehr langsam unter die Buttermasse rühren. Wird das Ei zu schnell zugegeben, kann es passieren, daß die Masse gerinnt. Das Weißbrot unter die Butter heben und die Masse etwa 30 Minuten kühl stellen. Den Mohn mit der Buttermasse gut verrühren und noch einmal 30 Minuten kalt stellen.

Tip: Das Weißbrot kann nicht durch Toastbrot ersetzt werden. Da Toastbrot mit viel Fett hergestellt wird, ist es nicht in der Lage, so viel Flüssigkeit aufzunehmen.

Rezeptur:
Gewürzte Burgundersauce
ergibt ca. 10 Portionen
100 g Wasser
250 g Zucker
1/2 Zimtstange
1 Vanilleschote
1 Nelke
1 Lorberblatt, klein
1/2 Orangenschale
1/2 Zitronenschale
500 g Burgunder

Das Wasser mit dem Zucker und den Gewürzen einmal kräftig aufkochen, den Burgunder zugießen und alles langsam einreduzieren. Je langsamer und vorsichtiger eingekocht wird, umso aromatischer schmeckt die Sauce. Die Burgundersauce durch ein feines Haarsieb passieren und abkühlen lassen.

Tip: Um festzustellen, ob die Burgundersauce genug eingekocht ist, gibt man in Abständen einige Tropfen auf einen kleinen, weißen Teller und läßt die Sauce über den Teller fließen. Fließt sie wie Wasser über den Teller, muß weiter reduziert werden. Steht die Sauce aber schön dunkelrot auf dem Teller, ist sie fertig. Leicht abgekühlt kann sie verwendet werden.

Rezeptur: Butterbrösel
ergibt ca. 8 Portionen
50 g Zucker
50 g Butter
300 g Brioche, fein gemahlen

Zucker und Butter in einer flachen Sauteuse kurz aufkochen lassen. Die Briochebrösel zugeben und alles mit einem Holzlöffel bei mäßiger Hitze goldbraun rösten.

Tip: Wichtig ist, die fertigen Brösel nach dem Rösten gleich in eine kalte Schüssel umzufüllen, damit sie in der noch heißen Sauteuse nicht verbrennen.

Anrichtevorschlag: In einem mittelgroßen Topf Salzwasser aufkochen. Mit einem Löffel Nocken aus der Mohnmasse abstechen und in das heiße Wasser gleiten lassen. Die Mohnknödel müssen ca. 10 Minuten im Wasser langsam garziehen. Die fertigen Knödel aus dem Wasser nehmen, leicht auf einem Küchentuch abtropfen lassen und zwei Knödel in die Tellermitte legen. Die Burgundersauce um die Knödel laufen lassen und die Butterbrösel über die Knödel streuen. Alles leicht mit Puderzucker bestauben.

Tip: Noch feiner werden die Mohnknödel, wenn man sie in Rotwein pochiert.

Spezial-Desserts

Feuilleté aus Schokolade, gefüllt mit Ingwermousse

Dieses Schokoladendessert erfordert schon etwas Geschick im Umgang mit Schokolade. Hauchdünne Schokoblättchen, zusammengesetzt mit einer zarten Ingwermousse auf Himbeer- oder Aprikosensauce prägen den Charakter dieses feinen Schokoladendesserts.

Rezeptur: Ingwermousse
ergibt ca. 20 Portionen
250 g Kuvertüre, weiß
2,5 Blatt Gelatine
100 g Ei (2 Stück)
20 g Ingwer, eingelegt
20 g Ingwersirup
30 g weißer Rum
600 g Sahne, geschlagen

Die Kuvertüre grob hacken und im Wasserbad auflösen. Die Gelatine in kaltem Wasser einweichen und den eingelegten Ingwer in sehr feine Würfel schneiden. Die Eier auf dem Wasserbad aufschlagen bis sie weiß schaumig sind. Die Gelatine gut ausdrücken und in den noch warmen Eischaum rühren. Die aufgelöste Kuvertüre, den Ingwersirup und den weißen Rum unterheben. Zuletzt die nicht ganz steif geschlagene Sahne unter die Schokomasse ziehen, in eine Schüssel füllen und mit Klarsichtfolie abgedeckt ca. 1 Stunde kalt stellen.

Tip: Frischer Ingwer läßt sich nicht für diese Mousse verwenden, da er die Gelierfähigkeit der Gelatine zerstört. Soll trotzdem frischer Ingwer verwendet werden, muß kräftig gekocht oder blanchiert werden.

Rezeptur:
Herstellung der Schokoladenblätter
ergibt 6 Portionen zu 6 Blättern von 6-7 cm Durchmesser

Temperierte, dunkle Kuvertüre mit Hilfe einer Winkelpalette hauchdünn auf Backpapier aufstreichen.
Beginnt die Schokolade fest zu werden, sollte sie schnell mit einem Ring ausgestochen werden. Wird Kuvertüre zu fest, bricht sie und man kann sie nicht mehr ausstechen. Die Kuvertüre muß ganz anziehen (fest werden) und mit einer Palette werden die Schokoblätter vorsichtig vom Papier genommen.

Tip: Die Schokoblätter können gut auf Vorrat hergestellt werden, sie können in arbeitsschwachen Zeiten vorbereitet und schichtweise auf Backpapier in einer gut schließenden Blechdose über einen längeren Zeitraum gelagert werden.

Anrichtevorschlag: Die Ingwermousse in einen Spritzbeutel mit kleiner Lochtülle (Nr. 5) füllen und auf 6 Schokoblätter je einen Ring der Ingwermousse dressieren (spritzen). In die Mitte der Mousse etwas Himbeer- oder Aprikosensauce geben, ein weiteres Schokoblättchen auflegen und leicht andrücken. Wieder einen Mousse-ring aufspritzen und noch ein Schokoblatt auflegen. Dieses Füllen wird fortgesetzt bis 6 Schokoblätter übereinander liegen. Die Feuilleté werden nun mit Hilfe einer Palette in die Tellermitte gestellt. Mit einem Portioniertrichter wird Himbeer- oder Aprikosensauce großzügig herumgegeben. Mit Créme fraîche oder Cassissauce werden Punkte in die Sauce gesetzt und mit einem Holzstäbchen ineinander verzogen. Verwendet man Himbeersauce, belegt man das Feuilleté mit frischen Himbeeren, bei Aprikosensauce wird die Oberfläche mit frischen Aprikosenspalten belegt. Als Garnitur ein Minzblatt anlegen und mit Puderzucker bestauben, so erhält das Ganze ein märchenhaftes Aussehen.

Tip: Wichtig ist, daß die Schokoblätter hauchdünn sind. Beim Verzehren müssen die Blätter mit der Gabel leicht von oben nach unten zu trennen sein, ohne daß die Mousse nach außen quetscht. Drückt sich das Feuilleté zusammen, ist die Schokolade zu dick und der Pfiff der ganzen Sache verloren!

Spanische Gewürzorangen mit bitterem Schokoladeneis

Die iberische Halbinsel ist als Ursprungsland unserer heutigen Schokolade bekannt. Sie war einst auch Hochburg dieser Nascherei, bevor sich die Franzosen, Italiener und Schweizer der herrlichen, braunen Masse bedienten. Aus dieser Zeit stammt das folgende Rezept der gewürzten Orangen mit bitterem Schokoladeneis. Damals wurden die Orangen allerdings nur mit einer herben Kakaosauce statt Eis gereicht. Die Orangen haben aber bis heute nichts von ihrem wunderbarem Geschmack und Aroma eingebüßt.

Rezeptur: Gewürzorangen
ergibt 6 Portionen

6	Blutorangen, mittelgroß
700 g	Wasser
700 g	Zucker
1	Vanilleschote
1	Zimtstange
1	Lorbeerblatt
15	Nelken
1	Orangenschale (Julienne)
100 g	Glucose (Bonbonsirup)

Den Zucker mit Wasser und den Gewürzen aufkochen und langsam um die Hälfte einkochen. Die Glucose zugeben, gut verrühren, aber nicht mehr kochen lassen. Die Blutorangen mit einem scharfen Messer schälen, auch die weiße Haut zwischen Schale und Frucht muß gut entfernt werden. Die sauber geschälten Blutorangen in ein großes Glas legen, die abgezogene Orangenschale dazugeben und den noch heißen Sud mit allen Gewürzen langsam darübergießen. Das Glas verschließen und 2 Tage stehen lassen. Nach dieser Zeit die Orangen abgießen und den Gewürzsud noch einmal um die Hälfte einkochen. Das ist notwendig, da durch den Zuckersud der Saft aus den Orangen gezogen wurde. Dieser Orangensaft (besteht zu 95 % aus Wasser) muß wieder verkocht werden, damit die Orangen über längere Zeit haltbar sind. Bevor die Gewürzorangen als Dessert verwendet werden, sollten sie noch mindestens 3 bis 4 Tage in der Flüssigkeit ziehen.

Tip: Am besten kauft man kernlose Blutorangen. Um sicher zu sein, daß der Zuckersirup auch nach längerem Stehen nicht auskristallisiert, sollte man 1/3 des Zuckers durch Invertzucker ersetzen oder dem Zuckersirup 5 g Invertin (Enzym zur Zuckerspaltung) zusetzen. Am besten schmecken die Blutorangen wenn sie eisgekühlt serviert werden.

Anrichtevorschlag: Die Blutorangen aus dem Sirup nehmen, mit einem Küchenkrepp leicht abtrocknen und mit einem scharfen Messer in dünne Scheiben schneiden. Die Scheiben kreisförmig auf den Teller legen und eine große Kugel bitteres Schokoladeneis in die Mitte portionieren. Die Orangenscheiben dünn mit dem Gewürzsud benetzen und vorsichtig etwas Kakaopulver über das Eis streuen. Zum Garnieren 2 Minzblätter anlegen und einige bittere Schokoladenspäne über die Orangen streuen.

Mandelbuchteln in Kirschsauce mit Joghurteis

Bei dem Wort „Buchteln" denkt man an Mehlspeisen aus Österreich. Das folgende Rezept der Mandelbuchteln ist eine meiner Kreationen. Es ist eine Abwandlung der bekannten „Dukatenbuchteln" oder „Rohrnudeln". Die fruchtige Sauce und das leichte Joghurteis sorgen dafür, daß dieses Dessert trotzdem sehr erfrischend und nicht so mächtig ist.

Rezeptur: Mandelbuchteln
ergibt 25 Portionen

200 g	Milch
70 g	Zucker
25 g	Hefe, frisch
250 g	Mehl
9 g	Salz
100 g	Ei (2 Stück)
1	Zitronenschale, abgerieben
40 g	Mandellikör
200 g	Mehl
50 g	Mandeln, gemahlen
5 g	Zimt
70 g	Butter

Aus Milch, Zucker, Salz, Hefe und Mehl wird ein **Ansatz** (Dampferl) hergestellt. Die Milch mit dem Zucker leicht erwärmen (ca. 25-30 °C), die Hefe darin verrühren und Mehl und Salz unterkneten. Diesen Ansatz stellt man an einen warmen Ort zum Garen (aufgehen). Eier, Zitronenschale und Mandellikör schaumig schlagen und unter den inzwischen aufgegangenen Ansatz arbeiten. Das restliche Mehl mit Mandeln, Zimt und Butter zugeben und einen glatten Teig herstellen. Löst sich der Hefeteig von den Händen und vom Tisch, ist er fertig. Sollte der Buchtelteig zu fest geworden sein, was mit der Mehlqualität zusammenhängen kann, muß noch ein wenig Milch nachgegeben werden. Den fertigen Teig circa 1/2 Stunde gut mit Klarsichtfolie abgedeckt an einen warmen Ort zum Aufgehen stellen. Danach wird der Teig zusammengeschlagen und nochmals eine 1/4 Stunde zum Aufgehen gestellt. Das Zusammenschlagen ist sehr wichtig, damit der Hefeteig gleichmäßig aufgeht. Der Buchtelteig wird in kleine Stücke von ca. 15-20 g abgewogen. Die kleinen Teigstücke auf dem Tisch zu Kugeln rollen und einmal kurz in flüssige Butter tunken, bevor sie nebeneinander auf ein leicht gebuttertes Backblech oder in eine kleine Pfanne gesetzt werden. Die Butter verhindert, daß die Mandelbuchteln zusammenbacken, sie lassen sich so nach dem Backen sehr leicht voneinander lösen. Backblech oder Pfanne sollten ca. 25x35 cm groß sein. Sind alle Buchteln aufge-

Spezial-Desserts

setzt, werden sie mit der flüssigen Butter noch einmal dünn bestrichen, mit Klarsichtfolie abgedeckt an einen nicht zu warmen Ort gestellt. Haben sie ihr Volumen um 3/4 vergrößert, werden sie in den vorgeheizten Backofen geschoben und zügig gebacken. Backt man die Mandelbuchteln zu kalt, passiert es leicht, daß sie während des Backens trocknen. Sie sind dann fest, strohig und schmecken nicht mehr so gut.

Backtemperatur:
195 °C Heißluft
230 °C Ober-/Unterhitze

Backzeit:
12-15 Min. Heißluft
15-20 Min. Ober-/Unterhitze

Tip: Nach dem Backen sollten die Mandelbuchteln mit aufgelöster Butter abgestrichen werden. So erhalten sie einen schönen Glanz und bleiben weich. Sollen die Buchteln in der Mikrowelle wieder warm gemacht werden, muß man sehr vorsichtig sein, daß sie nicht zu hart und trocken werden.

Mandelbuchteln in Kirschsauce

Rezeptur: Kirschsauce
ergibt ca. 400 g fertige Sauce
80 g Zucker
150 g Wasser
1/2 Zimtstange
1/2 Vanilleschote
250 g Sauerkirschen, TK
20 g Kirschwasser
10 g Mandellikör
10 g Puddingpulver

Wasser, Zucker, Vanille und Zimt aufkochen, einige Zeit ziehen lassen und passieren. Die gefrorenen Sauerkirschen auftauen und mit dem passierten Sud in den Mixer geben und kräftig aufmixen. Die Sauce wieder durch ein feines Sieb passieren und das Puddingpulver mit etwas Flüssigkeit anrühren. Den Rest der Flüssigkeit aufkochen, das angerührte Puddingpulver zugeben und kräftig durchkochen. Die Kirschsauce abkühlen lassen. Kirschwasser und Mandellikör zugeben und eventuell mit einigen Tropfen Zitronensaft abschmecken.

Tip: Statt Zucker kann auch Honig verwendet werden, damit die Kirschsauce einen volleren Geschmack erhält.

Anrichtevorschlag: 4-5 Mandelbuchteln auf einen Teller legen und die Kirschsauce leicht herumlaufen lassen. Einige gehackte Pistazien in die Sauce streuen und darauf eine Nocke Joghurteis (siehe Kapitel Eis) setzen. Zwei schöne Minzblätter anlegen und alles leicht mit Puderzucker bestauben.

Pralinen – Quiche in Minzsauce mit bitterem Orangeneis

„Elsaß kulinarisch" ein Fest, bei dem sich alles um Wein und Zwiebelkuchen (Quiche lorraine) in jeder nur denkbaren Variation dreht. Um diese Veranstaltung komplett zu machen, fehlte etwas Süßes, ein Dessert. Das war die Geburtsstunde des folgenden Rezeptes, des Pralinen – Quiche. Ich habe ihn damals in einer leichten Minzsauce mit einem bitteren Orangeneis serviert.

Spezial-Desserts

Rezeptur: Mandelmürbteig
ergibt 550 g fertigen Mürbteig
125 g Puderzucker
125 g Butter
20 g Eigelb (1 Stück)
100 g Mandeln, gemahlen
150 g Mehl
Prise Salz
1/2 Vanilleschote, nur das Mark

Den Puderzucker mit Butter, Salz und Vanille glattarbeiten. Mehl und Mandelgrieß nach und nach unter die Butter reiben. Den Teig noch 1 Stunde vor der Weiterverarbeitung kalt legen, danach ausrollen und eine leicht gebutterte Form von 22 cm Durchmesser und etwa 2 cm Höhe dünn auslegen, **blindbacken** und auskühlen lassen.

Rezeptur: Pralinenfüllung
ergibt 1 Quiche von 22 cm Durchmesser
200 g Kuvertüre, dunkel
50 g Milchkuvertüre
100 g Sahne
25 g Akazienhonig
55 g Orangenlikör
1 Orangenschale, fein gehackt
15 g Walnüsse, gehackt
15 g Pistazien, gehackt
15 g Pinienkerne, geröstet

Die Milch aufkochen, die gehackte Kuvertüre zugeben und unter ständigem Rühren (neben der Kochplatte) auflösen. Den Honig, Likör, die Orangenschale und Nüsse unterrühren und die Pralinenmasse in die ausgekühlte Mürbteigform füllen und glattstreichen. Mit einem **Kammhörnchen** leichte Wellen in die Pralinenmasse ziehen. Die Masse nicht in den Kühlschrank stellen, sie muß bei Raumtemperatur anziehen.

Tip: Um den Pralinen — Quiche etwas interessanter zu garnieren, kann man gehackte Nüsse, Pistazien oder auch getrocknete Orangenjulienne aufstreuen.

Rezeptur: Minzsauce
ergibt ca. 300 g fertige Sauce
120 g Milch
60 g Eigelb (3 Stück)
30 g Zucker
60 g Minzlikör
2 Tropfen Minzöl
3 Blätter Minze, fein geschnitten

Die Milch aufkochen, Eigelb und Zukker verrühren und die heiße Milch unter ständigem Rühren in die Eier laufen lassen. Die Sauce auf dem Wasserbad bis zur Rose abziehen und durch ein feines Haarsieb passieren. In kaltem Wasser oder auf Eis abkühlen und Minzlikör, Minzöl und die fein geschnittenen Minzblätter unterrühren. Die fertige Sauce sollte vor Gebrauch etwa 1/2 Stunde ziehen.

Tip: Das Minzöl muß sehr vorsichtig dosiert werden, ein Tropfen zuviel und die Sauce ist zu stark abgeschmeckt. Ist Minze vorhanden, die zum Garnieren nicht mehr verwendet werden kann, kocht man sie in der Milch mit, um den natürlichen Minzgeschmack zu erhalten. Dann kann meist auf Likör und Minzöl verzichtet werden.

Anrichtevorschlag: Das Pralinen — Quiche mit einem heißen Messer schneiden (in 14 Portionen) und ein Stück auf den Teller legen. Die Minzsauce leicht herumlaufen lassen und eine Kugel bitteres Orangeneis anlegen. Das Ganze mit einem schönen Minzzweig garnieren und mit Puderzucker bestauben.

Warmer Bienenstich mit Honigsabayon

Spezial-Desserts

Warmer Bienenstich mit Honigsabayon, Dattelragout und Mohneis

Eine Weinprobe mit den besten Bordeaux-Weinen der Welt sollte in der „Ente vom Lehel" in Wiesbaden stattfinden. Nach langem Probieren und Diskutieren stand das Menü endlich fest. Als letzten Wein hatte man sich für einen „Château d'Yquem", Jahrgang 1946 entschieden, einem Weißwein aus dem Bereich Sauternes im Bordeaux-Gebiet. Dieser süße Wein hat manchmal einen Alkoholgehalt bis zu 6 %. Trotz seiner Süße ist er vollkommen naturrein, da er aus Trauben gekeltert wird, die mit Edelfäule behaftet sind. Zu diesem sehr süßen und sündhaft teuren Wein mußte ein passendes Dessert gefunden werden. Es sollte in erster Linie alle Qualitäten dieses Weines so unterstreichen, daß er sich im Zusammenspiel mit dem Dessert voll entfalten konnte. Dennoch wollte ich erreichen, daß das Dessert mit diesem Wein eine harmonische Einheit ergab und sich mit ihm auf die gleiche Stufe stellen konnte. So kam das folgende Dessert zustande und es wurde seiner Aufgabe mehr als nur gerecht. Versuchen sie es selbst, sie werden staunen!

Rezeptur: Bienenstich
ergibt 2 Bienenstich a.
14 Portionen

105 g	Milch
30 g	Akazienhonig
80 g	Eigelb (4 Stück)
20 g	Mandellikör
1	Vanilleschote, nur das Mark
1	Zitronenschale, gerieben
30 g	Hefe, frisch
350 g	Mehl
7 g	Salz
90 g	Butter

Milch, Akazienhonig, Eigelb, Vanillemark, abgeriebene Zitronenschale und Mandellikör leicht erwärmen (ca. 25-30 °C) und die frische Hefe mit einem Schneebesen darin verrühren. Das Mehl und Salz in eine große Schüssel wiegen, die Flüssigkeit zugießen und verkneten. Sind Mehl und Flüssigkeit leicht gebunden, wird die Butter zugegeben und alles zu einem glatten Hefeteig verarbeitet. Den Teig gut abgedeckt zum Aufgehen an einen warmen Ort stellen. Den Bienenstichteig zweimal zusammenschlagen und zweimal aufgehen lassen. Jetzt wird der Teig halbiert und in zwei Ringen (22 cm Durchmesser) ausgelegt.

Tip: Den Teig gut mit einer Gabel einstechen, damit er während des Backens keine Blasen schlägt und gleichmäßig aufgehen kann.

Rezeptur: Mandelmasse
für 2 Bienenstiche

100 g	Butter
150 g	Zucker
60 g	Honig
10 g	Glukose (Bonbonsirup)
	Prise Zimt, gemahlen
1/2	Vanilleschote (nur das Mark)
50 g	Sahne
50 g	Milch
180 g	Mandeln, gehobelt

Butter, Zucker, Honig, Glukose, Zimt,Vanillemark, Sahne und Milch einmal kräftig aufkochen, die gehobelten Mandeln mit einem Holzlöffel unterrühren und die Mandelmasse auf dem Hefeteig verstreichen. Den Teig nur um die Hälfte aufgehen lassen und in den vorgeheizten Backofen schieben.

Backtemperatur:
185 °C Heißluft
210 °C Ober-/Unterhitze

Backzeit:
15-20 Min. Heißluft
20-25 Min. Ober-/Unterhitze

Rezeptur: Honigsabayon
ergibt 14 Portionen
100 g Akazienhonig
250 g Sahne
100 g Eigelb (5 Stück)
60 g Cognac

Alle Zutaten in einer großen Schüssel auf dem Wasserbad langsam aufschlagen, aber nicht bei voller Hitze, damit der Sabayon genug Volumen bekommt. Den Honigsabayon sofort in kaltem Wasser oder auf Eis kaltrühren.

Rezeptur: Dattelragout
ergibt 14 Portionen
14 Datteln, frisch
200 g Zucker
200 g Sahne
40 g Rum 40%

Die Datteln schälen, entkernen und vierteln. Den Zucker in einem kleinen Pfännchen bei starker Hitze auflösen, die Sahne aufkochen und vorsichtig in den Karamel gießen. Langsam rühren, bis sich der ganze Karamel aufgelöst hat. Die Karamelsauce durch ein feines Sieb passieren, noch einmal aufkochen lassen und die Dattelstücke in die Sauce geben. Alles leicht abkühlen lassen und den Rum erst unter die abgekühlte Masse rühren. Es ist gut, wenn das Dattelragout etwa 1 Stunde zieht, bevor es verwendet wird.

Anrichtevorschlag: Den noch warmen Bienenstich schneiden und ein Stück auf den Teller legen. Eine Kugel Mohneis (siehe Kapitel Eis) auf ein paar Pistazienstreußel legen und den Honigsabayon über den Bienenstich auf den Teller laufen lassen. Zuletzt vier Dattelstückchen mit Sauce an das Mohneis legen und alles mit Puderzucker leicht bestauben.

Tip: Zu diesem Dessert paßt keine Fruchtgarnitur. Durch die Säure frischer Früchte würde die Geschmacksharmonie empfindlich gestört.

Champagner — Risotto mit Rotweinbirne

Wenn ein Risotto gelingen soll, gibt es eine Faustregel, die stets beachtet werden muß: Es muß Risottoreis verwendet werden, bekannte Sorten sind: Avorio, Arborio oder auch Vialonereis. Außerdem sollte immer dreimal soviel heiße Flüssigkeit wie Reis genommen werden. Ein Risotto erfordert viel Ruhe, Zeit und Geduld. Beachtet man diese drei Dinge, kann nicht mehr viel schief gehen. Risottoreis darf niemals gewaschen werden, denn sonst verliert er Stärke. Er wird immer zuerst angedünstet und zwar in Öl, Butter und Zwiebeln. In italienischen Küchen nennt man diesen Vorgang „soffritto". Auf Zwiebeln muß bei dieser Dessertvariante verzichtet werden, aber eine Birne ist für unsere Zwecke ein guter Ersatz. Auch das Garen sollte wie bei einem echten Risotto geschehen, das ist die Garantie, um ein fantastisches Risotto-Dessert zu erhalten.

Rezeptur: Champagner-Risotto
ergibt 4 Portionen
20 g Butter
30 g Öl
1/2 Birne, feste Frucht
1 Zitronenschale, fein gehackt
1/2 Orangenschale, fein gehackt
1/2 Vanilleschote, nur das Mark
25 g Akazienhonig
120 g **Risottoreis**
50 g Weißwein, trocken
300 g Milch
100 g Champagner, trocken

Spezial-Desserts

Die Birne schälen, das Kerngehäuse ausschneiden und mit einem scharfen Messer fein würfeln. Butter und Öl in einer großen Sauteuse erhitzen und die Birnenwürfel andünsten. Zitronen- und Orangenschale, Vanillemark und den Reis dazugeben und unter Rühren glasig dünsten. Den Honig zugeben und das Ganze mit Weißwein ablöschen. Die restliche Flüssigkeit teilt man am besten in drei Teile. Ist der Wein verdunstet und vom Reis aufgenommen, gibt man den ersten Teil der Flüssigkeit zu. Durch kreisförmiges Schwenken der Sauteuse auf der Kochplatte wird ein Teil der Milch untergerührt. Nach Möglichkeit sollte kein Kochlöffel genommen werden. Je weicher der Reis und je mehr mit dem Kochlöffel gerührt wird, umso unappetitlicher sieht das fertige Risotto aus. Hat der Reis die erste Flüssigkeit aufgenommen, gibt man die restliche Milch zu und verfährt wie beschrieben. Der Champagner wird zuletzt unter den Reis gegeben. Ein Risotto wird immer leicht fließend serviert, er darf also nicht zu fest und trocken werden. Eventuell den Reis noch etwas mit Zitronensaft abschmecken.

Tip: Das Ablöschen mit Wein macht den Reis bekömmlicher und geschmacklich würziger. Er sollte langsam garen, da die Flüssigkeit sonst zwar verdunstet, aber nicht vom Reis aufgenommen wird. Dann bleibt er hart. Die Milch sollte immer heiß zugegeben werden.

Rezeptur: Birnen in Rotwein
ergibt 4 Portionen

3	Birnen, fest
450 g	Rotwein (Barolo)
50 g	Wasser
100 g	Akazienhonig
150 g	Zucker
1/2	Zimtstange
1/2	Vanilleschote
2	Nelken
1	Orangenschale, Julienne

Rotwein, Wasser, Zucker, Honig, Orangenschale und Gewürze aufkochen. Die Birnen schälen, halbieren und mit einem Kartoffelausstecher das Kerngehäuse entfernen. Die Birnenhälften in die kochende Flüssigkeit legen und ganz langsam pochieren. Sind die Birnen weich genug, wird der Rotweinsud weiter eingekocht, bis er eine feine Saucenkonsistenz hat. Um festzustellen, ob die Sauce die richtige Konsistenz hat, gibt man einige Tropfen auf einen weißen Teller, hält ihn schräg und sieht, ob die Sauce richtig abläuft. Ist die Rotweinsauce fertig, wird sie durch ein feines Sieb passiert. Die Birnen in die Sauce zurücklegen, damit sie noch mehr Geschmack annehmen.

Tip: Je langsamer die Birnen pochiert werden, umso gleichmäßiger werden sie gar und um so besser schmecken sie nachher.

Anrichtevorschlag: Risotto in die Tellermitte geben, die Rotweinbirne in dünne Spalten schneiden und in Fächerform kreisförmig auf den Reis legen. Mit einem Löffel etwas Rotweinsauce über die Birnen und den Reis laufen lassen. Acht kleine Zitronenmelisseblätter um das Risotto legen und alles leicht mit Puderzucker bestauben.

K.u.K. Dessertteller

Die Zeit der Könige und Kaiser ist bereits seit 1918 vorbei, die österreich-ungarische Monarchie ging zugrunde und zerfiel. Nach der Verfassung von 1920 war Österreich eine parlamentarische Demokratie. Jedoch ungerührt vom Zerfall des Kaiserreichs blieben die „Wiener Mehlspeisen“. Da Österreich ein Viel-Völkerstaat war leistete jedes Volk seinen kulinarischen Beitrag. Aus Ungarn kam der Palatschinken, vom Balkan der heute weltberühmte Strudel und Böhmen brachte seine wunderbaren Mehlspeisen mit in diese Verbindung. Den Österreichern selbst haben wir zum Beispiel die Salzburger Nokkerln und die Linzer Torte zu verdanken. Österreich ist bis heute die Hochburg der Konditoren, Zuckerbäcker und Mehlspeisenköche geblieben. Der folgende Dessertteller bietet einen Querschnitt durch die süße Küche Österreichs.

Rezeptur: Palatschinken
ergibt ca. 12 Portionen
(18 cm Durchmesser)
250 g Mehl
500 g Milch
100 g Ei (2 Stück)
60 g Zucker
1 Prise Salz
50 g Butter
250 g Marillenmarmelade

Rezeptur:
Royal für Palatschinken
ergibt ca. 12 Portionen
450 g Milch
50 g Ei (1 Stück)
20 g Eigelb (1 Stück)
50 g **Strohrum** (80%)
50 g Zucker

Mehl in eine große Schüssel geben, Milch, Eier, Zucker und Salz verrühren und unter ständigem Rühren in das Mehl gießen. Wenn keine Klumpen mehr vorhanden sind, ist der Teig fertig. Die Butter auflösen und unter den Teig rühren, damit die Pfannkuchen nach dem Backen nicht zäh werden. Die Pfannkuchen in geklärter Butter in einer Pfanne von 18 cm Durchmesser schnell von beiden Seiten backen, mit **Marillenmarmelade** füllen und zu einem Dreieck zusammenfalten und zu je 2 Stück in ein ausgebuttertes Gratinierpfännchen legen. Milch, Ei, Rum und Zucker gut verschlagen und zweimal durch ein feines Haarsieb laufen lassen, über die Palatschinken gießen und in den vorgeheizten Backofen schieben.

Backtemperatur:
160 °C Heißluft
185 °C Ober-/Unterhitze

Backzeit:
10-12 Min. Heißluft
12-15 Min. Ober-/Unterhitze

Tip: Die Flüssigkeit kann auch in das Mehl gegossen und mit einem Mixstab gut verquirlt werden.

Spezial-Desserts

Rezeptur: Topfenknödel mit Zwetschkenröster
ergibt 10 Portionen
60 g Butter
60 g Puderzucker
1 Prise Salz
1 Zitronenschale, gerieben
1/2 Zitronensaft, passiert
150 g Ei (3 Stück)
60 g Eigelb (3 Stück)
250 g Weißbrot, gewürfelt
800 g Quark

Rezeptur: Zwetschkenröster
ergibt ca. 15 Portionen
500 g Pflaumen
90 g Zucker
1 Vanilleschote
1/2 Zimtstange
1/2 Orangenschale, gerieben
120 g Wasser

Das Weißbrot ohne Kruste in kleine Würfel schneiden. Butter, Puderzukker, Salz, Zitronenschale und Saft schaumig rühren. Ei und Eigelb miteinander verschlagen und nach und nach unter die Buttermasse schlagen. Die Weißbrotwürfel unter die schaumige Masse rühren und 30 Minuten quellen lassen. Die Masse sollte während dieser Zeit in den Kühlschrank gestellt werden. Den Quark mit einem Gummilutscher oder Holzlöffel kräftig unterrühren und die fertige Topfenmasse noch einmal etwa 1 Stunde kühl stellen. In dieser Zeit können die Butterbrösel geröstet werden. Mit einem ovalen Löffel werden aus der Topfenmasse kleine Nokken geformt, die in Salzwasser etwa 12 Minuten pochiert werden.

Das Wasser mit dem Zucker und den Gewürzen aufkochen, die Pflaumen waschen, halbieren, entkernen und in die kochende Flüssigkeit geben. Die Pflaumen in dem Sud weich dünsten und auskühlen lassen.

Tip: Die Zimtstange rausnehmen, damit der Röster nicht zu stark nach Zimt schmeckt.

Rezeptur: Apfelstrudel
ergibt 20 Portionen
300 g Mehl
120 g Öl
9 g Salz
450 g Wasser, warm

Rezeptur: Apfelfüllung
ergibt 20 Portionen
500 g Äpfel, Cox Orange
60 g Zucker
30 g **Nußbutter**
3 g Zimt, gemahlen
1 Zitronenschale, gerieben
100 g Brösel, süße

Spezial-Desserts

Mehl und Salz in eine große Schüssel wiegen, das Öl und 2/3 des Wassers zugeben. Aus dieser Masse einen glatten Teig herstellen. Ist der Teig zu fest, gibt man auch das restliche Wasser zu. Der Strudelteig muß ganz glatt gearbeitet werden. Mit Folie gut abdecken und circa 30 Minuten ruhen lassen. Auf einem Tuch wird der Teig hauchdünn ausgezogen und mit der vorbereiteten Apfelmasse gefüllt. Für die Apfelmasse werden die Äpfel geschält, geviertelt, in dünne Scheiben geschnitten und mit den restlichen Zutaten gut vermischt. Die Äpfel auf den Teig legen, den restlichen Teig gut mit aufgelöster Butter bestreichen, mit Hilfe des Strudeltuches aufrollen und auf ein Backblech legen. Nun muß der Apfelstrudel noch einmal mit Butter eingestrichen werden, bevor er in den vorgeheizten Backofen geschoben wird.

Backtemperatur:
195 °C Heißluft
230 °C Ober-/Unterhitze

Backzeit:
12-15 Min. Heißluft
15-20 Min. Ober-/Unterhitze

Tip: Die Wassermenge ist sehr stark von der Mehlqualität abhängig. Ein frisches, kleberstarkes Mehl benötigt etwas mehr Wasser. Wird aber mit einem älteren Mehl gearbeitet, nimmt dieses nicht mehr so viel Flüssigkeit auf und es wird weniger Wasser gebraucht. Nach dem Backen muß der Apfelstrudel unbedingt noch einmal mit flüssiger Butter bestrichen werden, sonst läßt er sich später nicht schneiden.

Rezeptur:
Grießauflauf mit Marillen
ergibt 8 Portionen
250 g Milch
35 g Butter
1 Prise Salz
40 g Hartweizengrieß
50 g Eigelb (2,5 Stück)
90 g Eiweiß (3 Stück)
40 g Zucker

Rezeptur: Marillen
ergibt 8 Portionen
8 Aprikosen, frisch
100 g Weißwein, lieblich
5 g Mandellikör
20 g Marillenbrand
20 g Puderzucker

Die Auflaufförmchen gut buttern, mit Zucker ausstreuen und kalt stellen. Milch, Butter und Salz aufkochen, den Grieß unter ständigem Rühren einlaufen lassen und auf starker Flamme gut abbrennen. Klebt die Grießmasse nicht mehr am Topf, ist sie fertig. Am besten nimmt man etwas Masse zwischen Daumen und Zeigefinger, so kann festgestellt werden, ob sie noch klebt. Die Eigelbe unterrühren und das Eiweiß aufschlagen. Den Zucker nicht gleich zum Eiweiß geben, sondern erst nach und nach. Den Eischnee unter die Grießmasse heben und in die vorbereiteten Förmchen füllen. Die Förmchen in ein Wasserbad (80 °C) stellen und in den vorgeheizten Backofen schieben.

Backtemperatur:
170 °C Ober-/Unterhitze

Backzeit:
15-20 Min. Ober-/Unterhitze

Tip: Bevor der Grießauflauf gestürzt wird, muß er etwa 1 Minute abstehen.

Aprikosen waschen, halbieren und jede Hälfte in 3 Teile schneiden. Weißwein, Mandellikör, Marillenbrand und Puderzucker gut verrühren und über die Aprikosenspalten gießen. Die Früchte sollten etwa 1 Stunde in der Marinade ziehen.

Anrichtevorschlag: Zum Anrichten einen großen, weißen Teller benutzen. Zuerst den Apfelstrudel auf den Teller legen und daneben einen Topfenknödel. Der Palatschinken wird mit einer breiten Palette aus dem Gratinierpfännchen neben den Topfenknödel gelegt und zuletzt den Grießauflauf auf den Teller stürzen. Zuerst gibt man etwas Vanillesauce an den Apfelstrudel, verteilt einen Löffel Zwetschgenröster um den Topfenknödel und legt einige marinierte Marillenstücke um den Auflauf. Dann die Butterbrösel auf den Knödel streuen und alles mit Puderzucker gut bestauben.

Tip: Es ist sehr wichtig, daß alle Dessertteile warm auf den Teller gelegt und auch warm serviert werden. Dieser Dessertteller muß vom Arbeitsablauf sehr gut organisiert werden, am besten arbeitet man zu zweit.

Desserts – ohne Reue

Alles über Diät-Desserts

In diesem Buch über „Diät“ zu sprechen, wird bestimmt bei einigen Lesern ein Schmunzeln hervorrufen. Aber dieses Thema liegt mir schon seit langer Zeit am Herzen und nach dem Lesen der neuesten Erhebung der Deutschen Gesellschaft für Ernährung möchte ich die Sache endlich aufgreifen. Dabei habe ich die Hoffnung, daß die Gastronomie in allen Bereichen so wie Konditorei und Bäckerei sich der Notwendigkeit bewußt werden. Ausflüchte wie: das macht zu viel Arbeit, das ist zu aufwendig und zu teuer, diesen Aufwand zahlt uns keiner, sollten in Zukunft nicht mehr diskutiert werden. In diesem Kapitel wird nicht nur an den übergewichtigen Personenkreis gedacht, sondern auch an die Gäste, die zuckerkrank (Diabetes mellitus) sind, zu hohen Blut-Cholesterin-Spiegel haben und an die immer höher steigende Zahl der Allergiker oder alle, die mit Neurodermitis gegeißelt sind.

Abb. Doppelseite 182
v. l. im Uhrzeigersinn: Himbeerauflauf, Rotkohl-Früchte-Salat, Polenta mit Honig, Kirschmichel

Dieser Gästekreis ist mittlerweile so groß, daß er von uns nicht mehr übergangen werden darf. Würden die Gäste nicht von Zeit zu Zeit immer wieder „sündigen“, da ihnen mangels anderer Möglichkeiten keine andere Wahl bleibt, würde es in vielen Bistros, Restaurants und Konditoreien sehr düster aussehen.

1. Der aufreibende Kampf mit jedem Kilo! Aus der neuesten Erhebung der Deutschen Gesellschaft für Ernährung in Frankfurt, geht hervor, daß nach wie vor bei uns zuviel energiereiche, aber nährstoffarme Lebensmittel gegessen werden. Je mehr Energie in Form von Eiweiß (Protein), Fett und Kohlenhydraten aufgenommen wird, je größer ist der Bedarf an Vitaminen und bestimmten Mineralstoffen. Werden diese Vitamine und Mineralstoffe in zu geringer Menge oder gar nicht aufgenommen, kann die aufgenommene Energie im Stoffwechselkreislauf nicht verwertet werden. Sozusagen „schmollend“ setzt sie sich dann auf die schon ansässigen Fettpölsterchen an den Hüften ab. Einziger Ausweg aus dieser Situation ist eine ausgewogene Ernährung, die sorgfältig zusammengestellt werden muß.

Um sich besser und ausgewogener zu ernähren, muß man wissen, daß Nahrungsmittel nach Energie und Brennwert berechnet werden. Als Maßeinheit dafür gelten Kalorie/Joule, wobei Kalorie die alte Maßeinheit ist, heute wird in Joule gezählt (1 Kalorie = 4,19 Joule).

Wichtig ist außerdem, daß Lebensmittel aus drei Grund-Nährstoffen bestehen, Eiweiß, Fett und Kohlenhydraten.

1 g Fett = Energiewert 9,3 kcal(39 KJ)
1 g Eiweiß = Energiewert 4,1 kcal(17 KJ)
1 g Kohlehyd. = Energiewert 4,1 kcal(17 KJ)

Alkohol, der häufig als Bagatelle abgetan wird, schlägt immerhin per Gramm mit 7 kcal (29 KJ) kräftig zu.

Um dem schlechten Gewissen vieler Gäste entgegen zu wirken, aber auch, um zu zeigen, daß Desserts in dieser Form nicht mehr Aufwand bedeuten, sondern sehr schnell mit wenigen Handgriffen und sogar preiswert hergestellt werden können, habe ich einige Desserts ausgesucht, die zwar die Kalorienzahl, aber nicht den Spaß beim Essen verringern.

Alles über Diät-Desserts

Unterstützung für diese Dessertvergnügen habe ich mir bei Helga Köster geholt, die als Redakteurin der Zeitschrift „Brigitte“ seit 1968 die Brigitte-Diät entwickelte und sie zur erfolgreichsten Diät, nicht nur in Deutschland, machte.

2. Cholesterin — ein Reizwort!
Über 50% aller Menschen in der Bundesrepublik sterben an Herz- und Kreislauferkrankungen. Ein zu hoher Blut-Cholesterin-Spiegel, verursacht durch zu fettreiche Ernährung ist der Hauptrisikofaktor für die Entstehung von Arteriosklerose.

Durch bewußte Ernährung läßt sich das Risiko einer Herzgefäßerkrankung (auch Herzinfakt) um 20% senken. Mit jedem Prozent Cholesterinspiegelsenkung sinkt das Risiko einer Herzgefäßerkrankung um zwei Prozent.

Wichtig ist also, die Energiezufuhr zu bremsen, den Fettgehalt der Nahrung zu verringern und die Fettzusammensetzung zu verändern.

Der ideale Speiseplan:
- weniger Energie
- weniger Fett
- mehr Ballaststoffe
- eine bessere Fettzusammensetzung

Gesättigte Fettsäuren wirken steigernd auf den Cholesterinspiegel. Einfache, ungesättigte Fettsäuren (z.B.Olivenoel) verhalten sich weitgehend neutral und mehrfach ungesättigte Fettsäuren helfen, den erhöhten Cholesterinspiegel zu senken. Ideal wäre die Zusammensetzung: 1/3 gesättigte, 1/3 einfache, ungesättigte und 1/3 mehrfach ungesättigte Fettsäuren.

Für die tägliche Ernährung bedeutet das: größtmöglicher Verzicht auf tierische Fette, wie Wurst, Butter, fetter Käse und fettes Fleisch. Besser ist es, Diätmargarine und Pflanzenoele zu verwenden, da pflanzliche Fette kein Cholesterin enthalten.

Als Kohlenhydratträger sind stärkereiche Lebensmittel besonders geeignet, die auch gleichzeitig andere lebenswichtige Bestandteile in ausreichender Menge enthalten, vor allem Ballaststoffe, wie in Kartoffeln, Brot und anderen Getreideerzeugnissen. Ballaststoffe sollten reichlich in der täglichen Kost enthalten sein. Untersuchungen zeigen, daß bestimmte Ballaststoffe die Cholesterinausscheidung fördern und damit die Normalisierung des Blut-Cholesterin-Spiegels unterstützen. Vollkornbrot, Haferflocken, Rohkostsalate, Gemüse, Äpfel und Birnen, möglichst ungeschält, sowie Hülsenfrüchte, sind wichtige Ballaststoffträger auf dem Speisezettel.

Obwohl ein zu hoher Cholesterin-Spiegel (LdL Cholesterin), als Zivilisationskrankheit zu sehen ist und in Deutschland und den meisten anderen Industrieländern an der Spitze der Todesursachen steht, ist die Lobby in Gastronomie und Konditorei, Alternativen zu suchen und anzubieten, sehr gering.

Desserts auch ohne Reue und Angst zu genießen, sollte auch diesem Gästekreis ermöglicht werden. Die ansprechende und schmackhafte Zubereitung dieser Nachspeisen wird im folgenden Kapitel ebenfalls aufgezeigt.

Die Ernährungsempfehlung bei zu hohem Blutdruck ist schon sehr alt, denn bereits Anfang des 20. Jahrhundert wurde festgestellt, daß bei geringerer Kochsalzzufuhr über die Nahrung auch der Blutdruck sank. Doch gleichzeitig wurde herausgefunden, daß eine Kost ganz ohne Salz auch schädlich für den Organismus ist. Die Menge von 2 g Salz täglich sollte nicht unterschritten werden, denn diese Kochsalzmenge ist lebensnotwendig.

Alles über Diät-Desserts

Später wurde festgestellt, daß die Energiezufuhr und die Menge der essentiellen Fettsäuren große Bedeutung haben.

Kaliumsalz hat eine blutdrucksenkende Eigenschaft. Völkergruppen, die sich ballsatstoffreich ernährten, kannten kaum zu hohen Blutdruck. Nach Untersuchungen stellte man fest, daß Ballaststoffe die Aufnahme von Kochsalz durch den Dünndarm sehr stark hemmen. Es sollte auch darauf geachtet werden, daß im Tagesspeiseplan 25-35 g essentielle Fettsäuren enthalten sind. Nach jedem Essen steigt der Blutdruck um etwa 15 mm Hg an, fastet man aber über einen längeren Zeitraum, sinkt der Blutdruck automatisch. Hier sollte der Mittelweg gefunden werden. Er liegt im allgemeinen bei 1700-1800 Kalorien am Tag, die auf 5 oder 6 kleine Mahlzeiten, von ca. 300 Kalorien verteilt werden sollten.

Prinzipiell gilt hier das Gesetz der Vollwertigkeit, denn unser Körper hat einen hohen Nährstoffbedarf. Regelmäßig müssen ihm mindestens 50 verschiedene Bausteine zugeführt werden. Dabei ist es gerade bei einer Diät wichtig, den Bedarf an Nährstoffen, Mineralstoffen und Vitaminen zu decken.

Das Problem Bluthochdruck aus der Sicht eines Patissiers oder Konditors gesehen ist sehr schwierig, da der Genuß von Zucker (nur Fruchtzucker oder Glukose) am Tag nicht höher als 30-40 Gramm sein sollte. Das bedeutet, es muß viel mit frischen Früchten (ungesüßt) gearbeitet werden, nur in Ausnahmefällen sollte Süßstoff verwendet werden. Die nächsten Seiten dieses Kapitels zeigen, daß es möglich ist.

Die Zahl der Allergiker nimmt ständig zu, ohne daß dieses Problem genau ergründet werden konnte. Die Experten sind sich nicht einig, ob Allergie eine Ernährungsstörung oder eine neue Volkskrankheit ist. Jedes Jahr wird die Allergieforschung vom Bundesforschungsminister mit Millionen gefördert.

Dr. med. M.O. Brucker vertritt die Ansicht, daß die Ursache in der Ernährung liegt. Ist der Eiweißstoffwechsel gestört, wird das Immunsystem geschwächt und allergische Reaktionen können auftreten. Vieles deutet darauf hin, daß tierisches Eiweiß oftmals der Auslöser einer Allergie ist. Neurodermitis gilt als eine anlagebedingte Hauterkrankung mit starken Stoffwechselstörungen. Hier sollte ganz auf tierisches Eiweiß verzichtet und auf eine reizstoffarme Vollwertkost umgestellt werden. Auf alle isolierten Kohlenhydrate, wie Zucker, Auszugsmehl und raffinierte, erhitzte Öle und Fette muß verzichtet werden. Südfrüchte sollten möglichst auch gemieden werden. Nur Bananen, Kiwis, Datteln (getrocknet) und Feigen dürfen bedenkenlos gegessen werden. Konserven oder farbstoffhaltige Produkte, wie zum Beispiel rote Säfte, Paprika und Essig, sind auch zu umgehen.

So bedeutet die Herstellung von feinen, leckeren Desserts für Allergiker auch kein unüberwindbares Problem mehr.

Der Sinn einer Diät bedeutet nicht, daß sie in allen Lebenslagen eingehalten werden muß. Bewußt oder auch unbewußt werden im Rahmen einer Diät immer wieder Fehler gemacht. Schließlich verfügt ein gut ernährter Organismus über sehr viele Anpassungsmechanismen, die es ihm möglich machen, Diätfehler auszugleichen.

Ziel einer guten Diät ist es langfristig, die Gesamternährung so umzustellen, daß man sich wohlfühlt, ohne die Freude und den Spaß am Leben zu verlieren. Hier bin ich der Meinung sind wir in der Lage, noch viel zu tun, damit sich dieser Gästekreis auch bei uns wohlfühlt.

Schokoladenmousse/Bananencreme

Diät-Desserts

Diät — Schokoladenmousse (auch für Diabetiker geeignet)

Es ist sehr schwer, auf eine feine Schokomousse zu verzichten, doch man weiß, die Kalorienmenge ist erbarmungslos. Diese Mousse läßt sich aber auch innerhalb eines Diätplans verwenden, ohne daß mit schlechtem Gewissen gegessen wird.

Rezeptur: Schokoladenmousse
ergibt 1 Portion

	Gew.	Kal.	E.	F.	KH.
Magerquark 10%	75,0 g	59	9,82	0,17	2,98
Kakao, Instant	7,5 g	30	0,00	0,00	6,00
Eiweiß	35,0 g	19	3,77	0,07	0,25
Süßstoff, flüssig		0	0,00	0,00	0,00
Gesamt:	117,5 g	108	13,59	0,24	9,23

Den Quark mit dem Kakao verrühren, so daß keine Klumpen mehr sichtbar sind. Eiweiß aufschlagen, etwas Süßstoff zugeben und das cremig geschlagene Eiweiß unter den Schokoladenquark heben.

Tip: Der Süßstoff muß vorsichtig dosiert werden, da die Masse sonst zu süß wird. Es sollte nicht mehr als nötig verwendet werden.

Anrichtevorschlag: Die Schokomousse in ein schönes Glas füllen und mit zwei hauchdünnen Schokoladenspänen servieren. Die Mousse kann aber auch sehr gut auf einem kleinen Teller angerichtet werden.

Tip: Wird der Glasrand leicht in Kakao gedreht, sieht das Glas gleich nicht mehr so langweilig aus. Die Masse kann auch zum Füllen von kleinen Törtchen verwendet werden.

Diät — Bananencreme (auch für Diabetiker geeignet)

Für Naschkatzen, die gern Nachspeisen essen, aber auch nicht wahllos Kalorien reinschaufeln mögen, ist dieses Dessert genau das Richtige.

Rezeptur: Diät-Bananencreme
ergibt 1 Portion

	Gew.	Kal.	E.	F.	KH.
Magerquark (10%)	50 g	39	6,55	0,12	1,99
Zitronensaft	10 g	3	0,03	0,01	0,77
Banane	100 g	81	0,97	0,16	18,80
Eiweiß	35 g	19	3,77	0,07	0,25
Süßstoff		0	0,00	0,00	0,00
Gesamt:	195 g	142	11,32	0,36	21,81

Die Banane schälen und drei dünne Scheiben zum Garnieren zurückbehalten. Den Quark und die Banane durch ein Sieb passieren, den Zitronensaft zugeben und kräftig verrühren. Das Eiweiß mit etwas Süßstoff cremig schlagen und unter die Bananen-Quark-Masse heben.

Tip: Die Banane sollte gut reif sein, so gibt sie den besten Geschmack ab.

Anrichtevorschlag: Die Bananencreme in einem kleinen Suppenteller anrichten, die Bananenscheiben und zwei schöne Minzblätter anlegen.

Diät — Zitronencreme

Diese Zitronencreme ist in kürzester Zeit zubereitet und serviert.

Rezeptur: Zitronencreme
ergibt 1 Portion

	Gew.	Kal.	E.	F.	KH.
Eiweiß	35 g	19,00	3,77	0,07	0,25
Magermilch-joghurt	75 g	29,00	3,16	0,07	3,64
Zitronenschale	1	0,00	0,00	0,00	0,00
Zitronensaft	20 g	7,00	0,07	0,02	1,54
Orangensaft	20 g	10,00	0,11	0,03	2,18
Süßstoff		0,00	0,00	0,00	0,00
Vanilleschote	1 Msp.	0,00	0,00	0,00	0,00
Zitronenmelisse		0,00	0,00	0,00	0,00
Gesamt:	150 g	65,00	7,11	0,19	7,61

Den Magermilchjoghurt mit Zitronenschale, Zitronen- und Orangensaft und dem Mark der Vanilleschote glattrühren. Das Eiweiß mit dem Süßstoff cremig schlagen und leicht unter den angerührten Joghurt heben.

Tip: Mit dem Süßstoff vorsichig umgehen. Soll die Zitronencreme über einen längeren Zeitraum stehen, zum Beispiel auf einem Buffet oder für eine größere Personenzahl vorbereitet werden, sollte der Joghurtmasse 1 Blatt Gelatine zugegeben werden.

Anrichtevorschlag: Die Zitronencreme in ein schön geformtes Glas füllen, das zuvor leicht in Zucker oder feingehackten Pistazien gedreht wurde, 2 schöne Blätter Zitronenmelisse und ein Zitronenviertel als Garnitur auflegen.

Diät – Kirschmichel

Eine Spezialität für die Herbst- und Wintertage, die im Diätangebot nicht fehlen sollte.

Rezeptur: Kirschmichel
ergibt 1 Portion

	Gew.	Kal.	E.	F.	KH.
Eiweiß	35 g	19	3,77	0,07	0,25
Magerquark	50 g	39	6,55	0,12	1,99
Süßstoff		0	0,00	0,00	0,00
Zimt	1 Msp.	0	0,00	0,00	0,00
Sauerkirschen	60 g	48	0,34	0,10	11,40
Gesamt:	145 g	106	10,66	0,29	13,64

Die Sauerkirschen entkernen und in einer feuerfesten Form (Gratinpfännchen) verteilen. Quark und Zimt kräftig verrühren, so daß die Masse leicht flüssig wird. Eiweiß und Süßstoff cremig schlagen und unter die Quarkmasse heben. Die Masse gleichmäßig über die Sauerkirschen verteilen und in den vorgeheizten Backofen schieben.

Backtemperatur: 185 °C Heißluft
210 °C Ober-/Unterhitze

Backzeit: 10 Min. Heißluft
13 Min. Ober-/Unterhitze

Tip: Statt Süßstoff kann man auch Akazienhonig verwenden. Es muß allerdings beachtet werden, daß die Werte in der oben angebenen Tabelle dann nicht mehr stimmen.

Diät–Orangenfilets mit Eischaum

Ein leichtes Gratin sollte es ebenfalls im Angebot geben, wie z.B. mit Orangen.

Rezeptur:
Orangenfilets mit Eischaum
ergibt 1 Portion

	Gew.	Kal.	E.	F.	KH.
Orange	100 g	44	0,85	0,18	9,50
Süßstoff		0	0,00	0,00	0,00
Orangenlikör	5 g	19	0,00	0,00	3,25
Eigelb	20 g	75	3,12	6,06	0,06
Mineralwasser	20 g	0	0,00	0,00	0,00
Gesamt:	145 g	138	3,97	6,24	12,81

Eine Orange mit einem scharfen Messer schälen, auch die weiße Haut restlos entfernen. Die geschälte Orange filieren, (die Orangenspalten herausschneiden). Die Filets etwas abtropfen lassen, in einen kleinen Suppenteller oder in ein Gratinförmchen legen und mit Orangenlikör und Süßstoff beträufeln. Das Eigelb zusammen mit dem Mineralwasser aufschlagen.

Tip: Das Eigelb muß in einem kleinen Gefäß aufgeschlagen werden, da es sich sonst im ganzen Gefäß verteilt und nicht schaumig zu schlagen ist.

Anrichtevorschlag: Den aufgeschlagenen Eischaum gleichmäßig über die Orangenfilets laufen lassen und unter dem Salamander schnell gold-braun überbacken.

Diät-Desserts

Diät — Blutorangencreme

Von November bis Januar haben die Blutorangen ihre Saison, zu dieser Zeit sollte diese Creme ein absolutes „Muß“ in Ihrem Angebot darstellen. Leicht und erfrischend schließt sie ein hervorragendes Menü ab.

Rezeptur: Blutorangencreme
ergibt 1 Portion

	Gew.	Kal.	E.	F.	KH.
Eiweiß	35 g	19	3,77	0,07	0,25
Orangenfilets	100 g	44	0,85	0,18	9,50
Zitronensaft	10 g	3	0,03	0,01	0,77
Süßstoff		0	0,00	0,00	0,00
Nelkenpulver	1/2 Msp.	0	0,00	0,00	0,00
Magermilch-joghurt	75 g	29	3,16	0,07	3,64
Gesamt:	220 g	95	7,81	0,33	14,16

Orangenfilets, Zitronensaft und Nelkenpulver mit einem Mixstab kräftig pürieren, den Joghurt unterrühren. Das Eiweiß mit einigen Tropfen Süßstoff cremig schlagen und unter die Orangenmasse rühren.

Tip: Es sollte kein billiger Joghurt verwendet werden, da dieser beim Rühren schnell seine Bindung verliert. Ein guter Joghurt besitzt mehr Stabilität.

Anrichtevorschlag: Die Orangencreme in ein schönes Glas füllen, mit einem Minzzweig und einem Stück Orangenscheibe garnieren.

Tip: Sollte diese Creme längere Zeit stehen, setzt sie sich ab. Das kann durch Zugabe von einem 1/2 Blatt Gelatine vermieden werden.

Diät — Glasierte Birnen

Schleicht sich der Duft von Glasierten Birnen durch den Raum, bekommen Ihre Gäste mit Sicherheit Appetit!

Rezeptur: Glasierte Birnen
ergibt 1 Portion

	Gew.	Kal.	E.	F.	KH.
Birne	100 g	45	0,39	0,26	10,00
Honig	10 g	30	0,03	0,00	7,51
Birnengeist	5 g	19	0,00	0,00	3,25
Crème Fraîche	5 g	15	0,00	1,67	0,33
Süßstoff		0	0,00	0,00	0,00
Gesamt:	120 g	109	0,42	1,93	21,09

Eine feste Birne schälen, in 8 Spalten schneiden und das Kerngehäuse entfernen. Eine Pfanne heiß werden lassen, den Honig hineingeben und die Birnenspalten kurz, aber kräftig, darin anbraten und glasieren. Mit Birnengeist in der Pfanne flambieren. Crème fraîche mit einigen Tropfen Süßstoff anrühren und eventuell mit einigen Tropfen Wasser leicht verdünnen.

Tip: Crème fraîche kann auch mit Birnengeist anstatt mit Wasser verdünnt werden.

Anrichtevorschlag: Die glasierten Birnen kreisförmig auf einen Teller legen, die Flüssigkeit aus der Pfanne und Crème fraîche leicht über die Birnen laufen lassen. Den Tellerrand mit etwas Zimt bestreuen.

Diabetiker — Himbeerauflauf

Dieser Himbeerauflauf sollte nur mit frischen Himbeeren gemacht werden, um sein volles Aroma entfalten zu können.

Diät-Desserts

Rezeptur: Himbeerauflauf
ergibt 4 Portionen
120 g Himbeeren, frisch
40 g Magerquark 10%
10 g Eigelb (1/2 Stück)
5 g Himbeergeist
12 g Wasser
30 g Eiweiß (1 Stück)
Süßstoff, flüssig
1/2 Zitronensaft, passiert

Himbeeren in ein Gratinierpfännchen legen. Den Quark mit Eigelb und Himbeergeist glattrühren und wenn nötig, etwas Wasser zugeben. Das Wasser aber nur dazu zugeben, wenn die Quarkmasse sehr fest ist. Die Masse mit Zitronensaft abschmecken und das Eiweiß mit dem Süßstoff (abschmecken) cremig schlagen und unter die Quarkmasse heben.

Anrichtevorschlag: Die Quarkmasse gleichmäßig über die Himbeeren verteilen, unterm Salamander gold-braum überbacken. Drei Himbeeren und zwei schöne Minzzweige als Garnitur anlegen.

Eiweiß	Fett	KH	kcal	BE
1 g	4 g	13 g	150	1

Diabetiker — Grießflammeri

Auf einen Grießflammeri mit frischen Früchten müssen auch Diabetiker nicht verzichten.

Rezeptur: Grießflammeri mit Schnee
ergibt 1 Portion
85 g Milch (1,5% Fett)
1/4 Vanilleschote, nur das Mark
6 g Hartweizengrieß
15 g Eiweiß (1/2 Stück)
7 g Mandeln, gehackt
Süßstoff, flüssig
50 g Früchte, frisch, gemischt

Die gehackten Mandeln in den Backofen schieben und bei 200°C leicht rösten. Die Milch mit dem Vanillemark aufkochen, den Grieß einlaufen lassen und unter ständigem Rühren alles etwa 2 Minuten kochen lassen. Das Eiweiß mit Süßstoff cremig schlagen und unter die heiße Grießmasse heben.

Tip: Bei Portionen dieser Größe muß man sehr genau und vorsichtig arbeiten. Kocht die Milch zu lange, wird die Grießmasse zu fest.

Anrichtevorschlag: Die Grießmasse in eine kleine Form füllen, kalt werden lassen und auf einen Teller stürzen. Die gemischten Früchte um den Grießflammeri verteilen und ein Minzblatt anlegen.

Eiweiß	Fett	KH	kcal	BE
4 g	4 g	13	115	1

Diabetiker — Rotweinschaum

Auch auf Alkohol brauchen Diabetiker nicht zu verzichten, wie das folgende Rezept zeigt.

Rezeptur: Rotweinschaum
ergibt 1 Portion
50 g Rotwein, trocken
10 g Orangensaft, passiert
60 g Mineralwasser
15 g Eiweiß (1/2 Stück)
1 Blatt Gelatine
1/2 Zitronensaft, passiert
Süßstoff, flüssig

Rotweinschaum
Aprikosenparfait

Diät-Desserts

Gelatine in kaltem Wasser einweichen. Rotwein, Mineralwasser und Orangensaft gut verrühren, leicht erwärmen und die gut ausgedrückte Gelatine unterrühren. Die Flüssigkeit mit Zitronensaft abschmecken und in kaltem Wasser unter ständigem Rühren abkühlen lassen. Die Masse sollte abgekühlt werden, bis sie zu stocken beginnt (fest wird). Das Eiweiß mit Süßstoff cremig schlagen, unter die Rotweinmischung heben, in die vorbereitete Form füllen und etwa eine halbe Stunde kalt stellen.

Tip: Die Flüssigkeit sollte nach Möglichkeit nicht zu stark erwärmt werden, da sich das Eiweiß sonst nicht gut unterheben läßt.

Anrichtevorschlag: Den Rotweinschaum auf einen Teller stürzen und mit kleinen Zitronenmelissenblättern garnieren.

Eiweiß	Fett	KH	kcal	BE
4 g	0	1 g	50	0

Diabetiker — Topfen mit Rhabarber

Das folgende Dessert ist sehr erfrischend und enthält keine BE (Broteinheit).

Rezeptur: Topfen mit Rhabarber
ergibt 1 Portion
80 g Himbeerrhabarber
20 g Wasser
1/4 Vanilleschote, aufgeschnitten
1/4 Zimtstange
50 g Topfen, österreichischer
20 g Milch (1,5% F)
Süßstoff

Den Rhabarber schälen und in 2 cm kleine Stücke schneiden. Die Rhabarberstücke mit dem Wasser, dem Zimt und der Vanilleschote in einen kleinen Topf legen, abdecken und auf kleiner Flamme garen lassen. Die Rhabarberstücke sollten aber nicht ganz verkochen. Den Kompott abkühlen und den Süßstoff vorsichtig zugeben. Nachsüßen kann man immer noch. Den Topfen durch ein feines Sieb passieren und mit der Milch glatt rühren. Hier ebenfalls wieder vorsichtig etwas Süßstoff zugeben.

Tip: Es empfiehlt sich, flüssigen Süßstoff zu verwenden, da dieser sich am besten portionieren läßt.

Anrichtevorschlag: Topfenmasse in einen flachen Suppenteller füllen, das Rhabarberkompott dekorativ darüber verteilen. Eine halbe Erdbeere und zwei schöne Minzblätter anlegen.

Tip: Weiß man bereits vorher, daß dieses Dessert über einen längeren Zeitraum stehten soll, kann 1/4 Blatt Gelatine zugegeben werden. Aber bitte nur, wenn es keine andere Möglichkeit gibt.

Eiweiß	Fett	KH	kcal	BE
8 g	1 g	5 g	60	0

Diabetiker — Aprikosenparfait

Eis, eine Sache die Diabetikern auch oft vorenthalten werden muß. Dieses Aprikosenparfait kann für Abhilfe und Abwechslung sorgen.

Rezeptur: Arikosenparfait
ergibt 1 Portion
80 g Aprikosen, frisch
45 g Ei (1 Stück)
5 g Mineralwasser
4 g Diabetikerzucker,
20 g Sahne, geschlagen
Zitronensaft, passiert
Süßstoff, flüssig

Aprikosen waschen, entkernen und in kleine Würfel schneiden. Die Aprikosenwürfel mit einem Mixstab zerkleinern und mit Zitronensaft und Süßstoff abschmecken. Das Ei, Wasser und Diabetikerzucker fest schaumig schlagen. Die zerkleinerten Aprikosen unter den Eierschaum heben, die geschlagene Sahne unterziehen und die Parfaitmasse in ein vorbereitetes Förmchen füllen und für etwa 2 Stunden in den Tiefkühler stellen.

Tip: Das Parfait kann aber auch alle halbe Stunde mit einem Schneebesen verrührt werden, so erzielt man eine ganz andere Konsistenz.

Anrichtevorschlag: Das Aprikosenparfait auf einen Teller stürzen, ein Stückchen Aprikose und einen schönen Minzzweig anlegen.

Eiweiß	Fett	KH	Kcal	BE
4 g	9 g	12	145	1

Cholesterin — Rotkohl-Früchte Salat

Dieser Rohkostsalat mit frischen Früchten garniert und einer fein abgeschmeckten Marinade, läßt sich auch hervorragend als Dessert servieren.

Rezeptur: Rotkohl-Früchte Salat
ergibt 1 Portion
120 g Rotkohl
60 g Äpfel, Cox Orange
50 g Orangenfilets
60 g Bananenscheiben
20 g Korinthen

Die Korinthen gut waschen und etwa 30 Minuten im warmen Wasser einweichen. Den Rotkohl putzen, den Strunk herausschneiden und fein hobeln. Äpfel waschen und nicht schälen, Kerngehäuse entfernen und in dünne Spalten schneiden. Die Orange mit einem scharfen Messer schälen, auch die weiße Haut muß ganz entfernt werden und die Fruchtfilets herausschneiden. Die Banane schälen und ebenfalls in Scheiben schneiden.

Rezeptur: Salatmarinade
ergibt 1 Portion
5 g Keimöl
20 g Akazienhonig
1 Zitronensaft, passiert
Prise Pfeffer, Mühle
Süßstoff, flüssig

Für die Marinade alle angegebenen Zutaten gut verrühren und leicht mit Süßstoff abschmecken. Der Süßstoff muß vorsichtig dosiert werden, da die Marinade sonst sehr leicht zu süß wird.

Anrichtevorschlag: Die Korinthen gut abtropfen lassen, mit dem Rotkohl vermischen und in der Tellermitte anrichten. Die geschnittenen Früchte sorgfältig herum verteilen und mit einem Löffel die Marinade gleichmäßig darüber laufen lassen.

Tip: Es ist auch möglich den Rotkohl mit der Marinade zu begießen und einige Zeit ziehen zu lassen. Statt Zitronensaft sollte eventuell Orangensaft verwendet werden, der Salat schmeckt dann etwas milder.

Eiweiß	Fett	KH	kcal	Natrium
4 g	6 g	51 g	275	14 mg

Cholesterin — Pflaumenknödel mit Vanillesauce

Bei diesem Rezept denkt bestimmt jeder an Wiener Mehlspeisen, was auch gar nicht so falsch ist. Werden die Pflaumenknödel sorgfältig zubereitet, schmecken sie so gut, daß es ohne weiteres möglich ist, sie als Nachspeise zu servieren.

Diät-Desserts

Rezeptur: Pflaumenknödel mit Vanillesauce
ergibt 1 Portion

60 g	Kartoffelknödelpulver
50 g	Pflaumensaft
130 g	Pflaumen, frische
200 g	Milch 1,5% Fett
1/2	Vanilleschote, nur das Mark
5 g	Puddingpulver
	Süßstoff
25 g	Brösel, geröstet

Das Kartoffelknödelpulver nach Vorschrift anrühren. Von der angegebenen Wassermenge 50 g durch Pflaumensaft ersetzen. Die frischen Pflaumen waschen, entkernen, in kleine Stücke schneiden und unter die Kartoffelmasse mischen. Aus der fertigen Masse werden ein großer oder zwei kleine Knödel geformt und in leichtem Salzwasser gegart. Das Puddingpulver mit ein wenig Milch anrühren und die restliche Milch mit Vanillemark aufkochen. Das Puddingpulver in die kochende Milch gießen und kräftig aufkochen lassen. Zuletzt die Vanillesauce mit Süßstoff abschmecken und in kaltem Wasser oder auf Eis unter ständigem Rühren abkühlen.

Tip: Die Knödel können auch mit halben oder ganzen Pflaumen gefüllt werden.

Anrichtevorschlag: Vanillesauce in die Tellermitte geben, die Pflaumenknödel in die Sauce legen, die gerösteten Brösel darüberstreuen und eine halbe Pflaume als Garnitur anlegen.

Eiweiß	Fett	KH	kcal	Cholesterin
13 g	4 g	80 g	416	13 g

Cholesterin — Holsteiner Apfelgrütze

Die Äpfel für dieses Dessert sollten gut ausgewählt werden, je feiner und besser die Äpfel schmecken, umso schmackhafter ist die fertige Grütze.

Rezeptur: Holsteiner Apfelgrütze
ergibt 3 Portionen

250 g	Äpfel, Cox Orange
180 g	Apfelsaft, ungesüßt
180 g	Wasser
1/2	Vanilleschote
1/2	Zimtstange
1/2	Zitronenschale, gerieben
20 g	Puddingpulver
15 g	Sultaninen
1	Zitronensaft, passiert

Die Sultaninen waschen und etwa 1/2 Stunde im warmen Wasser quellen lassen. Die Äpfel waschen, entkernen und in nicht zu dicke Spalten schneiden. Wasser, Apfelsaft und Gewürze aufkochen, die Apfelspalten zugeben und bei leichter Hitze weich dünsten. Darauf achten, daß die Äpfel nicht zu Mus verkochen. Das Puddingpulver in etwas kaltem Wasser anrühren und in die kochenden Äpfel gießen, vorsichtig verrühren und nochmal kräftig aufkochen lassen. Die Sultaninen zugeben und die Grütze mit etwas Zitronensaft abschmecken.

Anrichtevorschlag: Die Holsteiner Apfelgrütze in kleine Suppenteller verteilen und ca. 1 Stunde kaltstellen. Mit etwas Vanillesauce, aufgeschäumtem Joghurt oder einfach mit Magermilch und zwei schönen Zitronenmelissenblättern servieren.

1 Portion enthält durchschnittlich:

Eiweiß	Fett	KH	kcal	Cholesterin
0,5 g	3 g	44 g	185	0

Tip: An heißen Sommertagen ist die Apfelgrütze gut als leichte Hauptmahlzeit geeignet. Die Menge reicht dann für 1,5 Portionen.

Fröhlicher Müsliwecker

Holsteiner Apfelgrütze

Diät-Desserts

Diät-Desserts

Neurodermitis – Fruchtcreme mit Tofu

Bei diesen Rezepten ist sorgfältiges Arbeiten wichtig. Es darf kein raffinierter Zucker und kein tierisches Eiweiß verwendet werden. Aber auch das ist möglich, wie das folgende Rezept zeigt!

Rezeptur: Tofu-Frucht-Creme
ergibt 2 Portionen
4 Feigen, getrocknet
4 Datteln, getrocknet
4 Aprikosen, getrocknet
160 g Wasser
10 g Sultaninen
10 g Mandeln, gemahlen
100 g Tofu, frisch
1/4 Vanilleschote, nur das Mark
1 g Zimt, gemahlen

Die getrockneten Früchte in kleine Würfel schneiden und mit den **Sultaninen** und Mandeln in eine kleine Schüssel geben. Das Wasser aufkochen und über die Früchte gießen. Alles etwa 20 Minuten quellen lassen. Tofu, Zimt, Vanillemark und die eingeweichten Früchte in den Mixer geben und kräftig pürieren.

Tip: Behält man von jeder Trockenfrucht einige Würfel zurück, so kann damit zum Anrichten hübsch garniert werden.

Anrichtevorschlag: Die Tofu-Creme in eine schöne Schale füllen, die restlichen Früchtewürfel herum verteilen und leicht geröstete Kokosraspeln aufstreuen. Eventuell zwei schöne Minzblätter anlegen.
Die Trockenfrüchte in einem Topf knapp mit Wasser bedecken und kurz aufkochen. Auf der ausgeschaltenen Kochstelle noch etwa 5 Minuten quellen lassen. Dann die Trockenfrüchte mit den übrigen Zutaten im Mixer pürieren und in Portionsschälchen füllen. Nach Belieben mit Kokosraspeln oder gehackten Mandeln garnieren.

Zubereitungszeit: 20 Minuten

Neurodermitis – Polenta mit Honig und Früchten

Maisgrieß kann bei Eiweißkleber Allergie sehr gut verwendet werden. Wenn möglich, sollte er aber frisch gemahlen werden.

Rezeptur:
Polenta mit Honig und Früchten
ergibt 2 Portionen
250 g Sojamilch
60 g Polenta (Maisgrieß)
50 g Honig
20 g Sultaninen
1 g Zimt
1 Prise Meersalz
1 Banane
1 Kiwi
1/2 Zitronensaft, passiert
10 g Mandelblätter, geröstet

Fruchtcreme mit Tofu
Buchweizenpfannkuchen

Diät-Desserts

Die Sultaninen waschen und etwa 30 Minuten im warmen Wasser quellen lassen. Die Sojamilch aufkochen, Polenta zugeben und gut durchkochen lassen. In kaltem Wasser unter ständigem Rühren abkühlen und mit einer Klarsichtfolie abdecken. Die Banane zerdrücken, mit Honig und etwas Zitronensaft verrühren, Sultaninen abtropfen lassen und mit Zimt, Salz und Sultaninen unter den Maisgrieß heben.

Anrichtevorschlag: Die fertige Polenta in kleine Suppenteller verteilen und mit je drei Kiwischeiben, Mandelblättern und zwei Minzblättern garnieren.

Zubereitungszeit: 25 Minuten

Neurodermitis – Buchweizenpfannkuchen

Dieses Desert eignet sich besonders für die Herbst- und Winterzeit. Auch kalt schmecken diese Pfannkuchen vorzüglich.

Rezeptur:
Buchweizenpfannkuchen
ergibt 2 Portionen
125 g Buchweizen, gemahlen
50 g Dinkel, gemahlen
250 g Sojamilch
3 g Meersalz
1 Tropfen Bittermandeloel
1 Birne
1 Apfel
1/2 Banane
1 Kiwi

Alle Zutaten zu einem glatten Teig verrühren. Der Buchweizenteig sollte aber nicht zu fest sein, dann kann noch etwas Sojamilch nachgegeben werden. Eine Pfanne erhitzen und die Pfannkuchen von beiden Seiten goldgelb backen.

Anrichtevorschlag: Früchte schälen, entkernen und in feine Spalten und Scheiben schneiden. Die Pfannkuchen in der Pfanne leicht mit Honig beträufeln, von allen Früchten etwas auf den Pfannkuchen legen und vorsichtig zusammenlegen. Den gefalteten Pfannkuchen auf einen Teller gleiten lassen und die restlichen Früchte rundum verteilen. Einige Blätter Minze oder Zitronenmelisse als Garnitur anlegen.

Zubereitungszeit: 25 Minuten

Cholesterin – fröhlicher Müsliwecker

Für alle, die ohne Müsli keinen Tag beginnen, aber auch für Müslikritiker. Mit kernigen Haferflocken und mit frisch gepreßtem Orangensaft in den neuen Tag zu starten, ist doch eine feine Sache, oder?

Rezeptur:
fröhlicher Müsliwecker
ergibt 1 Portion

35 g	kernige Haferflocken (3-4 EL)
100 ml	frischer Orangensaft
150 g	Joghurt 1,5 % Fett (1 Becher)
1	Apfel
1	Banane ohne Schale (125 g)
5 g	gehackte Haselnußkerne (1 EL)

Die Haferflocken, Orangensaft und Joghurt in eine Schüssel geben. Den Apfel waschen, in Stücke schneiden, Kerngehäuse entfernen und auf einer Rohkostreibe mit Schale raspeln. Die Banane in Scheiben schneiden und mit dem geriebenen Apfel unter das Müsli mischen. Das Ganze wird mit gehackten Haselnußkernen bestreut und serviert.

Anrichtevorschlag: Das Müsli in eine schöne Glas oder Porzellanschale füllen mit einer Bananenscheibe, einer Apfelspalte und einem Minzblatt garnieren.

1 Portion enthält durchschnittlich:

Eiweiß	Fett	KH	kcal	Cholesterin
13 g	13 g	77 g	440	8mg

Vollwertige Desserts

Alles über vollwertige Desserts

Spricht man über vollwertige Desserts oder einfach über Süßspeisen, die im Rahmen einer vollwertigen Ernährung angeboten werden können, dauert es nicht lange und eine hitzige „Pro“ und „Contra“ Diskussion ist entfacht. Es ist sicher nicht leicht, sich einen Weg durch das „Wirrwarr“ der Ernährungsempfehlungen, die sich sehr häufig widersprechen, zu bahnen. Die richtige Auswahl unter der Vielzahl von Lebensmitteln zu treffen, die unter dem Begriff „Vollwert“ angeboten, ist sehr schwierig. Sollen die vollwertigen Desserts im häuslichen Bereich vernascht werden, kann man gern alles essen, was gesund ist und wonach der Appetit verlangt, unabhängig vom Aussehen der Produkte. Werden die süßen Naschereien allerdings zum Verkauf angeboten, müssen sie im Geschmack und Aussehen mit dem übrigen Angebot Schritt halten. Für den Gast muß Essen Spaß machen und das Auge bereits mitessen. Das Genießen darf bei einer vollwertigen Ernährung nicht aufhören. Einige Kompromisse muß man ab und zu bestimmt eingehen, nur sollte man sich auch zu diesen Kompromissen bekennen und nicht versuchen, den Gast zu beschwindeln, so daß er das Gefühl bekommt, er wird verschaukelt. Die vollwertigen Desserts im folgenden Kapitel sind eigentlich für gesunde Menschen gedacht. Ein dogmatisches „Nein“ für einige Lebensmittel ist hier nicht angebracht.

Abb. Doppelseite 202
v. l. im Uhrzeigersinn
Zimtwaffeln
Himbeer-Buttermilch-Süppchen
Traubenstrudel
Aprikoseneis
Vollwert-Kräcker

In meinen Seminaren und in vielen Gesprächen stelle ich sehr oft fest, daß Zucker wohl das umstrittenste Lebensmittel innerhalb der Vollwertkost ist. Es erstaunt und erschreckt mich immer wieder, daß viele Vorurteile über Zucker eigentlich ins Land der Fabeln und Märchen gehören. Ganz deutlich wird dies, wenn man Schlagzeilen wie „Kampf gegen die Droge Zucker“, „Der Vitaminräuber schlägt zu“, „Zucker macht krank“ oder „Zucker ein sicheres Lebensmittel“ liest. Man spricht von „Industriezucker“ oder sogar vom „weißen Kunststoff“. Die Wahl dieser Begriffe trägt zur Emotionalisierung vieler Diskussionen bei und ist völlig fehl am Platz. Die Begriffe „Haushaltszukker“ oder „Kristallzucker“ sollte man sich annehmen, denn damit ist der weiße Zucker gemeint, den wir eigentlich nicht unbedingt brauchen. Auf ihn können wir aus ernährungstechnischer Sicht völlig verzichten. Der Haushaltszucker ist ein Lieferant leerer Energien und enthält keine lebensnotwendigen Vitamine. Der Genuß von Zucker ist aber für den gesunden Menschen nicht schädlich, selbst wenn es einige Experten immer wieder behaupten.

Will ein gesunder Mensch nicht ganz auf Haushaltszucker verzichten, ist das durchaus zu vertreten. Aus vielen Gründen, zum Beispiel beim Backen, ist es hier und da auch gar nicht möglich.

Erhält aber ein kranker Mensch von seinem Arzt den Ratschlag, auf Haushaltszucker zu verzichten, sollte er dies auch konsequent beherzigen, denn hier kann Zucker großen Schaden anrichten.

Kristallzucker wird häufig als Vitaminräuber bezeichnet, diese Behauptung ist nicht richtig. Richtig wäre es, ihn als Schmarotzer zu betiteln. Um Zucker oder Kohlenhydrate im Körper abzubauen, benötigen wir Vitamin B1. Jedes kohlenhydrathaltige Lebensmittel stellt im Verhältnis zur verzehrten Zuckermenge Vitamin B1 zur Verfügung. Zucker stellt aber bei weitem nicht die Menge an Vitamin B1 bereit, die zu seinem eigenen Abbau im Körper notwendig wäre. Unser Haushaltszucker lebt also auf Kosten anderer kohlenhydrathaltiger Lebensmittel.

Alles über vollwertige Desserts

Die richtige Einstellung zum Zucker wäre, ihn nicht als Lebensmittel, sondern als Gewürz zu sehen, mit dem man sparsam umgehen muß. Den Zucker kategorisch zu verdammen ist falsch.

Der Zuckerverbrauch pro Kopf in Deutschland liegt bei 80-100 g am Tag. Unser Ziel sollte sein, daß jeder in seinem Bereich, wie Restaurants, Konditoreien, Bäckereien und auch im Privathaushalt den Zuckerkonsum wesentlich einzuschränken versucht. Ideal wäre es, den Verbrauch circa um 50 % zu senken.

Innerhalb einer vollwertigen Ernährung werden immer wieder Alternativen zum Haushaltszucker angesprochen, wie zum Beispiel brauner Roh(r)zucker, Ahornsirup, Dicksäfte, frische Früchte, getrocknete Früchte und besonders häufig Bienenhonig. Brauner Rohzucker ist ein Zwischenprodukt, gewonnen bei der Herstellung unseres schon bekannten Haushaltszuckers. Die Zuckerkristalle, die sich in der Zuckermasse (Füllmasse) gebildet haben, werden in einer Zentrifuge abgeschleudert. Es ist aber an dieser Station noch nicht möglich, den ganzen Sirup von den Kristallen abzuschleudern, das heißt, ein feiner Sirupfilm bleibt auf den Zuckerkristallen haften, daher die braune Farbe des Zuckers. Dieser Sirup liefert aber nur unbedeutende Mengen an Vitaminen und Mineralstoffen. Auch hier enthält der Zucker nicht die Vitamin B1 Mengen, die er zu seinem Abbau benötigt, also ist er auch nicht gesünder. Einige Rohzucker kommen sehr stark verschmutzt in den Handel. Sie werden beim Transport im Schiff oder bei der Lagerung in Hallen nicht als Lebensmittel behandelt, also auch nicht kontrolliert. Oft wird ein Teil der Lieferung abgenommen und als Rohzucker in Bio- oder Naturkostläden verkauft.

Ahornsirup setzt sich aus zwei Teilen zusammen: Saccharose, Invertzukker, verschiedene andere Zuckerarten und Wasser. Der Anteil an Mineralien und verschiedener organischer Verbindungen ist unwesentlich.

40 Liter Ahornsaft werden benötigt, die in den „sugar-shacks" (Zuckerhütten) auf 1 Liter eingekocht werden. Der Ahornsirup wird von etwa 13 % auf 67 % Zuckergehalt in großen Pfannen eingekocht.

Dicksäfte werden zwar etwas vorsichtiger im Vakuum eingedampft, aber sehr viel gesünder sind sie auch nicht.

Honig gilt nicht nur als ein wohlschmeckendes Süßungsmittel, sondern ihm werden auch sehr gesunde, ja sogar heilende Eigenschaften zugesprochen.

Honig besteht zu 80 % aus Frucht- und Traubenzucker, der Rest ist einfach Wasser. Vitamine und Mineralstoffe sind nur in sehr winzigen Spuren vorhanden und haben gesundheitlich überhaupt keine Bedeutung. Würde man mindestens 850 g Honig am Tag zu sich nehmen, könnte er gesund sein.

Alle alternativen Süßungsmittel haben mit unserem Haushaltszucker eines gemeinsam, es ist und bleibt immer Zucker. Manchmal handelt es sich um Fruchtzucker (Fructose), mal um Traubenzucker (Glukose) oder gleich beides zusammen.

Warum man aber innerhalb der vollwertigen Kost auf eine dieser süßen Alternativen zurückgreifen sollte, liegt in der Süßkraft (Kohlenhydrate).

Kristallzucker (Saccharose)	99,9 % Süßkraft
Bienenhonig	79,5 % Süßkraft
Ahornsirup	67,0 % Süßkraft
Dicksäfte	65,5 % Süßkraft

Tauscht man Kristallzucker mit einem der aufgeführten alternativen Süßmittel 1 zu 1, spart man im geringsten Fall schon mindestens 20 % Süßkraft

Alles über vollwertige Desserts

(Kohlenhydrate) ein. Da aber Honig, Ahornsirup oder Dicksäfte meist nicht 1 zu 1 ausgetauscht werden (wegen der flüssigen Konsistenz), wird wieder einiges an Süße eingespart. Aus diesem Grund sollte man ab und zu auf alternative Zucker ausweichen. Verfolgt man diesen Weg konsequent weiter, wird man nach kurzer Zeit feststellen, daß schon viel Zucker eingespart wurde, ohne eine Nachspeise oder ein Dessert geschmacklich unattraktiv zu machen.

Eine weitere Möglichkeit zu süßen besteht darin, mit frischen, reifen Füchten zu arbeiten. Der Zuckeranteil in diesen Früchten reicht meist aus, um einen süßen Geschmack auf das ganze Dessert zu übertragen. Diese Methode ist allerdings sehr stark saisonabhängig.

Arbeitet man viel mit getrockneten Früchten, wie Aprikosen, Feigen oder Äpfeln, weil man Zucker einsparen oder ganz auf Zuckerzusatz verzichten will, stellt man fest, daß es nach den idealen Richtlinien der Vollwertkost nicht möglich ist.

Früchte, die an der Luft trocknen, verlieren ihre Farbe, wie zum Beispiel Aprikosen und Äpfel. Sie werden braun und verlieren zusätzlich auch ihren fruchtigen, säuerlichen Geschmack. Alle Früchte haben eine beige-braune Farbe und sind in einer Creme, im Eis oder einem Mousse geschmacklich und farblich kaum voneinander zu unterscheiden. Daher ist man eventuell gezwungen, eine Möglichkeit zu finden, um einen spezifischen Fruchtgeschmack zu erzeugen. Aus diesem Grund greife ich in bestimmten Fällen auf geschwefelte Früchte zurück, wie Aprikosen für Aprikoseneis oder Aprikosensauce. So habe ich genug Zucker, die nötige Säure und eine schöne, appetitliche Farbe. Versuche mit ungeschwefelten Aprikosen sind bis heute fehlgeschlagen. Die Aprikosen sollten aber vor Gebrauch unbedingt kurz in kochendem Wasser blanchiert werden, dann nimmt man schon einen großen Teil der Schwefelrückstände weg. So ist man in der Lage, ein Eis ohne Zukkerzusatz herzustellen. Allen anderen Eissorten, die unter der Bezeichnung „Vollwertig" angeboten werden, wie Honig- oder Müslieis müssen alternative Süßungsmittel zugesetzt werden. Da ich diesen Zusatz aber eigentlich vermeiden will, kann ich diesen Kompromiß gut eingehen und mein Handeln auch erklären.

Essen muß Spaß und Freude machen, auch wenn es um „Vollwert" geht. Vollwertkost ist die Grundlage einer vernünftigen Ernährung. Isolierte und raffinierte Lebensmittel sollte man möglichst meiden. Der größte Teil unserer Nahrungsmittel sollte durch Produkte gedeckt werden, die so naturbelassen wie möglich und deren Belastungsgrad so gering wie möglich ist. Die Vollwert-Ernährung zielt darauf ab, den Organismus optimal mit allen lebensnotwendigen Nährstoffen zu versorgen. Der ökologische Aspekt und unsere Umweltprobleme sollten immer mit berücksichtigt werden, aber produktbezogen auch nicht überbewertet werden.

Für Dogmatiker und Übereifrige ist hier wenig Platz, denn sie sind es, die mit zahlreichen Behauptungen immer wieder irreführen und verunsichern.

So sollte man zum Beispiel erhitzte Milch (H-Milch) der Rohmilch aus hygienischen Gründen vorziehen. H-Milch ist leichter verdaulich und außerdem länger haltbar. Der Unterschied im Vitamingehalt ist sehr gering und der Calciumgehalt ist bei beiden gleich.

Verschiedene Lebensmittel, wie Margarine und Konserven sollen gesundheitsschädlich sein. Grundsätzlich sind aber nur verdorbene und verschiedene, rohe Lebensmittel, wie zum Beispiel Bohnen, gesundheitsschädlich! Eine ausgewogene, abwechslungsreiche Mischkost erhält die Gesundheit und beugt Krankheiten, die ernährungsabhängig sind, vor.

Lebensmittel aus alternativem Anbau zeigen gegenüber konventionell erzeugten Produkten keine ernährungsphysiologischen und geschmacklichen Vorteile. Diese Merkmale hängen von der Lage, vom Boden, vom Erntezeitpunkt und anderen Faktoren ab.

Allerdings kann man keine bereits bestehende oder fortgeschrittene Krankheit allein durch eine vollwertige Ernährung heilen. Auch hier gilt: besser ist frühzeitiges Vorbeugen durch ausgewogene, vollwertige Ernährung!

Der Apfelstrudel ist weltbekannt, seine feinen, blättrigen Teigschichten begeisterten schon Millionen Menschen. Dann wurde er vollwertig gemacht, indem ein Teig bereitet wurde, der eher an einen Brotteig als an einen Strudelteig erinnert, in den die Apfelfüllung eingerollt und gebacken wurde. Alles, was einen feinen Strudel auszeichnet, ist dann verschwunden.

Verunstaltet man einen Strudel auf diese Weise, finde ich das traurig. Ein Stück Apfelstrudel ist tatsächlich in nicht mehr als 4 g Strudelteig eingerollt. Leider ist ein schöner Strudelteig nur mit einem Weizenmehl der Type 405 herzustellen, die dem Mehl fehlenden Ballaststoffe können jedoch ohne weiteres auf den ausgezogenen Strudelteig gestreut werden. So erhält man einen wunderbaren Apfelstrudel, der bedenkenlos innerhalb einer vollwertigen Ernährung serviert werden kann. Wer sich nun allerdings an diesen 4 g Weizenmehlteig hochzieht, dem ist nicht mehr zu helfen!

Traubenstrudel mit Himbeer-Joghurtsauce

Der gezogene Strudel ist als Dessert weltberühmt geworden. Auf seine Eigenarten, Stärken und Schwächen bin ich in meinem ersten Buch („Teige – Massen – Kuchen – Torten“) ausreichend eingegangen. Der folgende Traubenstrudel ist eine Möglichkeit, auch als Liebhaber vollwertiger Desserts nicht auf einen Strudel verzichten zu müssen.

Rezeptur: Strudelteig
ergibt 1 Strudel

300 g	Weizenmehl (Type 405)
40 g	Öl
120 g	Wasser, lauwarm
3 g	Meersalz

Mehl und Salz in eine große Schüssel wiegen. Das Öl und nur 3/4 des Wassers zugeben und einen glatten Teig herstellen. Bei Bedarf noch das restliche Wasser zugeben. Die Wasserzugabe hängt sehr stark von der Mehlqualität ab.

Tip: Verwendet man Weizenvollkornmehl, sollte der Strudelteig über Nacht ruhen, nur dann läßt sich dieser Teig gut ausziehen.

Rezeptur: Traubenfüllung
ergibt 1 Strudel

80 g	Eigelbe (4 Stück)
40 g	Akazienhonig
2 g	Zimt
1	Zitronenschale, gerieben
60 g	Haselnüsse, gemahlen, geröstet
40 g	Pinienkerne, geröstet
35 g	Weizenkleie
50 g	Buchweizenmehl
150 g	Eiweiß (5 Stück)
40 g	Akazienhonig
1	Prise Salz
1000 g	Trauben, blau

Vollwertige Desserts

Die Trauben waschen, leicht abtrocknen und mit der Weizenkleie vermischen. Haselnüsse und Pinienkerne leicht rösten und mit dem Buchweizenmehl gut vermischen.

Eigelb, Zimt, Honig und die Zitronenschale sehr fest schaumig rühren. Das Eiweiß mit Salz aufschlagen und den Honig nach und nach einlaufen lassen. Die Eigelbe cremig schlagen. Die Eigelbmasse unter das Eiweiß ziehen, Haselnüsse, Pinienkerne und Buchweizenmehl unterrühren und zuletzt die mit Kleie vermischten Trauben unterheben. Den Strudelteig vorsichtig ausziehen, die Traubenmasse in einem Strang auflegen und den restlichen Strudelteig gut mit flüssiger Butter einstreichen. Den Traubenstrudel mit Hilfe des Strudeltuches aufrollen, an den Seiten gut zudrücken, auf ein leicht gebuttertes Backblech legen und mit flüssiger Butter einstreichen. Der Traubenstrudel sollte gleich in den vorgeheizten Backofen geschoben werden.

Backtemperatur:
195 °C Heißluft
230 °C Ober-/Unterhitze

Backzeit:
15-20 Min. Heißluft
25-30 Min. Ober-/Unterhitze

Tip: Damit der Traubenstrudel sich gut schneiden läßt, muß er nach dem Backen sofort mit Butter eingestrichen werden.

Rezeptur:
Himbeer-Joghurtsauce
ergibt ca. 10 Portionen
150 g Himbeerpüree, passiert
150 g Joghurt, natur
50 g Akazienhonig

Akazienhonig, Himbeerpüree und Joghurt mit dem Mixstab gut verrühren.

Tip: Joghurt, der zu stark gerührt oder aufgemixt wird, verliert sehr schnell seine Bindung und wird flüssig wie Wasser.

Anrichtevorschlag: Den Traubenstrudel schräg schneiden und ein Stück auf einen Teller legen. Die Himbeer-Joghurtsauce kurz mit dem Mixstab aufmixen und die schaumige Sauce mit einem Löffel um den Strudel laufen lassen. Leicht geröstete Sesamkörner darüber streuen und zwei schöne Minzblätter anlegen.

Tip: Der Strudel kann mit einer Aprikosensauce oder einer leichten Himbeer-Joghurtsauce serviert werden.

Quarktorte mit Früchten und feiner Sauce

Vollwertig, erfrischend und leicht, ein Dessert, das auch nach einem reichhaltigen Essen noch seine Liebhaber findet.

Rezeptur: Tortenboden
ergibt 1 Boden von
20 cm Durchmesser
40 g Butter
50 g Akazienhonig
50 g Vollkorntoast, gerieben
35 g Mandeln, gemahlen,
25 g Haselnüsse, gemahlen,
25 g Carob
1 g Zimt, gemahlen

Vollwertige Desserts

Vollwertige Desserts

Den Tortenring oder die Springform vorbereiten und die gemahlenen Mandeln und Haselnüsse leicht rösten. Butter mit Honig erhitzen und die restlichen Zutaten gut vermischt unter die noch warme Butter-Honigmasse rühren. Die fertige Masse im Tortenring gleichmäßig verteilen und mit den Händen gut festdrücken. Den Ring mit der Tortenbodenmasse kurze Zeit in den Kühlschrank stellen, damit er richtig durchkühlt und fest wird.

Rezeptur: Quarkfüllung
ergibt 1 Torte
350 g Schichtkäse, passiert
20 g Eigelb (1 Stück)
1 Zitronenschale, gerieben
1 Orangenschale, gerieben
160 g Orangensaft, passiert
60 g Akazienhonig
4 Blatt Gelatine
300 g Sahne, geschlagen
100 g Eiweiß
20 g Akazienhonig

Gelatine in kaltem Wasser einweichen. Schichtkäse mit Eigelb, Orangen- und Zitronenschale glattrühren. Den Orangensaft mit dem Honig leicht erwärmen und so lange rühren, bis der Honig aufgelöst ist. Die Gelatine ausdrücken, unter den noch warmen Orangensaft rühren und durch ein feines Haarsieb passieren. Die Flüssigkeit in kaltem Wasser oder auf Eis abkühlen und unter die Quarkmasse rühren. Die Sahne nicht ganz fest und das Eiweiß mit dem Honig cremig schlagen. Zuerst die Sahne, danach das Eiweiß unter die Quarkmasse heben und alles in den vorbereiteten Tortenring füllen. Etwa 1 Stunde kalt stellen.

Tip: Die Quarktorte kann nach dem Einfüllen sofort mit frischen Früchten belegt werden. Es können aber auch Früchte in den Tortenring gelegt werden, die fertige Quarkmasse darüber gießen und zuletzt den inzwischen fest gewordenen Tortenboden auflegen.

Anrichtevorschlag: Die Torte in 16 Teile schneiden. Ein Stück in die Tellermitte stellen und eine feine Aprikosen-, Kiwi- oder Erdbeersauce ungleichmäßig herumlaufen lassen. Einen schönen Zitronenmelissenzweig anlegen und einige Mandelblätter darüber streuen.

Aprikoseneis mit frischen Früchten

Es ist nicht ganz einfach, ein vollwertiges Eis herzustellen, auch im folgenden Rezept muß ein kleiner Kompromiß eingegangen werden. Ich bin aber sicher, daß dieser Kompromiß noch gut vertretbar ist.

Rezeptur: Aprikoseneis
ergibt 3250 g fertiges Eis
600 g Aprikosen, getrocknet
1000 g Milch, frisch
50 g Butter
1200 g Milch, frisch
400 g Aprikosensaft ohne Zuckerzusatz
1 1/2 Zitronensaft, passiert
1 Tropfen Bittermandelöl

Die Aprikosen in kleine Würfel schneiden und in eine große Schüssel geben. Die Milch (1000 g) aufkochen und sofort noch heiß über die Aprikosenwürfel gießen, mit Klarsichtfolie abdecken, ein- bis zweimal einstechen, damit der Wasserdampf entweichen kann und über Nacht quellen lassen. Die Aprikosen müssen die gesamte Flüssigkeit aufnehmen. Am nächsten Tag Butter und Milch (1200 g) aufkochen und mit dem Mixstab kräftig aufmixen (emulgieren). Die Aprikosenwürfel in den

Mixer geben und unter Zugabe der heißen Milch cremig mixen. Zuletzt den Aprikosensaft einlaufen lassen und die Flüssigkeit durch ein Sieb passieren. Mit Zitronensaft und Mandelöl vorsichtig abschmecken und in die Eismaschine geben.

Tip: Mit dem Bittermandelöl sehr vorsichtig umgehen, da schon ein Tropfen zuviel alles verderben kann. Das Aprikoseneis schmeckt noch fruchtiger und feiner, wenn 150 g getrocknete Aprikosen in feine Würfel geschnitten und in 150 g Aprikosensaft etwa 4-5 Stunden eingeweicht werden. Später gibt man diese als Einlage in die laufende Eis- oder Sorbetmaschine. Als kernige Alternative können auch leicht geröstete Haferflocken unter das Eis gegeben werden.

Anrichtevorschlag: Drei Nocken Aprikoseneis sternförmig auf einen Teller legen und mit frischen Früchten anrichten. Als Garnitur zwei Minzblätter oder Zitronenmelisse verwenden.

Zimtwaffeln mit Backpflaumen

Zimtwaffeln mit lauwarmen Backpflaumen, eventuell ein feines Eis dazu, ein wunderbares Dessert in der Weihnachts- und Adventszeit. Mit relativ wenig Aufwand ist man in der Lage, in kürzester Zeit eine hervorragende Nachspeise zu servieren.

Rezeptur: Zimtwaffeln
ergibt 10 Waffeln

70 g	Butter, weich
20 g	Akazienhonig
80 g	Eigelbe (4 Stück)
200 g	Weizenvollkornmehl, fein gemahlen
30 g	Sonnenblumenkerne, gehackt
1	Prise Salz
1	Msp. Backpulver
3 g	Zimt gemahlen
60 g	Mineralwasser
60 g	Weißwein
15 g	Sahne, flüssig
120 g	Eiweiß
60 g	Akazienhonig

Butter und Honig (20 g) schaumig schlagen und die Eigelbe nach und nach einlaufen lassen. Weizenvollkornmehl mit Sonnenblumenkernen, Salz, Zimt und Backpulver vermischen und unter die aufgeschlagene Buttermasse rühren. Mineralwasser, Weißwein und Sahne zugeben und die Masse kräftig glattrühren. Das Eiweiß aufschlagen, den Honig (60 g) langsam einlaufen lassen und das Ganze cremig fest schlagen. Das geschlagene Eiweiß unter die Waffelmasse heben. Jetzt können die Waffeln gebacken werden.

Tip: Das Waffeleisen muß auf höchster Stufe vorgeheizt werden, sollte aber während des Backens wieder um 1/3 zurückgestellt werden, da die Waffeln sonst nicht richtig gar backen.

Rezeptur: Warme Backpflaumen
ergibt 10 Portionen

250 g	Backpflaumen, ohne Stein
400 g	Pflaumensaft, ohne Zuckerzusatz
100 g	Tannenhonig
1	Zimtstange
1	Vanilleschote
1	Orangensaft, passiert
1/2	Zitronensaft, passiert
15 g	Puddingpulver
50 g	Pflaumensaft

Vollwertige Desserts

Die Backpflaumen halbieren. Den Pflaumensaft mit der Zimtstange, der Vanilleschote, dem Orangen- und Zitronensaft aufkochen und heiß über die Backpflaumen gießen. Alles etwa 2-3 Stunden quellen lassen. Die Flüssigkeit abpassieren und aufkochen. Das Puddingpulver mit dem Pflaumensaft anrühren und in den kochenden Sud gießen. Mit einem Schneebesen verrühren und gut durchkochen lassen, damit der Pflaumensud schön klar wird. Die heiße Flüssigkeit nochmal über die Backpflaumen gießen.

Anrichtevorschlag: Die gebackene Zimtwaffel (Herzform) auseinander brechen und drei oder vier Herzen fächerförmig auf den Teller legen. Die noch warmen Backpflaumen zugeben und eventuell ein Aprikoseneis (siehe Aprikoseneis mit frischen Früchten) anlegen. Mit zwei schönen Minzblättern garnieren und alles mit braunem Rohpuderzucker ganz leicht bestauben.

Himbeer-Buttermilch-Süppchen mit Orangensorbet

Ein Dessert, so richtig für heiße Tage. Es ist schnell und ohne großen Aufwand zubereitet, unabhängig von der Menge.

Rezeptur: Himbeer-Buttermilch-Süppchen
ergibt 1 Portion
150 g Himbeerpüree, frisch
80 g Buttermilch
30 g Akazienhonig
15 g Crème fraîche

Kal.	Eiweiß	Fett	Kohlenhydrate
86	5,86 g	8,89 g	12,67 g

Die frischen Himbeeren pürieren und durch ein feines Sieb passieren. Zwei bis drei Himbeeren müssen für die Garnitur zurückgelegt werden. Das Himbeerpüree mit dem Honig gut verrühren, am besten mit einem Mixstab, und die Buttermilch zugeben. Die ganze Masse nochmal kurz aufmixen. Crème fraîche mit einigen Tropfen Wasser verdünnen, in eine gedrehte Papiertüte füllen und die Spitze mit einer Schere nicht zu groß abschneiden.

Anrichtevorschlag: Die aufgemixte Suppe in einen vorgekühlten Suppenteller füllen, Crème fraîche Punkte in die Suppe spritzen und mit einem Holzstäbchen zu Herzen verziehen. In die Tellermitte vorsichtig ein Orangensorbet (siehe Kapitel Eis) geben, ein Minzblatt und die zurückbehaltenen Himbeeren anlegen, auf einen etwas größeren Unterteller stellen und servieren.

Tip: Werden TK-Himbeeren verwendet, sollten diese nur zu 3/4 aufgetaut und dann gemixt werden. Läßt man die Himbeeren ganz auftauen, bekommt das Püree keine Bindung und ist flüssig wie Wasser. Gibt man der Masse ein Blatt Gelatine zu, kann aus diesem Süppchen eine schöne Creme werden, die sich sehr gut stürzen läßt.

Aprikosentaler auf Birnensalat

Ein knackiger Birnensalat, fein mit Joghurt und Sanddorn abgeschmeckt, dazu frisch gebackene Aprikosentaler. Dieses Dessert wird sicher zu einem Bestseller.

Vollwertige Desserts

Vollwertige Desserts

Rezeptur: Aprikosentaler
ergibt 6 Portionen
100 g Aprikosen, getrocknet
200 g Aprikosensaft ohne Zuckerzusatz
100 g Eier (2 Stück)
30 g Buchweizenmehl
30 g Weizenvollkornmehl, fein
1 Prise Meersalz
50 g Crème fraîche

Die Aprikosen in feine Würfel schneiden, den Aprikosensaft über die Würfel gießen und etwa 4-5 Stunden stehen lassen, damit die Aprikosen die ganze Flüssigkeit aufnehmen können. Buchweizen- und Vollkornmehl mit Salz vermischen, Crème fraîche und die Eier zugeben und die Masse glattrühren. Den fertigen Teig mit Klarsichtfolie abdecken und 30 Minuten quellen lassen. Die klein geschnittenen Aprikosen auf ein Sieb geben, damit sie noch etwas abtropfen können, danach die Aprikosenwürfel unter den Teig heben. Wenn der Teig noch etwas zu fest ist, kann er mit dem abgelaufenen Saft oder mit Milch verdünnt werden.

Tip: Bevor mit dem Backen begonnen wird, sollte immer eine Probe gebacken werden, um zu testen, ob der Teig sich gut backen läßt.

Rezeptur: Birnensalat
ergibt 6 Portionen
2-3 Birnen, mittelgroß
125 g Joghurt, natur
30 g Sanddornsirup, ungesüßt
40 g Mandeln, gehackt
30 g Akazienhonig
1/2 Zitronensaft, passiert

Zuerst die Mandeln leicht rösten. Den Joghurt mit dem Honig und dem Sanddornsirup glattrühren, eventuell noch etwas mit Zitronensaft abschmecken. Die Birnen schälen und in nicht zu feine Julienne schneiden, das Joghurt-Dressing darüber geben und vorsichtig darin wälzen.

Tip: Statt Sanddorn kann auch Erdbeerpüree verwendet werden.

Anrichtevorschlag: Den Birnensalat hübsch auf den vorbereiteten Tellern anrichten und die gerösteten Mandeln darüber streuen. Eine Pfanne mit geklärter Butter aufstellen und heiß werden lassen. Mit einem Löffel den Teig in die Pfanne setzen und die Taler von beiden Seiten goldbraun backen. Die gebackenen Taler sollten einen Durchmesser von ca. 3-4 cm haben. Nach dem Braten werden sie leicht mit einem Küchenkrepp abgetupft, damit kein Fett auf die Teller läuft. Pro Portion rechnet man 2-3 Aprikosentaler.

Topfensoufflé mit Heidelbeersauce und Melonensorbet

Daß es innerhalb einer vollwertigen Ernährung auch möglich ist, ein leichtes, lockeres Soufflé anzubieten, zeigt das folgende Rezept eines Topfensoufflés mit Heidelbeersauce.

Rezeptur: Topfensoufflé
ergibt 4 Portionen
120 g Crème pâtissière
20 g Eigelb (1 Stück)
50 g Schichtkäse, passiert
1 Zitronenschale, abgerieben
1/2 Vanilleschote, nur das Mark
90 g Eiweiß (3 Stück)
70 g Akazienhonig

Die Souffléförmchen gut mit cremiger Butter ausstreichen und mit braunem Zucker ausstreuen. Vom Buttern und Zuckern der Förmchen hängt das Gelingen eines guten Soufflés ab. Crème pâtissière, Eigelb, Zitronenschale und Vanillemark glattrühren, den Schichtkäse zugeben und wieder glattrühren. Das Eiweiß aufschlagen und den Honig langsam einlaufen lassen. Sieht das Eiweiß schmierig und glänzend aus, muß es neu geschlagen werden, denn für ein Soufflé ist es nicht zu gebrauchen. Das geschlagene Eiweiß unter die Grundmasse heben und in die vorbereiteten Förmchen füllen und ohne Wasserbad in den vorgeheizten Backofen schieben.
Backtemperatur:
150-160 °C Heißluft
180 °C Ober-/Unterhitze
Backzeit:
8-12 Minuten Heißluft
15-20 Min. Ober-/Unterhitze
Soll das Soufflé gestürzt werden, muß es etwa 1 Minute abstehen.

Tip: Das Eiweiß sollte immer cremig fest geschlagen werden. Ist man sich nicht ganz sicher, lieber etwas weicheres Eiweiß bevorzugen. Wird der Topf zum Eiweißschlagen vorher gründlich mit einer halben Zitrone ausgerieben, können alle Fettreste entfernt werden. So vorbereitet gelingt das Eiweiß fast immer!

Rezeptur: Heidelbeersauce
ergibt 6 Portionen
150 g Heidelbeeren
125 g Joghurt, natur
1 Prise Zimt
1/2 Vanilleschote, nur das Mark
1/2 Zitronenschale, gerieben
55 g Akazienhonig
15 g Sanddornsaft, ungesüßt

Die Heidelbeeren waschen, verlesen, pürieren und durch ein Sieb passieren. Den Joghurt mit Zimt, Vanillemark, Honig, Sanddornsaft und Zitronenschale verrühren und die passierten Heidelbeeren zugeben. Eventuell muß noch mit etwas Akazienhonig nachgesüßt werden.

Tip: Statt Joghurt kann auch Quark, der mit etwas Milch verdünnt wird, verwendet werden.

Anrichtevorschlag: Das Topfensoufflé separat auf einem kleinen Teller servieren. Heidelbeersauce mit Melonensorbet (siehe Kapitel Eis) auf einem Teller anrichten, einige Heidelbeeren oder eine halbe Erdbeere mit zwei Minzblättern anlegen.

Apfelpfannkuchen mit Sesam

Sesam, das Gewürz der Götter, so steht es auf Schrifttafeln aus dem Jahre 2000 vor Christus. Noch heute ist Sesam im Orient eines der wichtigsten Gewürze. Im folgenden Rezept gibt der leicht geröstete Sesam dem Apfelpfannkuchen seine feine Würze.

Rezeptur: Apfelpfannkuchen
ergibt 4 Portionen
150 g Weizenvollkornmehl, fein
250 g Milch, frisch
100 g Eier (2 Stück)
1 Prise Salz
50 g Butter, flüssig
90 g Eiweiß
45 g Akazienhonig
15 g Sesam, leicht angeröstet
2 Äpfel, Cox Orange

Den Sesam leicht im Backofen rösten. Weizenvollkornmehl, Milch, Eier und Salz gut verrühren und ca. 30 Minuten abgedeckt quellen lassen. Ist der Teig zu fest geworden, sollte er mit etwas Milch verdünnt werden. Die Butter auflösen und mit dem Mixstab unter den Pfannkuchenteig mixen. Rührt man die Butter mit einem Schneebesen unter, setzt sie sich meist wieder an der Oberfläche ab. Das Eiweiß aufschlagen, den Honig nach und nach einlaufen lassen. Den cremig geschlagenen Eischnee zügig unter den Pfannkuchenteig heben. Die Äpfel schälen, Kerngehäuse entfernen und in dünne Spalten schneiden.

Rezeptur: Apfelsauce
ergibt 4 Portionen

250 g	Wasser
2	Äpfel, Schalen und Kerngehäuse
1/2	Vanilleschote, nur das Mark
1/3	Zimtstange
10 g	Puddingpulver
40 g	Wasser
60 g	Akazienhonig

Wasser, Schalen, Kerngehäuse und Gewürze aufkochen und etwa 3-4 Stunden ziehen lassen. Die Flüssigkeit abpassieren und noch einmal aufkochen lassen. Das Puddingpulver mit Wasser anrühren, in den kochenden Sud gießen und kräftig durchkochen. Die Apfelsauce abkühlen lassen und den Honig einrühren. Eventuell noch mit etwas Zitronensaft abschmecken.

Tip: Es ist vorteilhaft den Apfelsud über Nacht ziehen zu lassen.

Anrichtevorschlag: Geklärte Butter in der Pfanne erhitzen und den Pfannkuchenteig einfüllen. Die Hälfte des Pfannkuchens mit Apfelspalten belegen und den Sesam aufstreuen. Ist der Apfelpfannkuchen von unten goldgelb gebakken, sollte er kurz in den Backofen (180 °C) geschoben werden, damit er oben antrocknet. Dann den Pfannkuchen in der Pfanne zusammenfalten und auf den Teller gleiten lassen. Apfelsauce herumlaufen lassen, mit einem Minzzweig und etwas Sesam garnieren.

Tip: Von der Qualität der Äpfel hängt sehr viel ab, darum immer einen gut schmeckenden Apfel verwenden. Sind die Äpfel sehr fest, können sie in der Pfanne ansautiert und der Teig kann auch gleich auf die Äpfel gegeben werden.

Kerniges in Joghurtschaum mit Cassissorbet

Dieses Dessert besticht nicht nur durch die Optik, sondern es schmeckt vorzüglich und läßt sich mit allen Früchten variieren.

Rezeptur:
Kerniges in Joghurtschaum
ergibt 1 Portion

100 g	Joghurt, natur
20 g	Haferflocken, kernig
10 g	Vollkorn-Cornflakes
5 g	Sonnenblumenkerne
80 g	Trauben, blau u. grün
4	Walnüsse
1	Kugel Cassissorbet

Haferflocken und Sonnenblumenkerne leicht rösten, so bekommen sie einen kräftigeren Geschmack.

Vollwertige Desserts

Anrichtevorschlag: Körner und Cornflakes kreisförmig auf den Teller streuen. Die Weintrauben halbieren und gleichmäßig auf dem Teller verteilen. Eine große Kugel Cassissorbet in die Mitte legen. Den Joghurt mit Hilfe eines Mixstabs aufmixen und mit einem Löffel nur den Schaum über die Früchte und Körner verteilen. Zwei schöne Minzblätter anlegen und leicht mit braunem Puderzukker bestäuben.

Vollwert-Kräcker mit Joghurt-Apfelsauce

Ein knackiges vollwertiges Dessert, das sich sowohl im Sommer als auch im Herbst und Winter servieren läßt. Je nach Saison verträgt sich diese knusprige Nachspeise mit allen Früchten und man kann sogar eine warme Sauce dazu reichen.

Rezeptur: Vollwert-Kräcker
ergibt 2 Stück von 10 cm Durchmesser
70 g Akazienhonig
15 g Vollkorn-Cornflakes
5 g Sonnenblumenkerne
5 g Haferflocken, kernige
5 g Pinienkerne

Die Sonnenblumen- und Pinienkerne und die Haferflocken leicht im Backofen rösten, so bekommen sie einen kräftigeren Geschmack. Den Honig aufkochen, die Vollkorn-Cornflakes mit den Haferflocken und den Pinien- und Sonnenblumenkernen in den kochenden Honig geben und mit einem Holzlöffel gut verrühren. Die Masse in die vorbereiteten Förmchen oder Ringe füllen und bei 200 °C im Backofen etwa 5-8 Minuten backen. Auskühlen lassen und die Kräcker aus den noch nicht ganz kalten Förmchen lösen.

Tip: Werden die Kräcker auf Vorrat gebacken, müssen sie in einer gut schließenden Blechdose aufbewahrt werden. Die Kräcker lassen sich auch als Gebäck zum Kaffee oder Tee servieren.

Rezeptur: Joghurt-Apfelsauce
ergibt 2 Portionen
1/3 Apfel (Granny)
40 g Walnüsse, grob gehackt
100 g Joghurt, natur

Den Apfel schälen, in Würfel schneiden, die Walnüsse hacken und beides mit dem Joghurt verrühren. Eventuell mit Honig etwas süßen.

Anrichtevorschlag: Den Kräcker in die Tellermitte legen, drei verschiedene Kugeln Sorbet zugeben und die Joghurt-Apfelsauce herumlaufen lassen. Einen Minzzweig und eine halbe Erdbeere anlegen und alles leicht mit braunem Puderzucker bestauben.

Joghurtreis-Timbale auf Aprikosensauce

Innerhalb einer vollwertigen Ernährung hat Reis einen sehr hohen Stellenwert. Als Dessert ist er sehr beliebt und man möchte ihn nicht missen. Mit einer Sauce aus getrockneten Aprikosen ergänzt sich diese Reiscreme fantastisch.

Vollwertige Desserts

Rezeptur: Joghurtreis-Timbale
ergibt 8 Portionen
400 g Milch, frisch
75 g Naturreis, Langkornreis
1/2 Zimtstange
1/2 Vanillestange
1 Nelke
150 g Joghurt, natur
1 Prise Salz
1 Zitronenschale, abgerieben
1 Orangenschale, abgerieben
2,5 Blatt Gelatine
120 g Eiweiß (4 Stück)
75 g Akazienhonig

Die Timbaleförmchen hauchdünn mit heißer Butter ausstreichen. Der Butterfilm darf im Förmchen nicht zu sehen sein. Den Reis in kochendem, ungesalzenem Wasser ca. 1-2 Minuten kochen, in ein Sieb gießen und unter kaltem Wasser gut abspülen. Die Milch mit den Gewürzen aufkochen, den Reis zugeben und langsam auf kleiner Flamme köcheln lassen. Damit der Reis während des Kochens nicht ansetzt, ab und zu umrühren. Die Gelatine in kaltem Wasser einweichen. Ist der Reis fertig, werden Zimt, Vanille und Nelke herausgenommen, die gut ausgedrückte Gelatine untergerührt und danach der Joghurt, das Salz und die Zitronenschalen beigemischt. Das Eiweiß aufschlagen und den Honig nach und nach unterrühren. Den cremigen Eischnee unter die Reismasse heben und die fertige Masse in die vorbereiteten Förmchen füllen, die etwa 1 Stunde kaltgestellt werden sollten.

Tip: Vollwertiger, ungeschälter Reis darf nicht in Salzwasser gekocht werden, er schließt sich, nimmt keine Flüssigkeit mehr auf und bleibt dann sehr fest. Naturreis sollte immer erst nach dem Kochen gesalzen werden.

Rezeptur: Aprikosensauce
ergibt 15 Portionen
125 g Aprikosen, getrocknet
100 g Weißwein
150 g Aprikosensaft, ohne Zuckerzusatz
10 g Mandellikör
1 Zitronensaft, passiert

Aprikosen in kleine Würfel schneiden. Den Weißwein mit Mandellikör kurz aufkochen und über die Aprikosenstücke gießen. Gut abgedeckt sollten die Aprikosen etwa 5 Stunden stehen, damit sie die ganze Flüssigkeit aufnehmen können. Am besten läßt man die Aprikosen über Nacht stehen. Die Früchte in den Mixer geben, den Saft zugeben, kräftig aufmixen und durch ein feines Sieb passieren. Sollte die Sauce zu fest sein, kann noch etwas Flüssigkeit zugegeben werden.

Tip: Ein Mixstab zum Pürieren reicht nicht, es muß ein kräftiger Mixer sein.

Anrichtevorschlag: Das Reistimbale in die Tellermitte stürzen, die Aprikosensauce gleichmäßig herum verteilen, ein wenig Himbeersauce und Créme fraîche einlaufen lassen und die Saucen mit einem Holzstäbchen ineinander verziehen. Zwei Aprikosenspalten und ein Minzblatt anlegen, mit braunem Puderzucker ganz leicht bestauben.

Eis - Parfait - Sorbet - Granité

Alles über Eis - Parfait - Sorbet - Granité

Daß die Chinesen das Speiseeis erfanden ist allgemein bekannt. Natürlich war das Speiseeis damals nicht mit unserem heutigen vergleichbar. Die Chinesen vermischten Fruchtsäfte mit Schnee, der in unterirdischen Eishöhlen gelagert wurde. Verfolgt man die Entstehung des Eises zurück, gelangt man zuerst nach Persien und Indien. Später lernten auch die Griechen und Römer den kühlen Genuß kennen.

Die Italiener lösten in den fünfziger und sechziger Jahren einen regelrechten Eisboom in Deutschland aus. Sie hatten die Eisherstellung von den Arabern gelernt. Diese brachten die Kunst des Eismachens nach Sizilien an den Ätna. Noch heute gelten die Eisspezialitäten aus Catania und Acitrezza als die besten ganz Italiens. Der Schnee, der sich in den Höhlen des Ätna bis weit in den Sommer hinein hält, diente damals zur Herstellung von Speiseeis. Aus dieser Zeit existiert ein Gesetz, das heute noch Gültigkeit besitzt und dem Bischof von Catania das Recht auf den gesamten Schnee des Ätna einräumt.

Abb. Doppelseite 222
v. l. im Uhrzeigersinn
Zimteis, Orangen-Schokoladeneis, Burgundergranité, Walnußparfait, Adventsparfait, Orangensorbet, Sauerkischsorbet

1672 eröffnete der Sizilianer Francesco Procopio dei Cortelli das erste Eiscafé in Paris, mit dem Namen „Le Procope" in der Rue de l'Ancienne-Comédie. Etwa 80 Jahre nach der Eröffnung dieses Eiscafés wurden dort schon 80 verschiedene Sorten Eis angeboten. In Deutschland machte 1799 ein Café mit Eisspezialitäten von sich reden, es war der berühmte Alsterpavillon am Junfernstieg in Hamburg. Der Zuckerbäcker „Carème" begeisterte 1814 beim Wiener Kongreß die anwesenden Staatsoberhäupter mit seinem neuartigen Schaumeis. Im Jahre 1816 gewann die Gattin des damaligen amerikanischen Präsidenten James Madison, durch beherrschtes Eingreifen die erste große Schlacht für die Eiscreme. Auf einem Empfang wurde zum Nachtisch ein Custardpudding (Eierrahmpudding) gereicht, der von den Köchen gefroren als Eis serviert wurde. Eine der anwesenden Damen fiel in Ohnmacht, da sie meinte, vergiftet worden zu sein und der zuständige Koch wurde verhaftet. Frau Präsident griff mutig zum Löffel, probierte und war begeistert, somit war die Situation gerettet.

Die Begeisterung der First Lady löste in Amerika einen Run auf Eis aus, der bis heute anhält. So ist es auch nicht verwunderlich, daß auch eine Amerikanerin (Nancy Johnson) 1790 die erste Speiseeismaschine erfand. Kurze Zeit später gründete Jacob Fussel in Baltimore die erste Speiseeisfabrik und 1876 ermöglichte der Professor der Maschinenbaulehre „Carl von Linde" mit seiner Entwicklung den Bau einer Kältemaschine, nach deren Grundprinzip noch heute der Kühlschrank funktioniert. So wurde der Eisgenuß dem ganzen Volk ermöglicht.

Bis 1923 wurde Eis nur aus Gläsern und in zu Tüten gedrehten Waffeln gegessen oder geleckt. Harry Bust bekam im gleichen Jahr das Patent für eine sensationelle Erfindung, „Das Eis am Stiel". Deutschlands Eisindustrie begann schon 1930 mit der Herstellung von Stieleis. Damals konnten nur circa 40 Stieleis gleichzeitig in einem transportablen Behälter gefroren werden. Heute werden in modernen Rundgefrierern etwa 40 000 Stück pro Stunde hergestellt. Beliebt ist aber nicht nur das Eis am Stiel, sondern Eis jeglicher Art. In vielen Variationen wird Gefrorenes angeboten, sei es als Milchspeiseeis, Kremeis, Fruchteis, Eisparfait, Sorbets und Granités, um nur einige Arten zu nennen. Speiseeis wird heute in einer derartigen Vielfalt angeboten, daß man denken könnte, alles sei erlaubt. So ist es aber zum Glück

Alles über Eis - Parfait - Sorbet - Granité

nicht, denn die Bundesverordnung über Speiseeis regelt die Herstellung von Gefrorenem, zum Wohle aller Eisliebhaber. Die Speiseeisverordnung wird später noch genauer behandelt. Bleiben wir vorab bei den verschiedenen Eis-Arten.

Milchspeiseeis wird mit mindestens 70% Milch oder Milchpulver hergestellt. Bei Verwendung von Milchpulver wird die entsprechende Menge Wasser zugegeben.

Fruchteis kann mit Wasser, Ei, Milch, Buttermilch usw. hergestellt werden. Fruchteis muß mindestens 20% frisches Fruchtfleisch, Fruchtmark oder Fruchtsaft enthalten. Eine Ausnahme ist das Zitroneneis, hier muß nur 10% Zitronenmark oder Zitronensaft enthalten sein.

Kremeis wird mit 270 g ganzen Eiern oder 100 g Eigelb auf einen Liter Milch hergestellt. Wird Milchpulver verwendet, muß die entsprechende Menge Wasser zugegeben werden.

Sahneeis oder auch Rahmeis genannt wird unter Verwendung von mindestens 60% Schlagsahne zubereitet.

Eiskrem kann mit Milch, Joghurt oder Kefir hergestellt werden. Dieses Speiseeis muß pasteurisiert und homogenisiert werden. Anschließend muß die Eismasse reifen. Eiskrem hat einen Mindestmilchfettanteil von 10%. Bei Verwendung von pulverisierten Milchprodukten muß die entsprechende Menge Wasser zugegeben werden.

Einfacheiskrem wird wie Eiskrem hergestellt und hat einen Milchfettanteil von 3%.

Kunstspeiseeis muß alle vorgenannten Qualitätsmerkmale und Vorraussetzungen nicht unbedingt erfüllen.

Sorbets werden häufig mit Fruchteis verwechselt, doch der Unterschied ist gravierend. Ein Sorbet ist gefrorener Fruchtsaft, Wein, Sekt oder Champagner, der meist mit etwas Zucker und Zitronensaft abgeschmeckt wird. Serviert wird ein Sorbet im Glas, aufgegossen mit Saft, Wein, Sekt oder Champagner.

Nachdem das Sorbet fast in Vergessenheit geraten war, erlebte es vor einigen Jahren eine ungeahnte Renaissance. In guten Restaurants wurden Sorbets als Dessert oder auch als Zwischengericht in einer Menüfolge serviert. Heute gehören Sorbets auf jede Dessertkarte, obwohl es gar nicht so einfach ist, ein gutes Sorbet zuzubereiten.

Frischer Fruchtsaft wird mit Puder- oder Läuterzucker (mind. 32°Bé) gesüßt. Läuterzucker, der im Verhältnis 1 zu 1 gekocht wurde, ist nicht geeignet. Wird Läuterzucker verwendet, gibt man zwangsläufig sehr viel Flüssigkeit zu, bis ausreichend gesüßt ist. So wird der Fruchtgeschmack stark verändert. Darum sollte nur mit stark eingekochtem Läuterzucker oder mit Puderzucker gesüßt werden.

Es heißt, ein Sorbet sollte eine Dichte von 16-18°Bé (mit der Zuckerwaage gemessen) haben. Vorteilhafter ist es, das Sorbet so abzuschmecken, daß es richtig süß schmeckt, denn die Kälte nimmt viel „Süße" weg. Das Sorbet muß also ungefroren ein wenig süßer oder fast schon zu süß abgeschmeckt werden. Es ist auch nicht empfehlenswert Glukose oder Bonbonsirup zuzugeben, da das fertige Sorbet dann unnatürlich glänzt und den Eindruck macht, flüssig zu sein. Oft wird auch geschlagenes oder ungeschlagenes Eiweiß unter das Sorbet gegeben, um mehr Volumen und ein lockeres Sorbet zu erzielen. Ich meine auf die Zugabe von Eiweiß, egal in welcher Form, sollte man verzichten. Ein Sorbet muß die entspre-

Alles über Eis - Parfait - Sorbet - Granité

chende Fruchtsorte klar und rein in Geschmack und Farbe verkörpern. Außerdem ist Ei ein gefährlicher Salmonellenträger. Obwohl Sorbets noch nicht unter die Speiseeisverordnung fallen und auch weniger genau kontrolliert werden, sollte man das Risiko nicht eingehen.

Das Sorbet als Zwischengericht ist in der letzten Zeit heftig umstritten. Einige plädieren für ein Sorbet innerhalb eines Menüs, andere sehen es bereits als vorgezogenes Dessert. Beide Meinungen sind berechtigt. Wird ein Sorbet während des Menüs gereicht, das sich geschmacklich als Dessert wiederholt, so ist es wirklich wenig passend.

Besser ist es, ein Sorbet so auszuwählen und abzuschmecken, daß es ein Menü bereichert. Wie wäre es mit einem Orangensorbet mit Estragon, einem Basilikumsorbet, einem Baumtomatensorbet oder einem Karottensorbet? Orientiert man sich an diesen Variationen, ist das wesentlich passender! Natürlich gibt es auch andere feine Gemüsesorbets.

Grundsätzlich sollte ein Sorbet erst kurz vor Gebrauch gefroren werden und nicht schon Stunden vorher im Tiefkühler lagern. Jedes noch so sorgfältig zubereitete Sorbet kristallisiert aus, wird fest und läßt sich nicht mehr portionieren. Von einer guten Qualität kann dann nicht mehr gesprochen werden.

Gewissenhaftes und sorgfältiges Arbeiten garantiert eine feine Sorbetqualität.

Wenn keine Sorbetmaschine zur Verfügung steht, kann das abgeschmeckte Sorbet über Nacht in den Tiefkühler gestellt werden. Die durchgefrorene Flüssigkeit wird am nächsten Tag stückweise in einem kräftigen Mixer durchgemixt. Eventuell gibt man etwas Flüssigkeit zu, damit der Mixer alles gut faßt. Dieses Sorbet unterscheidet sich nicht von einem Sorbet, das in einer Sorbetiere hergestellt wurde.

Granité ist der französische Begriff für die aus Italien stammende „Garnita“. Damals war dies ein Eisgetränk aus reinem Fruchtsaft, der gefroren geschabt und dann in feiner kristalliner Form in Gläsern serviert wurde. Diese köstliche Erfrischung verbreitete sich in Windeseile auch in Deutschland und Frankreich. Später wurde das Granité fast völlig vergessen, nur bei Kindern war das sogenannte Wassereis immer noch sehr beliebt. Erst in den letzten 10-15 Jahren fand das Granité wieder vermehrt Beachtung, sogar in den feinsten Restaurants. Man stellte fest, daß ein schönes Granité nicht nur gut schmeckte und sehr erfrischend war, sondern auch sehr einfach herzustellen ist. Hinzu kommt der wirtschaftliche Aspekt, denn ein Granité ist sehr preiswert, um nicht zu sagen billig in der Herstellung.

Es kann aus fast allen Säften und Flüssigkeiten mit oder ohne Alkohol hergestellt werden. Hier zwei Beispiele: Aus Marinaden, die zum Einlegen von Früchten verwendet wurden oder aus Schalen und Kernen von Äpfeln und Birnen zubereitete Säfte, (siehe Einleitung) lassen sich hervorragende Granités herstellen.

Ein Granité mit einem Sorbet zu vergleichen ist falsch, obwohl beide vielleicht mit Fruchtsaft gemacht sind. Ein Sorbet soll cremig und möglichst frei von Kristallen sein, daß wird durch Zucker gesteuert. Je mehr Zukker, umso cremiger das Sorbet. Bei einem Granité aber wird gerade die Kristallbildung gewünscht, das heißt, es wird nur wenig Zucker zugegeben. Der Zuckergehalt des Granités ist circa. 40-50% niedriger als beim Sorbet.

Die abgeschmeckte Flüssigkeit gießt man auf ein flaches Blech mit einer Kante und stellt es in den Tiefkühler.

Alles über Eis - Parfait - Sorbet - Granité

Am Blechrand gefriert die Flüssigkeit zuerst und bildet Kristalle. Mit einem Löffel oder einem schmalen Dreiecksspachtel schabt man die Eiskristalle in die Blechmitte. Diesen Vorgang wiederholt man ungefähr jede 1/2 Stunde, bis die gesamte Flüssigkeit auskristallisiert und richtig trokken ist, so daß die Kristalle nicht aneinander kleben und schön locker auseinander fallen.

Ein feines Granité ist im Sommer immer eine willkommene Erfrischung, nicht nur für Kinder, die „Wassereis“ lieben.

Eisparfait wird auch als „Halbgefrorenes“ bezeichnet. Eigelb wird mit Zucker auf einem Wasserbad warmgeschlagen (mind. 82 °C), danach wieder kaltgerührt, Aromastoffe zugegeben und Sahne untergehoben. Die Parfaitmasse wird in vorbereitete Formen gefüllt und einige Stunden in den Tiefkühler gestellt.

Ein gutes Eisparfait muß zart, cremig und nicht zu fest sein. Wichtig ist, daß es keine Eiskristalle enthält. Daher müssen bestimmte Arbeitsweisen strikt eingehalten werden:
Eigelb oder Ei mit Zucker wird warm geschlagen und wieder kalt gerührt. Das Warmaufschlagen der Eimasse hat zwei wichtige Gründe:

1. Eier sind ein großer Salmonellenträger, durch das Erhitzen werden die Bakterien stark abgeschwächt.

2. Damit die Parfaitmasse später Geschmacksträger auch in flüssiger Form binden kann, müssen die Eigelbe oder Eier richtig gebunden werden. So wird die Masse homogen und setzt sich auch nach längerem Stehen nicht wieder ab.

Oft wird die Eimasse warm aufgeschlagen, nach dem Abkühlen die Sahne untergezogen und kalt gestellt. Ist der Tiefkühlschrank nicht kalt genug, braucht das Parfait zu lange, um fest zu werden. In dieser Zeit setzt sich das aufgeschlagene Ei wieder ab, wenn es nicht richtig gebunden wurde. Beim Stürzen des Parfaits stellt man fest, daß sich ein dicker, gelber Streifen unten abgesetzt hat.

Meist wird die Eimasse für Parfait auf dem Wasserbad oder in der Konditorei in einer beheizbaren Anschlagmaschine aufgeschlagen. Um Eigelb zu binden, benötigt man mind. 73 °C, mit dem Zuckergehalt erhöht sich die Temperatur, bei der Eigelb bindet. Die Temperatur der Eimasse für ein Eisparfait muß aber mindestens 85 °C betragen. Schlägt man die Masse auf dem Wasserbad auf, geht ca. 1/5 der Masse verloren, da sie sich am Schlagkesselrand festsetzt und hart wird. Auch das Aufschlagen mit einer Anschlagmaschine muß sorgfältig geschehen, ist die Maschine nicht gut eingestellt, bleibt auch hier mehr Masse als nötig am Kesselrand hängen.

Die sicherste Methode, um die Eimasse zu binden, ist folgende: Eigelb oder Ei fest schaumig schlagen, Zukker mit Wasser einkochen lassen, so daß der Zuckersirup nicht braun wird und den heißen Sirup unter ständigem Rühren in die aufgeschlagenen Eier laufen lassen. Der Zuckersirup ist heiß genug, um die Eier mit zu binden. So setzt sich keine Masse am Kesselrand ab und alles ist verwendbar.

Fruchtige Eisparfaits wie ein Himbeer-, Orange- oder Ananasparfait werden ähnlich hergestellt. Hier kocht man nicht Wasser und Zucker, sondern Fruchtmark oder Fruchtsaft mit Zucker ein. Schmeckt man die aufgeschlagene Eimasse mit purem Fruchtmark oder Saft ab, fügt man circa 80-85 % Wasser zu. Da das Wasser von der Eimasse niemals aufgenommen werden kann, wird das Parfait kristallin. Das Wasser wird nur durch Kälte gebunden und zu feinen Eiskristallen, die beim Verzehr des Parfaits störend und unangenehm schmecken. Beim Anrichten schmelzen diese Eiskristalle sofort und das Parfait fließt wie Wasser auseinander.

Merke: Flüssigkeit, die nur durch Kälte gebunden wird, schmilzt beim Anrichten sofort.

Wird das Wasser aber in der beschriebenen Form verkocht, bleibt nur der reine Geschmacksträger übrig, den die Masse problemlos aufnimmt und bindet.

Merke: Ein Eisparfait verliert auch aufgetaut nicht seine ursprüngliche Form, wenn es in der oben beschriebenen Art zubereitet wird.

Hat man trotz vorschriftsmäßiger Arbeit nach dem Unterheben der Sahne Eiskristalle im fertigen Parfait, kann es an der Sahne liegen. Wurde sie zu fest geschlagen, beginnt sie nach mehrmaligem Unterrühren zu grießeln. Sahne darf immer nur zu 2/3 aufgeschlagen werden, denn sonst trennt sich das Wasser vom Fett und den anderen Bestandteilen (z.B. Molke) und dann gerät erneut Wasser ins Parfait.

Merke: Sahne, die nur zu 2/3 aufgeschlagen ist, ermöglicht ein leichteres Unterheben, da sie nicht so schnell grießig wird.

Ein weiteres Problem ist das Ausfrieren eines Parfaits. Die erforderliche Temperatur des Gefrierschranks sollte bei minus 18-20 °C liegen. Liegt sie höher, setzt sich das Wasser in der Sahne auch ab und es bilden sich Kristalle.

Merke: Hat der Tiefkühler nicht die erforderliche Temperatur, sollte das Parfait nicht in große Formen, sondern in Portionsformen abgefüllt werden, da diese schneller durchfrieren. So wird das Absetzen der Sahne verhindert.

Diese Probleme treten meist nur im Sommer auf, wenn der Tiefkühler mehrmals täglich geöffnet und geschlossen wird. Darum sollte ein Eisparfait abends zuletzt oder morgens zuerst gefestigt und gefroren werden.

Eisbiskuit ist auch ein halbgefrorenes Produkt ähnlich wie ein Parfait. Es wird mit ganzen Eiern wie eine Biskuitmasse hergestellt. Die Arbeitsweise sollte aber genau wie beim Parfait ablaufen.

Vanilleeis

Die folgenden Vanilleeisrezepturen sind lediglich Grundmassen. Sie sind die Basis für viele andere Milcheissorten, zum Beispiel: Pistazien-, Nougat- oder Haselnußeis. Eis dieser Art erhält man heute meist nur noch in feinen Restaurants oder kleinen Konditoreien. Wird Eis in großen Mengen gebraucht, müssen die Rezepturen leichter bekömmlich und geschmacklich dem Verbrauchertrend angepaßt sein. Doch mehr dazu auf den nächsten Seiten.

Grundrezeptur 1: Vanilleeis
ergibt 790 g Eisgrundmasse
500 g Sahne
2 Vanilleschoten
110 g Zucker
100 g Eier (2 Stück)
80 g Eigelb (4 Stück)

Die Sahne mit den aufgeschnittenen Vanillestangen aufkochen. Zucker mit Ei und Eigelb verrühren und die gekochte Sahne langsam unter ständigem Rühren in die Eimasse laufen lassen und auf dem Wasserbad bis zur Rose (ca. 73 °C) abziehen. Die Eisgrundmasse durch ein feines Haarsieb laufen (passieren) und etwas abkühlen lassen. Dann kann das

Eis - Parfait - Sorbet - Granité

Vanilleeis in den Speiseeisbereiter oder in die Sorbetiere gegossen werden. Die Masse kann auch für andere Eisgeschmacksrichtungen verwendet werden.

Grundrezeptur 2: Vanilleeis
ergibt 825 g Eisgrundmasse
250 g Milch
250 g Sahne
2 Vanilleschoten
125 g Zucker
100 g Eier (2 Stück)
100 g Eigelb (5 Stück)
Zubereitung wie Grundrezeptur 1.

Grundrezeptur 3: Vanilleeis
ergibt 880 g Eisgrundmasse
500 g Milch 3,5 %
2 Vanilleschoten
130 g Zucker
150 g Eier (3 Stück)
100 g Eigelb (5 Stück)
Zubereitung wie Grundrezeptur 1.

Rezeptur: Mandeleis
ergibt 745 g fertiges Eis
600 g Vanilleeisgrundmasse
80 g Marzipanrohmasse
30 g Mandellikör
15 g Rum 54 %
20 g Mandelblätter, geröstet

Alle Zutaten bis auf die Mandelblätter in den Mixer geben und kräftig aufmixen, alles durch ein feines Sieb passieren und in den Speiseeisbereiter gießen. Kurz bevor das Eis fertig ist, die gerösteten Mandelblätter einstreuen.

Tip: Wird das Mandeleis zum Dessert serviert, sieht es gut aus, wenn man die Eiskugel in gerösteten Mandelblättern wälzt und auf dem Teller leicht mit Puderzucker bestaubt.
Wer auf die Marzipanrohmasse verzichten will, muß den Mandellikör höher dosieren.
Statt Mandellikör kann auch Bittermandelöl verwendet werden, dies muß aber sehr vorsichtig dosiert werden.

Rezeptur: Pistazieneis
ergibt 705 g fertiges Eis
600 g Vanilleeisgrundmasse
45 g Maraschino
20 g Mandellikör
40 g Pistazien, gehackt

Tip: Es kann auch eine Pistazienpaste verwendet werden, aber vorsichtig dosieren.
Grünes Pistazieneis enthält immer Farbstoff, der auch in den Pasten ist.

Rezeptur: Kirscheis
ergibt 670 g fertiges Eis
500 g Vanilleisgrundmasse
50 g Marzipanrohmasse
80 g Kirschen, kandiert
40 g Kirschwasser

Vanilleeismasse und Marzipanrohmasse in den Mixer geben, kräftig aufmixen und durch ein feines Sieb laufen lassen. Die kandierten Kirschen fein hacken, das Kirschwasser darüber geben und circa 1 Stunde ziehen lassen. Die Eismasse in den Speiseeisbereiter gießen und frieren. Kurz bevor das Eis fertig ist, die Kirschwürfel mit dem Kirschwasser zugeben.

Tip: Dieses Eis paßt hervorragend zu einem karamelisierten Ananaspfannkuchen.

Eis - Parfait - Sorbet - Granité

Rezeptur: Haselnußeis
ergibt 700 g fertiges Eis
500 g Vanilleeisgrundmasse
80 g Haselnüsse, geröstet/gemahlen
80 g Haselnußkrokant, gehackt
20 g Creme de Cacao, braun
20 g Haselnußlikör

Die Vanilleeisgrundmasse mit dem Likör gut verrühren und in den Speiseeisbereiter gießen. Die gerösteten Haselnüsse und den Krokant erst zum Schluß zugeben.

Tip: Wird der Haselnußkrokant dem Eis zu früh beigegeben, kann es sein, daß er sich in den kleinen Sorbetmaschinen auf dem Boden absetzt.

Rezeptur: Pralineneis
ergibt 700 g fertiges Eis
500 g Vanilleeisgrundmasse
50 g Kuvertüre, dunkel
40 g Nougat, hell
60 g Mandelsplitter, Milchkuvertüre, gehackt
60 g Creme de Cacao, braun

Kuvertüre und Nougat bei milder Hitze auflösen und mit dem Likör unter die noch warme Vanilleeisgrundmasse mixen (Mixstab). Die Eismasse in den Speiseeisbereiter oder in die Sorbetmaschine gießen und frieren. Die mit Milchkuvertüre überzogenen Mandelsplitter nicht zu fein hacken und kurz bevor das Eis fertig ist in die Maschine geben.

Tip: Dieses Pralineneis kann statt mit Creme de Cacao auch mit Orangenlikör und feingehackter Orangenschale aromatisiert werden.

Rezeptur: Maroneneis
ergibt 950 g fertiges Eis
600 g Vanilleeisgrundmasse
300 g Maronenpüree, passiert
50 g Kirschwasser

Vanilleeis und Maronenpüree in den Mixer geben und kräftig mixen. Die Eismasse durch ein feines Sieb laufen lassen und mit Kirschwasser abschmecken. Dann kann die Masse gefroren werden.

Rezeptur: Schokoladen-Orangeneis
ergibt 800 g fertiges Eis
600 g Vanilleeisgrundmasse
100 g Kuvertüre, dunkel
3 Orangenschalen, fein gehackt
50 g Orangenlikör

Die fein gehackte Kuvertüre am besten mit einem Mixstab unter die noch heiße Vanilleeisgrundmasse rühren. Unbehandelte Orangen mit warmem Wasser gut abwaschen, die Schale mit einem Juliennereißer abziehen und fein hacken und mit dem Orangenlikör unter die Eismasse mixen und frieren.

Tip: Wer auf den Alkohol verzichten will, kann Orangenöl oder etwas mehr Schale verwenden.

Rezeptur: Bitteres Kakaoeis
ergibt 800 g fertiges Eis
250 g Milch
250 g Sahne
1 Vanilleschote
1/2 Zimtstange
100 g Zucker
20 g Eigelb (1 Stück)
100 g Eier (2 Stück)
30 g Rum 54%
10 g Mandellikör
50 g Kakao, stark entölt

Zubereitung wie Vanilleeisgrundmasse (siehe Rezept 1-3). Den Kakao zuletzt mit einem Mixstab untermixen.

Tip: Dieses Eis ist nicht so süß wie die anderen Milcheissorten, es paßt auch nicht zu allen Nachspeisen. Sucht man ein Eis zu den spanischen Gewürzorangen, ist es passend und rundet das Dessert wunderbar ab.

Rezeptur: Weißes Zimteis
ergibt 900 g fertiges Eis
250 g Sahne
300 g Milch
1 Vanilleschote
4 Zimtstangen
125 g Zucker
100 g Eier (2 Stück)
100 g Eigelb (5 Stück)
30 g Rum 40%

Milch, Sahne, Vanilleschote und Zimtstangen aufkochen und etwa eine 3/4 Stunde ziehen lassen. Ei und Zucker verrühren und die Milch mit der Sahne noch einmal aufkochen. Die gekochte Milch unter ständigem Rühren in die Eiermasse gießen und auf dem Wasserbad bis zur Rose abziehen. Die Eismasse in eine andere Schüssel füllen und circa eine 1/2 Stunde ziehen lassen. Alles durch ein Haarsieb laufen lassen, mit Rum abschmecken und in den Speiseeisbereiter zum Frieren geben.

Tip: Man kann auch noch etwas Zimtpulver vorsichtig zugeben. Besser ist es, eine Zimtstange mehr aufzukochen, denn zuviel Zimtpulver schmeckt leicht bitter und brennt auf der Zunge.

Rezeptur: Erdbeereis
ergibt 900 g fertiges Eis
500 g Vanilleeisgrundmasse
350 g Erdbeermark
70 g Puderzucker
1/2 Zitronensaft

Erdbeermark, Puderzucker und den Zitronensaft aufmixen und gut unter die Vanilleeismasse rühren. Eventuell noch mit Zucker oder Zitronensaft nachschmecken und frieren.

Tip: Die Qualität des Eises hängt immer mit der geschmacklichen Qualität der Erdbeeren zusammen. Schmecken die Erdbeeren wässrig, kann auch das Erdbeereis nicht schmecken. In diesem Fall ist es besser, ein anderes Fruchteis herzustellen.

Rezeptur: Akazienhonigeis
ergibt 700 g fertiges Eis
250 g Milch
250 g Sahne
1 Vanilleschote
280 g Akazienhonig
150 g Eier (3 Stück)
60 g Eigelb (3 Stück)

Zubereitung wie Vanilleeisgrundmasse 1-3.

Tip: Bei Verwendung von Akazienhonig bleibt das Eis schön weiß und schmeckt nach purem Honig. Verwendet man zum Beispiel Tannenhonig, wird das Eis leicht dunkel und schmeckt bitter. Mit der Dosierung muß man sehr vorsichtig sein.

Rezeptur: Marzipaneis
ergibt 750 g fertiges Eis
600 g Vanilleeisgrundmasse
100 g Marzipanrohmasse
40 g Mandellikör
10 g Rum 54%

Vanilleeis und Marzipanrohmasse in den Mixer geben und kräftig aufmixen. Die Masse durch ein feines Sieb passieren. Ein zweites Mal nur noch durch ein feines Sieb laufen lassen und nicht durchdrücken. Die Eismasse mit Mandellikör und Rum abschmecken und in den Speiseeisbereiter geben.

Tip: Verwendet man Bittermandelöl kann ganz auf Alkohol verzichtet werden.

Rezeptur: Mohneis
ergibt 900 g fertiges Eis
600 g Vanilleeisgrundmasse
120 g Mohn, frisch gemahlen
200 g Milch
1/2 Zimtstange
30 g Butter
80 g Sultaninen

Sultaninen waschen und mit Milch, Butter und der Zimtstange aufkochen. Den Mohn mahlen, in die kochende Milch einlaufen lassen und auf dem Ofen wie Brandteig gut abbrennen. Die gesamte Flüssigkeit muß vom Mohn aufgenommen werden. Die Mohnmasse abkühlen lassen, die Zimtstange herausnehmen und mit einem Schneebesen kräftig unter die Vanilleeisgrundmasse rühren. Die Masse in den Speiseeisbereiter gießen und gefrieren.

Tip: Verwendet man den Mohn ohne ihn abzubrennen, entfaltet er kaum Geschmack.
Es schmeckt auch sehr gut, wenn man zum Mohn getrocknete Aprikosen gibt, die in kleine Würfel geschnitten und circa 2 Stunden in Aprikosensaft eingeweicht wurden. Die Aprikosenwürfel sollten aber erst zum Schluß in die Maschine gegeben werden.

Rezeptur: Joghurteis
ergibt 880 g fertiges Eis
150 g Milch 1,5%
30 g Vollmilchpulver
160 g Zucker
50 g Ei (1 Stück)
40 g Eigelbe (2 Stück)
400 g Joghurt, natur
2 Zitronensaft, passiert
1 Orangensaft, passiert

Milch und Milchpulver gut verrühren und aufkochen. Zucker mit Ei und Eigelb verschlagen und die kochende Milch unter ständigem Rühren einlaufen lassen. Die Flüssigkeit auf dem Wasserbad bis zur Rose abziehen und durch ein feines Sieb laufen lassen. Ist die Eismasse abgekühlt, den Joghurt, Zitronen- und Orangensaft mit einem Mixstab unterrühren. Jetzt kann die Eismasse gefroren werden.

Tip: Je nach Joghurt oder Größe der Zitrone kann es sein, daß etwas mit Puderzucker nachgesüßt werden muß.
Will man ein Fruchtjoghurteis, zum Beispiel mit Heidelbeeren herstellen, kocht man 350 g Heidelbeerpüree und 200 g Zucker um die Hälfte ein. Mit diesem Fruchtmus kann das Joghurteis abgeschmeckt werden. Bei Fruchteis muß die Zitronensaftmenge erhöht werden.

Rezeptur: Ananaseis
ergibt 1110 g fertiges Eis
600 g Vanilleeisgrundmasse
200 g Ananasstücke, Dose
200 g Anansaft, Dose
1 Zitronensaft, passiert
60 g Zucker
50 g Kirschwasser 52%

Ananasstücke, Ananassaft und Zukker aufkochen und circa 3 Minuten leicht einköcheln und abkühlen lassen. Den Zitronensaft zugeben und die Ananasmasse mit dem Vanilleeis verrühren. Mit Kirschwasser und eventuell noch mit Zitronensaft abschmecken. Jetzt kann das Ananaseis gefroren werden.

Eis - Parfait - Sorbet - Granité

Rezeptur: Orangeneis
ergibt 990 g fertiges Eis
500 g Vanilleeisgrundmasse
3 Orangenschalen, fein gehackt
40 g Orangenlikör
250 g Orangensaft
50 g Zitronensaft
150 g Akazienhonig

Den Orangen- und Zitronensaft mit dem Honig langsam auf die Hälfte einkochen und mit einem Mixstab unter die Vanilleeisgrundmasse mixen. Die feingehackte Orangenschale und den Orangenlikör zugeben, in den Speiseeisbereiter gießen und ausfrieren.

Sorbets

Das Sorbet ist eine herrliche Erfrischung für heiße Tage. Mit Fruchteis hat es nicht viel gemeinsam. Sorbets lassen sich aus allen Früchten, Fruchtsäften, Weinen, Champagner, Marinaden und Spirituosen herstellen. Die Zubereitung ist sehr unkompliziert. Zum Ausfrieren wird nicht einmal eine Sorbetmaschine gebraucht. Erfrischende Sorbets sind im Sommer nicht von der Eis- und Dessertkarte wegzudenken. Die folgenden Rezepturen können nur einen kleinen Überblick über die vielfältigen Möglichkeiten, die ein Sorbet bietet, geben. Grundsätzlich läßt sich aus allen Flüssigkeiten ein Sorbet herstellen. Dies hört sich einfach an, man erhält jedoch nur ein qualitativ gutes Sorbet, wenn es frisch gefroren wird. Längere Zeit gelagerte Sorbets kristallisieren, werden steinhart und sind somit nicht mehr zum Verkauf geeignet.

Rezeptur: Sauerkirschsorbet
ergibt 850 g fertiges Sorbet
150 g Zucker
300 g Wasser
1 Zimtstange
1 Vanilleschote
500 g Sauerkirschen, frisch
1/2 Zitronensaft, passiert
Kirschwasser
Mandellikör

Zucker, Wasser und Gewürze aufkochen und circa 1 Stunde ziehen lassen. Die Sauerkirschen entkernen und mit dem Zitronensaft kräftig mixen. Gibt man keinen Zitronensaft zu, können die Sauerkirschen braun werden. Den Zuckersirup durch ein Sieb in die pürierten Kirschen laufen lassen, beides verrühren und die ganze Masse kräftig durch ein feines Sieb passieren. Alles mit Mandellikör und Kirschwasser abschmecken und frieren.

Tip: Wird mit Alkohol abgeschmeckt, sollte der Alkohol nicht durchschmecken, er dient nur zur Geschmacksabrundung.

Rezeptur: Melonensorbet
ergibt 800 g fertiges Sorbet
550 g Melonenpüree
100 g Wasser
50 g Zucker
50 g Akazienhonig
1 Zitronensaft, passiert
15 g Cognac

Wasser, Zucker, Honig und Zitronensaft aufkochen und abkühlen lassen. Melonenpüree unterrühren und mit Cognac abschmecken.

Tip: Dieses Sorbet ist geschmacklich sehr stark von den verwendeten Melonen abhängig. Haben die Melonen nicht viel Geschmack, erhält man auch kein gutes Sorbet.

Rezeptur: Champagnersorbet
ergibt 1050 g fertiges Sorbet
750 g Champagner, sehr trocken
200 g Mineralwasser
1 Zitronensaft, passiert
150 g Puderzucker

Eis - Parfait - Sorbet - Granité

Eis - Parfait - Sorbet - Granité

Die Zutaten verrühren und sofort in die Sorbetmaschine geben und gefrieren. Eventuell muß noch mit Puderzucker oder Zitronensaft nachgeschmeckt werden.

Tip: Dieses Sorbet sollte nie lange gelagert werden, am besten wird es direkt aus der Maschine verkauft.
Die Mineralwasserzugabe ist erforderlich, damit das Sorbet zumindest eine kurze Zeit gelagert werden kann. Ohne Wasser würde das Sorbet nicht ganz fest und im Tiefkühler nicht gefrieren.

Rezeptur: Traminersorbet
ergibt 700 g fertiges Sorbet
500 g Traminer
100 g Mineralwasser
80 g Puderzucker
1/2 Orangensaft, passiert
1/2 Limettensaft, passiert

Alle Zutaten vermischen, noch einmal gut nachschmecken und sofort gefrieren.

Apfelgranité
Basilikumsorbet
Champagnersorbet
Ananaseis
Pralineneis

Tip: Wird statt Puderzucker normaler Zucker verwendet, so muß dieser zuerst mit Wasser aufgekocht werden, damit er ganz aufgelöst ist und sich später im Sorbet nicht unangenehm bemerkbar macht.
Traminer ist ein sehr edler Wein, der vorsichtig behandelt werden muß, damit sein wunderbarer Eigengeschmack nicht verlorengeht.

Rezeptur: Orangensorbet
ergibt 1200 g fertiges Sorbet
700 g Orangensaft, passiert
320 g Würfelzucker
150 g Wasser
9 Orangen, unbehandelt
1 Zitronensaft, passiert
Pernod
30 g Orangenlikör

Die Orangen heiß abwaschen und die Schale mit Würfelzucker abreiben. Es darf nicht bis zur weißen Haut gerieben werden, dann wird der Zucker bitter. Zuckerwürfel und Wasser aufkochen und den Topf vom Herd nehmen. Die Orangen auspressen, eventuell noch einige Orangen mehr nehmen, um die erforderliche Saftmenge zu erhalten. Den passierten Orangensaft in den Zuckersirup geben und mit Zitronensaft und Orangenlikör abschmecken. Jetzt kann das Sorbet sofort gefroren werden.

Tip: Den Pernod sehr vorsichtig dosieren, 2-3 Tropfen reichen meist aus.

Rezeptur: Cassissorbet
ergibt 1300 g fertiges Sorbet
900 g Johannisbeeren, schwarz
200 g Johannisbeersaft, schwarz
200 g Wasser
180 g Zucker
1 Vanilleschote
80 g Creme de Cassis

Die Johannisbeeren mit Saft, Wasser, Zucker und der Vanilleschote aufkochen und mit dem Mixstab pürieren. Das Fruchtmark durch ein Sieb passieren und mit Creme de Cassis abschmecken. Eventuell muß noch mit etwas Puderzucker nachgesüßt werden.

Eis - Parfait - Sorbet - Granité

Tip: Das Cassissorbet hat einen sehr dominierenden Geschmack und läßt sich nur schwer in eine Dessertvariation einfügen. Separat schmeckt dieses Sorbet aber hervorragend.
Will man das Sorbet häufiger verwenden und eventuell als Zwischengericht in einem ganzen Menü anbieten, kann das Cassispüree mit Créme fraîche verrührt werden. Créme fraîche nimmt dem Cassis den harten Geschmack und das Sorbet erhält eine weiche, cremige Note.
Créme fraîche sollte man nach eigenem Geschmacksempfinden zugeben. Es muß aber mit einem Mixstab eingerührt werden.

Rezeptur:
Grappasorbet mit Kerbel
ergibt 1000 g fertiges Sorbet
400 g Grappa
400 g Wasser
200 g Zucker
1/2 Zitronensaft, passiert
1 Orangensaft, passiert
5 g Kerbel, frisch

Wasser, Zucker, Zitronen- und Orangensaft aufkochen und abkühlen lassen. Den Grappa in den abgekühlten Sirup gießen und eventuell noch mit Puderzucker oder Zitronensaft abschmecken. Das flüssige Sorbet in die Sorbetmaschine geben und ausfrieren. Frischen Kerbel zupfen und kurz bevor das Sorbet fertig ist, in die Maschine geben.

Tip: Soll das Sorbet mehr als 5 Stunden aufbewahrt werden, muß der Wasseranteil etwas erhöht werden. Da dieses Sorbet viel Alkohol enthält, wird es nicht so fest und läßt sich nicht lange lagern. Durch den Wasseranteil kann dies etwas besser reguliert werden.

Rezeptur: Basilikumsorbet
ergibt 900 g fertiges Sorbet
350 g Wasser
350 g Weißwein, trocken
170 g Zucker
20 Basilikumblätter, große
1 Zitronensaft, passiert
1 Orangensaft, passiert

Wasser, Wein und Zucker aufkochen, die Basilikumblätter, bis auf zwei Stück in den Sirup legen und etwa 1 Stunde ziehen lassen. Die Flüssigkeit durch ein Sieb passieren, mit Zitronen- und Orangensaft abschmecken und ausfrieren. Die zurückbehaltenen Basilikumblätter in feine Streifen schneiden und kurz bevor das Sorbet fertig ist, in die Maschine geben.

Tip: Wie fast jedes Sorbet, so muß auch das Basilikumsorbet vor dem Ausfrieren noch einmal fein abgeschmeckt werden. Ein Sorbet sollte immer nach dem eigenen Geschmacksempfinden abgeschmeckt werden und nicht nach eventuell vorgegebenen Zuckergradzahlen. Es ist wichtig, daß ein Sorbet im ungefrorenen Zustand fast etwas zu süß schmeckt, dann ist es richtig. Die Kälte nimmt viel von der Süße weg.

Rezeptur: Pflaumensorbet
ergibt 1000 g fertiges Sorbet
800 g Pflaumen, frisch
300 g Wasser
1 Zimtstange
1 Vanilleschote
2 Nelken
250 g Zucker
1 Zitronensaft, passiert

Die Pflaumen waschen, halbieren und entsteinen. Wasser, Gewürze und Zucker aufkochen und die Pflaumen darin blanchieren, so daß die Haut abgezogen werden kann. Die Haut später in das Wasser zurückgeben und etwa 4 Minuten leicht mitkochen lassen. Die abgezogenen Pflaumen mit dem Mixstab pürieren. Die Flüssigkeit durch ein feines Sieb in das Pflaumenmus gießen und alles gut verrühren. Wenn nötig, sollten die Gewürze noch einige Zeit im Sorbet ziehen. Das Pflaumensorbet mit Zitronensaft und eventuell noch mit Puderzucker abschmecken und dann gefrieren.

Tip: Werden die Pflaumen mit Schale püriert, wird das Pflaumenmus sehr schnell braun und unansehnlich. Zieht man vorher die Haut ab, bleibt das Sorbet schön appetitlich rosafarben.
Die Haut sollte aber unbedingt in die Flüssigkeit zurückgegeben werden, denn sie sorgt für eine schöne Farbe und für den intensiven Geschmack.

Rezeptur: Holunderblütensorbet
ergibt 1270 g fertiges Sorbet
500 g Weißwein
250 g Sekt
250 g Wasser
270 g Zucker
3 Zitronensaft
2 Nelken
1/2 Zimtstange
70 g Holunderblüten, gewaschen

Weißwein, Sekt, Wasser, Zucker, Zitronensaft und Gewürze aufkochen und die Holunderblüten zugeben. Das Ganze abdecken und circa 2 Tage im Kühlschrank ziehen lassen. Nach dieser Zeit die Flüssigkeit durch ein feines Sieb laufen lassen, fein abschmecken und gefrieren.

Tip: Wird zum Süßen Akazienhonig statt Zucker zugegeben, schmeckt das Sorbet noch feiner.

Rezeptur: Grapefruitsorbet
ergibt 800 g fertiges Sorbet
100 g Wasser
120 g Zucker
300 g Grapefruitsaft, rosa Früchte
250 g Weißwein, lieblich
50 g Campari
1 Zitronensaft, passiert

Wasser mit Zucker aufkochen und abkühlen lassen. Grapefruitsaft, Wein, Campari und Zitronensaft zugeben, nachschmecken, in die Sorbetmaschine geben und ausfrieren.

Tip: Das Sorbet sollte unbedingt seinen feinen, herben Geschmack behalten.

Rezeptur: Pfefferminzsorbet
ergibt 1460 g fertiges Sorbet
1000 g Milch
300 g Pfefferminzsirup
10 Pfefferminzblätter, fein gehackt
150 g Kuvertüre, dunkel

Die Milch mit dem Pfefferminzsirup verrühren, eventuell noch etwas Puderzucker zugeben. Kuvertüre auflösen und die Minzblätter fein hacken. Die Milch in die Sorbetmaschine geben und gefrieren. Kurz bevor das Sorbet fertig ist, die flüssige Kuvertüre in ganz feinem Strahl in die laufende Maschine fließen lassen und die Pfefferminzblätter zugeben.

Tip: Der Minzsirup kann gekauft oder auch selbst hergestellt werden. Hierzu legt man die Abfälle der verbrauchten Minze in einem Läuterzucker von 28 °Bé. einige Tage ein. Wer gern ein kräftig, grünes Sorbet haben will, kann noch etwas Minzlikör zugeben.
Sollte der Minzsirup nicht stark genug sein, kann mit einem Tropfen Minzöl ganz vorsichtig nachdosiert werden.

Eis - Parfait - Sorbet - Granité

Rezeptur: Himbeer-Cocktailsorbet
ergibt 500 g fertiges Sorbet
375 g Champagner, trocken
80 g Himbeermark, passiert
50 g Puderzucker
1/2 Zitronensaft, passiert

Alle Zutaten gut verrühren, abschmecken, in die Sorbetmaschine geben und ausfrieren.

Tip: Statt Champagner kann auch ein trockener Sekt verwendet werden.
Das Sorbet darf nicht zu süß sein. Es paßt zu fast allen Dessertvariationen mit Früchten.

Rezeptur: Portweinsorbet
ergibt 900 g fertiges Sorbet
250 g Portwein
150 g Mineralwasser
500 g Läuterzucker (28 °Bé)

Alle Zutaten gut verrühren und in der Sorbetmaschine ausfrieren.

Tip: Das Sorbet paßt sehr gut zu Melonen, aber auch zu verschiedenen Vorspeisen.

Rezeptur: Rhabarbersorbet
ergibt 1250 g fertiges Sorbet
700 g Himbeerrhabarber
1 Zimtstange
100 g Himbeermark, passiert
1 Vanilleschote
250 g Weißwein, trocken
180 g Zucker

Den Rhabarber gut waschen und nur leicht schälen und in kleine Stücke schneiden. Mit Gewürzen, Zucker, Himbeermark und Weißwein langsam zerkochen. Zimt und Vanille herausnehmen und alles gut mixen. Die Rhabarbermasse kräftig durch ein Sieb passieren, eventuell noch mit Puderzucker und Zitronensaft abschmecken und gefrieren.

Tip: Wird der Rhabarber in einem kräftigen Mixer püriert, muß er nicht mehr passiert werden, da die Schale ganz verschwunden ist.

Granité

Daß ein Granité nicht nur eine gut schmeckende, sondern auch eine lukrative Möglichkeit ist, Säfte in jeder Form als eisige Erfrischung anzubieten, sollen die folgenden Rezepturen zeigen.

Rezeptur: Apfelgranité
ergibt 650 g fertiges Granité
600 g Apfelsaft, ungesüßt
80 g Zucker
1/2 Zimtstange
1/2 Vanilleschote
1/2 Orangensaft

Den Apfelsaft mit dem Zucker und den Gewürzen aufkochen und abkühlen lassen. Alles durch ein feines Sieb geben, fertig abschmecken und die Flüssigkeit auf einem Blech in den Tiefkühler stellen. Jede 1/2 Stunde mit einem Löffel die Eiskristalle von außen nach innen schaben.

Tip: Apfelschalen und Kerngehäuse, die oft sicher in die Abfalltonne wandern, mit Wasser, Zimtstange und Vanilleschote kräftig aufkochen und über Nacht ziehen lassen. Am nächsten Tag die Flüssigkeit abpassieren, mit Zucker und Orangensaft gut abschmecken und in den Tiefkühler stellen. Weiterverarbeitung wie oben angegeben.
Diese gefrorene Erfrischung kostet fast nichts und ist somit ein interessantes Geschäft.

Minzgranité
Grapefruitgranité, Melonensorbet
Joghurteis, Erdbeereis

Eis - Parfait - Sorbet - Granité

Eis - Parfait - Sorbet - Granité

Rezeptur: Burgundergranité
ergibt 1100 g fertiges Granité
200 g Wasser
180 g Zucker
1 Orangensaft, passiert
1 Limonensaft, passiert
8 Blätter Zitronenmelisse
1/2 Zimtstange
1/2 Vanilleschote
1 Nelke
1 Orange, dicke Scheibe
1 Zitrone, dicke Scheibe
700 g Burgunder, trocken

Wasser, Zucker, Orangen- und Limettensaft, die Gewürze und die Orangen- und Zitronenscheibe aufkochen, Zitronenmelisse zugeben und circa 1 Stunde ziehen lassen. Ist die Flüssigkeit auf weniger als 30 °C abgekühlt, wird der Burgunder zugegeben. Die gesamte Flüssigkeit durch ein Sieb passieren und weiterarbeiten, wie beim Apfelgranité.

Tip: Für dieses Granité kann auch eine Rotweinmarinade verwendet werden, in der Birnen oder andere Früchte eingelegt waren. Die Flüssigkeit darf nicht zu süß sein.

Rezeptur: Minzgranité
ergibt 800 g fertiges Granité
750 g Champagner, trocken
1 Zitronensaft, passiert
65 g Puderzucker
15 Pfefferminzblätter

Pfefferminzblätter fein hacken, mit dem Puderzucker vermischen und circa 30 Minuten ziehen lassen. Champagner und Zitronensaft verrühren, Pfefferminze und Zucker zugeben, auf ein Blech gießen und kalt stellen.

Tip: Dieses Granité läßt sich auch mit trockenem Sekt oder Wein herstellen. Natürlich geht es auch ganz ohne Alkohol, wenn mit Läuterzucker gearbeitet wird. Dann sollte man aber einen Tropfen Minzöl zugeben!

Rezeptur: Pfirsichgranité
ergibt 800 g fertiges Granité
3 Pfirsiche, gelb
350 g Wasser
350 g Weißwein
90 g Zucker
1/2 Zimtstange
1/2 Vanilleschote
35 g Mandellikör
10 g Rum 40%

Wasser, Weißwein, Zucker und Gewürze aufkochen. Die Pfirsiche in dieser Flüssigkeit blanchieren, die Haut abziehen und entkernen. Kerne und Haut sollten aber unbedingt in das Wasser zurückgegeben werden. Sie werden als Farb- und Geschmacksträger benötigt. Die Pfirsiche klein schneiden und kurz, aber kräftig aufkochen lassen. Ist die Flüssigkeit abgekühlt, die Pfirsichkerne herausnehmen, den Rest in einem Mixer gut pürieren und durch ein feines Haarsieb passieren. Wenn nötig, noch einmal passieren, mit Mandellikör und Rum abschmecken und weiterarbeiten wie in der Rezeptur für Apfelgranité angegeben.

Tip: Der Mandellikör kann auch durch Bittermandelöl ersetzt werden. Dann sollte man auf Rum verzichten.

Rezeptur: Kokosgranité
ergibt 800 g fertiges Granité
360 g Kokosmilch
180 g Puderzucker
100 g Kokoslikör
120 g Rum, braun 40%
3 Zitronensaft, passiert
4 Limettensaft, passiert

Alle Zutaten gut verrühren und mit Puderzucker und Zitronensaft nachschmecken. Weiterarbeiten wie in der Rezeptur für Apfelgranité angegeben.

Tip: Soll dieses Granité ohne Alkohol hergestellt werden, verwendet man Milch. Der Zucker wird mit dem Saft der Zitrone und Limette aufgekocht und mit einem Mixstab unter die Kokosmilch gemixt.
Diese Arbeitsweise ist wichtig, da die Milch sonst gerinnen kann.

Vanilleeisparfait mit frischen Erdbeeren

Dieses Eisparfait kann als Parfaitgrundmasse angesehen werden, da auch hier Vanille als Basis für die meisten Geschmacksrichtungen verwendet wird.

Rezeptur: Vanilleeisparfait
ergibt ca. 1500 g fertiges Eisparfait

300 g	Zucker
250 g	Wasser
3	Vanilleschoten, nur das Mark
120 g	Eigelb (6 Stück)
30 g	Mandellikör
1000 g	Sahne, geschlagen

Zucker mit kaltem Wasser aufkochen und bis etwa 92-94 °R einkochen. Eigelb in einer nicht zu großen Schüssel kräftig schaumig schlagen und den Mandellikör zugeben. Den kochenden Zuckersirup langsam unter ständigem Rühren in das aufgeschlagene Eigelb laufen lassen. Das Vanillemark zugeben und die Masse in kaltem Wasser oder auf Eis kaltrühren. Die Sahne zu 3/4 ausschlagen und unter die Eimasse heben. Die fertige Eisparfaitmasse kann in eine große Form oder in Portionsformen abgefüllt werden.

Tip: Ist der Zuckersirup zu weit eingekocht, verteilt sich der zugegebene Sirup nicht in der Masse, sondern setzt sich am Rührbesen fest und klumpt. Mit dem Zugießen des Sirups aufhören, einige Tropfen Wasser zufügen, kurz aufkochen und weiter zugießen.
Rührt man nicht gleichmäßig während der Sirupzugabe, gerinnt das Ei und ist nicht mehr zu gebrauchen.
Gibt man das Vanillemark gleich in die Eigelbmasse, lassen die Eigelbe sich nicht aufschlagen und die Masse wird oft schmierig.
Man sollte es sich zur Gewohnheit werden lassen, ein Parfait immer in einem Arbeitsgang ganz fertig zu machen und stets so kalt wie möglich zu arbeiten. Das heißt: Die warme Eimasse kaltrühren, Geschmacksträger zugeben, in kaltem Wasser oder auf Eis bleiben, die Sahne unterheben und abfüllen. Die fertige Parfaitmasse sollte im Kessel nicht fließen, sondern etwa die Festigkeit der untergezogenen Sahne haben.

Abb. Seite 242
Vanilleparfait mit frischen Erdbeeren

Eis - Parfait - Sorbet - Granité

Anrichtevorschlag: Eine Portion Vanilleeisparfait in die Tellermitte geben, geschnittene Erdbeeren rosettenförmig herumlegen und aufgeschäumte Vanillesauce leicht um die Erdbeeren laufen lassen. Mit einem kleinen Minzzweig garnieren und alles leicht mit Puderzucker bestauben.

Rezeptur:
Himbeerparfait und Früchte
ergibt ca. 1600 g fertiges Eisparfait

- 300 g Zucker
- 350 g Himbeermark
- 80 g Wasser
- 1 Vanilleschote, nur das Mark
- 120 g Eigelb (6 Stück)
- 1 Zitronensaft, passiert
- 35 g Himbeergeist
- 1000 g Sahne, geschlagen

Himbeermark, Wasser und Zucker gut verrühren und aufkochen. Das Fruchtmark circa zur Hälfte langsam bis 92-94 °R einköcheln lassen. Den Topf abdecken, da es sonst während des Kochens sehr spritzt. Die Eigelbe schaumig schlagen und das kochende Fruchtmark unter ständigem Rühren einlaufen lassen, Vanillemark zugeben und kaltrühren. Die Parfaitmasse mit Zitronensaft und Himbeergeist abschmecken und die geschlagene Sahne unterheben.

Tip: Den Zitronensaft nicht sofort ganz zugeben, sondern nach und nach abschmecken. Eventuell muß die Zitronensaftmenge noch erhöht werden.

Anrichtevorschlag: Ein bis zwei Scheiben Himbeereisparfait auf den Teller legen und die vorbereiteten Früchte dazu arrangieren, etwas Himbeersauce drüber laufen lassen, ein Minzblatt anlegen und leicht mit Puderzucker bestauben.

Adventseisparfait

Daß ein Parfait sich auch auf eine ganz andere Art herstellen läßt, bestätigt das folgende Rezept eines Adventseisparfaits. Wer schon als Patissier in Hotel- und Restaurantküchen gearbeitet hat, wird bestätigen können, daß sich im Laufe der Zeit viele Rezepte, Ideen und Ratschläge von Kollegen ansammeln, die alle schriftlich festgehalten werden. Spätere Versuche zeigen bestimmt, daß vieles unbrauchbar ist, aber einige Rezepte bringen hervorragende Ergebnisse. Als Fachmann sollte man auch lernen, daß nicht alles, was auf den ersten Blick fachlich falsch und eigentlich unmöglich erscheint, Blödsinn ist. Fachlich geschultes Denken ist sehr oft hinderlich, da viele Dinge immer zu kompliziert gesehen werden und man naheliegendes übersieht.

Auch das folgende Rezept des Adventseisparfaits wollte mir anfangs nicht so recht gefallen. Heute meine ich, es ist so gut, daß es mit den folgenden, ungewöhnlichen Parfaitrezepten unbedingt in diesem Buch an Sie weitergegeben werden sollte.

Rezeptur: Adventseisparfait auf Glühweinsabayon
ergibt ca. 750 g fertiges Eisparfait

- 80 g Eigelbe (4 Stück)
- 50 g Ei (1 Stück)
- 75 g Zucker
- 6 g Lebkuchengewürz
- 1/2 Blatt Gelatine
- 20 g Cognac
- 1/2 Vanilleschote, nur das Mark
- 60 g Nougat, hell
- 75 g Kuvertüre, dunkel
- 400 g Sahne, geschlagen

Abb. Seite 244
Himbeerparfait mit frischen Früchten

Eis - Parfait - Sorbet - Granité

Eis - Parfait - Sorbet - Granité

Gelatine in kaltem Wasser einweichen. Ei, Zucker und Lebkuchengewürz warm aufschlagen, die Gelatine und den Cognac zugeben und die Eimasse kalt rühren. Nougat und Kuvertüre im Wasserbad vorsichtig auflösen und zusammen mit dem Vanillemark einrühren. Zuletzt wird die geschlagene Sahne leicht untergehoben und die Masse in die vorgekühlten Formen gefüllt.

Tip: Die Gelatine wird dem Parfait zugegeben, damit es sich später nicht absetzen kann, so ist es relativ einfach vorzubereiten.

Rezeptur: Glühweinsabayon
ergibt etwa 10 Portionen

250 g	Rotwein
50 g	Wasser
60 g	Zucker
60 g	Akazienhonig
1	Nelke
1	Lorbeerblatt, klein
1/3	Zimtstange
1/2	Vanilleschote
1	Orangensaft, passiert
1	Orangenscheibe, nicht zu dick
1	Zitronenscheibe, dünn
90 g	Eigelb (3 Stück)
50 g	Ei (1 Stück)

Alle Zutaten bis auf das Ei und die Eigelbe kurz aufkochen und etwa 1/2 Stunde ziehen lassen. Die Flüssigkeit abpassieren, Ei und Eigelbe zugeben und auf dem Wasserbad schaumig schlagen. Soll der Sabayon kalt serviert werden, muß er sofort nach dem Warmschlagen in kaltem Wasser oder auf Eis kaltgerührt werden.

Tip: Der Glühweinsabayon muß mindestens 73 °C heiß geschlagen werden, da das Eigelb sonst nicht bindet.

Anrichtevorschlag: Glühweinsabayon in die Tellermitte geben und das Parfait in die Mitte legen. Als Garnitur eignen sich kleine, selbstgebackene Lebkuchenplätzchen, feine hauchdünne Schokoladenröllchen oder kandierte Orangenscheiben. Zum Bestauben sollte der Puderzucker mit etwas Zimt vermischt werden.

Rezeptur: Walnußparfait
ergibt etwa 1700 g fertiges Eisparfait

350 g	Rohzucker, brauner Zucker
150 g	Walnüsse
160 g	Eigelb (8 Stück)
250 g	Puderzucker
1	Vanilleschote, nur das Mark
5	Blatt Gelatine
250 g	Walnußkrokant
1000 g	Sahne, geschlagen

Den Zucker bei starker Hitze schmelzen, die Walnüsse einrühren, auf ein gebuttertes Blech schütten und gut auskühlen lassen. Den ausgekühlten Walnußkrokant zerstoßen (nicht zu fein) und 250 g für das Parfait abwiegen. Gelatine in kaltem Wasser einweichen, Eigelb und Puderzucker auf dem Wasserbad schaumig schlagen. Gelatine gut ausdrücken und mit dem Vanillemark unter die noch warme Eimasse rühren. Die Parfaitmasse in kaltem Wasser oder auf Eis kaltrühren, die geschlagene Sahne zusammen mit dem Walnußkrokant unterheben und in die vorbereiteten vorgekühlten Formen füllen.

Eis - Parfait - Sorbet - Granité

Anrichtevorschlag: Die Erdbeer- und Orangensauce in die Tellermitte geben, leicht unter den Teller klopfen, damit die Sauce gleichmäßig verläuft und die beiden Saucen ineinander verziehen. Eine Portion Walnußparfait in die Sauce legen, einen Minzzweig anlegen und ganz leicht mit Puderzucker bestauben.

Tip: Einige Pistazien oder Mandelbrösel in die Sauce streuen, damit das Parfait fest in der Sauce liegen bleibt und nicht durch die Sauce rutscht.

Pralineneisparfait

Als ich in einer ruhigen Stunde begann, meine Rezeptberge zu sortieren, fiel mir die Rezeptur des folgenden Pralineneisparfaits in die Hände. Es stammt von meinem Kollegen Volker Schröder, mit dem ich in Wiesbaden einige Zeit zusammengearbeitet habe. Nach häufigen Bitten von ihm entschloß ich mich endlich, dieses Rezept auszuprobieren. Hinterher ärgerte ich mich, es nicht schon früher probiert zu haben.

Zögern Sie also nicht, es lohnt sich!

Rezeptur: Pralineneisparfait
ergibt circa 1400 g fertiges Eisparfait

160 g	Eigelb (8 Stück)
50 g	Ei (1 Stück)
150 g	Zucker
1	Vanilleschote, nur das Mark
125 g	Nougat, hell
150 g	Kuvertüre, dunkel
20 g	Cognac
20 g	Rum, braun 52%
1	Blatt Gelatine
150 g	Mandelsplitter, dunkel überzogen
550 g	Sahne, geschlagen

Das Eigelb, Ei und Zucker warm aufschlagen. Den Nougat mit der Kuvertüre vorsichtig auf dem Wasserbad auflösen und die Gelatine in kaltem Wasser einweichen. Gelatine, Vanillemark, die aufgelöste Kuvertüre und den Nougat unter die noch warme Eimasse rühren und Rum und Cognac zugeben. Die Mandelsplitter hacken. Die Eimasse in kaltem Wasser oder auf Eis kaltrühren, die geschlagene Sahne und die Mandelsplitter unterheben und die Eismasse in die vorbereiteten Formen füllen.

Tip: Gibt man statt Cognac und Rum etwas Orangenlikör und fein gehackte Orangenschale zu, erhält man eine interessante, leicht fruchtige Variante.

Rezeptur: Cognaceisparfait
ergibt circa 2500 g fertiges Eisparfait

600 g	Ei (12 Stück)
1	Eigelb (1 Stück)
300 g	Zucker
6	Blatt Gelatine
310 g	Cognac
350 g	Mandelkrokant, mittelfein gehackt
1000 g	Sahne, geschlagen

Ei, Eigelb und Zucker auf dem Wasserbad fest schaumig schlagen. Die Gelatine in kaltem Wasser einweichen, den Cognac leicht erwärmen und die gut ausgedrückte Gelatine darin auflösen und unter die aufgeschlagene Eimasse rühren. Die Eier in kaltem Wasser oder auf Eis kaltrühren. Beginnt die Masse fest zu werden, können die geschlagene Sahne und der Mandelkrokant leicht untergehoben werden. Die Parfaitmasse in die vorbereiteten Formen füllen und kalt stellen.

Eis - Parfait - Sorbet - Granité

Tip: Wichtig ist, daß Sahne und Mandelkrokant erst in die Eimasse gegeben werden, wenn sie zu stokken beginnt. Sonst setzt sich nicht nur der Mandelkrokant am Boden ab, sondern das ganze Parfait.

Eis aus Eigenproduktion oder lieber Convenience?

Die von Carl v. Linde 1876 entwikkelte Kältemaschine ermöglichte es, Eis in großen Mengen industriell herzustellen. Seither wurde Eis immer beliebter. In den 50er und 60er Jahren als der Eismann im Sommer noch über Land fuhr, wurde er überall von Kindern und Erwachsenen in Scharen umringt. Dann begann plötzlich die Zeit der „italienischen Eisdielen". Die Eisspezialisten aus dem Süden bescherten uns eine neue Eiszeit.

Der Eiskonsum stieg weiter, aber auch die Eisindustrie mit dem beliebten „Eis am Stiel" steigerte kontinuierlich ihren Umsatz. Eis war damals noch ein reiner Sommerartikel. Im Herbst wurde die Eisproduktion in den Eisdielen und Eiskonditoreien fast ganz eingestellt und erst im nächsten Frühjahr wieder aufgenommen. In dieser Zeit war der Eiskonsum gleich Null, erst die Industrie sorgte dafür, daß Eis heute ein Ganzjahresprodukt ist.

Der internationale Vergleich für den Eisverbrauch pro Kopf gibt erstaunliche Zahlen preis:

	1989	**(1978)**
USA	24,0 Liter	(21,0)
Schweden	13,5 Liter	(9,5)
Dänemark	9,7 Liter	(7,1)
Schweiz	8,8 Liter	(6,8)
Belgien	8,6 Liter	(8,1)
Deutschland	8,4 Liter	(6,6)
England	8,4 Liter	(6,5)
Italien	6,5 Liter	(4,8)
Frankreich	5,8 Liter	(3,7)

Für das Jahr 1990 meldete die deutsche Eisindustrie einen Zuwachs von 13%, das sind circa 1,1 Liter und 1991 wird nochmal mit 8% (3/4 Liter) Eisverzehr mehr pro Kopf gerechnet. Handwerklich hergestelltes Speiseeis in Eiscafés, Eisdielen und Eiskonditoreien hat eine Beteiligung von 22% am Gesamtverbrauch, den Rest teilt sich die Eisindustrie untereinander auf. Daß dieser Boom noch weiter im Aufwärtstrend liegt, ist klar vorhersehbar.

Diese Zahlen lassen das Eisgeschäft immer als „lukratives Geschäft" erscheinen. Man munkelt, daß man sich mit Eis eine goldene Nase verdienen kann. Es ist richtig, wenn man sagt, Eis sei ein lukratives Geschäft, jedoch wird leicht übersehen, daß es sehr arbeitsintensiv ist und damit ist nicht nur die körperliche Arbeit gemeint. Ganz so einfach und optimistisch, wie einige Hersteller von Speiseeisgrundstoffen oder Speiseeismaschinen die Situation schildern, ist es sicher nicht, alles sollte unbedingt sorgfältig überlegt und kalkuliert werden. Es wird immer von günstigen Wareneinsätzen und hohen Gewinnspannen geredet, aber Einrichtung und Ausstattung eines Eiscafés sind wichtige Kriterien und ein wesentlicher Kostenfaktor. Die maschinelle Ausstattung und der richtige Umgang mit diesen Maschinen sind äußerst wichtig für die spätere Eisqualität.

Bevor man sich selbständig macht, sollte gut überlegt werden, ob man sein Eis handwerklich selbst herstellen und verkaufen oder ob man das Eis eines großen Eisherstellers als Convenience beziehen und verkaufen will.

Doch ganz zuerst ist es unwichtig, für welche Möglichkeit man sich entscheidet, wichtig ist der Standort, an dem verkauft werden soll. Eis zählt zu

Eis - Parfait - Sorbet - Granité

den Lebensmitteln, die meist als Impulskäufe gelten, man sieht und kauft. Also wird Eis immer dort gut verkauft, wo viel Lauf (viele Menschen) ist: Fußgängerzonen, Einkaufszentren, Schulen, Busbahnhof usw..

Ist ein passender Standort gefunden, sollte man sich eine Rentabilitätsberechnung machen lassen, diese wird häufig vom Eismaschinenhersteller angeboten, aber auch neutrale Gutachter erstellen diese Berechnungen.

Treffen Sie die Entscheidung, das Eis von einem bekannten Eishersteller zu verkaufen, wird ihnen der Hersteller bestimmt weiterhelfen. Auch die Ausstattung mit den Maschinen übernimmt zu Beginn die Eisherstellerfirma, was ihnen später meist in Form von höherer Pacht oder als Darlehen in Rechnung gestellt wird.

Haben Sie sich entschieden, Eis selbst zu produzieren, sollten Sie sich so viele Betriebe wie nur möglich ansehen und Informationen sammeln über Erfahrungen anderer mit den verschiedenen Eismaschinen, Pasteurisierern, Reifebehältern und Verkaufstheken.

Es ist sehr wichtig, den Versprechungen der Hersteller kritisch gegenüberzustehen.

Mit den gesammelten Informationen sollte man sich Maschinen und Ausstattung nach den eigenen Bedürfnissen zusammenstellen, so spart man sicher eine Menge unnötiger Ausgaben.

Trotzdem ist die Grundausstattung für ein Eiscafé ein großer Kostenfaktor.

1 Eismaschine	ca. 30000 bis	40000,– DM
1 Patsteurisierer mit Emulgator	ca. 30000 bis	35000,– DM
1 Lagerschrank	ca.	4500,– DM
1 Verkaufstheke	ca. 25000 bis	30000,– DM
1 Früchtekühlg.	ca.	1500,– DM
1 Sahnespender	ca. 4000 bis	5000,– DM
1 Waffelhalter beheizbar	ca.	450,– DM
1 Arbeitstisch	ca.	1000,– DM
1 Spüle	ca.	800,– DM
Werkzeug, Gläser und Porzellan	ca.	10000,– DM
Gesamt	110000 bis	128250,– DM

Mit dieser Grundausstattung ist man in der Lage ein qualitativ hochwertiges Eis herzustellen und zu verkaufen. Hier zu sparen heißt, den geforderten Qualitätsansprüchen auf Dauer nicht gerecht werden zu können.

Bei dieser Berechnung sind die Kosten für Tische, Stühle, Lampen, Miete, Versicherungen, Personal, Strom und Wasser noch nicht berücksichtigt.

Damit sich diese Investitionen lohnen, muß abzusehen sein, daß im Schnitt mindestens 50 Liter Speiseeis am Tag verkauft werden können.

Um Speiseeis in dieser Größenordnung herzustellen und zu verkaufen, wird natürlich eine andere Eisgrundmasse benötigt als im letzten Kapitel beschrieben. Denn wo viel Eis verzehrt wird, muß es leicht und bekömmlich sein und nicht zu viel Fett beinhalten. Auf die Zusammensetzung verschiedener Eisgrundmassen wird später noch genauer eingegangen, hier geht es zuerst um die Kalkulation.

Durchschnittliche Herstellungskosten für 1 Liter Eis:

1 Liter Grundmasse	1,50-1,80 DM
1 Liter angerührtes Eis (mit Geschmacksträgern)	2,00-2,50 DM
1 Liter gefrorenes Eis	1,00-1,30 DM

Die Eismasse nimmt während des Gefrierens 40-50% Luft auf, man spricht von „Aufschlag“, das Eisvolumen erhöht sich also circa um 50%.

Werden an 270 Tagen im Schnitt je 50 Liter Eis verkauft, sind es 13 500 Liter Eis pro Saison. Ungefähr 25 Kugeln sollten aus 1 Liter portioniert werden (mit einem 40stel Portionierer). Der Preis für eine Kugel Eis beträgt ca. DM 0,80 bis DM 1,20. Nehmen wir die untere Preisgrenze und rechnen 25 Kugeln à DM 0,80, dann kosten diese DM 20,00. Wir multiplizieren mit 13 500 Liter und errechnen einen Jahresumsatz von DM 270 000,-. 13 500 Liter fertig angerührtes Eis kosten in der Herstellung maximal DM 33.750,-. Diese Berechnung bezieht sich nur auf den Verkauf von Kugeleis. Alle anderen Berechnungen für Eisverkauf sind individuelle Kalkulationen und können hier nicht betriebsspezifisch durchgeführt werden. Sollte ein Umsatz in dieser Größe nicht möglich sein, ist es besser, von einer Investition (wie oben berechnet) Abstand zu nehmen.

Ein weiterer Punkt wird in den meisten Fällen außer Acht gelassen oder einfach nicht für wichtig gehalten, die Kältetechnik. Vor dem Maschinenkauf sollte man sich bereits einen guten Kältetechniker suchen und zwar einen Techniker, der auf dem Gebiet Speiseeis versiert ist und viel Erfahrung hat. Mit ihm sollten sie alle maschinellen Anschaffungen genau durchsprechen und sich beraten lassen, welche Maschinen für Ihre Räumlichkeiten in Frage kommen. Sollen luftgekühlte oder wassergekühlte Maschinen angeschafft werden, wie groß muß der Kondensator sein? Diese Entscheidungen können im Sommer Gold wert oder besser gesagt, Geld wert sein.

Die Entscheidung ob luft- oder wassergekühlte Maschinen fällt man sehr oft etwas zu voreilig, wenn über Betriebs- und Anschaffungskosten diskutiert wird. Wassergekühlte Maschinen sind nicht teurer in der Anschaffung, sondern in den Betriebskosten (wegen des Wasserverbrauchs). Luftgekühlte Maschinen sind im Unterhalt preiswerter.

Auch die Qualität der Kälte bleibt gleich, egal ob sie durch Wasser- oder Luftkühlung erzeugt wird und auch auf die Eisqualität hat die Art der Kühlung keinen Einfluß.

Die Vorteile der Luftkühlung liegen in erster Linie bei den preiswerten Betriebskosten.

Ihre Nachteile sind die große Hitzeentwicklung, besonders während der Sommerzeit. Ist das Umfeld zu kalt, hat der Kompressor zu wenig Druck, ist die Umgebung zu warm, ist der Druck im Kompressor zu hoch, es wird sehr viel Strom verbraucht, die Maschine wird zu heiß und schaltet durch den eingebauten Überdrucksicherheitsschalter automatisch ab. Die Folge ist, daß die Kühlung ausfällt. Je wärmer es im Sommer wird, umso weniger Leistung bringt die Luftkühlung. Doch gerade in der heißen Jahreszeit braucht man die Leistung dringend.

Der größte Vorteil einer Wasserkühlung ist, daß die Temperatur des Wassers zum Kühlen immer gleich bleibt, das Aggregat hat nicht mit erhöhten oder niedrigen Temperaturen zu arbeiten und kann daher auch stets eine konstante Leistung bringen. Der Druck im Kompressor bleibt zu jeder Jahreszeit gleich und somit auch die Kühlleistung.

Der Nachteil dieser Kühlung liegt im hohen Wasserverbrauch, da auch Wasser in Zukunft nicht billiger wird. In Verbindung mit der Entscheidung für eine Wasserkühlung muß unbedingt die Möglichkeit der Wasserrückgewinnung überdacht werden. Lohnt es sich, über Wasserrückgewinnung nachzudenken, läßt sich grob feststellen: addieren Sie Strom- und Wasserkosten zusammen und rechnen diese mit dem voraussichtlich zurückgewonnenen Wasser auf.

Eis - Parfait - Sorbet - Granité

Es können immer nur 95% des verbrauchten Wasser zurückgewonnen werden, 5% laufen ab oder verdunsten einfach. Außerdem muß das zurückgewonnene Wasser ständig verdünnt werden, damit es durch den im Wasser vorhandenen Kalk nicht zu stark verdickt.

Das rückgewonnene Wasser hat eine Temperatur von circa 32 °C und ist als normales Brauchwasser gut in den Arbeitskreislauf zurückzuführen.

Merke: Für luftgekühlte Maschinen kann man sich entscheiden, wenn die Kühlaggregate nicht im Produktionsraum, sondern im Keller, auf dem Dach oder im Garten gut belüftet und im Herbst und Frühjahr vor zuviel Kälte geschützt, aufgestellt werden können.

Für wassergekühlte Maschinen muß man sich eigentlich entscheiden, wenn keine Möglichkeit besteht, die Aggregate wie oben beschrieben aufzustellen, sondern in den Produktionsräumen installiert werden müssen.

Kann man sich durch die räumlichen Gegebenheiten für luftgekühlte Maschinen entscheiden, müssen Sie wissen, daß die Kondensatoren, mit denen die Kühlaggregate ausgerüstet sind, meist nur bis 36 °C kühlen, für extrem heiße Tage ist das meist nicht ausreichend. Bei sehr hoher Außentemperatur, wie sie für den Eisverkauf eigentlich wünschenswert ist, nimmt die Kühlleistung der Maschinen rapide ab. In vielen Fällen wird der Kompressor zu heiß und schaltet sich automatisch durch den eingebauten Überdrucksicherheitsschalter aus, um ein Überhitzen zu vermeiden. Es gibt die Möglichkeit Aggregate einzubauen, die tropentauglich sind, diese kühlen bis 43 °C. Einige Verkaufstheken haben zum Schutz gegen das Vereisen eine Abtauautomatik eingebaut. Meist werden die Verdampfer 2 Mal täglich abgetaut, um eine gute Kühlleistung zu gewährleisten. Während des Abtauvorgangs wird überhitztes Gas vom Kompressor angesaugt, dadurch entsteht ein Überdruck, die Maschine wird heiß und der Kondensator ist nicht mehr in der Lage, die heiße Luft abzuführen, so daß die Maschine über den Überdrucksicherheitsschalter abschaltet. Darum braucht man für die heiße Jahreszeit unbedingt einen Saugdruckbegrenzer, der vor dem Kompressor eingebaut wird und den Druck auf einem festgelegtem Niveau hält, so daß der Kondensator problemlos kühlt und die Kühlmaschine ohne Schwierigkeiten wieder anspringt. Häufig passieren solche Unannehmlichkeiten in der Hauptgeschäftszeit oder am Wochenende, wenn kein rettender Kühlmechaniker erreichbar ist.

Es empfiehlt sich Verkaufstheke, Lagerschrank und Eismaschinen ohne Kühlaggregate zu kaufen und diese vom eigenen Kältetechniker, der Ihren tatsächlichen Bedarf am besten kennt, nachträglich zu bestellen und einbauen zu lassen. Nur so schaltet man auch an sehr heißen Tagen Probleme aus, die auf unzureichender Kälteleistung beruhen. Die Eisqualität wird durch falsche Kühlung stark beeinflußt.

Um eine gleichbleibende Eisqualität das ganze Jahr garantieren zu können, bedarf es eines kompletten Kältekonzepts, in das die Eismaschine, der Lagerfroster und der Verkaufstresen eingeschlossen sind. Die Kälteaggregate sind nach dem individuellen Bedarf (absolute Temperaturspitzen berücksichtigt) ausgelegt. Ein Beispiel für ein solches Kältekonzept ist das Eiscafé Anke Ehmke in Hamburg. Beraten wurde Frau Ehmke von Heinz Niepa, einem sehr erfahrenen Kältetechniker auf dem Speiseeissektor.

Da die angesprochenen technischen Pannen und Probleme oft durch Unwissenheit und Fehleinschätzung Stück für Stück durchlitten wurden, können diese Erfahrungen heute präzise weitergegeben werden.

Bevor dann die letzte Entscheidung getroffen wird, sollte man sich gut überlegen, welche Eismaschine angeschafft werden soll, denn danach muß die Eisküche technisch eingerichtet und ausgestattet werden.

Arbeitet man mit einer sogenannten Knüppeleismaschine (das Eis wird mit einem paddelartigen Spartel aus der laufenden Maschine geholt), kann dieses Eis direkt in die Verkaufstheke gestellt werden. Die körperliche Belastung an dieser Maschine ist schwer. Die Maschine hat aber den Vorteil, daß die Eismasse während des Gefriervorgangs beobachtet und im Zweifelsfall noch fein abgeschmeckt werden kann.

Die Alternative zur Knüppelmaschine ist der Eisfreezer. Die Gefriertrommel liegt in dieser Maschine waagerecht, das Arbeiten mit einem Freezer ist körperlich wesentlich einfacher. Die fertig angerührte Eismasse wird durch eine Öffnung in die Maschine geschüttet und gefroren. Da diese Maschine geschlossen ist, kann die Eismasse während des Gefrierens geschmacklich auch nicht mehr korrigiert werden. Ist das Eis fertig, wird es durch Drehen des Rührwerks in die Gegenrichtung aus der Maschine gepreßt. Das Eis darf nicht zu fest gefroren sein, da dann zuviel Masse in der Trommel zurückbleibt, die Konsistenz soll cremig weich sein. Eis, das mit einem Freezer gefroren wird, muß vor dem Verkauf immer in den Lagerschrank zum Nachfrieren gestellt werden.

Dieses Arbeiten erfordert eine ganz andere Organisation, weil das Eis immer 2 bis 3 Stunden nachfrosten muß. So muß immer ein Eisvorrat zum sofortigen Verkauf vorhanden sein. Es sollt also vorher reiflich überlegt werden, denn beide Maschinen liegen in der gleichen Preisklasse — und wer kann sich schon am Anfang gleich zwei Eismaschinen leisten?

Um endlich mit der eigenen Eisherstellung beginnen zu können, habe ich einige Rezepte aufgeschrieben, an die man sich sehr gut halten kann. Natürlich sollten die Rezepturen auch ein wenig auf die Eismaschinen abgestimmt werden. Nicht jede Rezeptur ist passend für einen Eisfreezer und auch nicht jede für eine Knüppelmaschine. Aber mit etwas Übung und Probieren wird man nach kurzer Zeit eine gute Lösung finden.

Die Eismasse muß nicht unbedingt gekocht werden, man kann auch kalt anrühren. Für eine kalte Eismasse benötigt man einen kräftigen Mixer, der die Zutaten einwandfrei bindet. Eine kalt angerührte Eismasse muß mindestens 4-5 Stunden im Kühlschrank reifen. Besser wäre es sogar, sie über Nacht stehen zu lassen.

Auch gekochte Eismasse sollte besser vor der Verarbeitung in einem Reifekessel reifen. Durch den Reifeprozeß erhöht sich die Viskosität (Zähflüssigkeit) und die Eiweißstoffe verändern sich.

Rezeptur:
Eisgrundmasse (kalt angerührt)
ergibt ca. 12 530 g fertige Eisgrundmasse

10000 g Milch, 1,5 % Fett
500 g Milchpulver
1800 g Zucker
200 g Glucose, (Pulver)
30 g Bindemittel (Kaltbinder)

Milch und Milchpulver gut verrühren. Zucker, Glucose und Bindemittel abwiegen, vermischen und in die Milch geben. Die Masse mit einem großen Mixer sehr gut mixen und mindestens 4-5 Stunden gekühlt reifen lassen, bevor die Masse gefroren wird.

Eis - Parfait - Sorbet - Granité

Tip: Am besten läßt man die Masse über Nacht reifen.
Die Masse kann als Basis für Milch- und Fruchteissorten verwendet werden.

Rezeptur:
Eisgrundmasse (gekocht)
ergibt ca. 15 225 g fertige Eisgrundmasse
10000 g Milch 1,5 % Fett
300 g Magermilchpulver
2000 g Sahne
2500 g Zucker
375 g Glucose
50 g Bindemittel

Alle Zutaten in den Pasteurisierer wiegen, gut verrühren lassen und bis mindestens 76 °C Grad kochen.

Der Gesetzgeber schreibt vor, daß Eiscreme pasteurisiert werden muß. Durch diesen Vorgang, den Louis Pasteur einst entwickelte, wird das Eis nahezu keimfrei, zumindest werden alle gefährlichen Bakterien abgetötet.

Tip: Eine wesentlich bessere Eismasse erhält man mit einem Emulgieraufsatz. Während des Pasteurisiervorgangs wird die Masse emulgiert. Die Eismasse wird homogener und gleichförmiger.
Der Emulgierer sorgt für eine bessere Auflösung der verschiedenen Zutaten und verbindet die einzelnen Fette mit den Zutaten.

Die maschinelle Frage sollte jetzt eigentlich geklärt sein, damit man sich in Ruhe dem Riesenangebot der Zulieferindustie für Speiseeis widmen kann. Auch hier gilt es, zuerst wieder Informationen sammeln! Welche Erfahrungen haben Kollegen mit den verschiedenen auf dem Markt befindlichen Produkten gemacht? Dieser Markt ist klar aufgeteilt, hier gibt es die typisch italienischen Produkthersteller und die Produkte deutscher Hersteller. Das Angebot dieser Firmen ist so vielseitig, daß es schwer fällt, sich zu entscheiden.

Man sollte unbedingt alle Produkte, die eventuell in Frage kommen, mit der eigenen Eismasse gewissenhaft ausprobieren. Denn es ist nicht sicher, daß man bei allen Produkten zu einem zufriedenstellenden Ergebnis kommt.

Es muß also viel probiert und versucht werden, bis das Eis geschmacklich so weit gefestigt ist, wie man sich es vorstellt.

Beim Einkauf sollte allerdings beachtet werden: Hersteller von Speiseeisgrund- und Rohstoffen sind sicher bemüht, beste Qualität zu liefern, doch ist die gesamte Produktpalette eines Herstellers nie gleich stark und gut. Jeder Hersteller hat seine absoluten Top-Produkte, die dann vorrangig gekauft werden sollten.

Es kann sein, daß Firma XY drei oder vier Fruchtpasten im Sortiment hat, die nicht besser sein könnten, eine andere Firma hat ihre Stärken bei Walnuß-, Haselnuß- und Pistazieneispasten. Die nächste Firma zeigt ihre Stärke auf dem Gebiet der pulverförmigen Grundstoffe. Typisch italienische Eispasten, wie Malaga, Amarena, Amaretto oder Cappuccino bezieht man meist am besten über eine italienische Zulieferfirma.

Nachdem Sie alles genau gelesen haben, könnte es natürlich sein, daß man sich für den Verkauf von fertigem Speiseeis, also für den Verkauf von Convenienceprodukten entscheidet. Aber auch hier gibt es viele Hürden zu überwinden. Leider wird häufig nach dem Motto verfahren:

Eisdose in die Theke und verkaufen, abends die Eisdosen schließen und der Rubel rollt!

Um Speiseeis erfolgreich als Convenience zu verkaufen, kann man sich vom Speiseeishersteller einrichten lassen. Es gibt die Möglichkeit, die Einrichtungsgegenstände zu leasen oder zu kaufen. Die Mindestgrundausstattung würde folgendermaßen aussehen:

1 Verkaufstheke mit 10-12 Behältern	ca.	12000,– DM
2 Lagerschränke	ca.	9000,– DM
1 Früchtekühlung	ca.	1500,– DM
1 Sahnespender	ca.	4500,– DM
1 Waffelhalter beheizbar	ca.	450,– DM
1 Arbeitstisch	ca.	1000,– DM
1 Spüle	ca.	800,– DM
Werkzeug, Gläser und Porzellan	ca.	10000,– DM
Gesamt		39250,– DM

Wie sie sehen, ist dieses Geschäft wesentlich günstiger in der Anschaffung, wenn man zusätzlich davon ausgeht, daß der Hersteller größtenteils die Werbung in allen zur Verfügung stehenden Medien betreibt und die Werbemittel gegen günstiges Entgeld zur Verfügung stellt.

Wie sieht es kalkulatorisch beim Eis aus?

Verkaufen und stetigen Gewinn erzielen kann man nur, wenn auch beste Qualität angeboten wird. Somit sollte in einem Eiscafe immer das beste Produkt des Herstellers angeboten werden.

Das Eis wird meist in 5 oder 6 Liter Kanistern angeliefert. Gehen wir von 6 Liter Kanistern aus:

1 Kanister kostet im Schnitt	45,00 DM
1 Liter Eis kostet	7,50 DM

Werden an 270 Tagen durchschnittlich 50 Liter Eis pro Tag verkauft, ergibt es 13 500 Liter Eis pro Saison. Etwa 20 Kugeln (1/40 Portionierer nach Angaben des Herstellers), bei optimaler Eistemperatur sollten aus 1 Liter portioniert werden. Nehmen wir als Basis wieder den Kugelpreis von 0,80 DM, das ergibt bei 20 Kugeln á 0,80 DM insgesamt 16,00 DM. Das Ganze multiplizieren wir wieder mit 13 500 Liter, was einen Jahresumsatz von 216 000,-DM ergibt.

13 500 Liter Eis kosten im Einkauf 101250,- DM.

Natürlich kann man diese Beispiele nur theoretisch durchspielen, denn für genaue Zahlen müssen noch viele andere Daten berücksichtigt werden, wie zum Beispiel, Energiekosten, Abschreibungen, Miete oder Pacht und Personlkosten. Andererseits müßten genaue Informationen über die Lage, den zu erwartenden Kundenkreis und das Umfeld bekannt sein. Aber das Zahlenspiel ist sehr wichtig, um nicht zu sagen, fast lebenswichtig. Aus lauter Optimismus ein Geschäft zu eröffnen, wäre bodenloser Leichtsinn, auch wenn Eis ein gutes Geschäft sein kann!

Verkauft man Eis als Convenience, muß maan sich sehr um die Lagerung und Pflege des Produktes „Eis" kümmern. Angeliefert wird das Eis mit einer Temperatur von circa minus 18-20 °C Grad. Bei dieser Temperatur sollte es auch ohne Temperaturschwankungen gelagert werden. Die Verkaufstemperatur beträgt circa minus 12-14 °C Grad, nur dann läßt sich das Eis gut portionieren. Es wird am besten über Nacht auf Portioniertemperatur gebracht. Das ist sehr wichtig, da das Portionieren sonst fast unmöglich ist und auch keine optimale Ausbeute gewährleistet wird.

Eis - Parfait - Sorbet - Granité

Am Ende des Verkaufstages müssen die Eiswannen exakt mit einem Teigschaber (Hörnchen) zusammengeputzt und mit Klarsichtfolie abgedeckt werden. Nur so verhindert man das Antrocknen des Eises am Wannenrand. Wenn notwendig, müssen die Eiswannen auch zwischendurch zusammengeputzt werden, damit die Verkaufstheke immer ansprechend und appetitlich aussieht.

Eigentlich ist es gleich, welches Eis verkauft wird, wenn es ein lukratives Geschäft bleiben soll, darf man nie vergessen: immer korrekt und auf beste Qualität bedacht zu arbeiten, ein hygienisch sauberes Umfeld schaffen und für nette und freundliche Bedienung sorgen.

Ich hoffe auch, daß klar geworden ist, daß nicht der überall gepriesene, geringe Wareneinsatz und der große Aufschlag die Garantie für ein erfolgreiches Geschäft mit Eis sein können, denn der Einsatz ist hoch und die zu leistende Arbeit sehr schwer.

Aus technischer Sicht bleibt noch zu sagen, wenn von den Maschinen und Aggregaten erwartet wird, daß sie den ganzen Sommer über permanent laufen und Leistung bringen, ist eine regelmäßige Pflege und Wartung oberstes Gebot. Dann kann der Sommer vom ersten bis zum letzten Sonnenstahl ausgenutzt werden.

Bis zu diesem Punkt haben Sie jetzt alle Hürden genommen Speiseeis unter optimalen Bedingungen herzustellen, bzw. Eis als Convenienceprodukt mit der bestmöglichen Ausstattung zum Verkauf anzubieten. Jetzt gilt es, eine ganz wichtige Sache zu erreichen, dem Verbraucher das eigene Eis schmackhaft anzubieten. Ihr Produkt „Eis“ muß also ins richtige Licht gerückt werden, was nicht immer so einfach ist, wie es sich anhört. Das Eisgeschäft lebt von den Kunden, die am Geschäft vorbeigehen. Je mehr Lauf — umso größer ist der Verkauf! Man sieht Eis, geht hin und kauft, es ist ein „Impulsgeschäft“. Da das Kundenverhalten nicht so wie beim Kauf von Brot oder Wurst ist, für diese Lebensmittel nimmt der Käufer schon einen längeren Weg in Kauf. Eis jedoch wird von den meisten Kunden nicht gesucht, sondern im Vorbeigehen gekauft.

Dem Eisboom im Hochsommer kann man kaum ausweichen, aber will man auch an nicht so schönen, warmen Tagen verkaufen, sollte man unbedingt Werbung und Marketing im Rahmen der eigenen Möglichkeiten betreiben.

Eine wichtige Grundregel, die man sich unbedingt merken sollte heißt: das beste Aushängeschild ist nicht die Eisfahne, sondern die Eisqualität.

Die Visitenkarte eines jeden Eiscafés ist die Eiskarte, sie ist das erste, was jeder Kunde sieht und in die Hand nimmt. Die Karte sollte interessant, witzig, übersichtlich und ehrlich sein. Zerrissene Karten mit Eselsohren und angetrockneten Schokoladeneisresten machen einen schlechten, ersten Eindruck.

Gute Eiskarten sind nicht ganz billig, aber sicher eine lohnende Investition, die sich sehr schnell bezahlt macht. Verschiedene Speiseeishersteller bieten auch schöne Eiskarten in ihren Service-Shops an, die von jedermann gekauft werden können.

Der Verbraucher erwartet, daß es in einem Eiscafé oder in einer Eisdiele noch sauberer ist als in anderen gastronomischen Bereichen. Das bedeutet: immer saubere Tische, saubere Aschenbecher und sortierte Eiskarten auf den Tischen und sobald der Gast aufgestanden ist, muß der Tisch für den nächsten wieder sauber sein! Setzen sie sich gerne an einen schmutzigen Tisch?

Werden diese Punkte eingehalten, ist schon ein erster, wichtiger Schritt getan. Der nächste wäre, stets darauf zu achten, daß die Eisportionen und Eiskreationen in gleicher Größe und Zusammenstellung serviert werden.

Das Eisangebot sollte der Jahreszeit angepaßt sein, im Sommer mehr Fruchteissorten im Herbst mehr (warme) Eissorten, wie Pistazie, Cappuccino, Marzipan- oder Moccaeis.

Steht ein Früchtebecher auf der Karte, sollte dieser immer mit frischen Früchten serviert werden, so ernten Sie das Wohlwollen Ihrer Gäste.

Auch angeschlagenes Geschirr sollte keinem Gast vorgesetzt werden.

Das Eisgeschäft lebt von seiner Frische: immer frisches Eis, immer frische und appetitliche Früchte, immer frische Sahne, immer frische, saubere Kleidung. Eiscafés, die nach diesem Frischekonzept arbeiten, haben mit Sicherheit zufriedene Gäste, sind gut besucht und eine sichere Existenz.

Ich hoffe, Ihnen einen kleinen Einblick in die Materie „Speiseeis" gegeben zu haben. Sicher kann nicht alles bis ins kleinste Detail behandelt werden, ich wollte nur Anregungen geben, die zum Nachdenken zwingen.

Eishygiene und Speiseeisverordnung

Speiseeis zählt zu den ernährungsphysiologisch hochwertigen Lebensmitteln. Hergestellt wird es unter Verwendung wertvoller Rohstoffe. Eine besondere Problematik ergibt sich nicht durch Hitze (kochen), sondern durch Kälte (frieren), denn dieses Lebensmittel wird gefroren. Speiseeis reagiert besonders empfindlich, wenn es um Reinheit, bakteriologische Eigenschaften und Haltbarkeit geht. Aus diesem Grund wurde schon vor vielen Jahren eine Verordnung erlassen, die das Spezialgebiet Speiseeis gesetzlich regelt. Die sogenannte Speiseeisverordnung basiert auf dem damaligen Lebensmittelgesetz. Da der Umgang mit Speiseeis sich immer umfangreicher gestaltete, wurden die gesetzlichen Bestimmungen den bestehenden Bedürfnissen von Zeit zu Zeit angepaßt. Die letzte Änderungsverordnung trat am 03.12.1987 in Kraft.

Wie alle gesetzlichen Verordnungen ist auch die Speiseeisverordnung keine Ausnahme und mit ihren 8 §§ den vielen Begriffs- und Kennzeichnungsvorschriften nicht immer leicht zu verstehen. Nimmt man die Verbots- und Beurteilungsvorschriften noch dazu, wird es erst recht kompliziert. Die zuständigen Lebensmittelüberwachungsstellen brauchen aber Richtlinien, damit der Verbraucher nicht mit verdorbenem, altem oder verfälschtem Speiseeis finanziellen oder gesundheitlichen Schaden erleidet.

Bundesverordnung über Speiseeis

Begriffsbestimmungen

§ 1

(1) **Speiseeis (Gefrorenes)** sind durch Gefrieren in einen starren oder halbfesten Zustand gebrachte Zubereitungen, die, mit oder ohne Verwendung von Ei (frische Eier, Kühlhauseier, Gefrierei, Eidotter oder Eiklar (Eiweiß) aus frischen Eiern oder aus Kühlhauseiern, Trockenei, Trockeneigelb), aus Zuckerarten im Sinne der Zuckerartenverordnung, Fruktose, Fruktosesirup oder Honig und aus Milch, entrahmter Milch (Magermilch), Buttermilch, saurer Milch, Joghurt, Kefir oder anderer durch ähnliche Verfahren unter Verwendung von spezifischen Gärungserregern fermentierter Milch — auch in Form der eingedickten Erzeugnisse oder in Form von Pulver — oder Sahneerzeugnissen oder Butter oder Milchfetterzeugnissen, aus Zuckerarten im Sinne der Zuckerartenverordnung Fruktose, Fruktosesirup oder Honig und aus frischem Obstfruchtfleisch oder aus Obsterzeugnissen

hergestellt sind. Außerdem dürfen Stärke bis zu 1 Hundertteil und Gelatine verwendet werden; § 2 a Abs. 2 Satz 2 gilt entsprechend.

Als Obsterzeugnisse werden verwendet: Obstmark und Fruchtsaft — auch in Form von konzentriertem oder getrocknetem Fruchtsaft, Obstkonfitüren, Marmeladen, Obstgelees und Fruchtsirupe. Ferner werden Kaffee, Kakao, Schokolade, Vanille, Nüsse, Mandeln, Aprikosenkerne, Pistazien und dergleichen — soweit technisch erforderlich, auch in Form von Auszügen — sowie natürliche Fruchtessenzen als natürliche Geruchs- und Geschmacksstoffe, außerdem Trinkwasser sowie Weinsäure oder Zitronensäure in geringer Menge verwendet.

Zuweilen werden auch künstliche Geschmack- und Geruchstoffe, wie Vanillin, sowie künstliche Farbstoffe verwendet.

(2) Als **Speiseeissorten** werden unterschieden:

1. Kremeis (Eierkremeis): Speiseeis, das aus Zuckerarten im Sinne der Zuckerartenverordnung, Fruktose, Fruktosesirup oder Honig, Milch — auch in Form von eingedickter Milch -, frischen Eiern, Kühlhauseiern, Gefrierei oder Eidotter aus frischen Eiern oder aus Kühlhauseiern, Trockenei, Trockeneigelb oder natürlichen Geruch- und Geschmackstoffen (Absatz 1), hergestellt; bei Kremeis werden mindestens 270 Gramm Vollei oder 100 Gramm Eidotter auf 1 Liter Milch verwendet; bei Verwendung von eingedickter Milch wird eine dem Eindickungsgrad entsprechende Menge Wasser zugesetzt; zur Erzielung eines besonderen Geschmacks dürfen frisches Obstfruchtfleisch oder Obsterzeugnisse (Absatz 1) zugesetzt werden;

2. Fruchteis: Speiseeis, das aus Zuckerarten im Sinne der Zuckerartenverordnung, Fruktose, Fruktosesirup oder Honig, Wasser und frischem Obstfruchtfleisch oder Obsterzeugnissen (Absatz 1) sowie natürlichen Geruch- und Geschmackstoffen (Absatz 1), auch unter Verwendung von Ei (Absatz 1) sowie von Milch, entrahmter Milch (Magermilch), Buttermilch, saurer Milch, Joghurt, Kefir oder anderer durch ähnliche Verfahren unter Verwendung von spezifischen Gärungserregern fermentierter Milch auch in Form der eingedickten Erzeugnisse oder in Form von Pulver sowie Weinsäure oder Zitronensäure in geringer Menge hergestellt ist; zur Herstellung werden mindestens 20 Hundertteile frisches Obstfruchtfleisch oder Obstmark oder Fruchtsaft oder eine hinsichtlich des Obstanteils entsprechende Menge der übrigen im Absatz 1 aufgeführten Obsterzeugnisse, bei Zitroneneis mindestens 10 Hundertteile Zitronenmark oder Zitronensaft verwendet;

3. Rahmeis (Sahneeis): Speiseeis, das aus Zuckerarten im Sinne der Zuckerartenverordnung, Fruktose, Fruktosesirup oder Honig und Schlagsahne sowie natürlichen Geruch- und Geschmackstoffen (Absatz 1), auch unter Verwendung von Ei (Absatz 1) hergestellt ist; Rahmeis enthält mindestens 60 Hundertteile Schlagsahne; zur Erzielung eines besonderen Geschmacks dürfen frisches Obstfruchtfleisch oder Obsterzeugnisse (Absatz 1) zugesetzt werden: Fürst-Pückler-Eis ist ein Rahmeis besonderer Art;

4. Milchspeiseeis: Speiseeis, das aus Zuckerarten im Sinne der Zuckerartenverordnung, Fruktose, Fruktosesirup oder Honig und Milch, eingedickter Milch oder Milchpulver sowie natürlichen Geruch- und Geschmackstoffen (Absatz 1), auch unter Verwendung von eingedickter Magermilch, Magermilchpulver oder Ei (Absatz 1), hergestellt ist: Bei Verwen-

dung von eingedickter Milch oder Milchpulver wird eine dem Eindikkungsgrad entsprechende Menge Magermilch oder Wasser zugesetzt; Milchspeiseeis enthält mindestens 70 Hundertteile Milch; zur Erzielung eines besonderen Geschmacks dürfen frisches Obstfruchtfleisch oder Obsterzeugnisse (Absatz 1) zugesetzt werden;

5. Eiskrem: Speiseeis, das auf besondere Art durch Pasteurisieren, Homogenisieren, Stehenlassen bei niedriger Temperatur und Gefrieren aus Zuckerarten im Sinne der Zuckerartenverordnung, Fruktose, Fruktosesirup oder Honig und Milch, entrahmter Milch (Magermilch), Buttermilch, saurer Milch, Joghurt, Kefir oder anderer durch ähnliche Verfahren unter Verwendung von spezifischen Gärungserregern fermentierter Milch — auch in Form der eingedickten Erzeugnisse oder in Form von Pulver — oder Sahneerzeugnissen oder Butter oder Milchfetterzeugnissen, sowie frischem Obstfruchtfleisch oder Obsterzeugnissen (Absatz 1) oder natürlichen Geruch- und Geschmackstoffen (Absatz 1) und gegebenenfalls Wasser, hergestellt und mit Schokolade- Überzugsmasse (Kuvertüre) oder einer anderen Glasur überzogen sein darf; Fruchteiskrem enthält mindestens 8, sonstiger Eiskrem mindestens 10 Hundertteile Milchfett;

6. Einfacheiskrem: Speiseeis, hergestellt wie Eiskrem (Nr.5), jedoch mit einem geringerem Gehalt an Milchfett; Einfacheiskrem enthält mindestens 3 Hundertteile Milchfett, dem Einfacheiskrem wird auch Vanillin zugesetzt;

7. Kunstspeiseeis: Speiseeis, das nicht den Gehalt an Ei, frischem Obstfruchtfleisch oder Obsterzeugnissen, Schlagsahne oder Milch wie die unter den Nummern 1 bis 6 aufgeführten Sorten aufweist.

§ 2

(1) Speiseeis wird auch unter Verwendung von Halberzeugnissen hergestellt;

(2) Halberezeugnisse für Speiseeis sind Zubereitungen, die nicht zum unmittelbaren Genuß bestimmt und geeignet, sondern zur Weiterverarbeitung zu Speiseeis bestimmt sind. Es werden unterschieden:

1. Speiseeiskonserven: durch Erhitzen in luftdicht verschlossenen Behältnissen haltbar gemachte zähflüssige Zubereitungen aus Zuckerarten im Sinne der Zuckerartenverordnung, Fruktose, Fruktosesirup oder Honig und frischem Obstfruchtfleisch oder Obsterzeugnissen (§1 Abs.1) oder natürlichen Geruch- und Geschmackstoffen (§1 Abs.1), auch unter Verwendung von Vanillin oder Äthylvanillin, mit oder ohne Verwendung von Ei (§1 Abs.1) sowie Weinsäure oder Zitronensäure in geringer Menge;

2. Speiseeispulver: Mischung aus Zuckerarten im Sinne der Zuckerartenverordnung, Fruktose, Fruktosesirup oder Honig oder Milchzucker oder Magermilchpulver mit oder ohne Verwendung von Geruch- oder Geschmackstoffen, Weinsäure oder Zitronensäure in geringer Menge sowie von Farbstoffen oder Ei (§1 Abs.1);

(3) Zur Herstellung von Speiseeishalberzeugnissen dürfen auch Gelatine und Stärke verwendet werden.

Zusatzstoffe
§ 2a

(1) Zur Herstellung von Speiseeis und Halberzeugnissen für Speiseeis werden folgende Zusatzstoffe zugelassen:

1.a) Alginsäure, Natriumalginat, Kaliumalginat und Calciumalginat,

1.b) Carrageen,

wobei diesen Stoffen insgesamt höchstens 50 Hundertteile Natrium-, Kalium- und Calciumorthophosphat, Natrium- und Kaliumdiphosphat, Natrium-, Kalium und Calciumcitrat sowie Natrium- und Kaliumtartrat zugesetzt werden dürfen,

2. Traganth, Pektin, Agar-Agar, Johannisbrotkernmehl und Guarkernmehl;

3. Methylcellulose und Carboxymethylcellulose;

4. Mono- und Diglyceride der Speisefettsäuren;

5. Mono- und Diglyceride der Speisefettsäuren, verestert mit Zitronensäuren;

6. Sorbit.
(2) Die nach Absatz 1 zugelassenen Zusatzstoffe dürfen folgende Höchstmengen im verzehrfertigen Erzeugnis nicht überschreiten:
Sorbit 3 Hundertteile,
Traganth oder Johannisbrotkernmehl 0,6 Hundertteile,
Methylcellulose oder Carboxymethylcellulose 0,5 Hundertteile,
Guarkernmehl 0,4 Hundertteile
Pektin (berechnet als Calciumpektat),
Alginsäure, Natriumalginat, Kaliumalginat,
Calciumalginat,
Carrageen oder Mono- Diglyceride der Speisefettsäuren
0,3 Hundertteile,
Agar-Agar 0,15 Hundertteile
Mono- und Diglyceride der Speisefettsäuren, verestert mit Zitronensäure, 0,2 Hundertteile;

Werden Stärke, Traganth, Johannisbrotkernmehl, Metylcellulose, Carboxymethylcellulose Guarkernmehl, Obstpektin, Alginsäure, Natriumalginat, Kaliumalginat, Calciumalginat, Carrageen oder Agar-Agar in Vermischung untereinander verwendet, so vermindern sich die für jeden dieser Stoffe in Satz 1 und in §1 Abs. 1 Satz 2 angegebenen Höchstmengen um soviel Hundertteile, wie von den Höchstmengen der anderen Dikkungsmittel zusammen im Gemisch enthalten sind;

(3) Abweichend von § 16 Abs. 1 Satz 1 des Lebensmittel- und Bedarfsgegenständegesetzes besteht nicht die Verpflichtung, den Gehalt an den nach Absatz 1 zugelassenen Zusatzstoffen kenntlich zu machen. Die Vorschriften der Lebensmittel-Kennzeichnungsverordnung über das Verzeichnis der Zutaten bleiben unberührt.

§ 3
Bestimmungen über Packung der Halberzeugnisse

(1) Zur Abgabe an den Verbraucher dürfen Speiseeiskonserven nur in luftdicht verschlossenen Behältnissen, Speiseeispulver nur in Behältnissen oder Packungen in den Verkehr gebracht werden.

§ 4
Verbote zum Schutze der Gesundheit

(1) Es ist insbesondere verboten:

1. die in §§ 1, 2 genannten Erzeugnisse so herzustellen, daß sie Arsen, Blei oder Zink oder mehr als technisch nicht vermeidbare Mengen Antimon, Kadmium oder Kupfer enthalten;

2. zur Herstellung der in §§ 1, 2 genannten Erzeugnisse anderes Wasser als Trinkwasser zu verwenden;

3. zur Herstellung der in §§ 1,2 genannten Erzeugnisse

a) Milch, die keiner Wärmebehandlung nach § 1 Abs. 3 Nr. 2 Buchstabe a oder b, § 1 a Abs.1 und 2 oder § 2 Abs. 1 der Verordnung über Milcherzeugnisse nicht entsprechen, zu verwenden;

4. Speiseeis so herzustellen, daß das zum Gefrieren der Speiseeismasse benutzte Eis mit dieser in unmittelbare Berührung kommt;

5. zur Herstellung von Speiseeis flüssige oder feste Kohlensäure, die nicht frei von gesundheitsschädlichen Stoffen ist, zu verwenden;

6. Speiseeis durch Vermischen von Speiseeismasse mit Kohlensäure so herzustellen, daß in dem fertigen Speiseeis noch unvergaste Kohlensäure enthalten ist;

(2) Es ist verboten, derartig hergestellte Erzeugnisse anzubieten, zum Verkaufe vorrätig zu halten, feilzuhalten, zu verkaufen oder sonst in den Verkehr zu bringen.

§ 5
Verbote zum Schutz vor Täuschung

Gewerbsmäßig dürfen nicht in den Verkehr gebracht werden:

1. Speiseeis und Halberzeugnisse, die verunreinigt sind oder fremdartig oder ekelerregend riechen und schmecken;

2. Speiseeis und Halberzeugnisse, zu deren Herstellung zum Verzehr nicht geeignete Rohstoffe oder Zutaten verwendet worden sind;

3. Speiseeis, zu dessen Herstellung Speiseis verwendet worden ist, das infolge unsachgemäßer Aufbewahrung geschmolzen ist;

4. Speiseeiskonserven, die sich in bombierten oder undichten Behältnissen befinden;

5. Speiseeis und Halberzeugnisse für Speiseeis, zu deren Herstellung nicht der Milch entstammende Fette verwendet worden sind; dies gilt nicht für die Verwendung von Mono- und Diglyceriden der Speisefettsäuren, deren Gehalt an Trigyceriden 25 vom Hundert nicht übersteigt, sowie für das in den verwendeten natürlichen Geruchs- und Geschmacksstoffen (§1 Abs.1) enthaltene Fett;

6. Speiseeis und Halberzeugnisse, zu deren Herstellung andere Zuckerarten als Zuckerarten im Sinne der Zukkerartenverordnung, Fruktose oder Fruktosesirup verwendet worden sind, unbeschadet der Verwendung von Milchzucker bei der Herstellung von Speiseeispulver;

7. Speiseeis und Halberzeugnisse, zu deren Herstellung Ei in anderer Form verwendet worden ist, als in § 1 Abs. 1 angegeben ist;

8. Kremeis, Fruchteis, Rahmeis, Milchspeiseeis, Eiskrem, Einfacheiskrem und Halberzeugnisse hierfür, zu deren Herstellung künstliche Geruchs- oder Geschmacksstoffe verwendet worden sind; dies gilt nicht für die Verwendung von Vanillin und künstlicher Vanille-Essenz;

9. Speiseeis und Halberzeugnisse, bei deren Herstellung Neutralisationsmittel verwendet worden sind; § 5 Abs. 1 der Verordnung über Milcherzeugnisse vom 15. Juli 1970 bleibt unberührt;

10. Kremeis, Rahmeis und Milchspeiseeis, denen bei der Herstellung Wasser zugesetzt worden ist, jedoch unbeschadet des Zusatzes von Wasser bei Kremeis, das unter Verwendung von eingedickter Milch und bei Milchspeiseeis, das unter Verwendung von eingedickter Milch oder Milchpulver zubereitet wird, in einer dem Eindikkungsgrad entsprechenden Menge;

11. Kremeis, zu dessen Herstellung Magermilch, eingedickte Magermilch, Milchpulver oder Magermilchpulver verwendet worden ist;

12. Rahmeis, zu dessen Herstellung Milch oder andere Milcherzeugnisse als Schlagsahne verwendet worden sind;

13. Speiseeis, das den Begriffsbestimmungen für Kremeis, Fruchteis, Rahmeis oder Eiskrem nicht entspricht, sofern es nicht je nach Art seiner Herstellung und Zusammensetzung als Milchspeiseeis, Einfacheiskrem oder Kunstspeiseeis kenntlich gemacht ist;

Eis - Parfait - Sorbet - Granité

14. Fruchteis, Eiskrem oder Einfacheiskrem, zu deren Herstellung Buttermilch, saure Milch, Joghurt, Kefir oder sonstige fermentierte Milch verwendet worden ist, sofern die Bezeichnung keinen Hinweis auf die Verwendung dieser Milcherzeugnisse enthält;

15. Speiseeispulver, zu dessen Herstellung künstliche Geruchs- oder Geschmacksstoffe oder künstliche Farbstoffe verwendet worden sind, sofern es nicht als „Speiseeispulver für Kunstspeiseeis" kenntlich gemacht ist;

16. speiseeishaltige, mit einem Phantasienamen bezeichnete Zubereitungen, zu deren Herstellung andere Speiseeissorten als Kremeis, Fruchteis oder Rahmeis(§1 Abs.2 Nr. 1 bis 3) verwendet worden sind, sofern nicht in der Bezeichnung zugleich die verwendete Speiseeissorte angegeben wird.

§ 6

Gewerbsmäßig dürfen ferner nicht in den Verkehr gebracht werden:

1. Erzeugnisse, die als eine bestimmte Speiseeis- oder Halberzeugnissorte oder mit einem gleichsinnigen Ausdruck bezeichnet sind. ohne den Begriffsbestimmungen der §§ 1, 2 zu entsprechen;

2. Erzeugnisse, die als Halberzeugnis für eine bestimmte Speiseeissorte bezeichnet, aber zur Herstellung der betreffenden Speiseeissorte nach der angegebenen Gebrauchsanweisung (§3 Abs.2 Nr.3,4) ungeeignet sind;

3. Fruchteis, das mit dem Namen einer bestimmten Frucht bezeichnet ist, ohne daß die zu seiner Herstellung nach §1 Abs.2 Nr. 2 erforderliche Menge an Obsterzeugnissen vollständig von dieser Frucht stammt;

4. Milchspeiseeis, Einfacheiskrem und Kunstspeiseeis sowie Halberzeugnisse hierfür, zu deren Herstellung Obst oder natürliche Fruchtessenzen verwendet worden sind, wenn sie mit dem Namen dieser Früchte bezeichnet sind, unbeschadet der Angabe „mit Frucht-, Himbeer- usw. Geschmack";

5. Kunstspeiseeis, zu dessen Herstellung künstliche Geruchs- oder Geschmacksstoffe verwendet worden sind, wenn die Bezeichnung einen Hinweis auf Obstfrüchte oder dergleichen enthält, unbeschadet der Angabe „mit Frucht-, Himbeer- usw. Aroma".

§ 7

Als nachgemacht und verfälscht sind insbesondere anzusehen und, außer im Falle der Nr. 23, auch bei Kenntlichmachung vom Verkehr ausgeschlossen:

1. Speiseeis oder Halberzeugnisse, zu deren Herstellung nicht der Milch entstammende Fette verwendet worden sind, unbeschadet des in den verwendeten natürlichen Geschmack- und Geruchstoffen (§ 1 Abs.1) enthaltenen Fettes;

2. Speiseeis und Halberzeugnisse, zu deren Herstellung Stärkesirup verwendet worden ist;

3. Speiseeis und Halberzeugnisse, zu deren Herstellung andere Zuckerarten als technisch reiner, weißer Verbrauchszucker (Saccharose) verwendet worden sind, unbeschadet der Verwendung von Milchzucker bei der Herstellung von Speiseeispulver;

4. Speiseeis und Halberzeugnisse, zu deren Herstellung Ei in anderer Form verwendet worden ist, als im § 1 Abs. 1 angegeben ist;

5. Kremeis, Fruchteis, Rahmeis und Eiskrem sowie Halberzeugnisse hierfür, zu deren Herstellung künstliche Geschmack- und Geruchstoffe verwendet worden sind;

6. Milchspeiseeis und Einfacheiskrem sowie Halberzeugnisse hierfür, zu deren Herstellung künstliche Geschmack- und Geruchstoffe verwendet worden sind, unbeschadet der Verwendung von Vanillin oder dem ihm entsprechenden Aethyläther bei Berücksichtigung der Bestimmungen im § 8 Nr.5;

7. Speiseeis und Halberzeugnisse, die, unbeschadet einer Auffärbung des verwendeten Obstmarks und der verwendeten Pistazien oder der Verwendung von Karamel als Geschmackstoff, künstlich gefärbt sind, ausgenommen Einfacheis und Speiseeispulver für Einfacheis;

8. Kremeis, Fruchteis und Rahmeis, zu deren Herstellung Gelatine verwendet worden ist;

9. Speiseeis, bei dem der Zusatz von Stärkemehl 1 Hundertteil, von Tragant 0,6 Hundertteile, von Obstpektin 0,3 Hundertteile (berechnet als Calciumpektat) übersteigt;

10. Milchspeiseeis, Eiskrem, Einfacheiskrem und Einfacheis, bei denen der Zusatz von Gelatine 0,6 Hundertteile übersteigt;

11. Speiseeis, zu dessen Herstellung mehr als eines der in Nr. 8 bis 10 zugelassenen Bindemittel verwendet worden ist;

12. Speiseeis und Halberzeugnisse, bei deren Herstellung Neutralisationsmittel, insbesondere kohlensaures oder doppeltkohlensaures Natrium, verwendet worden sind;

13. Kremeis, Rahmeis und Milchspeiseeis, denen bei der Herstellung Wasser zugesetzt worden ist, jedoch unbeschadet des Zusatzes von Wasser bei Kremeis, das unter Verwendung von eingedickter Milch und bei Milchspeiseeis, das unter Verwendung von eingedickter Milch oder Milchpulver zubereitet wird, in einer dem Eindikkungsgrad entsprechenden Menge;

14. Kremeis, zu dessen Herstellung weniger als 270 Gramm Vollei oder 100 Gramm Eidotter auf 1 Liter Milch verwendet worden sind;

15. Kremeis, zu dessen Herstellung Magermilch, eingedickte Magermilch, Milchpulver oder Magermilchpulver verwendet worden ist;

16. Fruchteis, zu dessen Herstellung unbeschadet der Bestimmung Nr. 17, weniger als 20 Hundertteile von dem der Bezeichnung der Fruchteissorte entsprechenden frischen Obstfruchtfleisch oder eine geringere Menge Obsterzeugnisse verwendet worden sind, als im § 1 Abs. 2 Nr. 2 festgesetzt ist;

17. Zitroneneis, zu dessen Herstellung weniger als 10 Hundertteile Zitronenmark oder Zitronensaft verwendet worden sind;

18. Rahmeis, zu dessen Herstellung Milch oder andere Milcherzeugnisse als Schlagsahne verwendet worden sind;

19. Rahmeis, zu dessen Herstellung weniger als 60 Hundertteile Schlagsahne verwendet worden sind;

20. Milchspeiseeis, zu dessen Herstellung Magermilch, eingedickte Magermilch oder Magermilchpulver verwendet worden ist;

21. Milchspeiseeis, zu dessen Herstellung weniger als 70 Hundertteile Milch verwendet worden sind;

22. Fruchteiskrem, der weniger als 8, sonstiger Eiskrem, der weniger als 10, Einfacheiskrem, der weniger als 3 Hundertteile Milchfett enthält;

23. Speiseeis, das den Begriffsbestimmungen für Kremeis, Fruchteis, Rahmeis oder Eiskrem nicht entspricht, sofern es nicht je nach Art seiner Herstellung und Zusammensetzung als Milchspeiseeis, Einfacheiskrem oder Einfacheis kenntlich gemacht ist;

24. Speiseeiskonserven, die Gelatine enthalten.

Eis - Parfait - Sorbet - Granité

Verbringen von Speiseeis und Halberzeugnissen für Speiseeis in den Geltungsbereich der Verordnung

§ 7 a

(1) Speiseeis, das unter Verwendung von Eiprodukten hergestellt worden ist, darf in den Geltungsbereich dieser Verordnung nur verbracht werden, wenn die Sendung im Zeitpunkt der zollamtlichen Abfertigung zum freien Verkehr, zur Zollgutlagerung in einem offenen Zollager, zum aktiven Veredlungsverkehr, zum Umwandlungsverkehr oder zur Zollgutverwendung von einer amtlichen Bescheinigung nach Muster der Anlage begleitet wird. Dies gilt auch für Halberzeugnisse zur Herstellung von Speiseeis, die unter Verwendung von Eiprodukten hergestellt worden sind, ausgenommen Speiseeiskonserven. Als Sendung gilt die Warenmenge, auf die sich die amtliche Bescheinigung bezieht;

(2) Absatz 1 gilt nicht für die in § 47 Abs. 2 des Lebensmittel- und Bedarfgegenständegesetzes vom 15.August 1974 (Bundesgesetzbl. IS.1945) genannten Fälle.

§ 7 b

Straftaten und Ordnungswidrigkeiten

(1) Nach § 51 Abs. 1 Nr. 2, Abs 2 bis 4 des Lebensmittel- und Bedarfsgegenständegesetzes wird bestraft, wer vorsätzlich oder fahrlässig entgegen § 4 Speiseeis oder Halberzeugnisse gewerbsmäßig herstellt oder in den Verkehr bringt;

(2) Nach § 52 Abs. 1 Nr. 4 des Lebensmittel- und Bedarfsgegenständegesetzes wird bestraft, wer bei dem gewerbsmäßigem Herstellen von Speiseeis oder Halberzeugnissen, die dazu bestimmt sind, in den Verkehr gebracht zu werden, Zusatzstoffe über die in § 2 a Abs 1 Nr. 1 oder Abs. 2 festgesetzten Höchstmengen hinaus verwendet;

(3) Nach § 52 Abs. 1 Nr. 11 des Lebensmittel- und Bedarfsgegenständegesetzes wird bestraft, wer Lebensmittel entgegen einem Verbot des § 5 oder des § 6 gewerbsmäßig in den Verkehr bringt;

(4) Wer eine in Absatz 2 oder 3 bezeichnete Handlung fahrlässig begeht, handelt nach § 53 Abs.1 des Lebensmittel- und Bedarfsgegenständegesetzes ordnungswidrig;

(5) Ordnungswidrig im Sinne des § 54 Abs. 1 Nr.2 des Lebensmittel- und Bedarfsgegenständegesetzes handelt, wer vorsätzlich oder fahrlässig Speiseeiskonserven oder Speiseeispulver entgegen § 3 Abs. 1 nicht in Packungen oder Behältnissen gewerbsmäßig in den Verkehr bringt.

§ 8
Inkrafttreten

Diese Verordnung tritt am 1. Oktober 1933 in Kraft.

Damit diese Verordnung ein wenig besser zu verstehen ist, nachfolgend einige Erklärungen.

Die Bundesverordnung über Speiseeis klärt in

§ 1 unter Begriffsbestimmungen, die zugelassenen Eissorten und deren Mindestbestandteile. Hier werden Rohstoffe aufgezählt und welchen Anforderungen sie entsprechen müssen. Im Absatz 2 werden die 7 zugelassenen Eissorten und deren wesentliche Qualitätsmerkmale aufgezeigt. Daraus ergeben sich auch die zugelassenen Bezeichnungen;

§ 2 Erklärt die zur Eisherstellung zugelassenen Halberzeugnisse, wie Eiskonserven und Eispulver. Dieser § ist aber hauptsächlich für die Hersteller derartiger Produkte gedacht.

Eis - Parfait - Sorbet - Granité

§ 2a regelt die erlaubten oder unerlaubten Zusatzstoffe.

§ 3 klärt das Problem der Verpackung von Speiseeis. Auf jeder Verpackung müssen die verwendeten Zutaten angegeben sein.

§ 4 dient ausschließlich dem Schutz unserer Gesundheit als Verbraucher. Bei nicht ordnungsgemäßer Behandlung im Herstellungsablauf von Speiseeis kann es leicht zu einer Lebensmittelvergiftung kommen, ausgelöst z.B. durch Kolibakterien.

§ 5 regelt grundsätzlich wann Speiseeis als verdorben anzusehen ist. Es handelt sich hier um Verbote zum Schutz vor Täuschung.

§ 6 sorgt dafür, daß Nachahmungen und Verfälschungen von Speiseeis unterbleiben.

§ 7 stellt irreführende Bezeichnungen und Aufmachungen klar. Dieser § ist schwer verständlich, für die Speiseeisindustrie jedoch sind diese Angaben klar und deutlich.

§ 7a regelt die Einführung von Speiseeis

§ 7b legt Straftaten und Ordnungswidrigkeiten fest.

§ 8 Inkrafttreten — am 01.10.1933

Bundesweit wird die Herstellung von Speiseeis mit dieser Verordnung geregelt. Damit der Verbraucher aber ein einwandfreies Speiseeis erhält, sind noch einige Gesetze und Verordnungen zusätzlich einzuhalten, zum Beispiel:

- Speiseeisgesetz
- Allgemeines Lebensmittelgesetz
- Trinkwasserverordnung
- Bundesseuchengesetz
- Verordnung der Bundesländer über das hygienische Herstellen, Behandeln und Vertreiben von Speiseeis
- Farbstoffverordnung
- Fertigungsverordnung
- Eichgesetz

Für die Einhaltung dieser Vorschriften sind die einzelnen Bundesländer eigenverantwortlich zuständig. So kommt es, daß einige Verordnungen und Gesetze je nach Bundesland voneinander abweichen. Sie regeln zum Beispiel die Ausstattung der Räumlichkeiten, kümmern sich um das Personal und deren Bekleidung und klären die Herstellung und den Verkauf des Speiseeises.

Hier einige Beispiele, wie gravierend die Länderverordnungen voneinander abweichen können. Die Bestimmungen betreffen die verwendeten Arbeitsgeräte und die Personen, die Speiseeis herstellen und verkaufen.

Speiseeisbestimmungen für Rheinland-Pfalz

§ 5 (1) Personen, die Speiseeis behandeln, müssen sich stets sauber halten. Insbesondere haben sie, außer wenn sie lediglich mit dem Befördern, Aufbewahren und Abgeben von verpacktem Speiseeis befaßt sind, vor jeder Arbeitsaufnahme und nach jeder Arbeitsunterbrechung die Hände gründlich zu säubern und zu desinfizieren;

(2) Die mit dem Herstellen, Zubereiten, Verarbeiten und Verpacken von Speiseeis beschäftigten Personen haben eine waschbare oder abwaschbare Berufskleidung und eine waschbare Haube oder Kappe zu tragen;

(3) Beim Behandeln unverpackten Speiseeises dürfen die damit beschäftigten Personen Tabakwaren nicht genießen.

§ 8 (1) Für das Behandeln von Speiseeis dürfen nur saubere Geräte und Einrichtungen verwendet werden. Sie dürfen nur zu dem vorgesehenen Zweck benutzt werden und müssen so beschaffen sein, daß sie keine die menschliche Gesundheit gefährdeten Stoffe an das Speiseeis abgeben können. Sie müssen frei von Rissen, Rost oder Korrosionserscheinungen sein und sich leicht reinigen lassen. Tische müssen eine glatte Oberfläche haben.

Speiseeis-Hygieneverordnung für Niedersachsen

§ 7 Persönliche Hygiene

Personen, die Speiseeis herstellen und es unverpackt in den Verkehr bringen oder behandeln, müssen saubere Arbeitskleidung sowie gegebenenfalls einen sauberen Haarschutz tragen. Hände und Arme sind vor der Arbeitsaufnahme und nach jeder Arbeitsunterbrechung gründlich zu säubern.

§ 23 (3) Gegenstände, die beim Herstellen, Behandeln oder Inverkehrbringen von Speiseeis verwendet werden, müssen über glatte Oberflächen verfügen. Sie dürfen nicht aus Holz bestehen. Dieses gilt nicht für Gegenstände, die beim Verzehr zum einmaligen Verbrauch bestimmt sind. Löffel und andere Geräte zum Mischen der Rohstoffe und Portionierer müssen so beschaffen sein, daß bei ihrem Gebrauch die Eismasse von den zum Anfassen bestimmten Teilen nicht berührt wird.

Speiseeis-Verordnung
für das Saarland

§ 11 (1) Die mit der Herstellung oder dem Vertrieb von Speiseeis beschäftigten Personen müssen stets saubere (weiße) Berufskleidung tragen. Sie dürfen während ihrer Tätigkeit bei der Herstellung oder dem Vertrieb nicht rauchen, Tabak kauen oder schnupfen.

§ 11 (4) Zum Mischen der Rohstoffe oder zum Umrühren des Speiseeises dürfen nur Geräte aus Horn, Holz, Glas oder Porzellan Verwendung finden. Andere Geräte dürfen nur dann Verwendung finden, falls das Chemische Untersuchungsamt sie für geeignet befunden hat.

Obwohl man manchmal zu der Ansicht kommen kann, daß dieser Gesetz- und Verordnungswirrwarr fauler Zauber ist, sind aber alle Vorsichtsmaßmahmen dringend erforderlich, es ist empfehlenswert sich die Speiseeisverordnung des jeweiligen Landes zu besorgen: 1. zum Schutze der Verbraucher, 2. auch zum Schutz der Hersteller, damit die im Speiseeis zulässigen Höchstkeimzahlen an Coli-Bakterien und nicht Milchsäure bindenden Keime in einem Kubikzentimeter nicht überschritten werden. Eine große Zahl von Keimen und Bakterien sind leider kältebeständig, so daß sie durch Gefrieren des Eises keinen Schaden nehmen und erhalten bleiben. Bei Temperaturen von 5-7 Grad vermehren sich Keime und Bakterien am besten, darum ist Speiseeis der ideale Nährboden.

Beginnen sich Keime und Bakterien unter den oben genannten günstigen Bedingungen zu vermehren, verdoppelt sich ihre Zahl etwa alle 20 Minuten. Selbst wenn die Eismasse mit größter Aufmerksamkeit gekocht wurde, befinden sich immer noch etwa 4500-5500 Keime in einem Kubikzentimeter Eismasse. Wird die Eismasse nach dem Kochen nicht ordnungsgemäß im vorgegebenen Zeitraum runtergekühlt und bei gleichbleibender Temperatur gelagert, kann man sich ausrechnen, wieviel Keime in ca. 1 Stunde in der Eismasse vorhanden sind. Nach circa 1,5 Stunden ist die vorgegebene Höchstmenge an Keimen mit Sicherheit überschritten.

Folgende bakteriologische Grenzwerte haben die Bundesländer in der Hygienevorschrift festgelegt:

Bundesländer	**Gesamtkeimzahl 1 ml.**	**Gehalt Colibakt. 1 ml**
Schleswig-Holstein	100 000	keine
Hamburg	100 000	keine
Bremen	150 000	keine
Berlin	100 000	keine
Niedersachsen	100 000	10
Nordrhein-Westfalen	300 000	10
Rheinland-Pfalz	100 000	keine
Hessen	150 000	30
Baden-Württemberg	100 000	keine
Bayern	keine Angaben	30
Mecklenburg-Vorpommern	100 000	keine
Brandenburg	100 000	keine Angaben
Sachsen	keine Angaben	keine Angaben
Thüringen	keine Angaben	keine Angaben
Sachsen-Anhalt	keine Angaben	keine Angaben

Die in der Tabelle angegebene Bezeichnung „keine Angaben“ bedeutet, daß in den betreffenden Bundesländern neue Speiseeisbestimmungen oder Veränderungsbestimmungen in Vorbereitung sind.

Als Landesrecht gelten in den neuen Bundesländern vorläufig bis 31.12.91 gemäß des Einigungsvertrages immer noch, aber mit Einschränkungen, die AO über den Verkehr mit Speiseeis und in Verbindung damit auch die Vorschriften zur Untersuchung und Beurteilung. Die Einschränkungen werden durch Maxime bestimmt, daß Bundesrecht Länderrecht bricht, das heißt wofür es gültiges Bundesrecht gibt, ist das alte DDR-Speiserecht außer Kraft.

Erhältlich sind diese Gesetze und Verordnungen bei den zuständigen Industrie-und Handelskammern, Handwerkskammern und den betreffenden Innungen.

Ohne genaue Kenntnis der landesspezifischen Speiseeisbestimmungen sollte mit der Produktion nicht begonnen werden.

Sachwörterverzeichnis

Fachliche Erklärung der halbfett gedruckten Begriffe/Sachwörter

abhauen: dieser Ausdruck wird verwendet, wenn Sahne während des Verarbeitens gerinnt oder überschlagen wird.

Akazienhonig: ist ein geschmacksneutraler Honig, der sich sehr gut für Eis, Desserts oder Cremes eignet.

Angostura: wird aus circa 40 Kräuterextrakten und mit 44 Volumenprozent Alkoholgehalt hergestellt. Sandelholz ist für die rotbraune Farbe verantwortlich. Verwendet wird „Angostura Aromatic Bitter", so lautet die vollständige Bezeichnung, zum Aromatisieren und Abschmecken von Getränken. Der 1796 in Schlesien geborene Arzt Dr. Johann Gottlieb Benjamin Siegert entwickelte 1824 das stark verdauungsanregende Elixier aus verschiedenen Tropenpflanzen. Siegert trat nach den Napoleonischen Kriegen als Offizier in den Dienst des südamerikanischen Freiheitskämpfers Simon Bolivar. Er war dort Chefchirurg im Militärlazarett der Stadt Angostura, die später Cuidad Bolivar umbenannt wurde. Nach der Stadt Angostura wurde das bittere, rotbraune Tonikum benannt. Seefahrer, die dieses Elixier in Venezuela kennenlernten, mischten die Medizin mit Gin und brachten sie so nach England. Heute fehlt Angostura Aromatic Bitter in keiner Bar.

Ansatz: oder Vorteig, der Österreicher sagt Dampferl; er ist bei Hefeteigen mit viel Fett oder Zucker notwendig, da die Triebkraft der Hefe allein nicht ausreicht.

Anziehen: gemeint ist das Festwerden von Gelatine, zum Beispiel in einer Creme. Wird mit Kuvertüre überzogen, nennt man das Festwerden der Schokolade auch „Anziehen".

Apfel: siehe Einleitung.

Apfeljulienne: in feine Streifen geschnittene Äpfel.

Aprikosen: in Österreich auch Marillen genannt, wachsen hauptsächlich in den Mittelmeerländern, Kalifornien, Asien und Afrika. Nördlich der Alpen gedeiht der zu den Rosengewächsen gehörende Aprikosenbaum meist nur in den weinbaugeeigneten Gebieten. Das Innere des Aprikosenkerns ist leicht süß, eßbar und sehr ölhaltig. Vor dem Genuß muß aber trotzdem gewarnt werden, denn der Kerninhalt ist stark blausäurehaltig. Hauptsächlich werden die Aprikosenkerne von der Kosmetikindustrie und von der Backmittelindustrie (Persipanherstellung) verwendet.

Arrak: ist ein starker, asiatischer Branntwein, der immer unter Verwendung von Zuckerrohrmelasse gebrannt wird. Die bekannteste Sorte ist der „Batavia-Arrak", er wird nur aus Zuckerrohrmelasse und Reis aus Java hergestellt. Für die Verzuckerung werden diastasereiche Pilzkulturen (Raggi) verwendet, die in Form von kleinen Kugeln (2-3 cm) gezüchtet werden. Nach dem Brennen des Batavia-Arraks wird er in Eichenfässern gelagert. Der hellgelbe Arrak kommt mit 60 Volumenprozent Alkohol in den Handel. In Thailand, Indien und in den arabischen Ländern wird auch der Saft von Zucker- oder Dattelpalmen vergoren. „Original-Arrak" muß in Deutschland im Importzustand in den Handel gelangen. „Echter Arrak" ist Original-Arrak, der in Deutschland auf Trinkstärke reduziert wurde. „Deutscher Arrak" ist ein Branntwein, der dem Übersee-Arrak gleicht und in Deutschland aus zuckerhaltigen Stoffen gebrannt wird.

aufmontieren: Suppe oder Sauce mit Butter aufschlagen.

Avorio: weicher, italienischer Rundkornreis der hauptsächlich als Risottoreis Verwendung findet.

Backpapier: pergamentähnliches, mit Silikon beschichtetes Papier.

Barcadi: im Jahre 1862 wurde der original weiße Barcardi-Rum von Don Facundo Barcardi in Santiago de Cuba auf Kuba zum erstenmal gebrannt. Der weiße Rum wird zum Mixen bekannter Cocktails verwendet. Er eignet sich besonders gut für feine, leichte Marinaden, zum Einlegen von Kiwis, Mangos, Orangen oder Erdbeeren.

Bayrische Crème: eine Creme aus Eigelb, Zucker, Milch, Vanille und aufgelöster Gelatine, unter die nach dem Anziehen der Gelatine geschlagene Sahne untergehoben wird. Meist wird diese Creme in Portionsförmchen gefüllt und später gestürzt.

Bienenstich: ist ein Kuchen aus Hefeteig, der mit einem Guß aus Mandeln, Honig, Sahne und Zucker bestrichen und gebacken wird. In Konditoreien wird der Bienenstich meist mit einer leichten Vanillecreme gefüllt.

Birnen: siehe Einleitung.

Bittermandelöl: Echtes Bittermandelöl wird nach einem besonderen Verfahren aus Mandeln gewonnen. Künstliches Bittermandelöl wird auf chemischem Wege hergestellt und ist 100% chlorfreies Benzaldehyd.

blanchieren: ist die Vorstufe zur späteren Endverarbeitung. Gemüse oder Früchte werden in kochendem Wasser vorgegart. Man sollte immer nur ganz kurz blanchieren, da die Früchte oder das Gemüse sonst zuviel an Geschmack und Vitaminen verlieren. Nach dem Blanchieren sollten die Früchte oder das Gemüse kurz in Eiswasser gelegt werden, um das Weichwerden zu verhindern und die frische, appetitliche Farbe zu erhalten.

Blancmanger: eine gesulzte Mandelmilch. Gemahlene Mandeln werden mit Wasser oder Milch aufgegossen und am besten über Nacht stehen gelassen. Die Flüssigkeit wird durch ein Tuch gedrückt und mit Zucker, aufgelöster Gelatine, sowie dem gewünschten Geschmacksträger vermischt und in kleine Förmchen gefüllt. Diese werden kalt gestellt und später gestürzt.

„Blancmanager-Englisch“ wird folgendermaßen zubereitet: Milch und Vanillegeschmack werden aufgekocht und mit Maisstärke gebunden, in Förmchen gefüllt, kalt gestellt und dann gestürzt.

blind backen: dafür werden die mit Teig ausgelegten Formen mit Erbsen oder Linsen gefüllt und nach dem Backen ausgeschabt.

Blutorangen: sind in allen tropischen und subtropischen Ländern beheimatet. Das Hauptanbaugebiet ist Spanien. Die Blutorange wird meist wegen des hohen Säuregehalts zur Saftgewinnung verwendet. Die bekannteste Sorte ist „Moro“, sie wird als Halbblut- oder Vollblutorange gezogen. Saison der Blutorange, ist von Mitte November bis Ende Januar.

Bocuse: Anfang der siebziger Jahre begann der Franzose Paul Bocuse die Küche zu reformieren. Seine „Nouvelle Cuisine“ veränderte die Koch- und Eßgewohnheiten auch bei uns in Deutschland sehr stark.

Brauner Zucker: ist eigentlich ein Sammelbegriff für alle braunen Zukker wie Kandisfarin oder Rohzucker, daher er muß genau definiert werden. Der Kandisfarin ist ein Produkt aus Rübenzucker, der beim Produzieren des braunen Kandis hergestellt wird. Bei der Produktion geht man meist von Rohzucker, der ersten Kristallisationsstufe und nicht erst von der reinen Saccarose aus. Die braune Farbe des Farinzuckers wird gezielt durch die Karamelisation hergestellt. So werden Farbe und die besonderen Geschmacksstoffe gebildet.

Wird mit „braunem Zucker“ der Rohzucker gemeint, so gibt es auch hier zwei verschiedene Sorten. Den Rohzucker aus der Zuckerrübe und aus dem Zuckerrohr. Rohzucker aus Zukkerrohr wird oft schon im Herstellerland produziert. Das Zuckerrohr wird ausgepreßt und der süße Saft kristallisiert; das Endprodukt ist der braune Rohzucker aus Zuckerrohr. Durch diese Produktionsweise können häufig viele Verunreinigungen zurückbleiben. Rohzucker aus der Zuckerrübe wird durch Extraktion gewon-

Sachwörterverzeichnis

nen. Der Arbeitsvorgang ist zwar aufwendiger, aber so werden hier schon fast alle Verunreinigungen beseitigt. Rohzucker aus der Zuckerrübe wird zur Zeit gar nicht angeboten, da er geschmacklich wenig attraktiv ist.

Brioche: ein französisches Frühstücksgebäck, das aus einem fettreichen Hefeteig hergestellt wird. Fett- und Mehlanteil haben bei Briocheteigen meist das gleiche Mischverhältnis.

Briochebrösel: gemahlene oder geriebene Brioches, die später zu Butterbröseln für Mehlspeisen oder zur Strudelherstellung weiter verarbeitet werden.

Brombeerlikör: läßt sich sehr gut selbst herstellen. 750 g reife Brombeeren, 150 g schwarze Johannisbeeren, 500 g brauner Kandisfarin, 250 g Kristallzucker, 1/2 Zimtstange, 1 Vanilleschote (aufgeschnitten), 3 Nelken, 750 g Obstler, 750 g Wodka. Die Früchte gut waschen und leicht zerdrücken, den Zucker zugeben und alles circa 5 Stunden ziehen lassen. Der Zucker sollte sich fast ganz aufgelöst haben. Die Gewürze zugeben, in eine weite Flasche füllen und den Alkohol aufgießen. Am besten läßt man die Früchte an einem warmen, sonnigen Platz 3-4 Monate reifen. In Schlesien nennt man Brombeeren „Kroatzbeeren“, unter dem Namen „Echte Kroatzbeere“ ist der Brombeerlikör bei uns bekannt. Die „Echte Kroatzbeere“ wurde 1907 von Moritz Thienelt in Schlegel (Schlesien) entwickelt.

Butter: wird aus Kuhmilch hergestellt. Wir unterscheiden Butter aus süßem oder saurem Rahm. Der Rahm wird durch Gärung gesäuert. Das Milchfett wird durch Schlagen oder Schütteln (Buttern) verbunden. Zusammensetzung der Butter:

84,40 % Fett
13,60 % Wasser
0,73 % Kasein
0,50 % Milchzucker(Lactose)
0,12 % Milchsäure
0,65 % Mineralstoffe

Butterbröseln: sind Brösel, die mit Butter in einer Pfanne gold-braun geröstet werden.

Calvados: wird in der Normandie aus Cidre (Apfelwein) hergestellt. Der Name Calvados kommt aus dem spanischen und heißt: Bezwinger. Calvados wird zweimal gebrannt, der zugelassene Ausbrenngrad darf 72 Volumenprozent nicht überschreiten. Die schöne Bernsteinfarbe bekommt Calvados durch die Lagerung in Limousin-Eichenfässern. Der Gastronom Gilles de Gouberville brannte im 16. Jahrhundert den ersten Apfelbranntwein, der damals unter dem Namen „L èau de vie sydre“ bekannt war. Seinen Namen erhielt der Calvados vom Spanischen König Philipp II. Im Jahre 1588 ließ er seine Flotte gegen England auslaufen, eines seiner Schiffe zerschellte im Sturm an den weißen Felsen der normannischen Küste. Das Schiff mit dem Namen „El Calvador“, der Bezwinger, gab den Felsen seinen Namen.

Campari: die Kellerräume eines Cafès in der Galleria Vittorio Emanuele II, daß dem Mailänder Caspare Campari gehörte, wurde 1867 nach vielen Experimenten zum Geburtsort des rubinroten Campari Bitter. Verwendet wurden Kräuter, die mit den Duftstoffen von Zitrusschalen aromatisiert wurden. Seit 40 Jahren wird der Campari Bitter für Deutschland von der Hamburger Spirituosenfirma Hans Prang auf die gleiche Weise wie im Mailänder Stammhaus hergestellt. Die Kräutermischung wird fertig gemischt in verschweißten Blechdosen nach Hamburg geliefert.

Canache-Creme: auch Trüffelmasse genannt, ist eine Schokoladenfüllmasse, hauptsächlich für Pralinen, die aus Sahne und Kuvertüre hergestellt wird.

Cassislikör: ist ein tiefroter Likör aus schwarzen Johannisbeeren, der im Burgund, in der Gegend um Dijon hergestellt wird. Im Jahre 1712 verabreichte der Abt Bailly de Montavand aus Bordeaux diesen Likör als Medizin gegen Pest und Fieber. Erst Mitte des 19. Jahrhunderts wurde Cassislikör industriell hergestellt. Ungefähr im Jahr 1922 wurden die Anbaugebiete der schwarzen Johannisbeeren festgelegt.

Cassis kann als „Crème“ bezeichnet werden, wenn er mindestens 15 Volumenprozent Aklohol aufweisen kann. Hat der Likör einen Alkoholgehalt von 20% und mehr, darf er die Bezeichnung „Double crème“ führen.

Cassis ist ein Teil des französischen Weinbaugebietes der Provence, östlich von Marseille.

Cassispüree: sind pürierte, passierte, schwarze Johannisbeeren.

Champagner: ist ein Schaumwein, zu dessen Herstellung nur Weine aus der Champagne verwendet werden dürfen. Schaumweine, die aus anderen Weinen hergestellt werden, dürfen nicht als Champagner bezeichnet und weder in Frankreich, noch im Ausland als solche verkauft werden. Darum nennt man Weine nach der zweiten Gärung in Deutschland „Sekt“. Französische Schaumweine aus anderen Anbaugebieten heißen „Vin mousseux“ oder „Crémant“, wenn sie nur wenig schäumen. Champagner wird meist aus einer Mischung von 75% roten und 25% weißen Trauben hergestellt. Je größer der Anteil der roten Trauben, umso käftiger wird später der Champagner. Wird der Schaumwein nur aus weißen Trauben hergestellt, bezeichnet man ihn als „Blanc de Blancs“.

Charlotte: eine feine Creme, die mit Löffelbiskuit oder mit glasierten Biskuitstreifen garniert oder umlegt ist.

Convectomat: ist ein Backofen, der mit Heißluft und nicht mit Ober-/Unterhitze arbeitet.

Crème anglaise: oder Englische Creme ist eine hochwertige Vanillesauce mit viel Ei. Sie wird auf dem Wasserbad gebunden. Zur besseren Bindung kann eine Messerspitze Puddingpulver zugegeben werden. Soll die Sauce kalt serviert oder mit Ei sparsamer umgegangen werden, bietet sich diese Methode an.

Crème au beurre: Buttercreme.

Crème bavaroise: siehe Bayrische Creme.

Crème de Cacao: dickflüssiger Likör, der geschmacklich an Schokolade erinnert. Den Likör gibt es als weißen und braunen Likör zu kaufen.

Crème de Cassis: siehe Cassislikör.

Crème de la crème: gesellschaftliche Oberschicht, oder das beste vom besten.

Crème Double: Doppelte Sahne mit einem Fettgehalt von mindestens 42%.

Crème mousseline: ist eine gekochte Vanillecreme, unter die nach dem Auskühlen geschlagene Sahne gehoben wird. Seltener wird sie mit Gelatine zubereitet.

Crème pâtissière: eine gekochte Creme, auch Konditorencreme genannt. Sie wird meist als Füllcreme verwendet. Gebunden wird diese Creme mit Mehl, Puddingpulver, Weizen-, Kartoffel- oder Maisstärke. Je nach Verwendungsart gibt man auch Zucker zu.

Crème renversée au caramel: klassische, gestürzte Karamelcreme. Die Formen werden mit Karamel ausgegossen, mit einer Vanille-Eiermilch gefüllt und im Wasserbad pochiert. Nach dem vollständigen Erkalten wird die Creme gestürzt.

Creme: so bezeichnet man eine Masse, die vorwiegend aus Fett besteht und mit verschiedenen Zutaten aufgerührt oder aufgeschlagen wurde.

Es ist eine dickflüssige, schaumige und lockere Masse, die aus Eiern, Milch oder Sahne besteht.

Dekormasse: so nennt man in Deutschland weiße Kuvertüre.

Deutsche Buttercreme: wird aus aufgeschlagener Butter hergestellt, unter die eine gekochte Vanillecreme (Crème pâtissière) nach und nach untergeschlagen wurde.

Sachwörterverzeichnis

Diplomatencreme: Rosinen, Orangeat, Zitronat und gewürfelter Biskuit werden vermischt, in eine Auflaufform gegeben, mit einer Vanille-Eiermilch aufgegossen und im Wasserbad langsam gegart.

Für eine Englische Creme, die mit Gelatine gebunden, mit Weinbrand und Maraschino abgeschmeckt, geschlagener Sahne, gehackten Makronen, Löffelbiskuit und kandierten Kirschen hergestellt wurde, verwendet man manchmal auch die Bezeichnung „Diplomatencreme“.

Eclairs: länglich aufgespritztes Gebäck aus Brandteig oder Brühmasse. Übersetzt heißt es „Liebesknochen“. Meist werden sie mit Mocca- oder Kaffeesahne, oft aber auch mit einer leichten Vanillecreme gefüllt.

Eiermilch: auch Royal genannt. Milch wird mit ganzen Eiern oder Eigelb und Vanille verquirlt, durch ein feines Haarsieb passiert, in Förmchen gefüllt und im Wasserbad gegart. Wird die Eiermilch mit Salz, Pfeffer und Muskat abgeschmeckt, bezeichnet man sie auch als Eierstich. Der Eierstich wird als Einlage in klaren Suppen oder Brühen verwendet.

Eier: zählen zu den hochwertigen Nahrungsmitteln. In Küchen, Bäckereien und Konditoreien dürfen nur Hühnereier verwendet werden. Das Ei besteht aus der Schale und diese aus Kalk, darunter sitzt die Eihaut, die sehr fest und zäh ist. Im Inneren besteht das Ei zu 3/5 aus Eiweiß und 2/5 aus Eigelb. Das Eiweiß ist klar und schimmert leicht gelbgrün. Die Konsistenz ist geleeartig und besteht zu circa 83 % aus Wasser und enthält 15 % Eiweiß. Das Eigelb ist dickfüssig, enthält circa 32 % Fett, 15 % Eiweiß, 49 % Wasser und wird von der Dotterhaut zusammengehalten. Eier werden zum Binden von Saucen und Cremes verwendet, sowie zum Aufschlagen von Massen, zum Beispiel Biskuitmassen.

Eigelbe: siehe Eier.

einreduzieren: gemeint ist das Einkochen von Saucen, um den Geschmack zu verstärken und die Flüssigkeit zu vermindern.

einschwenken: wird eine Sauce oder Suppe mit Butter aufmontiert, schwenkt man die Butterstückchen nach und nach unter die heiße Flüssigkeit. Danach sollte die Sauce nicht mehr kochen, um die entstandene Bindung nicht wieder zu verlieren.

Eiweiß: siehe Eier.

Erdbeeren: werden auch Sammelnußfrüchte genannt, weil die an ihrer Oberfläche eingebetteten, kleinen Kerne „Nüßchen“ genannt werden. Die Erdbeere entstand aus einer Kreuzung zweier amerikanischer Wildarten, der Scharlachbeere und der Chile-Erdbeere. Erdbeeren wachsen in allen milden Zonen der Erde. Sie haben ihre Hauptsaison von Mitte Juni bis Ende August. Erdbeeren bestehen zum größten Teil aus Wasser und enthalten viel Zucker. Sie sind sehr Vitamin-C-haltig. 100 g Erdbeeren haben nur 37 Kalorien.

Escoffier: „Wir werden die Art zu kochen und zu servieren vereinfachen, aber gleichzeitig versuchen, Geschmack und Nährwert der Speisen bestmöglich zu erhöhen.“ Mit diesem Prinzip machte Auguste Escoffier seit 1884 in der ganzen Welt Schule. Hotels, wie das Savoy in Paris, das Ritz und das Carlton in London zeigten sich als Wegbereiter dieses Gedankens. Die Küche Escoffiers bildet bis heute die Grundlage der internationalen Küche.

Estragon: siehe Einleitung.

Feigenlikör: auch Askalon.

flambieren: Speisen werden zur Geschmacksverfeinerung mit Alkohol übergossen und angezündet.

Flammeri: ist eine gekochte Creme. Da sie auf der Flamme gekocht wird, erhielt sie ihren Namen.

Flug: Zucker wird bis zum Flug gekocht. Man unterscheidet den „Flugzucker“ und den „starken Flugzukker“. Flugzucker wird 89,6-92 °R

Sachwörterverzeichnis

(112-115 °C) und starker Flugzucker 92,8-94,4 °R (116-118 °C) gekocht. Flugzucker wird meist zum Herstellen von Schaummassen verwendet.

Fond: der Saft, der beim Kochen oder Dünsten von Obst oder Gemüse entsteht. Werden zum Beispiel Apfelschalen mit Gewürzen und Wasser gekocht, nennt man den entstandenen Saft „Fond", die beim Dünsten von frischen Champignons entstandene Brühe nennt man „Champignonfond".

französische Creme: ist Buttercreme, bei der die schaumig geschlagene Butter nach und nach unter eine aufgeschlagene Eier-Zuckermasse gezogen wird.

Freezer: ist eine Eismaschine in der die Eismasse in einer waagerechten Kühltrommel gefroren und selbständig aus der Maschine gedrückt wird.

Fruchtmark: sind pürierte Früchte.

geklärte Butter: durch Kochen der Butter (auskochen) wird Molke und Wasser vom reinen Fett getrennt. Die heiße Butter wird durch ein feines Sieb oder Tuch passiert und man erhält so 99,8 % Butterreinfett. Geklärte Butter eignet sich sehr gut zum Braten, da ein feiner Buttergeschmack zurückbleibt und dieses Fett nicht so schnell verbrennt.

Gelatine: wird aus Knochen und Knorpeln von Rindern hergestellt. Sie wird als Blattgelatine und als gemahlene Gelatine angeboten. Gelatine ist geschmack- und farblos. Sie kommt in verschiedenen Qualitätsstufen (Silber, Gold oder Platin = feinste Sorten) in den Handel. Auf 1 Liter Flüssigkeit, rechnet man 13-15 Blatt. Sie muß immer erst in kaltem Wasser eingeweicht werden, bevor sie bei ca. 30 °C aufgelöst werden kann. Um Aspik herzustellen, wird meist gemahlene Gelatine verwendet.

gestockt: wird eine Eiermilch (Royal) oder Eistich im Wasserbad fest, spricht man von stocken.

Gewürze: siehe Einleitung.

Grapefruit: wird fälschlicherweise auch als Pampelmuse bezeichnet, sie stammt wahrscheinlich aus den karibischen Gebieten. Sie ist eine Kreuzung aus Pampelmuse und Orange. Heute werden Grapefruits in fast allen subtropischen Ländern angebaut. In Europa beziehen wir diese Früchte hauptsächlich aus Florida und Israel. Eine Grapefruit wird etwas größer als eine normale Orange. Eine Pampelmuse aber kann bis zu 5 kg schwer werden. Grapefruits fallen durch ihre kräftige, gelbe Farbe auf (fast wie Zitronen), Pampelmusen sind grün. Grapefruits schmecken sehr herb, manchmal fast bitter. Die lieblich, herb schmeckenden rosa Grapefruits, die meist aus Florida kommen, werden immer beliebter. Die rosa Grapefruits sind aber wesentlich teurer. Der Nährwert einer mittleren Grapefruit von circa 280 g (200 g geschält) beträgt 64 Kalorien oder 268 Joule. Sie ist reich an Vitaminen der Gruppe C, A, B und Niacin.

Gratinmasse: ist eine Masse mit der Früchte, Gemüse, Fisch oder Fleisch überbacken werden. Sie kann aus Sahne, Sahne und Ei, gekochter Vanillecreme oder auch Crème fraîche bestehen.

Gratinpfännchen: spezielle Porzellanpfännchen, um verschiedene Speisen zu gratinieren (überbacken).

Grenadine: ein Sirup ohne Alkohol, der aus Granatäpfeln hergestellt wird. In Frankreich ist er die Basis für viele Erfrischungsgetränke, durch ihn wurde der Himbeersirup oder Himbeersaft in der Bar stark verdrängt. Grenadine wird heute auch künstlich hergestellt.

Guinness: ist ein sehr dunkles, schweres, irisches Starkbier.

Gummilutscher: auf Holzstiele gesetzte Gummispartel, mit denen man Schüsseln und Töpfe besser ausschaben kann.

Haarsieb: sehr feines Sieb aus Plastik oder aus Chromstahl.

Sachwörterverzeichnis

Hartweizengrieß: ist ein grobkörniges Mühlenerzeugnis (2.Stufe der Vermahlung). Hartweizengrieß wird aus Durum-Weizen (Hartweizen) gewonnen. Hartweizen hat einen Stärkegehalt von 75-80% und enthält 9-12% Eiweiß, etwas Zellulose und einige Mineralstoffe. Hartweizengrieß ist kernig, hart und schalenfrei. Er kocht weich und locker, bleibt aber schnittfest und zeichnet sich durch seinen herzhaften Geschmack aus.

Haselnüsse: Die gemeine Haselnuß, wie sie auch genannt wird, ist auf der ganzen nördlichen Erdhalbkugel zuhause. Sie wächst als Strauch etwa 2-3 Meter hoch und sogar als stattlicher Baum und wird dann 9-10 Meter hoch. Zur Osterzeit werden die circa 5 cm langen, hängenden, gelben Kätzchen gern als Schmuck für die Blumenvase genommen. Diese Kätzchen sind gleichzeitig die männlichen Blüten, während die weiblichen im Geäst verteilt als kleine, rote Quästchen zu sehen sind. Erntezeit der Haselnuß ist Ende August bis Mitte September. Haselnüsse werden nicht gepflückt, sondern immer nur gesammelt. Am besten kauft man frische Haselnüsse während der Herbstzeit bis zum Frühwinter, denn später sind sie häufig schon kräftig eingetrocknet und verschrumpelt (sie verlieren Öl). Da Haselnüsse von außen keine Qualitätsmerkmale aufweisen, sollte man bei einem gewissenhaften Händler kaufen. Haselnüsse enthalten viel Vitamin E und verschiedene Vitamine der B-Gruppe. Sie sind sehr fett und haben wenig Ballaststoffe. 100 g Haselnüsse haben 700 Kalorien bzw. 2900 Joule.

Haselnußmark: wird zur Herstellung von Eis, Cremes, Kuchen, Brot, Pralinen und Nachspeisen verwendet.

Heidelbeeren: siehe Einleitung.

Himbeergeist: bei der Herstellung von Himbeergeist werden die Himbeeren nicht vergoren, sondern frisch in Alkohol eingelegt und destilliert, so müssen keine zwei Brennvorgänge nacheinander erfolgen und Fuselöle können sich so nicht einschleichen. Himbeergeist muß mindestens 40 Volumenprozent Alkohol enthalten. Wird er verschnitten, darf er nicht mehr „Geist" genannt werden oder einen Hinweis auf Himbeeren enthalten.

Himbeerrhabarber: ist eine Rhabarbersorte, die rotstielig und rotfleischig ist. Geschmacklich ist er wesentlich milder als grüner Rhabarber, hat aber trotzdem den kräftigen Rhabarbergeschmack. Weitere Informationen, siehe Rhabarber.

homogen: eine gleichmäßig verbundene, cremige Masse.

homogenisieren: vermischen und zerkleinern von verschiedenen Zutaten, zum Beispiel nicht mischbare Flüssigkeiten, wie Wasser und Fett.

italienischer Art (Buttercreme): damit ist Buttercreme, die mit einer Schaummasse (Eischnee) hergestellt wird, gemeint. Auf 500 g schaumig geschlagene Butter rechnet man circa 200 g Eiweiß, das mit der gleichen Menge Zucker zu Schnee geschlagen und nach und nach unter die Butter gerührt wird. Diese Creme ist gut bekömmlich und sehr leicht. Sie hat außerdem noch den Vorteil, im Sommer nicht so leicht zu säuern.

Joghurt: seine Herkunft ist nicht genau bekannt, doch geht man davon aus, daß Bulgarien oder die Türkei das Ursprungsland sind. Die Schreibweise „Yoghurt" kommt wahrscheinlich aus dem vorderen Orient. Die Bulgaren führen ihr überdurchschnittlich hohes Alter (das Volk der Hundertjährigen) auf den großen Joghurtverzehr zurück. Die Türken verdanken nach eigenen Aussagen, dem Joghurt ihre körperliche Kraft und die Perserinnen schwören auf Joghurt als Schönheitsmittel.

Joghurt, der bei uns nur aus Kuhmilch hergestellt wird, ist dem natürlichen Joghurt aus Bulgarien qualitativ gleichwertig. Während die Milch in den oben genannten Ländern in Schafs- oder Schweinemägen transportiert wurde und wegen der hohen

Sachwörterverzeichnis

Temperaturen von selbst säuerte, müssen in unseren kühleren Breitengraden die Bakterien (Milchsäurebakterien) zugegeben werden. Bei uns verwendete Milchsäurekulturen sind zum Beispiel die so genannten „Lactobacillus bulgaricus“, was uns an sein Herkunftsland Bulgarien erinnert. Da die Milchsäurebakterien das Eiweiß zu feinen und leicht verdaulichen Flocken gerinnen lassen, ist Joghurt so gut bekömmlich. Sehr oft wird er als kleine Zwischenmahlzeit gesehen, die ohne Reue zu genießen ist.

Neben hochwertigem Eiweiß enthält Joghurt aber auch wichtige Vitamine wie A, B1, B2, C und Niacin. Vitamin C sorgt nicht nur für mehr Widerstandsfähigkeit gegen Erkältungskrankheiten, sondern beeinflußt auch Wundheilung und den Knochenbau. Niacin schützt gegen Allergien und sorgt für eine gesunde Leber. Vitamin B2 hilft bei spröden Fingernägeln und rissigen Schleimhäuten. Vitamin B1 erhöht die Konzentrationsfähigkeit, macht weniger reizbar und vertreibt die Müdigkeit. Außerdem ist dieses Vitamin auch für den Abbau der Kohlenhydrate zuständig. Joghurt kann in vielen Variationen im Lebensmittelhandel gekauft werden, wünscht man aber immer den frischesten Joghurt, ohne Zusatzstoffe, macht man ihn am besten selbst. Elektrische Joghurtbereiter gibt es heute überall zu kaufen.

Julienne: so bezeichnet man in feine Streifen geschnittenes Gemüse, Obst oder Trüffel.

Kaffeextrakt: für Kaffeetrinker, die wenig Zeit haben, aber auf ihren Kaffee nicht verzichten möchten, gibt es den Kaffeextrakt. Er wird auch Instant-, Pulver- oder löslicher Kaffee genannt. Dieser Kaffee hat die gleichen Bestandteile wie der geröstete. Für die Herstellung gibt es zwei Wege: die Gefriertrocknung oder die Sprühtrocknung. Bei der Sprühtrocknung wird gemahlener Kaffee mit heißem Wasserdampf überbrüht und zu einem Konzentrat verdichtet, das ungefähr 10 Mal so stark wie normal aufgegossener Kaffee ist. Der Kaffeesatz wird ausgefiltert und der reine Extrakt bleibt nach. Das flüssige Konzentrat wird in heißer Luft versprüht, der Wasseranteil verdampft und der flüssige Extrakt verwandelt sich zu einem feinem Pulver.

Dieses Pulver erhält häufig noch durch ein spezielles Verfahren eine grobkörnige Struktur, die Verluste von Geschmacks- und Aromastoffen mindert. Diese Verluste sind beim gefriergetrockneten Pulverkaffee noch geringer. Bei diesem Verfahren wird das Kaffeekonzentrat zunächst tiefgefroren. Durch allmähliche Erwärmung im Vakuumtunnel verdampft das gefrorene Wasser und am Ende des Tunnels ist der Kaffeextrakt ganz getrocknet.

Kaffeelikör: oder auch Moccalikör, kann aus frisch geröstetem und gemahlenem Kaffee sowie aus Pulverkaffee hergestellt werden. Es gibt zwei Herstellungsweisen. Beim kalten Verfahren (Mazeration) wird der Kaffee kalt in Alkohol und Wasser eingeweicht. Beim heißen Verfahren (Destillation) wird der vorher in Alkohol und Wasser eingeweichte Kaffee verdampft, anschließend gekühlt und kondensiert. Die in beiden Verfahren gewonnenen Lösungen werden mit Zucker oder einer Zuckerlösung, bei der die Dosierung genau festgelegt ist und feinem Alkohol vermischt. Das so entstandene Produkt muß auf 100 ccm Flüssigkeit mindestens 22 g Kaffeextraktstoffe enthalten. Abgeschmeckt wird die Flüssigkeit mit Zimt, Vanille, Muskat oder Kirschwasser, eventuell auch mit einem Weindestillat: Kaffeelikör muß mindestens 25 Volumenprozent Alkohol aufweisen.

Im Handel gibt es verschiedene Liköre, die mit Kaffeelikör geschmacklich vergleichbar sind, zum Beispiel „Kahlúa“, ein mexikanischer Likör auf der Basis von Tequila oder „Tia Maria“. Dieser wird aus Zuckerrohrsaft, ei-

Sachwörterverzeichnis

nem Extrakt von Blue-Mountains-Kaffeebohnen, einigen tropischen Kräutern und Vanille hergestellt und ist eine karibische Spezialität. Aus den Masuren in Ostpreußen kommt der „Kosaken-Kaffee“. Vor dem zweiten Weltkrieg begann Heinrich Kirsch aus Wiartel an langen Winterabenden mit Kaffee und Alkohol zu destillieren. Nach dem Krieg wurde der Kosaken-Kaffee zuerst in Berlin hergestellt, später fand das Unternehmen in Preetz/Holstein ein neues zuhause. Der Kosaken-Kaffeelikör kommt mit 35 Volumenprozent Alkohol in den Handel. Da jeder Kaffeelikör andere geschmackliche Schwerpunkte hat, können sie sehr gut nach Bedarf ausgesucht werden.

Kammhörnchen: ist ein Werkzeug ähnlich dem Teigschaber (Schlesinger), das auf einer Seite fein gezackt und auf der anderen Seite grob gezackt ist. Mit ihm werden Torten, Florentiner und andere Gebäcke verziert.

kandierte Kirschen: werden als Belegfrüchte für Lebkuchen, Kirschtorten usw. verwendet.

karamelisieren: Früchte oder Gemüse (z.B. kleine Zwiebeln) mit Puderzucker oder Honig in einer heißen Pfanne schwenken. Einen Apfelpfannkuchen mit Puderzucker bestauben und vorsichtig im Salamander schmelzen lassen.

Kerbel: siehe Einleitung.

Kir Royale: Crème de Cassis mit Champagner aufgegossen wird als Kir Royale bezeichnet. Diese Spezialität wird meist als Aperitif getrunken. Gießt man den Cassislikör mit Weißwein auf, nennt sich das Getränk „Kir“. Dieses Getränk wurde nach dem Domherrn und Bürgermeister Monsieur Félix Kir von Dijon benannt. Er liebte es, einen herben, weißen Burgunder mit einem süßen Johannisbeerlikör (Crème de Cassis) zu vermischen.

Kirschen: siehe Einleitung.

Kirschwasser: „Schwarzwälder Kirschwasser“ ist ein geschützter Name. Gebrannt wird er vorzugsweise aus der Vogelkirsche oder Haferkirsche, beide Arten sind Wildkirschen. Reife Kirschen werden entstielt und zerdrückt. Mit einem Drittel der Kirschsteine werden die Früchte in einem Bottich eingestampft. In einer Zeitspanne von circa 8 Wochen erfolgt die Gärung. Durch die den Früchten anhaftenden wilden Hefen kann die Maische gebrannt werden. Ungefähr 25 kg Kirschen werden benötigt, um später circa 3-5 Liter Alkohol mit 50 Volumenprozent zu erhalten. Das Kirschwasser kommt glasklar aus dem Kühler und wird in Steingutgefäßen oder Eschenholzfässern gelagert. Diese geben fast keine Farbe. Die Reifezeit ist nötig, damit das Kirschwasser das richtige Bukett bekommt.

Knüppelmaschine: so bezeichnet man eine Eismaschine, in der die Eismasse in einer senkrechten Trommel gefroren wird und mit einem großen Holzspartel (Eispaddel) aus der Maschine geholt werden muß.

Kokotte: ist eine kleine Porzellanform, in der Soufflés gebacken werden.

Auch die größeren, ovalen oder rechteckigen Porzellanformen, in denen Früchte oder Gemüse überbakken oder gebacken werden, nennt man Kokotten.

Konfitüre: Der Verbraucher macht kaum einen Unterschied zwischen Marmelade und Konfitüre. Der Gesetzgeber jedoch hat vor einiger Zeit eine neue Regelung eingeführt, nach der es zwei Arten von Konfitüre gibt, „Konfitüre einfach“ und „Konfitüre extra“. Der Unterschied liegt im Anteil des Fruchtfleisches. „Konfitüre einfach“ muß mindestens 35 % aber weniger als 45 % Fruchtfleisch enthalten, „Konfitüre extra“ muß mindestens 45 % Fruchtfleischanteil haben. Wie überall gibt es auch hier Ausnahmen, wie bei schwarzer Johannisbeer-, Hagebutten- und Quittenkonfitüre. „Konfitüre einfach“ muß hier mindestens 25% und „Konfitüre extra“ mindestens 35% Fruchtfleischanteil haben. Für beide Qualitätsstufen ist ein Höchstwassergehalt von 40% vorgeschrieben. Während bei einer Marmelade fast nur Fruchtpüree verwendet wird, sind bei einer Konfitüre noch ganze Fruchtstücke enthalten.

Königinnen-Reis: wird auch „Reis auf Kaiserin Art“ genannt. Eine klassische Nachspeise, die Abwandlung des „Reis nach Trauttmansdorf“, unter den fertigen Reis werden kleingeschnittene, kandierte Früchte (Kirschen, Ananas, Rosinen, Datteln) gehoben, in Formen gefüllt und später auf einen Teller gestürzt.

Korinthen: sind getrocknete, kernlose, blaue Trauben.

Kuvertüre: siehe Einleitung.

Langkornreis: die besten Langkornreissorten sind der aus Amerika kommende „Karolinareis“ und der aus Pakistan stammende, köstliche „Basmatireis“. Langkornreis nimmt je nach Sorte das 1 1/2- fache seines eigenen Volumens an Flüssigkeit auf.

Likör: ist eine Spirituose mit Zuckerzusatz, aromatischen Stoffen, Pflanzen- und Fruchtauszügen, destilliert oder undestilliert. Er wird auf kaltem Wege hergestellt. Italien gilt als das Ursprungsland des Likörs. Im 14. Jahrhundert wurden dort aus Rosenblättern und Rosenöl Liköre hergestellt, die den Namen „Rosolio“ trugen, gesüßt wurden sie mit Honig. Mit der Herstellung befaßten sich auch viele Alchimisten, die das Elixier der ewigen Jugend suchten. Man löste Gold auf und vermischte es mit Branntwein. Dennoch fand man bis heute nicht das gesuchte Elixier der immerwährenden Jugend, aber das „Danziger Goldwasser“ entstammt dieser Versuchsserie.

Limettensaft: der Saft von ausgepreßten Limetten oder Limonen.

Maizena: Stärke, die aus Mais gewonnen wird.

Mandelgrieß: sind fein gemahlene Mandeln.

Mandellikör: der bernsteinfarbene, auch als „Liebestrunk“ bekannte Likör, hat seinen Ursprung im Jahre 1552 in Saronno. Der Maler Bernadino Luini bekam diesen selbstgebrauten Likör, der unverwechselbar nach Mandeln schmeckte, von einer jungen Dame aus Dankbarkeit und Liebe am Weihnachtsabend angeboten. Es dauerte aber noch 300 Jahre, bis dieser Likör kommerziell produziert wurde. Heute ist das geheime Rezept sicher im Besitz der lombardischen Familie Reina.

Mandellikör ist aus der Patisserie nicht wegzudenken, zum Abschmekken und Abrunden vieler Cremes, Saucen und Ragouts ist er unentbehrlich.

Mandeln: sind die beliebtesten Nüsse der Welt. Es gibt süße und bittere Mandeln. Bittermandeln enthalten Blausäure und werden nie roh gegessen, sondern man destilliert eine Essenz, die als Aromastoff verwendet wird. Süße Mandeln werden zum Backen und zur Konfektherstellung gebraucht. Aus ihnen stellt man Marzipan und Nougat her oder bringt sie als gehackte, gestiftete und gemahlene Mandeln in den Verkauf. Beliebt sind auch geröstete und gesalzene Mandeln.

Mandoline: ist ein Hobel- und Schneidewerkzeug, mit dem Kartoffeln, Salate und Gemüse gehobelt und geschnitten wird.

Mango: sie kommt aus Indien und war dort schon vor über 4000 Jahren bekannt. Der Mangobaum gleicht einer Kastanie und wird 15-20 Meter hoch. Bei uns kaum verständlich, wird diese Frucht im Ursprungsland auch „Badewannenfrucht“, wegen ihres Saftreichtums genannt. Mangos, die hier zu kaufen sind, haben wenig Saft, auch geschmacklich lassen sie sehr zu wünschen übrig. Wer einmal eine Mango im Ursprungsland gegessen hat, wird bei uns kaum noch Geschmack an ihr finden.

Sachwörterverzeichnis

Eine Mango sollte eigentlich erst kurz vor dem Verzehr gepflückt werden, was hier leider nicht möglich ist. Oft schmecken Mangos leicht nach Terpentin, das kann man mildern, indem man die Frucht schält und circa 3/4 Stunde in den Kühlschrank stellt.

Menschen mit empfindlichem Magen, sollten 3 Stunden nach dem Verzehr einer Mango Alkohol und Milch meiden, es könnten starke Magenkrämpfe entstehen. Bis heute gibt es noch keine vernünftige Erklärung auf diese Reaktion. Ist eine Mango noch nicht richtig reif, kann man sie schneiden und kurze Zeit in einer Marinade aus Puderzucker, weißem Rum und Mineralwasser im Kühlschrank marinieren. So wird sie trotzdem noch recht schmackhaft.

Maracujasaft: Saft aus der Grandilla- oder Passionsfrucht. Der Saft dieser Früchte ist als „Maracuja" bekannt.

Marillenmarmelade: Marmelade aus frischen oder getrockneten Aprikosen.

Marinade: eine zusammengemischte Flüssigkeit, in die Fleisch, Früchte, Fisch oder Gemüse eingelegt werden.

Maronen: auch Edelkastanie genannt, gehört zu den Buchengewächsen und ist nicht mit der uns bekannten Roßkastanie verwandt. Zuhause ist sie in Kleinasien und Südeuropa. Bei uns finden wir sie meist nur als Zierstrauch in Parkanlagen. Unter guten Bedingungen werden die Bäume 32 Meter hoch und können ein biblisches Alter bis zu 1000 Jahren erreichen. Die Außenhaut der Früchte erinnert an einen kleinen Igel, im Innern befinden sich circa 2-3 Früchte. Sind die Früchte reif, springen sie auf und fallen vom Baum. Will man die Erntezeit nicht abwarten, so kann man die Früchte auch mit Stangen vom Baum schlagen. Bei uns werden die Maronen um die Weihnachtszeit an der Straßenecke vom Grill verkauft. Auf Korsika wird aus getrockneten Maronen feines Mehl gemahlen, das der Polenta ähnlich ist und zu kleinen Fladenbroten gebacken wird.

Marzipan: Rohmarzipanmasse wird aus 2/3 Mandeln und 1/3 Zucker hergestellt, so schreibt der Gesetzgeber es vor. Die Mandeln werden vor der Verarbeitung einige Stunden gewässert, damit sie beim Verarbeiten nicht ölig werden. Die Mandeln werden grob zerbrochen, mit Zucker versetzt und in verschiedenen Walzgängen nach und nach zu einer feinen Masse gerieben. Diese Mandelmasse wird abgeröstet, damit das Wasser entzogen und der Zucker mit den Mandeln verbunden wird. Durch das Abrösten wird die Marzipanmasse gleichzeitig sterilisiert, was für die spätere Haltbarkeit der Masse sehr wichtig ist. Die fertige Marzipanrohmasse darf höchstens noch 17% Wasser enthalten und keinen Mehl- und Stärkezusatz. Der Fettgehalt der Rohmasse muß mindestens noch 28% betragen. Die Marzipanrohmasse, darf laut Gesetzgeber später noch mit 100% Zucker versetzt werden. In der Konditorei setzt man dem Marzipan höchstens 250-500 g Zukker pro 1000 g Masse zu.

Mehlschwitze: oder „Roux" — Butter wird in einem Topf erhitzt, etwas Mehl untergerührt und mit Brühe, Saft oder Sauce aufgefüllt.

Milch: ist ein vielseitiges Naturprodukt. Sie bietet, ähnlich wie das Ei oder das Getreidekorn, in bester Ausgewogenheit alle Nährstoffe, die wir zum Wachsen und Leben benötigen. Milch enthält Calcium in so hoher Dosis wie kein anderes Lebensmittel. Da Calcium ein wichtiger Baustoff für Zähne und Knochen ist, sollten besonders Kinder und Heranwachsende viel Milch trinken. Bevor eine Kuh Milch geben kann, muß sie ein Kalb zur Welt gebracht haben, erst dann bildet sich in ihrem Euter die wertvolle Milch. Sie besteht aus 86% Wasser, 3,5% Milcheiweiß (Kasein), 0,5% Albumin, 2,7-3,5% Fett, 1% Salz, 5% Milchzucker (Lactose) und Calcium. In vielen Ländern ist gesetzlich festgelegt, daß die Milch durch Pasteurisieren von Bakterien befreit werden muß.

Als **Rohmilch** bezeichnet man die unbehandelte Milch mit einem natürlichen Fettgehalt zwischen 3,5 und 4%.

Als **Vorzugsmilch** bezeichnet man Rohmilch, die aber nur verpackt an den Verbraucher weitergegeben wird. Die Haltbarkeit dieser Milch beträgt gekühlt 2 Tage.

Vollmilch, fettarme oder entrahmte Milch bezeichnet man als standartisierte Konsummilch. Damit der Verbraucher immer eine gleichbleibende Qualität erhält, fließt die Milch durch einen Separator. Hier wird ihr das Fett entzogen. Später werden Milch und Fett wieder im gewünschten Verhältnis zueinander vermischt. Gekühlt ist diese Milch 4-6 Tage haltbar.

Als **Vollmilch** bezeichnet man Milch mit einem Fettgehalt von mindestens 3,5%.

Fettarme Milch hat einen Fettgehalt von mindestens 1,5%. Wird diese Milch zusätzlich mit Eiweiß angereichert, muß dies auf der Verpackung vermerkt sein.

Als **entrahmte Milch oder Magermilch** bezeichnet man Milch mit einem Fettgehalt von höchstens 0,3%.

Kondensmilch hat einen Wassergehalt, der um die Hälfte reduziert wurde. Sie ist leicht gesüßt. Ungekühlt ist sie 12 Monate haltbar.

Der Wassergehalt von **Milchpulver** wurde auf weniger als 3% reduziert. Die Haltbarkeit des Milchpulvers beträgt 8-12 Monate (ungekühlt oder gekühlt).

H-Milch kommt als ultrahocherhitzte Milch in den Handel. Das Verfahren sorgt für wochenlange Haltbarkeit. Diese Milch wird bis zu 10 Sekunden auf eine Temperatur von 135 bis 150 °C Grad erhitzt und sofort runtergekühlt. Alle lebenden Keime werden bei diesem Verfahren vernichtet. Wertstoff- und Geschmacksverluste sind zwar etwas höher als beim Pasteurisieren, aber trotzdem geringer als beim normalen Abkochen.

Minzzweig: siehe Einleitung.

Mixstab: der Pürieraufsatz des Handmixgerätes. Es ist als separates Gerät unter dem Namen „Zauberstab“ bekannt.

Moccapaste: ist sehr fein gemahlener Kaffee, der mit einem Hartfett oder Kakaobutter cremig gewalzt wird.

Moccapaste läßt sich auch sehr gut selbst herstellen: Zucker wird zu Couleur gekocht, daß heißt, Zucker wird verbrannt, mit sehr starkem Kaffee abgelöscht, mit Vanille- und Kaffeelikör abgeschmeckt und mit starkem Kaffee auf die gewünschte Konsistenz verdünnt.

Mohn: Man unterscheidet zwischen Weiß- und Blaumohn. Der weiße Mohn wird zur Herstellung von Opium verwendet wird. Der blaue Mohn (Samen des Schlafmohns), der größtenteils aus Holland und Ostfriesland kommt, dient zur Herstellung von Öl und feiner Gebäckspezialitäten. Damit Mohn seinen beliebten Geschmack abgibt, muß er vor Gebrauch abgebrannt werden. Schlafmohn enthält keine süchtig machenden Alkaloide.

Muskat: siehe Einleitung.

Nelke: siehe Einleitung.

Nelkenpulver: siehe Einleitung.

Nougat: siehe Einleitung.

nouvelle cuisine: zu Beginn der 70er Jahre wurde dieser Begriff geprägt. Die leichte, bekömmliche, frische Küche, mit frischen Gemüsen, natürlich gebundenen Suppen und Saucen war gemeint. Möglichst sollten nur frische Produkte verwendet werden, die so natürlich wie möglich belassen wurden. Die „nouvelle cuisine“ fand in ganz Europa schnell ihre Freunde.

Nußbutter: so bezeichnet man Butter, die durch Kochen leicht gebräunt wird und einen nussigen Geruch und Geschmack bekommt.

Oblaten Honigkuchen: auch Elisenlebkuchen, werden aus einer gut abgerösteten Makronenmasse mit geriebenen Mandeln und Nüssen, fein

Sachwörterverzeichnis

gehacktem Orangeat, Zitronat und Lebkuchengewürz hergestellt. Die Masse wird auf runde Oblaten gestrichen und gebacken. Später werden die Elisen mit Schokolade und Zukker überzogen und sortiert verpackt.

Omeletts: sind Eierpfannkuchen nur aus Ei, die in der Pfanne gebacken und in halbrunder oder länglicher Form auf den Teller gestürzt werden.

Orangeat: hierzu werden meist die Schalen der Pomeranzen von der inneren, weißen Haut befreit, blanchiert und mehrmals mit Zuckerlösungen behandelt. In einigen Konditoreien werden diese Pomeranzenschalen noch selbst kandiert. Meist aber wird Orangeat als Fertigprodukt von der Industrie gekauft.

Orangenlikör: eine Bezeichnung für verschiedene Liköre, zum Beispiel für „Curacao". Curacao ist nur eine Bezeichnung, sie sagt nichts über die Herkunft des Likörs aus. Er wird aus der Curacao-Pomeranze hergestellt, die nur für diese Herstellung verwendet werden kann. Hauptanbaugebiet der Früchte ist zwar die Insel Curacao vor Venezuela (gehört zu den holländischen Antillen), trotzdem stammt der Likör aus dem holländischen Mutterland, aus Amsterdamm. Curacao wird meist nur zum Mixen von Getränken (Cocktails) verwendet. In den Handel kommt er in fünf verschiedenen Farben: rot, blau, grün, orange und weiß.

Die Konditorenbrüder Adolphe und Edouard Cointreau aus Anjou in Frankreich destillierten 1835 aus Bitterorangen einen Likör, der dem Curacao sehr ähnlich war: einen Orangenlikör, den sie „Cointreau" nannten. Heute ist die Firma Cointreau nicht nur der größte Likörproduzent der Welt, sondern auch der bedeutendste Hersteller von Curacaolikören. Der Likör kommt mit 40 Volumenprozent Alkohol in den Handel.

Ein anderer weltbekannter französischer Orangenlikör ist der „Grand Marnier". Dieser Likör verdankt seinen Namen dem französischen Hotelier César Ritz. Monsieur Marnier-Lapostolle bat César Ritz um eine Stellungnahme zur Qualität seines destillierten Likörs. Da er ihn für sehr gut befand, sollte er auch den Namen für dieses Getränk geben. Er klopfte Marnier-Lapostolle auf die Schulter und sagte im Scherz „Grand Marnier". Seither kommt der Likör unter der Bezeichnung „Grand Marnier" auf den Markt. Da dieses Produkt ein Riesenerfolg wurde, bekam César Ritz ohne Zögern finanzielle Mittel von Marnier-Lapostolle, um das Ritz am Place Vendôme zum elegantesten Hotel Frankreichs umzuwandeln. Der Likör kommt mit 40 Volumenprozent Alkohol auf den Markt. Die Lagerung ist wie beim Cognac, daher auch die bräunliche Farbe.

Orangenzesten: so bezeichnet man die fein abgezogene Schale der Orange. In der Patisserie werden sie häufig für Marinaden, Desserts und Eis verwendet.

Pariser-Crème: auch die Bezeichnung für Canaché-Crème.

Passionsfrucht: man nannte sie auch Grandilla, ihre Herkunft ist nicht genau bekannt. Die Passionsblume ist schon sehr lange bei Blumenliebhabern bekannt. Denke ich an meine Kindheit zurück, weiß ich, daß Eltern und Großeltern nachts aufblieben, um die Passionsblume aufgehen zu sehen. Die Frucht dieser Blumenart ist bei uns noch nicht so lange bekannt. Früchte trägt diese ausdauernde Kletterpflanze nur in tropischen und subtropischen Ländern. Den Namen hat die Pflanze durch ihren Blütenstempel, der einem Kreuz ähnelt. In den Mittelmeerländern wird die Pflanze in Gärten und Parkanlagen als Zierpflanze angepflanzt. Braune, kleine Früchte stammen meist aus Kenia, während die größeren, gelbgrünen Früchte hauptsächlich aus Brasilien kommen. Das Fruchtfleisch der Passionsfrüchte hat viele, genießbare Kerne.

Die Frucht kann roh gegessen oder das Fruchtfleisch kann vorsichtig mit einem Mixer (sehr langsam mixen) von den Kernen getrennt und für Sorbets, Eis oder Cremes verarbeitet werden.

Passionsfruchtsaft: ist bekannter als Maracujasaft.

Pasteurisieren: pasteurisieren nennt man das Verfahren von Louis Pasteur, mit dem alle Frischmilchsorten, die im Handel zu kaufen sind, behandelt werden müssen. Darunter versteht man eine schonende Wärmebehandlung, bei der die Milch für kurze Zeit zwischen 62 und 74 °C erhitzt wird. Diese Temperatur reicht aus, um alle für den Menschen schädlichen Keime abzutöten. So beeinträchtigen sie auch nicht mehr die Haltbarkeit der Milch. Nach dem kurzzeitigen Erhitzen wird die Milch sofort auf 4-5 °C Grad abgekühlt. Bis heute wurde noch keine bessere und schonendere Methode gefunden, um Milch keimarm und haltbar zu machen. Wichtig ist auch, daß pasteurisierte Milch wesentlich leichter zu verdauen ist, da das Eiweiß durch Erhitzen aufgeschlossen wird.

Pernod: Dr. Pierre Ordinaire, in Frankreich politisch verfolgt, floh 1790 nach Couvet in die Schweiz. Dort braute er aus 15 Kräutern ein Elixier gegen Magenbeschwerden, das er Absinth nannte. Nach seinem Tod hinterließ er die Rezeptur seiner Haushälterin, Madame Henriot, die später dieses Elixier herstellte und in ihrem eigenen Laden vertrieb. Einige Jahre später bat der Kunde Henry Louis Pernod, die Rezeptur kaufen zu dürfen. Er begann das Getränk in großen Mengen herzustellen.

Absinth wurde ein sehr beliebtes Getränk, doch stellten sich mit der Zeit Nebenwirkungen heraus, die zum Wahnsinn und zum Tode führten. Das Getränk wurde in der Schweiz und Frankreich verboten, die Fa. Pernod stellte den Betrieb ein und verkaufte ihn an die Fa. Nestlé. 1926 begannen die Nachfahren Pernods wieder mit der Produktion dieses Getränks, das aber jetzt ohne die Absinthpflanze hergestellt wurde. Sie verkauften es unter dem Namen Pernod. Pernod wird in den seltensten Fällen pur getrunken, es empfiehlt sich, ihn mit 5 Teilen Wasser zu mischen. Wird Pernod zum Aromatisieren von Saucen, Eis, Cremes verwendet, muß sehr vorsichtig (nur tropfenweise) dosiert werden.

Petersilie: siehe Einleitung.

Pfeffer: stammt von der indischen Bezeichnung „pipali“, er ist das am häufigsten verwendete Gewürz der Welt. Seit über 4000 Jahren kennen ihn die Inder. Alexander der Große brachte ihn nach Europa. Pfeffer war früher ein Zeichen von Reichtum, eine Mitgift von einigen Säcken Pfeffer machte viele Mädchen sehr begehrt. Bedenkt man, daß Venedig als Hauptumschlagplatz in Europa über eine Pfeffer-Flotte von etwa 3200 Schiffen und 350.000 Matrosen verfügte, so sieht man, wie wichtig Pfeffer war. Nachdem Vasco da Gama 1448 den Seeweg nach Indien entdeckt hatte, übernahmen die Holländer das Pfeffergeschäft, die sich schon mit einer Gewinnspanne von 700 Prozent begnügten. Als später die Engländer das Geschäft übernahmen, wurde mit etwa 1000 Prozent Gewinn gerechnet.

Heute wird Pfeffer hauptsächlich in Indien, Indonesien, Brasilien und an der Malabarküste angebaut. Er wächst in den Erzeugerländern ähnlich wie bei uns der Hopfen und rankt an langen Stangen etwa 15 Meter hoch. Wir unterscheiden zwischen grünem, weißem und schwarzem Pfeffer.

Pfirsiche: gehören zur Familie der Pflaumen und stammen aus China oder dem ostasiatischen Raum. Heute gedeiht der Pfirsich in allen wärmeren Regionen auf der Welt. Bei uns ist er noch relativ selten zu finden, während er in Südeuropa überall anzutreffen ist. Italien ist einer der Haupt-

Sachwörterverzeichnis

lieferanten für unseren Markt. Besonders in der feuchtwarmen Po-Ebene wachsen die Pfirsiche hervorragend.

Die Frucht ist sehr saftig, meist ist das Fruchtfleisch weiß oder gelblich und von einer samtigen Haut umgeben. Der rauhe Kern im Innern enthält den Samen, der wegen des relativ hohen Blausäuregehalts nicht gegessen werden kann. Besonders bei Kindern kann dies zu starken Vergiftungen führen. Neben Italien sind Frankreich und Griechenland Haupterzeuger für ganz Westeuropa. Wer auch im Winter gern einen saftigen Pfirsich verspeist, kann Früchte aus Argentinien und Südafrika kaufen.

Pflaumen: sind von Zwetschgen schwer zu unterscheiden, auch wenn es auf den ersten Blick so scheint. Mehr als 2000 Pflaumenarten gibt es bis heute, zu ihnen gehören natürlich auch die Mirabellen und Reineclauden. Die Pflaume ist die beliebteste Frucht in Europa.

Ihre Urheimat ist der Kaukasus, dort wurde sie, schon lange bevor die Römer sie kennen lernten, kultiviert. Ein Pflaumenbaum wird bis zu 15 Meter hoch. Auf Grund der geringen Pflegeansprüche ist er im Obstgarten sehr beliebt. Die Steine oder Kerne der Pflaume sollten nicht gegessen werden, da sie Blausäure enthalten.

Bei uns werden Pflaumen zur Erntezeit meist zu Pflaumenkuchen verbacken, zu Mus gekocht oder einfach als ganze oder halbe Früchte eingekocht. Pflaumen, die zu Mus oder Marmelade verkocht werden sollen, erntet man am besten schon, bevor sie richtig reif sind. Zum Backen oder Rohessen sollten sie schon bis zur Reife hängen bleiben.

Sind die Pflaumen sehr saftig, sollte die Backofentür nicht ganz geschlossen werden, damit genügend Dampf abziehen kann und der Kuchen später auf dem Backblech nicht schwimmt und der Saft nicht in den Ofen tropft und festbrennt.

Pochieren: Gemüse, Früchte oder Gebäck wird in einer Flüssigkeit (zum Beispiel Wasser) langsam am Siedepunkt gegart. Die Flüssigkeit darf nicht kochen.

Portioniertrichter: oder Pralinenfülltrichter, er wird in der Konditorei bei der Pralinenherstellung verwendet. In der Patisserie dient er zum Garnieren und Dosieren von Fruchtsaucen.

Portwein: gilt als beliebtester Südwein und stammt aus den Tälern des Flusses Douro in Portugal. Es gibt ihn als Rot- oder Weißwein. Die Trauben werden in einem genau abgegrenzten Gebiet angebaut. Die Überwachung der Portweinherstellung unterliegt strengen Qualitätskontrollen. Damit Verfälschungen so gut wie unmöglich sind, wird der Wein von der Traube bis zur Verschiffung in Schutzhaft genommen. Die Weingesetze für dieses Gebiet gelten bis heute als die strengsten der Welt. Portwein aus der Douro-Region lagert 2-3 Jahre ehe er das Lager verlassen darf, nach weiteren 7 Jahren darf er sich junger Wein nennen und erst nach 10 Jahren darf der Wein sich als „Alter" Port bezeichnen. Während der Lagerung erhält der Wein einen Zusatz reinen Traubendestillats, bis er einen Alkoholgehalt von mindestens 20 Volumenprozent erreicht hat. Gelagert wird er in Fässern aus Kastanienholz, das aus den Balten stammt. Die besten Fässer bestehen jedoch aus baltischer Eiche. Damals kam das Holz für die Fässer noch häufig aus dem deutschen Hafen Memel.

Profiteroles: kleine, gebackene Windbeutel aus Brandteig, die mit dem Spritzbeutel auf das Backblech dressiert und nur ca. 15 Min. gebakken werden. Man kann sie süß oder pikant füllen oder als Suppeneinlage verwenden.

Pudding: ursprünglich eine aus England stammende Speise aus Grieß, Reis, Semmeln, Kartoffeln oder Gemüse, wird immer im Wasserbad gegart.

Sachwörterverzeichnis

Puddingpulver: oder auch Cremepulver ist eine Mischung aus verschiedenen unverkleisterten Stärken, wie zum Beispiel Reis-, Mais- und Sagostärke.

Puderzucker: ein sehr fein gemahlener, staubähnlicher Zucker, der zur Herstellung von Glasuren und zum Bestauben von Gebäck und Süßspeisen gut geeignet ist.

Quark: ist der Urahn aller Käsesorten und hat viele Namen, wie zum Beispiel: Topfen, Klatschkäse, Sibbkäs, Luckeleskäs, Glumse oder Matz, aber offiziell heißt er heute bei uns überall Speisequark. Zur Quarkherstellung wird immer entrahmte und pasteurisierte Milch verwendet. Um den Säuregehalt zu steuern, werden der Milch Lab und Milchsäurebakterien gleichzeitig zugegeben. In Zentrifugen wird die Molke von der Käsemasse getrennt und man erhält Magerquark. Diesem Quark wird nach Bedarf wieder Fett oder Sahne zugefügt. Quark wird in acht Fettstufen in den Handel gebracht.

Eine besondere Art des Quarks ist der Schichtkäse. Er wird nach dem Abtrennen der Molke nicht glattgerührt, sondern geschnitten. Der frische Käse wird in verschiedenen Fettstufen übereinander geschichtet, daher der Name „Schichtkäse“. Die verschiedenen Schichten müssen erkennbar und unterschiedlich im Fettgehalt sein. Schichtkäse wird meist zu 500 g verpackt. Dieser Quark hat ein reines Milchsäure-Aroma.

Quiche lorraine: französischer Zwiebelkuchen.

Ragout: ein Gericht oder Beilagen, bestehend aus Gemüse-, Fleisch-, Fisch- oder Früchtstückchen die mit Sauce gebunden sind.

Reisblätter: eine asiatische Spezialität aus Reismehl oder Reisstärke. Die Blätter werden zwischen feuchte Tücher eingeweicht und Fisch-, Fleisch-, Gemüse- oder Früchte darin eingeschlagen und gebacken oder gebraten.

Rhabarber: botanisch wird die Pflanze mit den großen Blättern zu den Gemüsen gezählt, doch bei uns wird er einfach als Frucht gesehen und auch so behandelt. 2800 Jahre v.Chr. wurde in China Rhabarber als Heilpflanze bekannt, was aus alten Schriften hervorgeht. Die Heilkunde befaßte sich zu dieser Zeit aber mehr mit der Wurzel dieser Pflanze. Sie enthält verschiedene Glykoside und wurde unter der Bezeichnung „Droge“ gehandelt und geschätzt. Die Pflanze gelangte über Indien und das Rote Meer in die Hafenstadt „Barbarike“, die später auch bei der Namensgebung Pate stand. Den griechischen Namen für Wurzel (rha) verband man mit dem Städtenamen, so daß es zu dem in Europa gebräuchlichen Namen Rhabarber kam. Über Sibirien und Moskau kam der Rhabarber später zu uns. Lange Zeit galt Rhabarber in der Heilkunde als wirksames Abführmittel. Er ist blutreinigend und hat darmregulierende Eigenschaften. Rhabarber wird heute meist zu Kompotten und Marmeladen verarbeitet. Obwohl er eigentlich nicht zum Rohverzehr geeignet ist, gibt es für Kinder nichts schöneres, als Rhabarberstangen in Zucker zu tunken und mit Genuß zu essen. Saison hat der Rhabarber bei uns von April bis Juli, meist ist er aber schon Ende Februar in einigen Feinkostgeschäften erhältlich. Rhabarber kann in drei Gruppen aufgeteilt werden: grünstieliger, grünfleischiger Rhabarber, rotstieliger, grünfleischiger Rhabarber und rotstieliger, rotfleischiger Rhabarber, dieser wird auch Himbeer- oder Blutrhabarber genannt. 390 g geschälter Rhabarber hat nur 78 Kalorien oder 327 Joule.

Riesling: eine Rebsorte für Weißwein, gedeiht am besten auf Schiefer- und Mergelböden. Die Reben reifen spät, sind aber auch nicht zu empfindlich gegen Kälte. Fruchtige Blume, feine Säure, kräftig im Geschmack, Neigung zur Edelfäule, daher gute Lagerfähigkeit. Der Riesling

Sachwörterverzeichnis

wird in Deutschland als die beste Rebsorte für Weißwein angesehen. Er wird in allen deutschen Weinanbaugebieten gezogen, gedeiht aber am besten auf den Schieferlagen an Rhein und Mosel.

Rindertalg: wird aus dem Fett des Großviehs gewonnen. Stearin wird entzogen, damit er weicher und geschmeidiger wird. Der salzige Geschmack wird durch eine besondere Behandlung gemindert.

Risottoreis: siehe Avorio- und Aborioreis.

Rose: der Begriff bis zur Rose abziehen wird angewendet, wenn zum Beispiel eine Vanillesauce mit Eigelb auf dem Wasserbad gebunden wird. Zur Probe taucht man einen Holzlöffel in die Soße und bläst leicht auf den Löffelrücken, so erscheint ein Bild, das einer Rose ähnelt, wenn die Vanillesauce genügend gebunden ist.

Rum: Englische Seefahrer lernten den Rum vor etwa 300 Jahren in Westindien kennen und nannten ihn „Teufelstöter" (Killdevil). Das hochprozentige Getränk wurde dort aus Zuckerrohr gebrannt. Ob es zuerst die Siedler oder die Sklaven der Zukkerrohrplantagen waren, läßt sich nicht mehr genau feststellen. Die Bezeichnung „Rum" soll vom englischen Wort „Rumbullion" (Aufruhr) entstanden sein. Heute ist Rum aus der Patisserie oder Konditorei nicht mehr wegzudenken.

Sabayon: eine im Wasserbad aufgeschlagene Soße, aus Weißwein, Bier, Saft oder einer anderen Flüssigkeit in Verbindung mit Ei oder Eigelb, Zukker und Gewürzen.

Sahne: bevor die Zentrifuge erfunden wurde, war Sahne der Stoff, der aus der Milch nach oben stieg und abgeschöpft (abgesahnt) wurde. Heute bleibt der Rahm in der Zentrifuge wegen seines geringeren spezifischen Gewichtes zurück. Sahne ist der Rohstoff für die Butterherstellung mit dem entsprechenden Fettgehalt. Zur Haltbarmachung wird Sahne, genau wie Milch, verschiedenen Verfahren unterzogen. Sahne wird durch Vermischen mit entrahmter Milch in verschiedenen Fettstufen hergestellt. Ist sie als Sahne gekennzeichnet, so hat sie einen Mindestfettgehalt von 25-32%. Als Schlagsahne angeboten, muß sie mindestens 30% Fettgehalt haben. Schlagsahne „extra" oder „Crème Double" hat einen Fettgehalt von mindestens 36-38%.

Sahnecreme: ist eine gekochte Vanillecreme, die auf Eis oder in kaltem Wasser abgekühlt wird. Geschlagene Sahne wird untergehoben. In der Fachsprache heißt diese Creme „Crème mousseline".

Salamander: im Salamander werden Speisen bei starker Hitze überbacken oder abgeflämmt.

Sauerkirschen: siehe Einleitung.

Sauternes: Weißwein aus dem französischen Bordeaux-Gebiet, südlich von Bordeaux an der Garonne. Er wird aus überreifen, mit Edelfäule befallenen Trauben hergestellt. Er ist naturrein, da der Zusatz von Zucker zum Most in diesem Gebiet verboten ist. Etwa 30000 hl ist die Jahresproduktion, mit einer Lagerdauer von 10-20 Jahren. Gewonnen wird dieser Wein aus der Sémillon- und Sauvignon-Rebe.

Sauteuse: eine Kasserolle zum Anschwenken von Gemüse.

Schmarren: österreichische Bezeichnung für einen einfachen Eierpfannkuchen.

Sherry: ist ein spanischer Wein und neben dem Portwein der beliebteste Südwein. Seine Heimat liegt in Andalusien in der Provinz Cádiz. Die Stadt Cádiz ist auch gleichzeitig der Verschiffungshafen für Sherry. In Spanien heißt der Sherry „Jerez", genannt nach der Stadt Jerez de la Frontera, eine der bekanntesten Weinanbaugegenden für Sherry.

Der Wein gedeiht sehr gut auf Kalk- und Sandböden. Nur wenige Rebsorten werden für die Sherry-Herstellung verwendet. Einige der wichtigsten sind: die weiße Muscatel-Traube, die süße Canocazo- und die weiße Palomino-Traube, die auch unter dem Namen Listan bekannt ist. Die gelesenen Trauben werden 2 Tage bis 3 Wochen an der Sonne getrocknet. Die Trauben werden noch wie vor hundert Jahren gekeltert, man zertritt sie mit genagelten Schuhen. So wird verhindert, daß die Traubenkerne zerquetscht und so der hohe Säuregehalt den Wein nicht zum Nachteil verändert. Gelagert wird der Wein in Gebäuden aus Stein, die sehr gut belüftet werden, im günstigsten Fall läßt man den frischen Atlantikwind durch die Bodegas wehen. Der Boden in diesen Gebäuden ist aus Lehm und wird ständig mit Wasser gesprengt, damit eine gleichbleibende Temperatur von circa 15-18 °C Grad gewährleistet ist.

Meist trinkt man einen Sherry vor dem Essen, auch zum Mixen wird er gern verwendet. Er eignet sich aber auch vorzüglich um Saucen, Suppen oder Nachspeisen abzuschmecken.

Sirup: eine eingekochte Zuckerlösung, die zum Konservieren und Einlegen von Früchten und Fruchtschalen verwendet wird.

soffritto: nennt man in der italienischen Küche das Andünsten von Risottoreis.

Sorbetière: der französiche Ausdruck für Speiseeisbereiter.

Sorbetmaschinen: auch Speiseeisbereiter genannt. Mit diesen Maschinen kann man Sorbets und Eis herstellen. Sie sind auch als kleine Maschinen mit Handbetrieb recht preiswert zu kaufen.

Sorbets: eine gefrorene Mischung aus Fruchtsaft, Champagner, Wein, Zucker und Fruchtsäure. Klassisch wird ein Sorbet in einem Glas mit Wein, Fruchtsaft, Sekt oder Champagner aufgegossen und serviert.

Soufflés: oder Auflauf. Es kann ein Dessert sein oder auch Fleisch und Gemüse enthalten. Die Konsistenz eines Soufflés sollte sehr leicht und locker sein.

souffliert: das Aufgehen von Massen während des Backens oder Überbakkens, zum Beispiel eines Soufflés oder einer Gratiniermasse unter die Eischnee gezogen wurde.

Ein Lachsfilet, das mit einer soufflierenden Farce bestrichen und langsam gegart wird.

St. Honoré-Torte: auf einen Blätterteig-oder Mürbteigboden wird ein breiter Ring aus gebackenem Brandteig aufgesetzt und gut mit einer leichten Vanillecrème gefüllt und mit kleinen Profiteroles (Windbeutel) außen herum verziert.

Stachelbeeren: sind bei uns eigentlich fast nur im eigenen Garten zu finden. Im Handel sind sie nur sehr kurze Zeit erhältlich. Verwandt ist die Stachelbeere mit der Johannisbeere, sie hat nach der Weintraube den höchsten Zuckergehalt aller Beerensorten. Wilde Stachelbeeren wachsen heute nur noch sehr selten. Kultiviert wurde sie bei uns erst im 16. Jahrhundert in den Klöstern für Heilkunde. Ihre blutreinigende, harntreibende und abführende Wirkung machte sie sehr beliebt.

Heute gibt es etwa 500 Arten von Stachelbeeren, unter denen auch einige dornenlose Sorten sind.

Stachelbeeren lassen sich sehr gut zu Sorbet, Kompott, Gelee und Marmelade verarbeiten.

Stärke: wird durch Auswaschen (auf nassem Wege) aus Kartoffeln, Weizen, Reis, Maniok etc. gewonnen.

Strohrum: eine österreichische Spezialität. Strohrum kommt mit 80 Volumenprozent Alkohol in den Handel.

Sultaninen: sind getrocknete, kernlose Weinbeeren mit heller Schale. Sie stammen vom Sultana Rebstock.

Timbales: so bezeichnet man kleine Becher oder Töpfchen aus Porzellan (Soufflëförmchen) oder Blech, die meist für Sturzcremes verwendet werden.

Sachwörterverzeichnis

Ursprünglich bezeichnete man damit eine hohe, oben offene Teigpastete, die erst nach dem Backen gefüllt wurde (blind gebacken).

TK-Ware: Gemüse und Früchte die schon tiefgekühlt angeliefert werden.

Tofu: wird aus der Sojabohne hergestellt. Diese Hülsenfrucht ist in Ostasien beheimatet und die wichtigste Kulturpflanze unserer Zeit. In Japan gehört Soja (Tofu) seit Jahrtausenden zur Grundlage für die Eiweißversorgung aller Menschen. Neben Sojamehl und Sojasauce entstand ein quarkähnliches Produkt, das Tofu genannt wird. Bei uns gibt es Käsereien und in Japan gibt es viele „Tofureien". Tofu kann man meist im Reformhaus verpackt zu je 250 g kaufen. Aus Tofu lassen sich Eis, Cremes, Brotaufstriche und mehr herstellen.

Topfen: siehe Quark.

Traminer: ist eine Rebsorte für Weißwein mit sehr kräftigem Bukett. Er ist würzig und gehaltvoll. In Deutschland wird er überwiegend in Baden, Rheinpfalz und in Rheinhessen angebaut. Die Trauben haben kleine, braune Punkte oder Flecken.

Trauttmansdorf: ist eine klassische Nachspeise, die mit Milchreis hergestellt wird. Unter den fertigen Milchreis werden kleine, in Würfel geschnittene frische Früchte, die in Maraschino eingelegt waren, aufgelöste Gelatine und geschlagene Sahne gehoben. Die Masse wird in hohe, gerippte Förmchen gefüllt und später mit einer Fruchtsauce serviert.

Vanillemark: das ausgeschabte Mark der Vanilleschoten.

Vanilleschote: siehe Einleitung.

Vialonereis: ebenfalls ein italienischer Rundkornreis, der gerne für ein Risotto verwendet wird.

Walnüsse: der echte Walnußbaum ist in Asien zuhause, wächst aber heute in allen gemäßigten Regionen Europas. Mitte September bis Anfang Oktober sind die Walnüsse reif. Der Walnußbaum wird über 30 Meter hoch und extrem alt. Die Nüsse wachsen in einer grünen, lederartigen Schale, die sofort nach der Ernte entfernt wird. Die besten Walnüsse kommen aus Frankreich und werden unter dem Namen „Grenobles" angeboten.

Wasserbad: ein Topf mit köchelndem Wasser, in dem zum Beispiel Vanilleeis oder Vanillesauce abgezogen (gebunden) wird, damit das Ei oder Eigelb nicht gerinnt.

Weinschaum: siehe Sabayon.

Windbeutel: siehe Profiteroles.

Witzigmann: er gilt als einer der größten Köche unserer Zeit. Sein Domizil ist das Restaurant „Aubergine" in München. „Ein Koch kann nicht besser sein, als die Natur zuläßt!" Dieses Prinzip, gepaart mit einem endlos erscheinenden Fachwissen, machen den Erfolg seiner Küche und seiner Person aus. Seine Küche ist einfach, aber gerade die Einfachheit ist von einer Qualität, die viele Nachahmer sucht. Hinzu kommt, daß ihm das Streben nach Perfektion in die Wiege gelegt wurde, sei es beim Kochen oder in privaten Dingen.

Er lehrt seinen Köchen, Ehrfurcht vor guten und teuren Produkten zu haben und sie mit Sinn und Verstand schonend und zu verarbeiten, ohne daß sie ihre geschmackliche Eigenständigkeit verlieren.

Zauberstab: siehe Mixstab.

Zimt: siehe Einleitung.

Zimtstange: siehe Einleitung.

Ziselierer: mit ihm werden hauptsächlich Zitronen- und Orangenschalen in feinen Streifen abgezogen.

Zitronat: ist die Frucht des Cedratbaumes. Die oft kopfgroße, außen rauhe Frucht sieht gelblichgrün aus und hat ein angenehm säuerlich schmeckendes Mark. Das Mark wird entfernt und die dicke Schale in Zukker eingemacht. Später wird die kandierte Schale als Zitronat in Würfeln und in halben Früchten verkauft.

Zitronenmelisse: siehe Einleitung.

Sachwörterverzeichnis

Zitrusschale: so bezeichnet man alle Schalen von: Zitronen, Orangen, Mandarinen und Grapefruits. Da die meisten Schalen behandelt sind, müssen sie vor dem Gebrauch gut abgewaschen oder blanchiert werden.

Zucker: siehe Einleitung.

Zwieback: der Name Zwieback bedeutet „Zweiback" und kommt daher, daß der fertig gebackene Teig nach dem Auskühlen in Scheiben geschnitten und noch einmal im Ofen bei mäßiger Hitze durchgeröstet wird.

Der Zwieback zählt zu den Dauergebäcken, er muß also nach Wochen noch so gut schmecken wie am Herstellungstag. Mit Zwieback werden viele Gebäcke und Torten hergestellt. Sehr oft werden mit geriebenem Zwieback auch Schnitzel oder Koteletts paniert.

Geräte zur Speiseeisbereitung

1.

2.

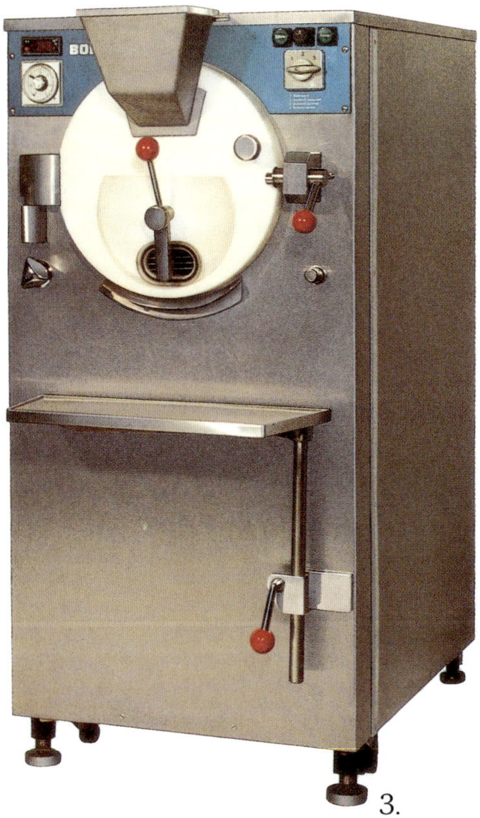

3.

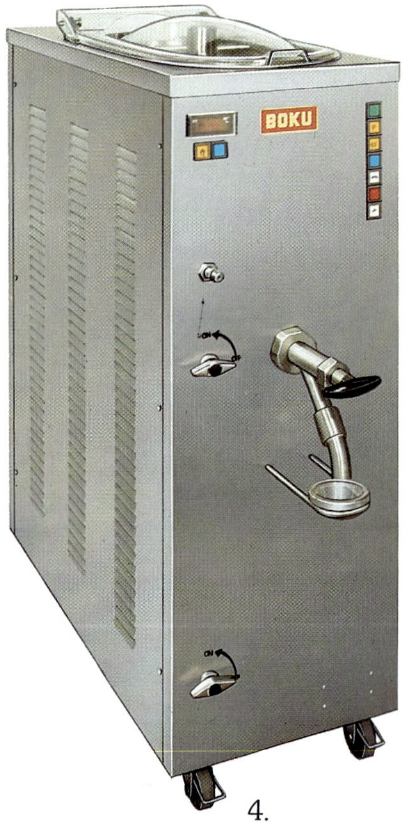

4.

1. Knüppelmaschine mit obenliegendem Antrieb
2. Knüppelmaschine mit eingebautem Antrieb
3. Freezer
4. Pasteurisiergerät

Inserentenverzeichnis

Döhler Vertriebs GmbH,
Riedstraße 7 – 9,
W-6100 Darmstadt

GILDEFACHVERLAG
GmbH & Co. KG,
Föhrster Straße 8,
W-3220 Alfeld (Leine)

Hagesana Maschinenbau
Industriestraße 4
W-3260 Rinteln 9

HANSA Kröplin
Heinz Kröplin KG
Berliner Straße 8
W-2056 Glinde/Hamburg

KTN Südharz Kälte GmbH
Niedersachswerfen
Leipziger Straße 5
O-5506 Niedersachswerfen

LUIJCKX CHOCOLADE
De Ambachten 4
NL-4881 XZ Zundert
Niederlande

PEFRA
Peter Franken GmbH
Industriestraße 2
W-4020 Mettmann

Döhler-Produkte für feine Eis- und Dessert-Spezialitäten.
DÖHLER
Qualitäts-Produkte für die Feine Bäckerei, Eis und Gastronomie.
Döhler GmbH
Riedstraße 7–9
Postfach 110462
D-6100 Darmstadt
Telefon 06151/306-0
Telefax 06151/306-278
Telex 419386